高等职业教育机电类专业新形态教材

机 械 制 图

主　编　刘立新
副主编　赵晓燕
参　编　冯辉英　盛青山　杨　帆

机械工业出版社

本书是新形势下的新形态教材。本书以培养技术技能人才为目标，以职业教育为对象，以就业培养为导向，根据教学和生产实际需要编写而成。本书严格贯彻执行《机械制图》《技术制图》等现行国家标准，与之配套使用的《机械制图习题集》同时出版。

本书按知识体系分制图基础、画法几何、机械图样和技能训练四个模块，共九章。模块一为制图基础，包含一章，介绍国家标准《机械制图》和《技术制图》的基本规定，训练用工具和仪器尺规绘图的操作技能；模块二为画法几何，包含三章，讲解投影基础（点、线、面、体的投影）、组合体三视图的绘制与识读、轴测图；模块三为机械图样，包含机件常用表达方法、标准件和常用件的画法与标记、零件图的绘制与识读、装配图的绘制与识读四章，培养绘制和阅读常见机器或部件的零件图和装配图的基本能力；模块四为技能训练，包含一章，介绍零部件测绘的基本方法和步骤。

本书可作为高职教育和成人教育机械类专业的教材，也可作为非机械类专业的教材，并可供有关工程技术人员参考。

本书具有丰富的配套资源，包括微课、动画、教学 PPT、电子教案、《机械制图习题集》解答，方便学生学习和教师教学。

凡选用本书作为教材的教师，可登录机械工业出版社教育服务网（http://www.cmpedu.com），注册后免费下载。咨询电话：010-88379375。

图书在版编目（CIP）数据

机械制图/刘立新主编. —北京：机械工业出版社，2024.1（2025.1 重印）
高等职业教育机电类专业新形态教材
ISBN 978-7-111-73927-2

Ⅰ.①机⋯　Ⅱ.①刘⋯　Ⅲ.①机械制图-高等职业教育-教材　Ⅳ.①TH126

中国国家版本馆 CIP 数据核字（2023）第 184721 号

机械工业出版社（北京市百万庄大街 22 号　邮政编码 100037）
策划编辑：王英杰　　　　　　责任编辑：王英杰　于奇慧
责任校对：郑　婕　王　延　　封面设计：马若濛
责任印制：邓　敏
中煤（北京）印务有限公司印刷
2025 年 1 月第 1 版第 2 次印刷
184mm×260mm・15.25 印张・376 千字
标准书号：ISBN 978-7-111-73927-2
定价：49.00 元

电话服务　　　　　　　　　　网络服务
客服电话：010-88361066　　　机　工　官　网：www.cmpbook.com
　　　　　010-88379833　　　机　工　官　博：weibo.com/cmp1952
　　　　　010-68326294　　　金　书　网：www.golden-book.com
封底无防伪标均为盗版　　　　机工教育服务网：www.cmpedu.com

前　言

本书是根据目前高等职业教育的发展要求，以增强实用性、提高应用能力和综合素质为目的，在认真总结和充分吸收高等职业教育"机械制图"课程教学改革成功经验的基础上编写而成的。

本书具有以下特点：

1. 编写理念先进。本书将职业素养的培养、知识传授和能力培养三者融为一体，落实立德树人根本任务。

2. 内容全面，实用性强。按照岗位需求、课程目标选择教学内容，以"实用为主、必需和够用为度"为原则编排，对传统的机械制图理论进行了优化组合，贯彻执行现行国家制图标准，删减了大量学而不用的知识。基本知识广而不深，图示和识图技能贯穿始终。

3. 结构合理，编排模式新颖。本书按通用知识到专业知识、理论到实践划分为四个模块共九章，构建任务驱动的教材体系。

4. 主线突出，以读图为主线，以例代理为风格。书中选用了大量实例，以加强图示表达和识图能力为目的，以实例训练为手段，易学易懂。

5. 教学资源丰富。本书配套有微课、动画等数字化资源及教学PPT、电子教案、《机械制图习题集》解答，方便学生学习和教师教学。

本书可作为高职和成人教育机械类专业的教材，也可作为非机械类专业的教材，并可供有关工程技术人员参考。

为方便读者学习，本书还配有习题集。

本书由刘立新任主编，赵晓燕任副主编，由河南工业职业技术学院刘家平和邓州星光机械装备有限公司段修杰主审。本书的编写分工为：河南工业职业技术学院杨帆编写第1章，盛青山编写第2章、第3章，刘立新编写第4章、第5章、第6章、附录，冯辉英编写第7章，赵晓燕编写第8章、第9章。

由于编者水平有限，加之经验不足，书中缺点、错误在所难免，恳请读者批评指正。

编　者

目　　录

前言

模块一　制图基础

第1章　制图基本知识与技能 …………… 2
　1.1　制图国家标准 …………………………… 2
　1.2　基本几何作图 ………………………… 11
　1.3　平面图形的作图 ……………………… 17
　1.4　常用绘图工具及使用 ………………… 20

模块二　画法几何

第2章　投影基础 ………………………… 23
　2.1　投影法 ………………………………… 23
　2.2　三视图 ………………………………… 26
　2.3　点的投影 ……………………………… 28
　2.4　直线的投影 …………………………… 33
　2.5　平面的投影 …………………………… 39
　2.6　基本体的投影 ………………………… 44
　2.7　基本体的尺寸标注 …………………… 52

第3章　组合体三视图的绘制与识读 …… 54
　3.1　组合体的组合形式及表面连接关系 …… 54
　3.2　截交线 ………………………………… 56
　3.3　相贯线 ………………………………… 62
　3.4　组合体三视图的画法 ………………… 66
　3.5　组合体的尺寸标注 …………………… 69
　3.6　读组合体视图的方法 ………………… 73

第4章　轴测图 …………………………… 79
　4.1　轴测图基本知识 ……………………… 79
　4.2　正等轴测图 …………………………… 80
　4.3　斜二等轴测图 ………………………… 85

模块三　机械图样

第5章　机件常用表达方法 ……………… 89
　5.1　视图 …………………………………… 89
　5.2　剖视图 ………………………………… 92
　5.3　断面图 ……………………………… 101
　5.4　其他表达方法 ……………………… 104

第6章　标准件和常用件的画法与标记 … 111
　6.1　螺纹 ………………………………… 111
　6.2　螺纹紧固件 ………………………… 119
　6.3　齿轮 ………………………………… 124
　6.4　键联接和销联接 …………………… 129
　6.5　弹簧 ………………………………… 133
　6.6　滚动轴承 …………………………… 136

第7章　零件图的绘制与识读 ………… 140
　7.1　零件图概述 ………………………… 140
　7.2　典型零件的表达方法 ……………… 142

7.3 零件的常见工艺结构 …………… 146
7.4 零件图中的尺寸标注 …………… 149
7.5 零件图中的技术要求 …………… 155
7.6 读零件图的方法和步骤 ………… 168

第 8 章 装配图的绘制与识读 …………… 171
8.1 装配图概述 ……………………… 171
8.2 装配图的表达方法 ……………… 173
8.3 装配图中的尺寸标注和技术要求 …… 176
8.4 装配图中的零件序号和明细栏 …… 178
8.5 常见的装配结构 ………………… 180
8.6 由零件图画装配图 ……………… 183
8.7 读装配图和由装配图拆画零件图 …… 189

模块四 技能训练

第 9 章 零部件测绘 …………………… 194
9.1 常用零件测量工具及零件尺寸测量方法 ……………………… 194
9.2 徒手绘图 ………………………… 201
9.3 零件测绘 ………………………… 203
9.4 部件测绘 ………………………… 207

附录 ……………………………………… 218

参考文献 ………………………………… 238

模块一

制图基础

第1章　制图基本知识与技能

学习目标

1. 学习并掌握国家标准《技术制图》和《机械制图》中的有关规定。
2. 掌握基本几何作图画法和平面图形的画法及尺寸标注。
3. 掌握绘图工具的正确使用方法。

素养目标

培养严格遵守各种标准规定的习惯，增强规矩意识。

学习任务

1.1　制图国家标准

机械制图国家标准有《机械制图》和《技术制图》两项。《技术制图》是一项基础技术标准，在内容上具有统一性和通用性，在制图标准体系中处于最高层次；《机械制图》是一项机械专业制图标准。

1.1.1　图纸幅面与格式（GB/T 14689—2008）

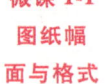
微课 1-1
图纸幅面与格式

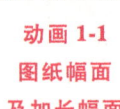
动画 1-1
图纸幅面及加长幅面

1. 图纸幅面

图纸幅面是指由图纸宽度与长度组成的图面。
基本幅面有5种，见表1-1。

表 1-1　图纸的基本幅面尺寸　　　　　　　　　　（单位：mm）

幅面代号	A0	A1	A2	A3	A4
$B×L$	841×1189	594×841	420×594	297×420	210×297
e	20		10		
c	10			5	
a	25				

注：表中各参数含义在以下各图中示明。

绘制图样时，优先采用基本幅面，必要时允许选用加长幅面。
加长幅面的尺寸由基本幅面的短边成整数倍增加后得出，如图1-1所示。

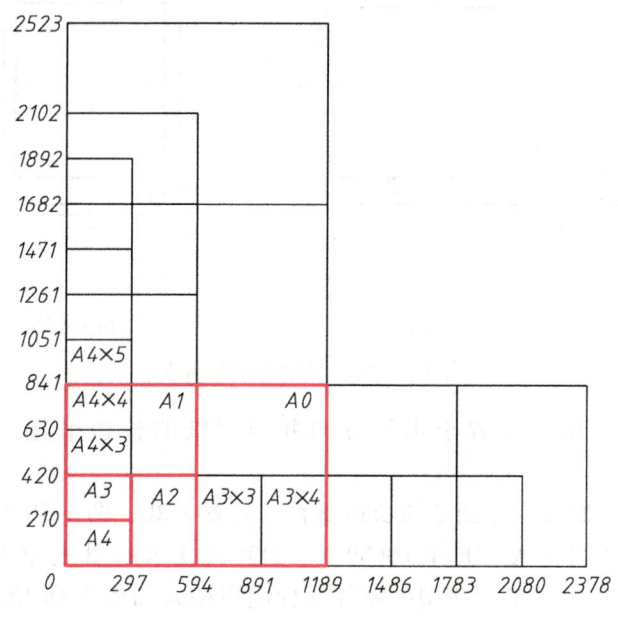

图1-1　基本幅面及加长幅面的尺寸

2. 图框格式

图框格式分为不留装订边和留装订边两种。

1）不留装订边的图框格式如图1-2所示。

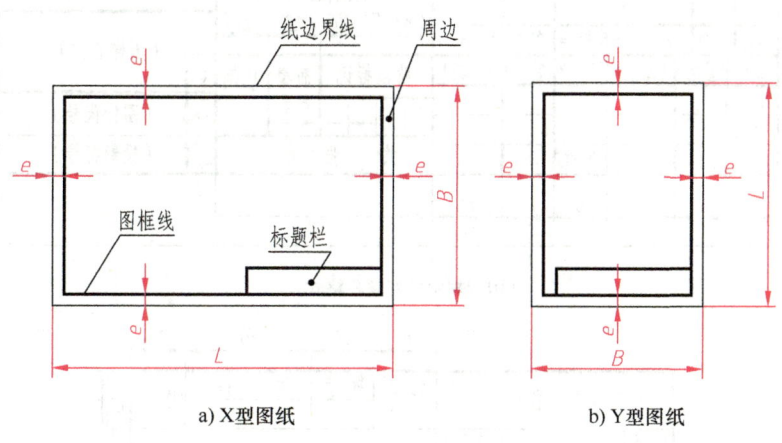

a) X型图纸　　　　　　　b) Y型图纸

图1-2　不留装订边的图框格式

2）留装订边的图框格式如图1-3所示。

基本幅面的图框（粗实线）和边界线（细实线）按表1-1的规定尺寸绘制。优先选用不留装订边的图框格式，同一产品的图样只能采用一种格式。

3. 标题栏

每张图样都必须画出标题栏，标题栏的位置应位于图纸的右下角。

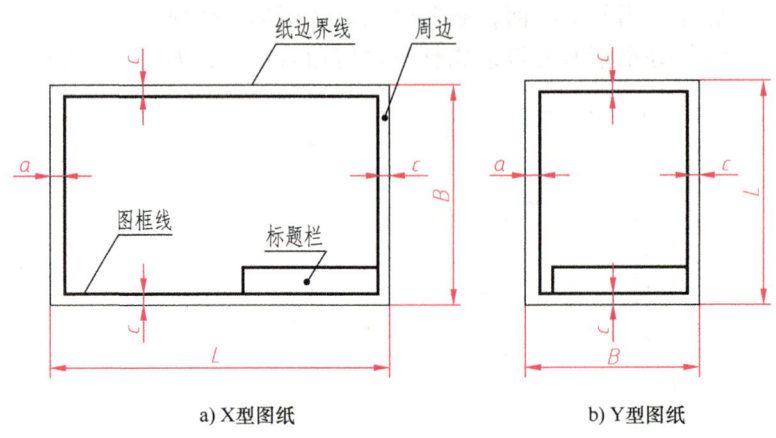

a) X型图纸　　　　　　　b) Y型图纸

图 1-3　留装订边的图框格式

X 型图纸：标题栏的长边置于水平方向并与图纸的长边平行，如图 1-2a、图 1-3a 所示。

Y 型图纸：标题栏的长边与图纸的长边垂直，如图 1-2b、图 1-3b 所示。

标题栏的格式和尺寸应按 GB/T 10609.1—2008《技术制图　标题栏》的规定绘制，如图 1-4a 所示。在制图作业中推荐使用的零件图标题栏格式如图 1-4b 所示。图纸看图的方向一般与标题栏的方向一致。

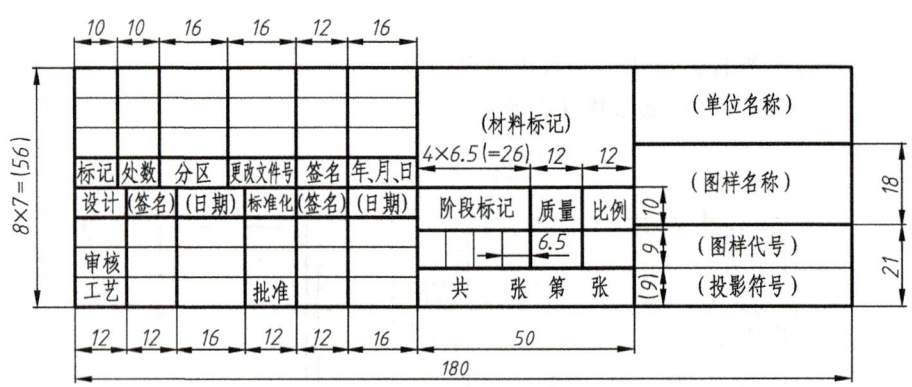

a) 国标规定的标题栏格式

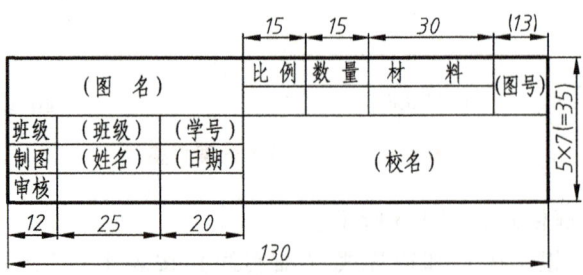

b) 制图作业中推荐使用的零件图标题栏格式

图 1-4　零件图中的标题栏格式

1.1.2 比例（GB/T 14690—1993）

比例是指图中图形与其实物相应要素的线性尺寸之比。

1. 比例分类

（1）原值比例　比值为 1 的比例，即 1∶1。
（2）放大比例　比值大于 1 的比例，如 2∶1 等。
（3）缩小比例　比值小于 1 的比例，如 1∶2 等。

绘制图样时，应根据机件的大小和复杂程度，优先由表 1-2 中选取适当的比例。必要时，也允许从表 1-3 中选取适当的比例。（为从图样上直接反映出实物的大小，绘图时尽量采用原值比例）。

微课 1-2
比例

表 1-2　优先选择的比例系列

种类	比　　　例				
原值比例	1∶1				
放大比例	5∶1	2∶1	$5×10^n∶1$	$2×10^n∶1$	$1×10^n∶1$
缩小比例	1∶2	1∶5	1∶10	$1∶2×10^n$	$1∶5×10^n$	$1∶1×10^n$

注：n 为正整数。

表 1-3　允许选择的比例系列

种类	比　　　例				
放大比例	4∶1	2.5∶1	$4×10^n∶1$	$2.5×10^n∶1$	
缩小比例	1∶1.5	1∶2.5	1∶3	1∶4	1∶6
	$1∶1.5×10^n$	$1∶2.5×10^n$	$1∶3×10^n$	$1∶4×10^n$	$1∶6×10^n$

注：n 为正整数。

2. 比例标注方法

1) 同一零、部件的各个视图应采用相同的比例，并在标题栏中填写，如 1∶1、1∶2 等。

2) 当某个视图采用不同的比例时，必须在该视图名称下方标注比例，如 $\dfrac{I}{2∶1}$、$\dfrac{A}{5∶1}$、$\dfrac{B—B}{2.5∶1}$。

3) 不论图形按何种比例绘制，所标注的尺寸应为所表达零、部件的实际尺寸，且为零、部件的最后完工尺寸，与图形的比例和绘图的准确度无关，如图 1-5 所示。

1.1.3 字体（GB/T 14691—1993）

图中的字符主要有汉字、数字和字母。书写时，必须做到"字体工整、笔画清楚、间隔均匀、排列整齐"。

微课 1-3
字体

1. 基本规定

1) 字体高度（用 h 表示）代表字体的号数。字体高度的公称尺寸系列（单位为 mm）为 1.8、2.5、3.5、5、7、10、14、20；如需要书写更大的字，其字体高度应按 $\sqrt{2}$ 倍的比率递增。

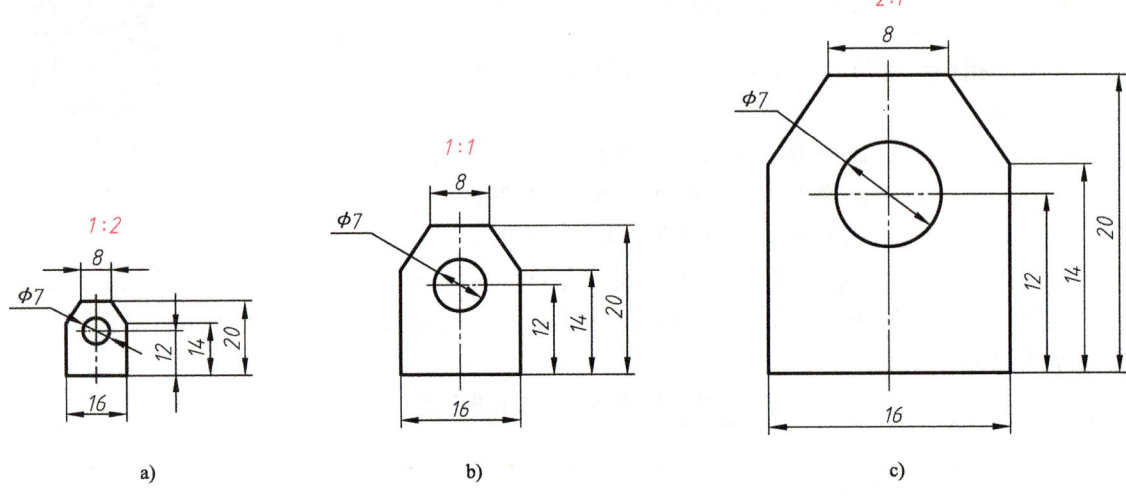

图 1-5 用不同的比例画出的图形

2）汉字应写成长仿宋体字，并应采用国家正式公布的简化字。汉字的高度 h 不应小于 3.5mm，其字宽一般为 $h/\sqrt{2}$。

3）字母和数字分 A 型和 B 型。A 型字体的笔画宽度（d）为字高（h）的 1/14，B 型字体的笔画宽度（d）为字高（h）的 1/10。在同一图样上，只允许选用一种型式的字体。

4）字母和数字可写成斜体和直体。斜体字字头向右倾斜，与水平基准线成 75°。

2. 字体示例

汉字、数字和字母的示例见表 1-4。

表 1-4 字体示例

字体		示例
长仿宋体汉字	10 号	字体工整、笔画清楚、间隔均匀、排列整齐
	7 号	横平竖直　注意起落　结构均匀　填满方格
	5 号	技术制图石油化工机械电子汽车航空船舶土木建筑
	3.5 号	螺纹齿轮端子接线指导驾驶舱位引水通风化纤
拉丁字母	大写斜体	ABCDEFGHIJKLMNOPQRSTUVWXYZ
	小写斜体	abcdefghijklmnopqrstuvwxyz
阿拉伯数字	斜体	0123456789
	直体	0123456789

（续）

字体		示例
罗马数字	斜体	Ⅰ Ⅱ Ⅲ Ⅳ Ⅴ Ⅵ Ⅶ Ⅷ Ⅸ Ⅹ
	直体	Ⅰ Ⅱ Ⅲ Ⅳ Ⅴ Ⅵ Ⅶ Ⅷ Ⅸ Ⅹ

1.1.4 图线（GB/T 4457.4—2002）

1. 图线的线型及应用

国家标准GB/T 4457.4—2002中规定了9种机械图样中使用的图线，其线型、宽度和在图样上的一般应用见表1-5，应用举例如图1-6所示。

微课 1-4
图线及其应用

表1-5 图线的线型及应用

图线名称	线型	图线宽度	一般应用
粗实线	————————	d	可见轮廓线、相贯线
细实线	————————	$d/2$	过渡线、尺寸线及尺寸界线、剖面线、重合断面的轮廓线、螺纹牙底线及齿轮齿根线、指引线
波浪线	～～～～～	$d/2$	断裂处的边界线、视图和剖视图的分界线
双折线	—/\—/\—	$d/2$	断裂处的边界线
细虚线	- - - - - -	$d/2$	不可见轮廓线、不可见棱边线
细点画线	— · — · — · —	$d/2$	轴线、对称中心线、分度圆和分度线
粗点画线	— · — · — · —	d	限定范围表示线
粗虚线	- - - - - -	d	允许表面处理的表示线
细双点画线	— ·· — ·· —	$d/2$	相邻辅助零件的轮廓线、极限位置的轮廓线、成形前轮廓线、轨迹线、中断线

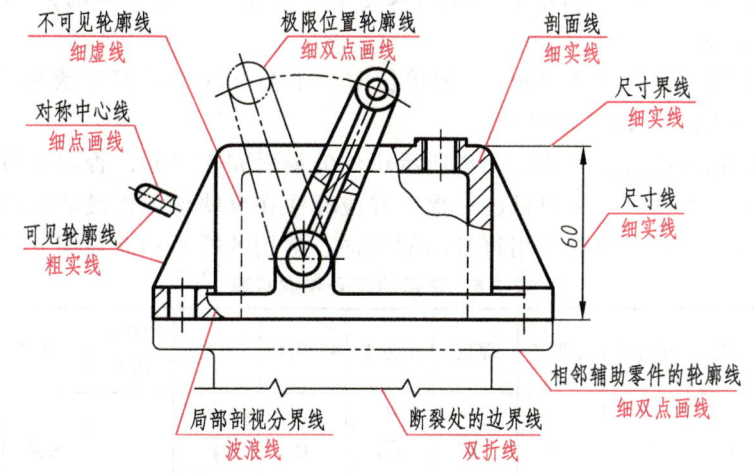

图1-6 各种图线应用举例

动画 1-2
图线的应用

在机械图样中采用粗、细线两种线宽,它们之间的比例为 2∶1。图线的线型宽度 d 应在数系(单位为 mm)0.13,0.18,0.25,0.35,0.5,0.7,1,1.4,2 中选择。

2. 图线的画法

1)在同一图样中,同类图线的宽度应一致,虚线、点画线、双点画线的线段长度和间隔应各自均匀一致。

2)画点画线、双点画线时,首尾两端及相交处应是长画。点画线要超出图形轮廓 3~5mm。较小图形中的点画线(如小圆中心线)可用细实线代替,如图 1-7a 所示。

3)当虚线处于粗实线的延长线上时,虚线与粗实线间应有空隙,如图 1-7b 所示。

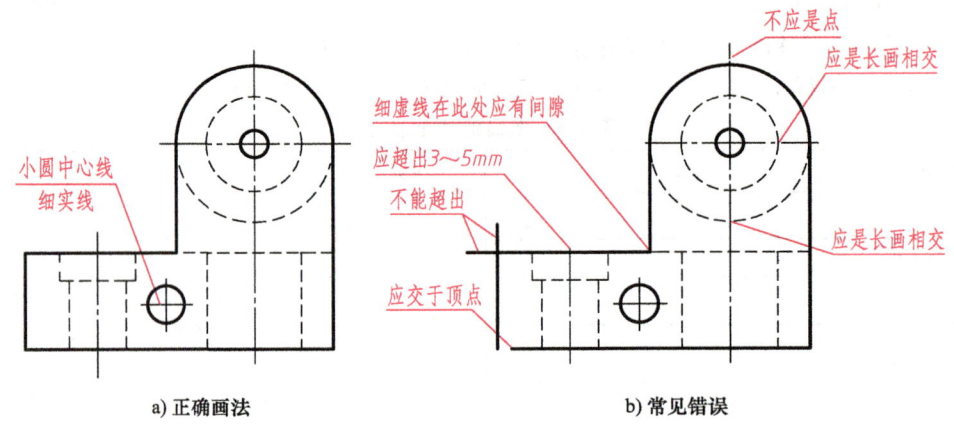

a) 正确画法   b) 常见错误

图 1-7　图线的画法

1.1.5　尺寸注法(GB/T 4458.4—2003)

尺寸是用特定长度或角度单位表示的数值,并在图样上用图线、符号和技术要求表示出来,是加工制造零件的主要依据。在标注尺寸时,必须严格遵守国家标准的有关规定,做到正确、完整、清晰。

微课 1-5
尺寸标注

1. 标注尺寸的基本规则

1)零件的真实大小应以图样上所注的尺寸数值为依据,与图形的大小及绘图的准确度无关。

2)图样中的尺寸,以毫米(mm)为单位时,不需标注单位符号或名称;如果采用其他单位,则必须注明相应的单位符号。

3)图样中所标注的尺寸,为该图样所示机件的最后完工尺寸,否则应另加说明。

4)零件的每一尺寸,一般只标注一次,并应标注在反映该结构最清晰的图形上。

5)标注尺寸时,应尽可能使用符号和缩写词。常用的符号和缩写词见表 1-6。

表 1-6　常用的符号和缩写词

名词	直径	半径	球直径	球半径	厚度	正方形	45°倒角	深度	沉孔或锪平	埋头孔	均布	弧长
符号或缩写词	ϕ	R	$S\phi$	SR	t	□	C	↧	⌴	∨	EQS	⌒

2. 尺寸的组成

尺寸标注的三要素为尺寸界线、尺寸线和尺寸数字，如图1-8所示。

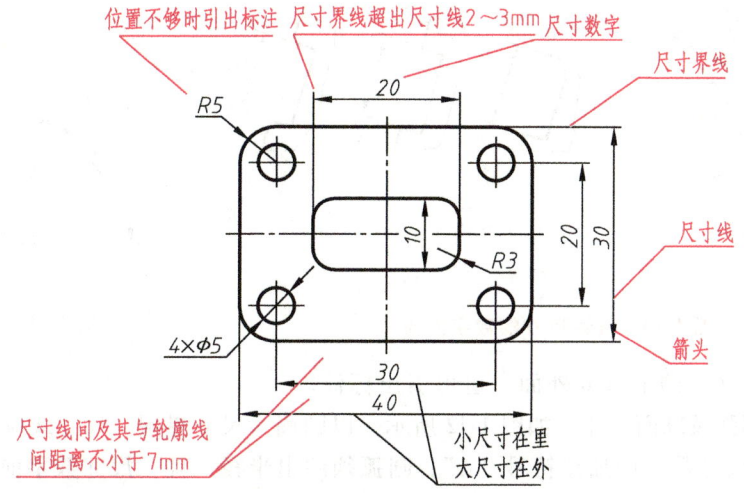

图1-8 尺寸的基本要素及标注示例

（1）尺寸界线 表示尺寸的度量范围，用细实线绘制。尺寸界线由图形的轮廓线、轴线或对称中心线引出，也可以利用轮廓线、轴线或对称中心线作为尺寸界线。尺寸界线超出尺寸线2~3mm。

尺寸界线一般应与尺寸线垂直，必要时才允许倾斜。

（2）尺寸线 表示尺寸度量的方向，用细实线绘制。尺寸线不能用其他图线代替，也不能与其他图线重合或画在其延长线上。标注线性尺寸时，尺寸线必须与所标注线段平行；当有几条互相平行的尺寸线时，大尺寸应注在小尺寸外面，以免尺寸线与尺寸界线相交；尺寸线间及其与轮廓线距离不应小于7mm，如图1-8所示。

尺寸线终端有箭头和斜线两种形式。箭头的形式如图1-9a所示，适用于各种类型的图样；斜线用细实线绘制，其方向和画法如图1-9b所示。当尺寸线的终端采用斜线形式时，尺寸线与尺寸界线应相互垂直。同一张图样中，只能采用一种尺寸线终端形式，机械图样中一般采用箭头。

（3）尺寸数字 表示尺寸度量的大小。尺寸数字不允许被任何图线所通过。当不可避免时，应把图线断开。

3. 常见尺寸的注法

（1）线性尺寸 如图1-10所示，线性尺寸的数字一般注写在尺寸线的上方或中断处，尺寸数字的方向，应按图1-10a所示的方向填写，尽量避免在图示30°范围内标注尺寸。当无法避免时，可按图1-10b所示的形式标注。

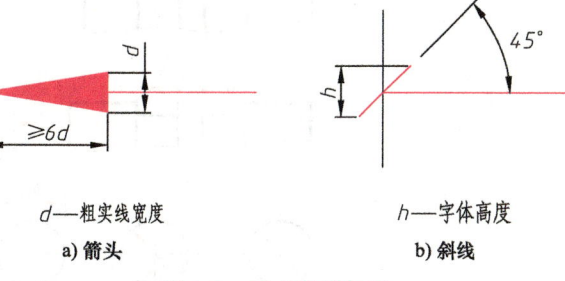

d—粗实线宽度　　　　h—字体高度

a) 箭头　　　　　　　b) 斜线

图1-9 尺寸线的终端

（2）角度尺寸 如图1-11所示，标注角度尺寸时，尺寸界线应沿径向引出。尺寸线是以角度顶点为圆心的圆弧。角度的数字一律写成水平方向，一般填写在尺寸线的中断处，必

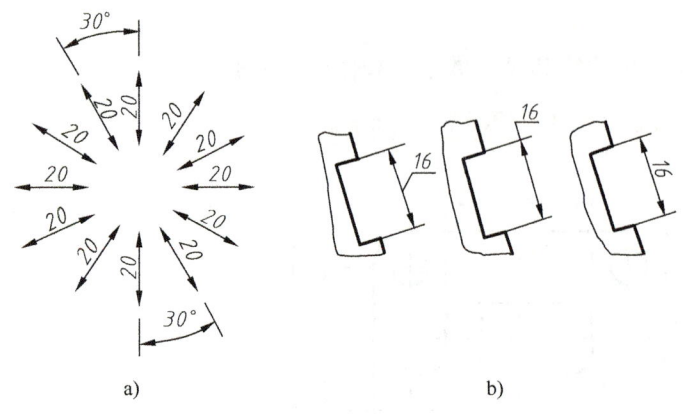
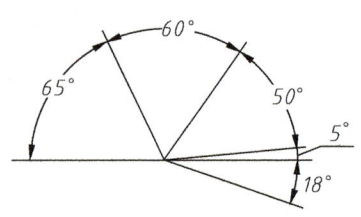

图 1-10 线性尺寸的数字方向　　　　　图 1-11 角度尺寸注法

要时可以写在尺寸线的上方或外面，也可引出标注。

（3）圆、圆弧及球面尺寸　如图 1-12 所示，以圆周为尺寸界限，尺寸线应通过圆心。圆须注出直径，且在尺寸数字前加注符号"ϕ"；圆弧须注出半径，且在尺寸数字前加注符号"R"；标注球面的直径或半径时，应在尺寸数字前加注球直径符号"$S\phi$"或球半径符号"SR"。

（4）大圆弧尺寸　当圆弧半径过大时，按图 1-13 所示标注。

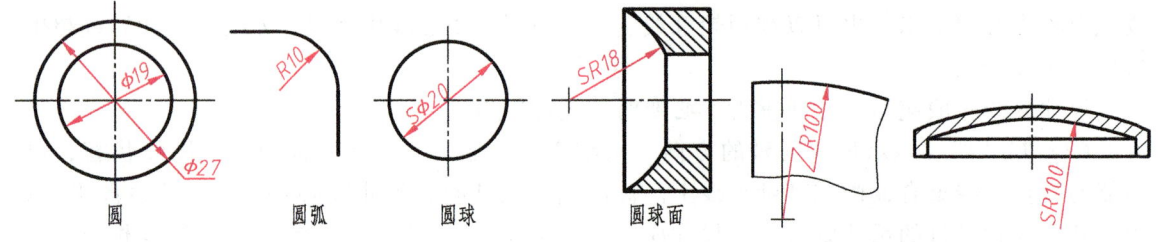

图 1-12 圆、圆弧及球面尺寸注法　　　　图 1-13 大圆弧半径的尺寸注法

（5）小尺寸和小圆弧尺寸　当没有足够的位置画箭头或注写尺寸数字时，可按图 1-14 所示的形式标注。可用斜线或小圆点代替箭头，但最外两端箭头需画出。

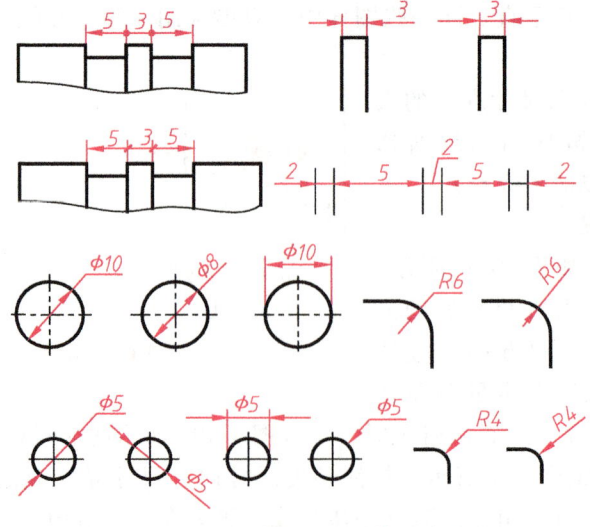

图 1-14 小尺寸和小圆弧的尺寸注法

1.2 基本几何作图

零件的形状虽然多种多样,但它们都是由各种基本的几何图形所组成的。因此,绘制机械图样时,应首先掌握常见几何图形的作图原理和作图方法。

1.2.1 等分直线段

平行线法等分线段如图 1-15 所示,将线段 MN 三等分。

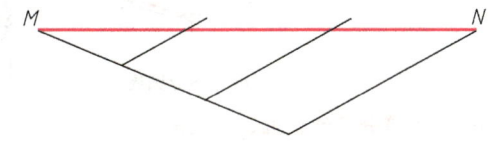

微课 1-6 等分线段、作正多边形

动画 1-3 等分线段

图 1-15 用平行线法等分线段

1.2.2 等分圆周及作正多边形

1. 圆周的三(六、十二)等分或作圆内接正三(六、十二)边形

可有两种作图方法。用圆规等分圆周的作图方法如图 1-16 所示。用 30° 三角板和丁字尺配合的作图方法如图 1-17 所示。

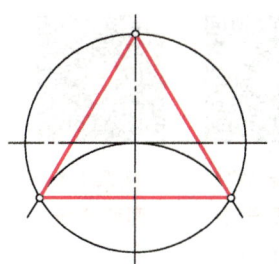 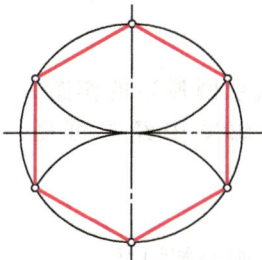 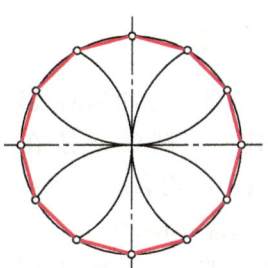

动画 1-4 圆周的三(六、十二)等分或作圆内接正三(六、十二)边形

图 1-16 用圆规等分圆周及作正多边形

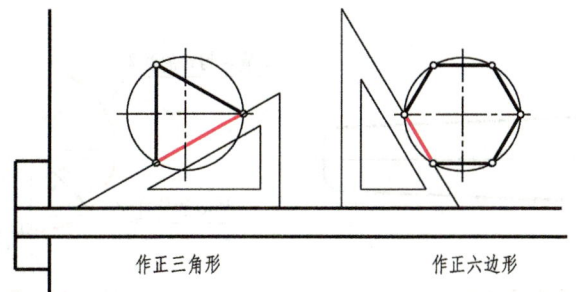

图 1-17 用三角板与丁字尺配合等分圆周及作正多边形

在上述作图中,如需改变正三角形、正六边形的方位,可通过调整三角板的放置方法来实现。

2. 圆周的五（十）等分及作圆内接正五（十）边形

如图 1-18 所示，将圆周五等分、十等分的作图步骤如下：

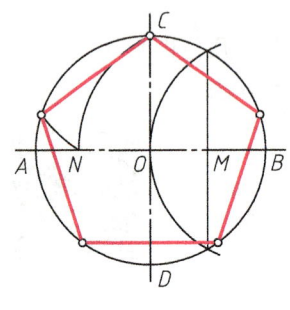
a) 五等分圆周

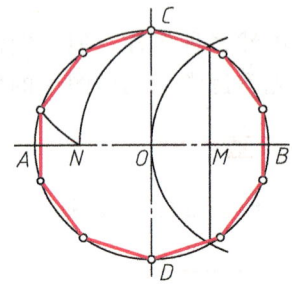
b) 十等分圆周

动画 1-5

图 1-18　圆周五等分、十等分及作正五、十边形

1）二等分半径 OB，得点 M。

2）以点 M 为圆心，MC 长为半径画弧，与 OA 相交于点 N。

3）线段 CN 即为内接正五边形的边长，以此长度在圆周上连续截取，即得 5 个等分点，过各等分点依次连线即为圆的内接正五边形。

在图 1-18b 中，线段 ON 的长度即为内接正十边形的边长，以此长度在圆周上连续截取，即得 10 个等分点，过各等分点依次连线即得内接正十边形。

1.2.3　圆弧连接

用一圆弧光滑地连接相邻两线段（直线或圆弧）的作图方法，称为圆弧连接。圆弧连接在零件轮廓图中经常可见，图 1-19 所示为扳手的轮廓图。

微课 1-7　　微课 1-8
圆弧连接　　圆弧连接
（1）　　　　（2）

1. 圆弧连接的作图原理

圆弧连接作图的关键是求出连接圆弧的圆心和切点。

（1）圆与直线相切　与已知直线相切的圆，其圆心的轨迹是一条直线，如图 1-20 所示。该直线与已知直线平行，距离为圆的半径 R。自圆心向已知直线作垂线，垂足 K 即为切点。

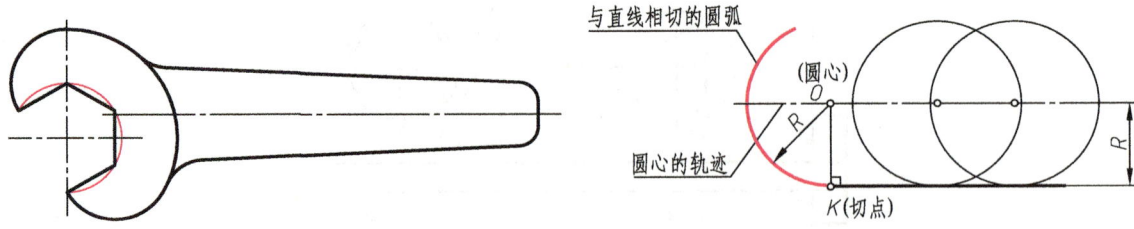

图 1-19　扳手的轮廓图　　　图 1-20　圆与直线相切

（2）圆与圆相切　如图 1-21 所示，与已知圆相切的圆，其圆心的轨迹是已知圆的同心圆。对于同心圆的半径，当两圆外切时，为两圆半径之和，如图 1-21a 所示；当两圆内切时，为两圆半径之差，如图 1-21b 所示。两圆心的连线（或其延长线）与已知圆弧的交点即

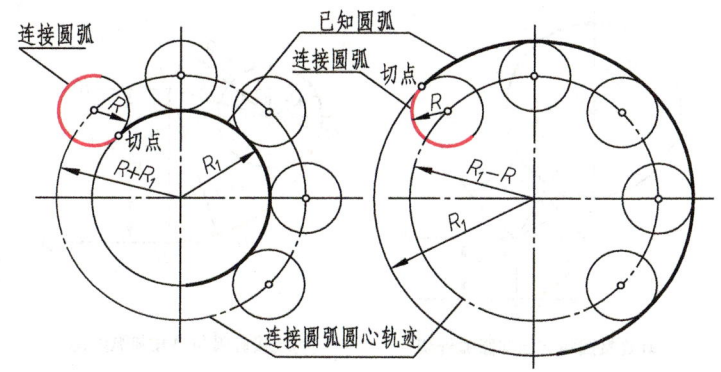

a) 连接圆弧R与已知圆弧R_1外切 b) 连接圆弧R与已知圆弧R_1内切

图 1-21 圆与圆相切

为切点。

2. 用圆弧连接相交两直线

（1）两直线相交成钝角或锐角 如图1-22a、b所示，圆弧连接的作图步骤如下：

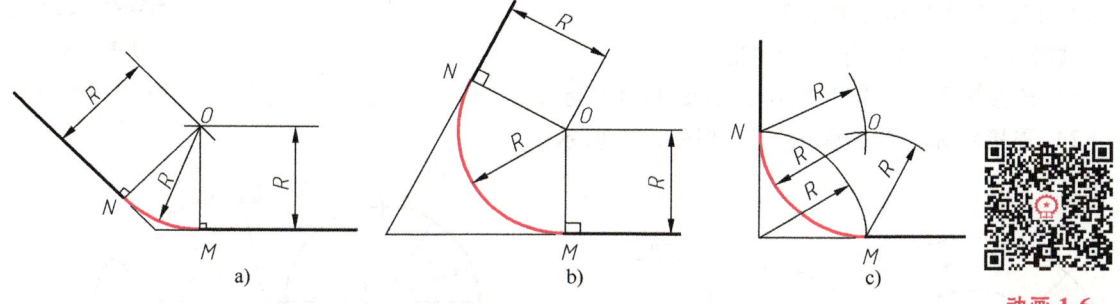

图 1-22 用圆弧连接相交两直线

动画 1-6 两直线间的圆弧连接

1）作与已知角两边分别相距为R的平行线，交点O即为连接弧圆心。

2）由点O分别向已知角两边作垂线，其垂足M、N即为切点。

3）以点O为圆心，R为半径在两切点M、N之间画连接圆弧即为所求。

（2）两直线相交成直角 如图1-22c所示，作图步骤如下：

1）以角顶点为圆心，R为半径画弧，交直角两边于点M、N。

2）分别以点M、N为圆心，R为半径画弧，相交得连接弧圆心O。

3）以点O为圆心，R为半径在点M、N间画连接圆弧即为所求。

3. 用圆弧连接一已知直线和一已知圆弧

（1）连接弧与已知弧外切 以已知半径R画弧，连接直线AB，并外切于半径为R_1的圆弧，如图1-23a所示，其作图步骤如下：

1）先以点O为圆心，以$R+R_1$为半径画弧。

2）作距直线AB为R的平行线KL，交所画圆弧于点O_1，即得连接弧圆心。

3）连接点O和O_1，与圆弧相交于点M，再由点O_1作线AB的垂线得点N，则点M和N即为切点。

4）再以点O_1为圆心，以R为半径画弧，即得所求的连接圆弧。

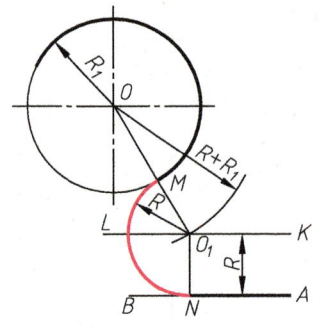
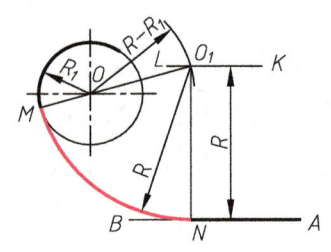

a) 连接圆弧与已知圆弧外切　　b) 连接圆弧与已知圆弧内切

图 1-23　用圆弧连接已知直线和已知圆弧

动画 1-7
用圆弧连接
已知直线和
已知圆弧

（2）连接弧与已知弧内切　　以已知半径 R 画弧，连接直线 AB，并内切于半径为 R_1 的已知圆弧，如图 1-23b 所示。

连接弧的作图步骤与外切连接时相同，因为是内切，故连接弧的圆心是平行线 KL 与圆心为点 O、半径为 $R-R_1$ 的圆弧的交点。

4. 用圆弧连接两已知圆弧

这类连接可分为如下三种情况：

1）连接圆弧与两圆弧外切，如图 1-24 所示。

2）连接圆弧与两圆弧内切，如图 1-25 所示。

动画 1-8
用圆弧连接两
已知圆弧

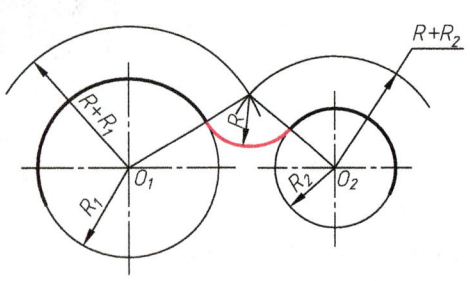

图 1-24　连接圆弧与两已知圆弧外切

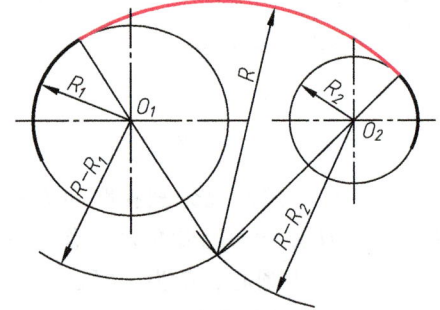

图 1-25　连接圆弧与两已知圆弧内切

3）连接弧与一圆弧外切，与另一圆弧内切，如图 1-26 所示。

综上所述，可归纳出圆弧连接的画图步骤如下：

1）根据圆弧连接的作图原理，求出连接弧的圆心。

2）求出切点。

3）用连接圆弧半径画弧。

4）描深图线，为保证连接光滑，一般应先描圆弧，后描直线，当几个圆弧相连接时，应依次相连。

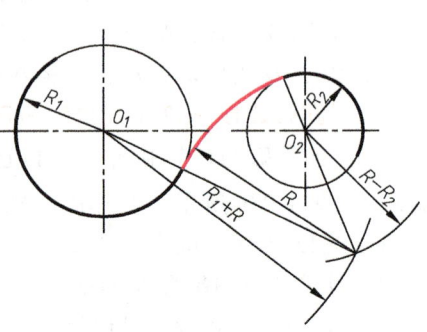

图 1-26　连接圆弧与两已知圆弧分别内、外切

1.2.4 椭圆

椭圆为非圆曲线。下面介绍已知长轴和短轴作椭圆的两种常用画法。

1. 同心圆法（图 1-27a）

1）以点 O 为圆心，分别以长半轴 OA 和短半轴 OC 为半径画圆。
2）由点 O 作若干射线（一般作圆 12 等分射线）与两圆相交。
3）由大圆上各交点分别作短轴的平行线，由小圆上各交点分别作长轴的平行线，对应线相交即可得椭圆上的各点。
4）将得到的各点依次光滑连成椭圆。

微课 1-9
椭圆画法

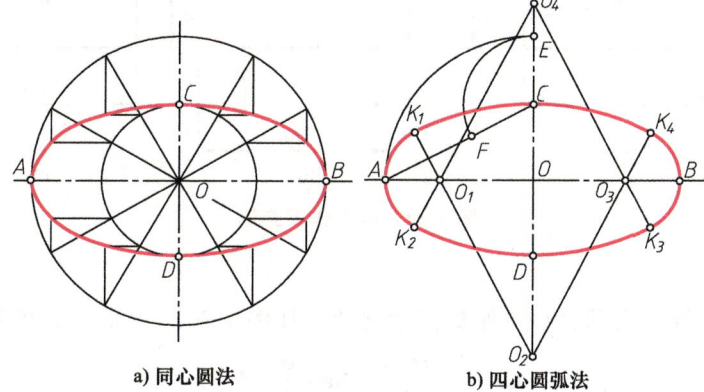

a) 同心圆法　　　　b) 四心圆弧法

图 1-27　椭圆的近似画法

2. 四心圆弧法（图 1-27b）

1）连接长、短轴的端点 A、C，取 $CF = CE = OA - OC$。
2）作线 AF 的中垂线，与两轴交于点 O_1、O_2，再取对称点 O_3、O_4。
3）分别以点 O_2、O_4、O_1、O_3 为圆心，以 O_2C、O_4D、O_1A、O_3B 为半径画弧，拼成近似椭圆，切点为 K_1、K_2、K_3、K_4。

1.2.5 斜度与锥度

1. 斜度

斜度是指一直线或平面对另一直线或另一平面的倾斜程度，其大小用两直线或两平面夹角的正切来表示。如图 1-28a 所示，线 AC 对线 AB 的斜度为

$$S = H/L = \tan\alpha = 1 : n$$

微课 1-10
斜度、锥度
画法及标注

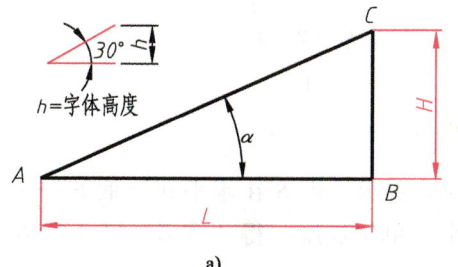

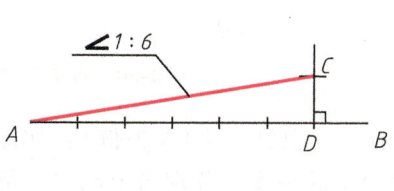

a)　　　　　　　　　　b)

图 1-28　斜度及其作图方法

1）斜度作图方法（以 1∶6 斜度为例）：如图 1-28b 所示，由 A 在水平线 AB 上取 6 个单位长度得 D，由 D 作 AB 的垂线 DC，取 DC 为 1 个单位长度，连接 A 和 C，即得相对水平方向斜度为 1∶6 的斜线。

2）斜度标注：在图样中，斜度常以 1∶n 的形式标注。斜度的符号用细实线绘制，比例画法如图 1-28a 所示，标注方法见图 1-28b。

注意：斜度符号的方向应与图中斜度的方向一致。

3）作图实例：如图 1-29 所示。

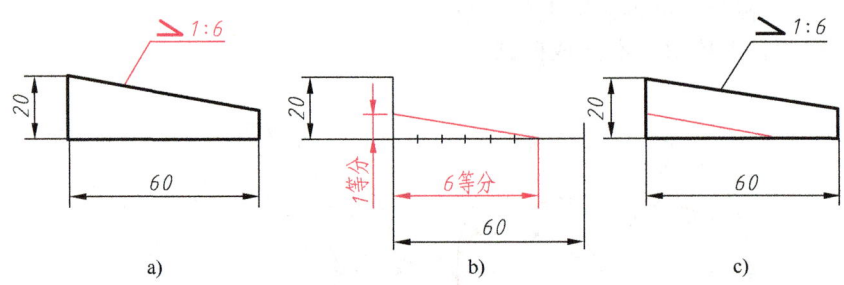

图 1-29 斜度作图实例

2. 锥度

锥度是指正圆锥的底圆直径与圆锥高度之比，如图 1-30a、b 所示，即锥度为

$$C = \frac{D}{H} = \frac{D-d}{h} = 2\tan\frac{\alpha}{2} = 1:n$$

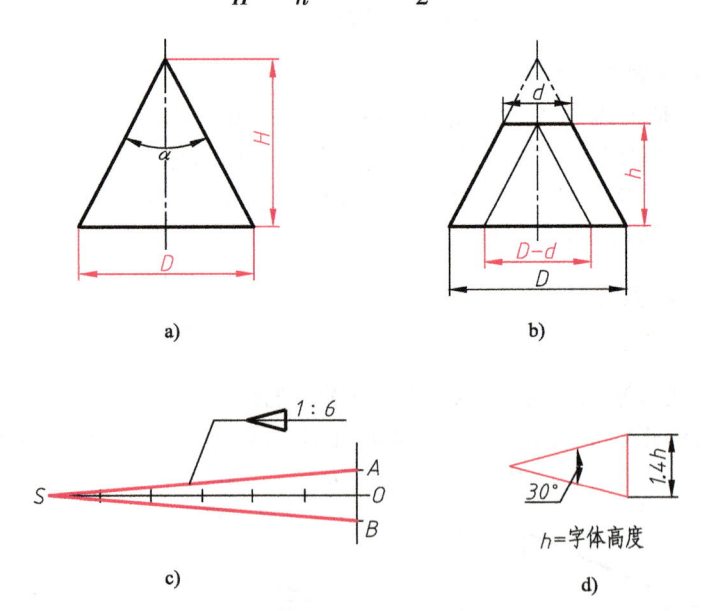

图 1-30 锥度及其作图方法

1）锥度作图方法（以锥度 1∶6 为例）：如图 1-30c 所示，由 S 在水平线上取 6 个单位长度得 O，由 O 作 SO 的垂线，分别向上和向下量取半个单位长度，得 A 和 B。过 A 和 B 分别与 S 相连，即得 1∶6 的锥度。

2）锥度标注：在图样中，锥度常以 1∶n 的形式标注。锥度符号的画法如图 1-30d 所示。锥度的标注方法如图 1-30c 所示。

注意：锥度符号的方向应与图中锥度的方向一致。

3）作图实例：如图 1-31 所示。

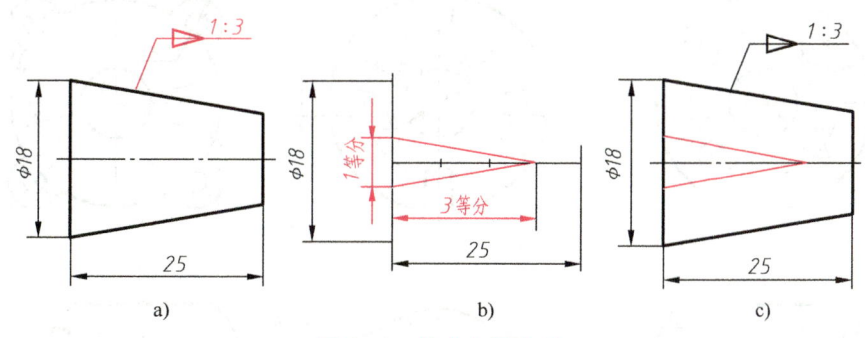

图 1-31 锥度作图实例

1.3 平面图形的作图

平面图形由许多线段连接而成，这些线段的相对位置和连接关系，依据给定的尺寸来确定。画图时，首先要分析尺寸的作用、各线段的性质和它们相互间的关系，才能确定正确的作图步骤。

1.3.1 平面图形的尺寸分析

平面图形中的尺寸，按其作用可分为两类：

（1）定形尺寸　用于确定线段的长度、圆弧的半径（或圆的直径）和角度的大小等尺寸，称为定形尺寸。如图 1-32 中的尺寸"φ5""φ20""R10""R15""R12""15"等。

（2）定位尺寸　用于确定线段在平面图形中所处位置的尺寸，称为定位尺寸。如图 1-32 中的尺寸"8"，确定了 φ5mm 圆的圆心位置；尺寸"75"间接地确定了 R10mm 圆弧的圆心位置；尺寸"45"确定了 R50mm 圆的圆心的一个坐标值。

定位尺寸须从尺寸基准出发进行标注。确定尺寸位置的几何元素称为尺寸基准。平面图形有长和高两个方向，每个方向至少有一个基准，常用图形的对称线、较大圆的中心线、较长的边线作为尺寸基准。图 1-32 中的中心线 A 为上下（高度）方向的尺寸基准，平面 B 为左右（长度）方向的尺寸基准。

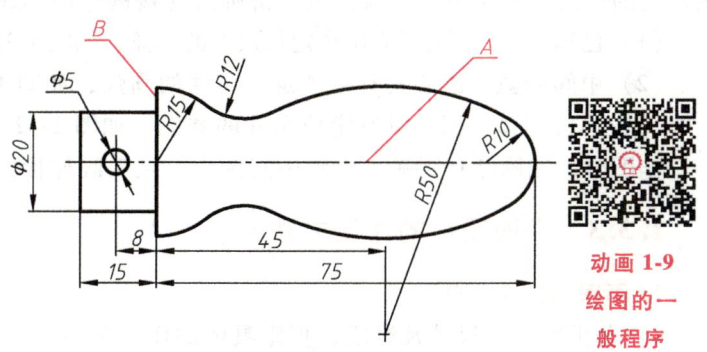

图 1-32 手柄平面图

标注尺寸时，应首先确定尺寸基准，再依次注出各线段的定位尺寸和定形尺寸。常见的平面图形及尺寸标注如图 1-33 所示。

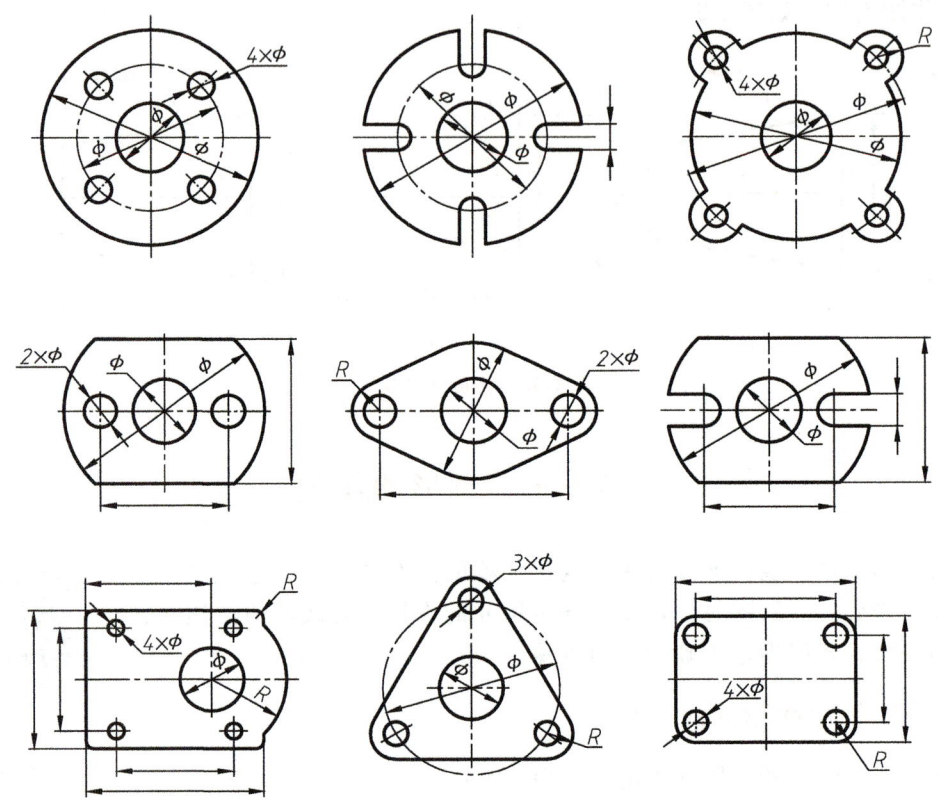

图 1-33　常见的平面图形及尺寸标注

1.3.2　平面图形的线段分析

平面图形中的线段（直线或圆弧），根据其定位尺寸的完整与否，可分为三类（因为直线连接的作图比较简单，所以这里只讲圆弧连接的作图问题）。

（1）已知圆弧　圆心具有两个定位尺寸的圆弧，如图 1-32 中的 $R15mm$ 圆弧和 $R10mm$ 圆弧。

（2）中间圆弧　圆心具有一个定位尺寸的圆弧，如图 1-32 中的 $R50mm$ 圆弧。

（3）连接圆弧　圆心没有定位尺寸的圆弧，如图 1-32 中的 $R12mm$ 圆弧。

作图时，先画已知圆弧，再画中间圆弧，最后画连接圆弧。

1.3.3　平面图形的作图方法与步骤

1. 画图前准备工作

1）分析图形的尺寸及线段，拟定具体的作图顺序。

2）确定比例，选用图幅，固定图纸。

2. 画底稿

用 H～2H 铅笔不分粗细，轻、细地画出底图，步骤如图 1-34 所示。注意合理均匀地布图，作图力求准确。画错的地方，在不影响画图的情况下，可先作记号，待底稿完成后一齐擦掉。

3. 描深底稿

在描深以前,必须全面检查底稿,修正错误,把画错的线条及作图辅助线擦干净。描深后,画出尺寸界线和尺寸线。

描深底稿的步骤如下:

1)先粗后细。先用 B 或 2B 铅笔描深全部粗实线,再用 HB 铅笔描深全部虚线、点画线及细实线。

2)先曲后直。在描深同一种线型(特别是粗实线)时,应先描深圆弧和圆,然后描深直线。

3)先水平、后垂斜。先自上而下画出全部相同线型的水平线,再自左向右画出全部相同线型的垂直线,然后画出倾斜的直线。

4. 完成作图

画箭头,填写尺寸数字、标题栏等,完成作图,尺寸标注如图 1-32 所示。

动画 1-10
平面图形的
画图步骤

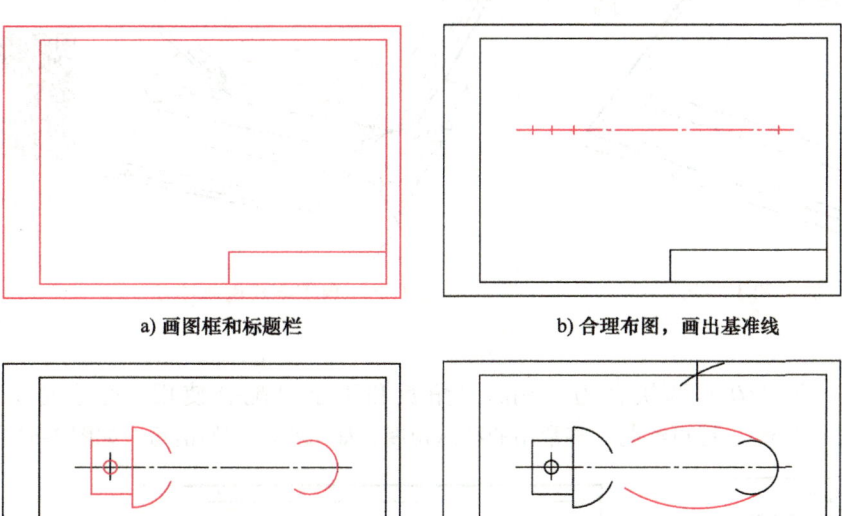

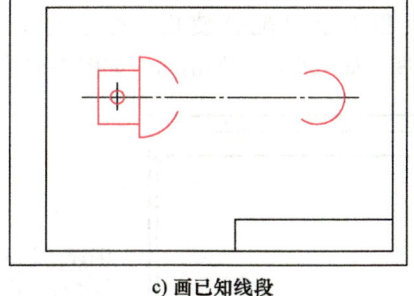
c)画已知线段

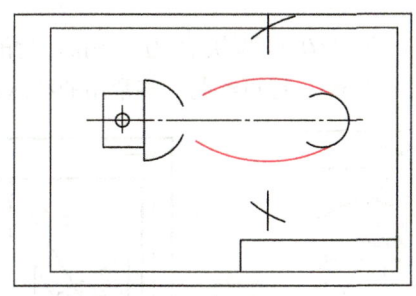
d)画中间圆弧

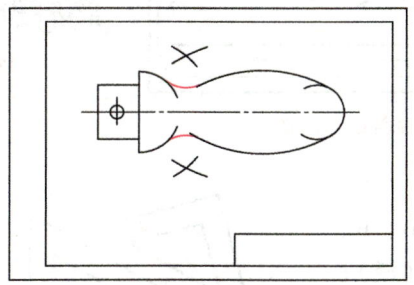
e)画连接圆弧

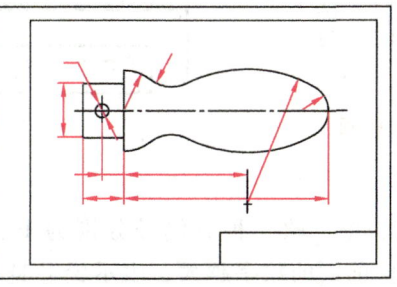
f)检查修改,描深,画尺寸界线、尺寸线

图 1-34 画图的步骤

1.4　常用绘图工具及使用

虽然目前工程图样已经逐步由计算机绘制，但尺规绘图仍是工程技术人员必备的基本技能，因此，必须熟练掌握常用绘图工具的使用方法。

微课 1-12
常用绘图工具

1. 图板

如图 1-35 所示，图板是用来铺放、固定图纸的，图板板面要求平整光滑，左侧为丁字尺的导边，必须平直。

2. 丁字尺

丁字尺由尺头和尺身构成，主要用来画水平线。使用时，尺头紧靠图板的导边，用左手推动丁字尺上、下移动，自左向右画水平线，如图 1-36 所示。

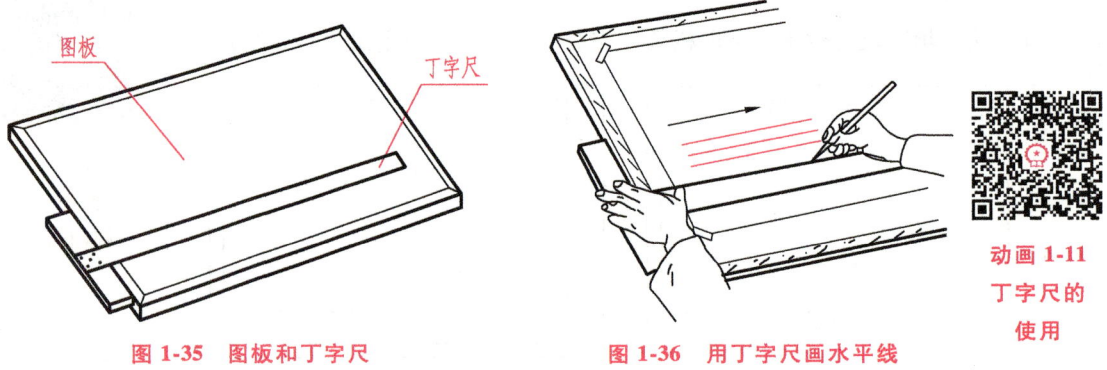

图 1-35　图板和丁字尺　　　　图 1-36　用丁字尺画水平线

动画 1-11
丁字尺的使用

3. 三角板

三角板由 45°和 30°（60°）两块合为一副。三角板和丁字尺配合使用，可绘制垂直线（图 1-37）、倾斜线（图 1-38），还可绘制一些常用的特殊角度，如 15°及 15°的倍角，如图 1-39 所示。

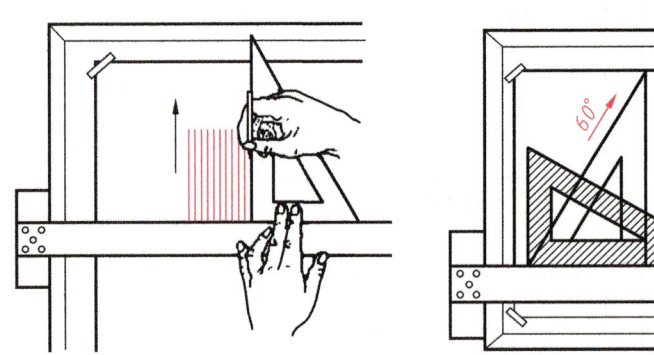

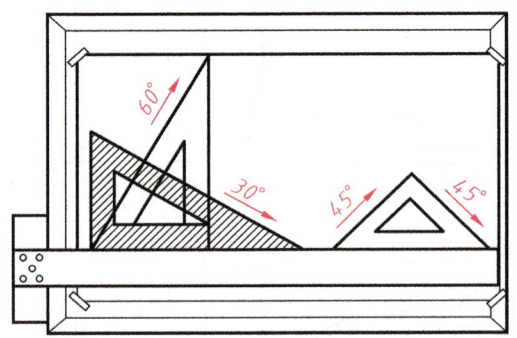

图 1-37　垂直线的画法　　　　图 1-38　倾斜线的画法

动画 1-12
三角板的使用

4. 铅笔

绘图铅笔分硬、中、软三种。代号分别为 H、HB、B。H 表示硬性铅笔，H 前面的数字越大，表示铅芯越硬（淡）；HB 为中等硬度（即软硬适中）；B 表示软性铅笔，B 前面的数字越大，表示铅芯越软（黑）。

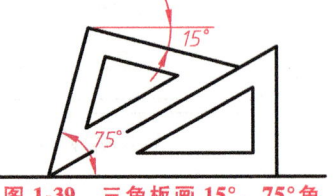

图 1-39　三角板画 15°、75°角

绘制图形底稿时，建议采用 H 或 2H 铅笔，笔尖削成尖锐的圆锥形，如图 1-40a 所示；描黑底稿时，建议采用 B 或 2B 铅笔，笔尖削成扁铲形，如图 1-40b 所示。铅笔应从没有标号的一端开始使用，以便保留软硬的标号，如图 1-40c 所示。

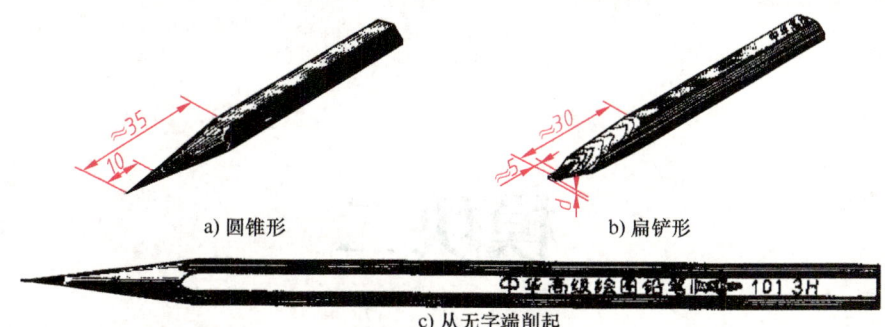

图 1-40　铅笔的削法

5. 圆规、分规

圆规主要用来画圆或圆弧。圆规的附件有钢针插脚、铅芯插脚和延伸杆等。

画圆时，圆规的钢针应使用有肩台的一端，并使肩台与铅芯尖平齐。圆规的使用方法如图 1-41～图 1-43 所示。

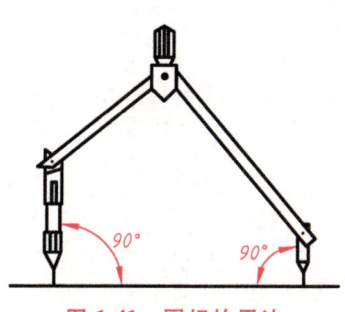

图 1-41　圆规的用法

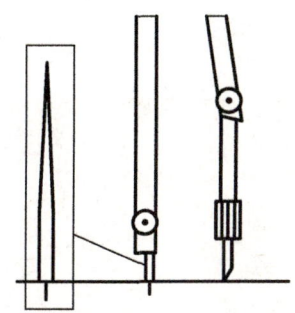

图 1-42　针脚应比铅芯稍长

分规是用来截取线段、等分直线或圆周，以及从图形上量取尺寸的工具。

分规的两个针尖并拢时应对齐，如图 1-44 所示。

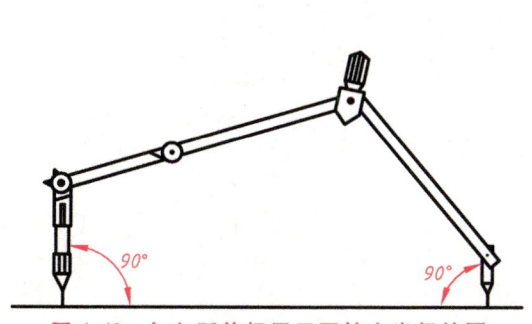

图 1-43　加入延伸杆用于画较大半径的圆

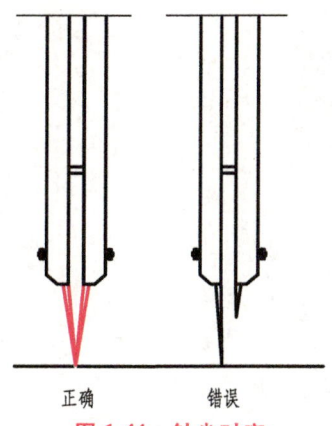

图 1-44　针尖对齐

模块二

画法几何

第2章 投影基础

学习目标

1. 了解投影的概念和投影法的分类，理解并掌握正投影的基本特性。
2. 理解并掌握三视图的形成及投影规律。
3. 理解并掌握点的投影规律及各种位置点的投影特性，掌握空间点的位置判断、重影点的投影及可见性判断。
4. 理解并掌握各种位置直线和平面的投影特性，掌握直线上的点、平面上的直线和点的投影特性及作图方法。
5. 理解并掌握基本体三视图的画法及表面上点的投影的作图方法。

素养目标

1. 培养绘制和识读三视图的技能，提升学生的空间想象能力、空间思维能力。
2. 培养学生严谨细致的作图习惯。

学习任务

2.1 投 影 法

2.1.1 投影法的概念

生活中，投影现象随处可见。当日光或灯光照射物体时，在地面或墙面上就会出现物体的影子。人们对这种现象经过科学总结和抽象，提出了投影法。如图 2-1 所示，光源光线照射三角板时，在桌面（H 面）便产生三角板的影子。

所谓投影法，就是投射线通过物体，投向选定的投影面，并在该投影面上得到图形的方法。在投影法中，投射线的交汇点 S 称为投射中心，投射中心与物体上一点的连线（如 SA、SB、SC）称为投射线，投射线与投影面的

微课 2-1
投影法的概念及分类

交点（如 a、b、c）称为物体上的点（A、B、C）的投影，得到投影的平面称为投影面，如图 2-2 所示。

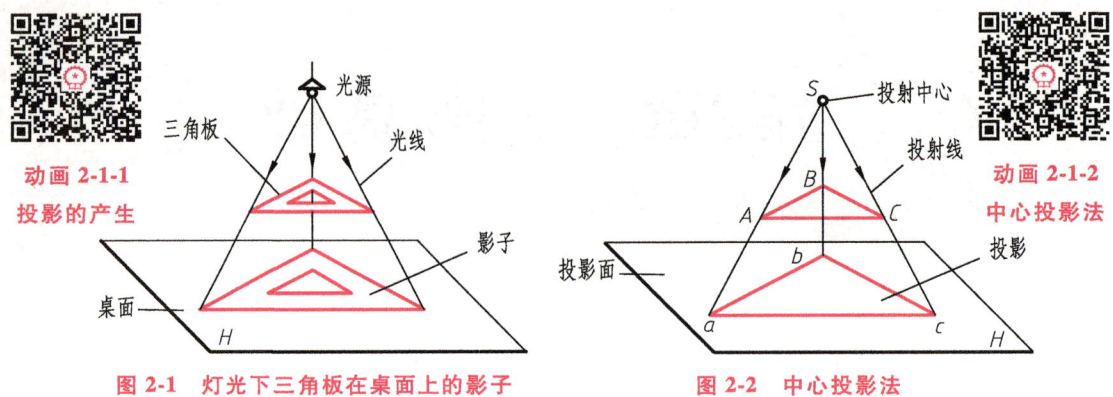

图 2-1　灯光下三角板在桌面上的影子

图 2-2　中心投影法

2.1.2　投影法的分类

根据投射线是否交汇于一点，投影法可分为两大类，即中心投影法和平行投影法。

1. 中心投影法

投射线汇交于一点的投影法，称为中心投影法，如图 2-2 所示。中心投影法所得投影的大小随着投射中心、物体、投影面三者之间距离的变化而变化。因此，中心投影法不能够真实地反映物体的形状和大小，度量性较差，作图复杂；但中心投影法得到的投影立体感较强，多用于绘制建筑物的外观图。

2. 平行投影法

投射线相互平行的投影法，称为平行投影法，如图 2-3 所示。

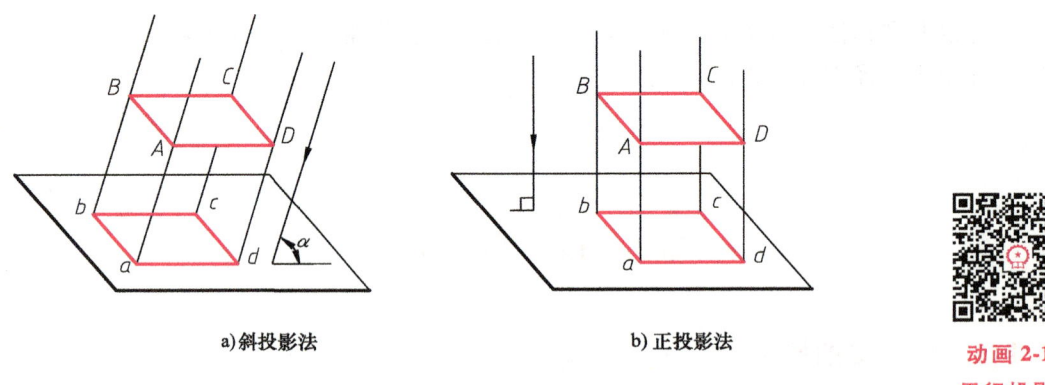

a) 斜投影法　　　　　b) 正投影法

图 2-3　平行投影法

平行投影法所得的投影与物体距投影面的距离无关，当物体上的表面与投影面平行时，其投影能真实反映该表面的形状和大小。

在平行投影法中，按投射线是否垂直于投影面，又可分为斜投影法和正投影法。

（1）斜投影法　即投射线与投影面相倾斜的平行投影法。根据斜投影法所得到的图形，称为斜投影或斜投影图，如图 2-3a 所示。

（2）正投影法　即投射线与投影面相垂直的平行投影法。根据正投影法所得到的图形，称为正投影或正投影图,如图 2-3b 所示。

正投影能够真实表达物体的形状和大小,度量性好,作图较简单,广泛用于工程图样的绘制。绘制机械图样主要采用正投影法。

2.1.3 正投影的基本性质

1. 真实性

平面图形(或直线)与投影面平行时,其投影反映实形(或实长)的性质,称为真实性。如图 2-4 所示,直线 $AB//H$,其投影 ab 反映 AB 的实长,即 $ab=AB$;平面 $\triangle CDE//H$,其投影 $\triangle cde$ 反映 $\triangle CDE$ 的实形,即 $\triangle cde \cong \triangle CDE$。

微课 2-2
正投影的特性

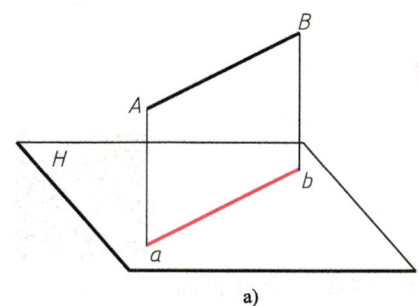
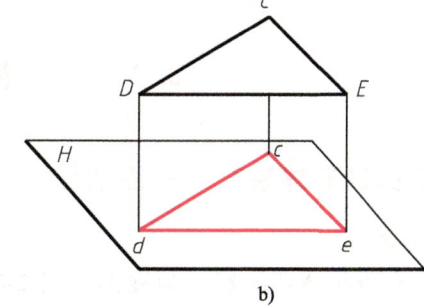

动画 2-2-1
真实性

图 2-4 正投影法的真实性

2. 积聚性

平面图形(或直线)与投影面垂直时,其投影积聚为一条直线(或一个点)的性质,称为积聚性。如图 2-5 所示,直线 AB 垂直于投影面 H,其在 H 面的投影积聚为一点 $a(b)$;平面 $\triangle CDE$ 垂直于投影面 H,其在 H 面的投影积聚成一条直线 dce。

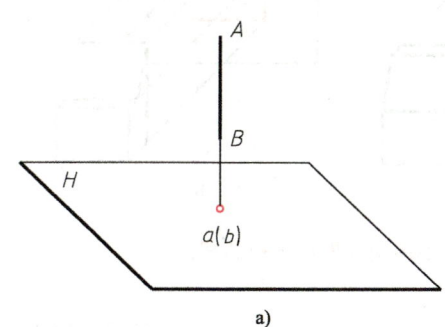
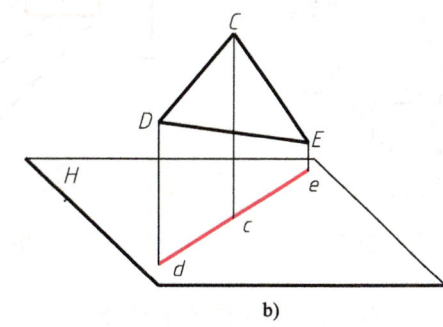

图 2-5 正投影法的积聚性

动画 2-2-2
积聚性

3. 类似性

平面图形(或直线)与投影面倾斜时,其投影变小(或变短),但投影的形状与原来形状相类似的性质,称为类似性。如图 2-6 所示,直线段 AB 倾斜于投影面 H,直线在该投影面上的投影变短,但仍为直线段;平面 $\triangle CDE$ 倾斜于投影面 H,它在投影面上的投影为类似 $\triangle cde$。

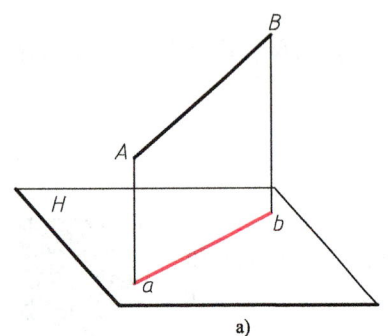
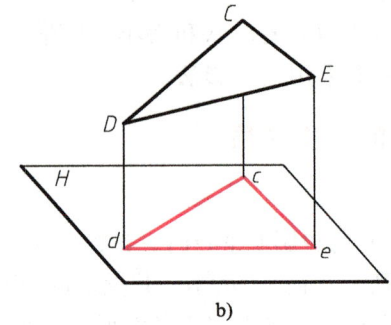

a)   b)

图 2-6   正投影的类似性

动画 2-2-3 类似性

2.2 三视图

2.2.1 三面投影体系与三视图的形成

1. 视图的概念

用正投影法获得物体的投影称为视图。图 2-7 所示为物体在一个投影面上的视图。

一般情况下，只根据一个视图不能确定物体的形状，如图 2-8 所示。要反映物体的完整形状，必须增加不同方向的视图，通常用三面视图来表示。

微课 2-3 三投影面体系及三视图的形成

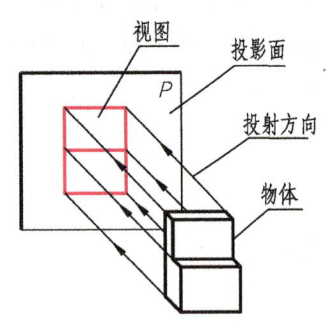
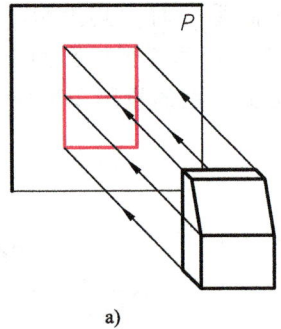
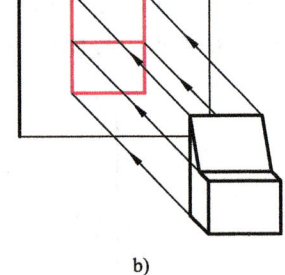

图 2-7   物体的视图   图 2-8   不同物体的单面视图相同

动画 2-3-1 物体的视图

2. 三投影面体系的建立

三个相互垂直的投影面 V、H、W 构成一个三投影面体系，如图 2-9 所示。V 面称为正立投影面，简称正面；H 面称为水平投影面，简称水平面；W 面称为侧立投影面，简称侧面。相互垂直的投影面之间的交线，称为投影轴，它们分别是：OX 轴（简称 X 轴），代表长度方向；OY 轴（简称 Y 轴），代表宽度方向；OZ 轴（简称 Z 轴），代表高度方向。三根投影轴相互垂直，其交点 O 称为原点。

动画 2-3-2 不同物体的单面视图相同

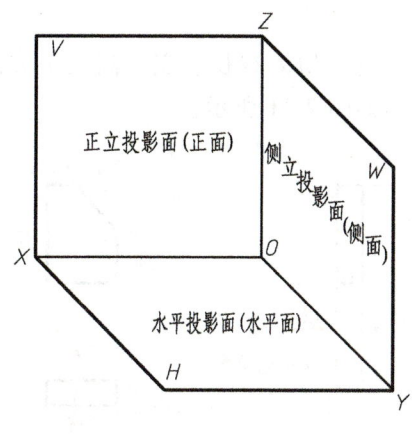

图 2-9 三投影面体系

3. 三视图的形成

（1）物体在三投影面体系中的投影　将物体放置在三投影面体系中，按正投影法向各投影面投射，在三个投影面上可分别得到物体的正面投影、水平投影和侧面投影，如图 2-10a 所示。

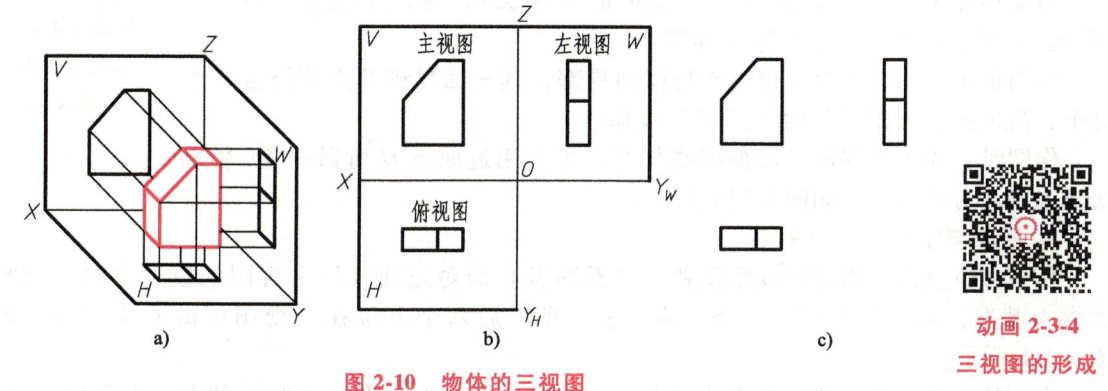

图 2-10　物体的三视图

（2）三投影面的展开　为了画图方便，需将相互垂直的三个投影面展开在同一个平面上。规定：正立投影面不动，将水平投影面绕 OX 轴向下旋转 90°，将侧立投影面绕 OZ 轴向右旋转 90°，分别重合到正立投影面上，如图 2-10b 所示。应注意，水平投影面和侧立投影面旋转时，OY 轴被分为两处，分别用 OY_H（在 H 面上）和 OY_W（在 W 面上）表示。

物体在 V 面上的投影，也就是由前向后投射所得的视图，称为主视图；物体在 H 面上的投影，也就是由上向下投射所得的视图，称为俯视图；物体在 W 面上的投影，也就是由左向右投射所得的视图，称为左视图，如图 2-10b 所示。为使三视图更为清晰，可不画出投影面的范围，如图 2-10c 所示。

2.2.2　三视图的投影规律

1. 三视图间的位置关系

以主视图为准，俯视图在它的正下方，左视图在它的正右方，如图 2-10c 所示。

2. 三视图间的投影关系

从三视图的形成过程可以看出，物体有长、宽、高三个方向的尺度，但每个视图只能反映其中的两个，如图 2-11 所示。

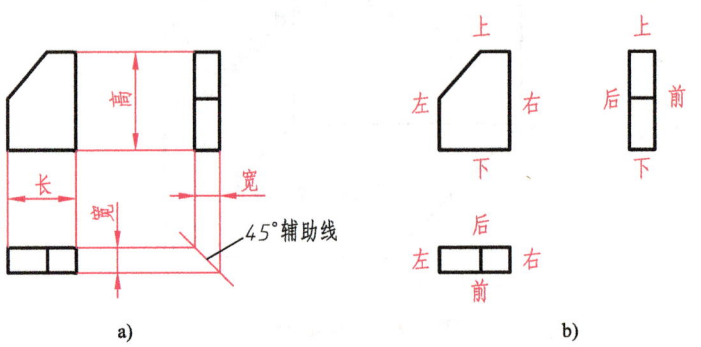

图 2-11 物体的三视图间的投影关系

主视图反映物体的长度（X 方向）和高度（Z 方向）。
俯视图反映物体的长度（X 方向）和宽度（Y 方向）。
左视图反映物体的宽度（Y 方向）和高度（Z 方向）。

由此归纳得出：主、俯视图，长对正（等长）；主、左视图，高平齐（等高）；俯、左视图，宽相等（等宽）。

应当指出，无论是整个物体或物体的局部，其三面投影都必须符合"长对正、高平齐、宽相等"的"三等"规律。

作图时，为了实现俯、左视图宽相等，可利用过原点 O 所做的 45°辅助线来求得其对应关系，如图 2-11a 所示。

3. 视图与物体的方位关系

所谓方位关系，指的是以绘图者（或看图者）面对正面（即主视图的投射方向）观察物体为基准，确定物体的上、下、左、右、前、后六个方位在三视图中的对应关系，如图 2-11b 所示。

在三视图中，主视图反映物体的上、下和左、右；俯视图反映物体的左、右和前、后；左视图反映物体的上、下和前、后。

由图 2-11b 可知，俯、左视图靠近主视图的一侧（里侧），表示物体的后面，远离主视图的一侧（外侧），表示物体的前面。

2.3　点的投影

点是组成线、面和体最基本的几何元素。因此，为了正确地画出物体的三视图，首先必须掌握点的投影规律。

2.3.1　点的三面投影

将空间点 A 置于三投影面体系中，由该点分别向 H、V、W 面引垂线，得到三个垂足，即为点 A 的三面投影，如图 2-12a 所示。点 A 在 V 面上的投影称为点 A 的正面投影，用 a′ 表示；点 A 在 H 面上的投影称为点 A 的水平投影，用 a 表示；点 A 在 W 面上

的投影称为点 A 的侧面投影，用 a'' 表示。

移去空间点 A，保持 V 面不动，将 H 面绕 OX 轴向下旋转 $90°$，W 绕 OZ 轴向右旋转 $90°$，使其与 V 面在一个平面，即得点 A 的三面投影图，如图 2-12b 所示。图中 a_X、a_Y（a_{YH}、a_{YW}）、a_Z 分别为点的投影连线与投影轴 X、Y、Z 的交点。

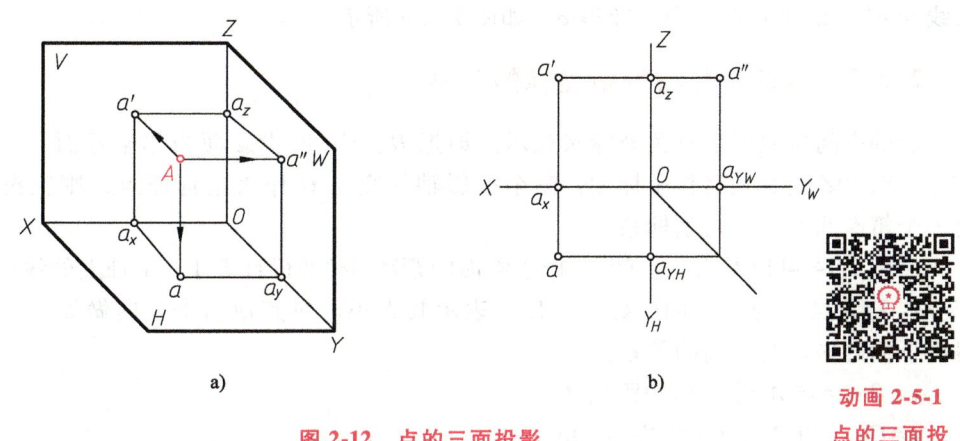

图 2-12 点的三面投影

动画 2-5-1 点的三面投影的形成

2.3.2 点的投影特性

由空间点 A 得到其三面投影 a、a'、a'' 的过程，可总结出点的投影规律。

1）点的两面投影的连线必定垂直于相应的投影轴，即：$aa' \perp OX$；$a'a'' \perp OZ$；$aa_{YH} \perp OY_H$，$a''a_{YW} \perp OY_W$。

2）点的投影到投影轴的距离，等于空间点到对应投影面的距离，即：$a'a_X = a''a_Y =$ 点 A 到 H 面的距离 Aa；$aa_X = a''a_Z =$ 点 A 到 V 面的距离 Aa'；$aa_Y = a'a_Z =$ 点 A 到 W 面的距离 Aa''。

【例 2-1】 如图 2-13a 所示，已知点 A 的 V 面投影 a' 和 W 面投影 a''，求其 H 面的投影 a。

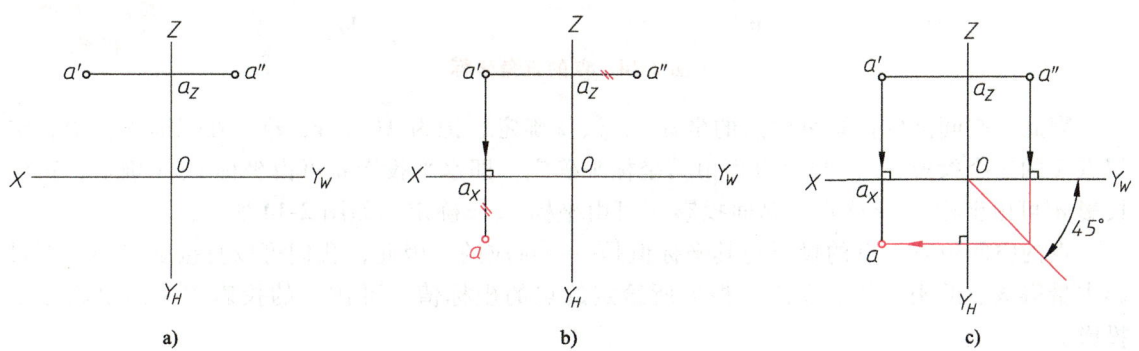

图 2-13 已知点的两面投影求第三面投影

方法一：

1）过 a' 作 $a'a_X \perp OX$，并延长。

2）量取 $aa_X = a''a_Z$，即得 a，如图 2-13b 所示。

方法二：

1）过原点 O 作 45°辅助线。

2）过 a' 作 $a'a_X \perp OX$，并延长。

3）从 a'' 点作 OY_W 轴的垂直线与 45°辅助线相交，过交点作 OY_H 轴的垂直线与 $a'a_X$ 的延长线相交，即得 a，如图 2-13c 所示。

动画 2-5-2
已知点的两面投影求第三面投影

2.3.3 点的投影与直角坐标的关系

点的空间位置可用直角坐标来表示。即把 H、V、W 投影面当作坐标面，OX、OY、OZ 投影轴当作坐标轴，三个投影轴的交点 O 作为坐标原点，则三投影面体系便是一个笛卡儿空间直角坐标系。

从图 2-14 可以看出，空间点 A 到 W 面的距离 Aa'' 平行且等于 OX 轴上的线段 Oa_X。我们把 Oa_X 称为点 A 的 X 方向坐标，并以 x 表示其大小。对其他两个方向做类似的推导，即可得出下面的坐标与距离的关系：

$x = Oa_X = $ 点 A 到 W 面的距离 Aa''

$y = Oa_Y = $ 点 A 到 V 面的距离 Aa'

$z = Oa_Z = $ 点 A 到 H 面的距离 Aa

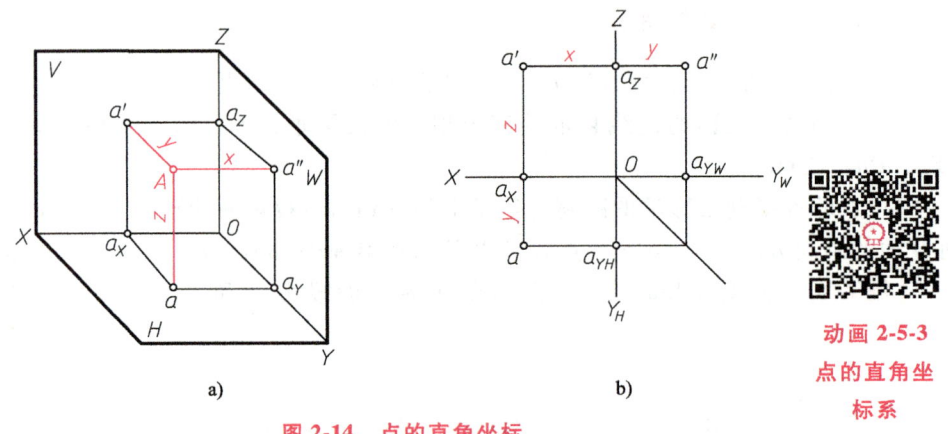

图 2-14 点的直角坐标

动画 2-5-3
点的直角坐标系

因此，空间点的位置可由点的坐标 x、y、z 确定，记为 $A(x, y, z)$。在三面投影中，空间点 A 的三个投影 a、a' 和 a'' 也可由其坐标来确定，即水平投影 a 可由坐标 x、y 确定，正面投影 a' 可由坐标 x、z 确定，侧面投影 a'' 可由坐标 y、z 确定，如图 2-14 所示。

点的空间位置、点的投影与其坐标值是一一对应的。因此，我们可以直接从点的三面投影中量得该点的坐标值。反之，根据所给定的点的坐标值，可按点的投影规律画出其三面投影。

【例 2-2】 已知点 $A(30, 10, 20)$，求点 A 的三面投影。

作图步骤如图 2-15 所示。

1）画投影轴，在 OX 轴上从点 O 向左量取 30，定出 a_X，过 a_X 作 OX 轴的垂线，如图 2-15a 所示。

2）在 OZ 轴上从点 O 向上量取 20，定出 a_Z，过 a_Z 作 OZ 轴的垂线，两条线交点即为

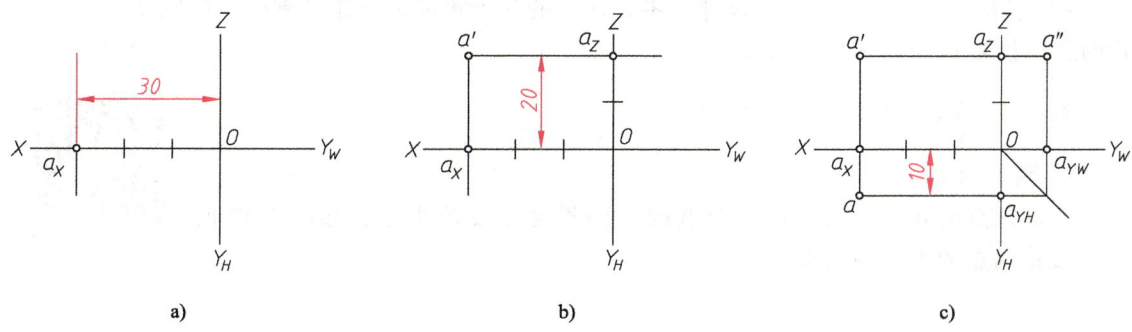

a) b) c)

图 2-15 由点的坐标作三面投影图

a'，如图 2-15b 所示。

3）在 $a'a_X$ 的延长线上，从 a_X 向下量取 10 得 a，过 a 作 OX 轴的平行线与 $\angle Y_W OY_H$ 的角平分线相交，过交点作 OY_W 轴的垂线与过 a' 所作 OZ 轴的垂线相交于 a''，即得点 A 的三面投影，如图 2-15c 所示。

动画 2-5-4
由点的坐标求
三面投影

2.3.4 各种位置点的投影

点在三投影面体系中的位置有四种情况：在空间、在投影面上、在投影轴上、在原点上，如图 2-16a 所示。

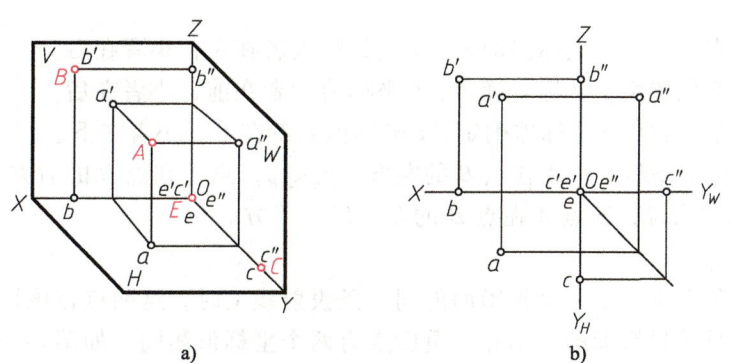

a) b)

图 2-16 各种位置点的投影

由图 2-16b 可得出各种位置点的投影特性：

1）点在空间时，三个坐标均不为零，该点的三个投影都不在投影轴上，如图 2-16 中的空间点 A 的三面投影。

2）点在投影面上时，必有一个坐标为零，该点的一个投影在点所在的投影面上，与该点本身重合，另两个投影在投影轴上，如图 2-16 中的点 B 在 V 面上，它的 V 面投影 b' 与其本身重合，其 H 面投影 b 在 OX 轴上，其 W 面投影 b'' 在 OZ 轴上。

3）点在投影轴上时，有两个坐标为零，该点的两个投影在投影轴上，与该点本身重合，另一个投影与原点重合，如图 2-16 中的点 C 在 OY 轴上，它的 H 面投影 c 和 W 面投影 c'' 都在 OY 轴上，与其本身重合，其 V 面投影与原点重合。值得注意的是：点 C 的 H 面投影 c 应在 H 面的 OY_H 轴上，点 C 的 W 面投影 c'' 应在 W 面的 OY_W 轴上，如图 2-16b 所示。

4）点在原点上时，三个坐标都为零，该点的三个投影都与原点重合，如图 2-16 中的点 E 的三面投影 e、e'、e'' 都在原点。

2.3.5 两点的相对位置

1. 两点的相对位置

空间两点的相对位置，可从两点的同面投影中反映出来，如图 2-17 所示，或由两点的坐标差来确定。

微课 2-6
两点的相对位置及重影点

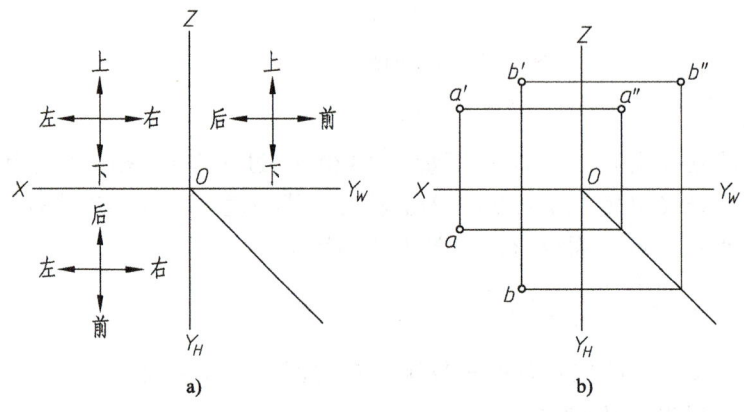

图 2-17 空间两点的相对位置由三面投影确定

动画 2-6-1
空间两点的相对位置

两点的左、右位置由 x 坐标差确定，x 坐标值大者在左，小者在右。

两点的前、后位置由 y 坐标差确定，y 坐标值大者在前，小者在后。

两点的上、下位置由 z 坐标差确定，z 坐标值大者在上，小者在下。

在图 2-17 中，$x_A>x_B$，点 A 在点 B 的左方；$y_A<y_B$，点 A 在点 B 的后方；$z_A<z_B$，点 A 在点 B 的下方。总的来说，即点 A 在点 B 的左、后、下方。

2. 重影点

当空间两点位于垂直于某个投影面的同一条投射线上时，这两点在该投影面上的投影重合，则称这两点是该投影面的重影点。重影点有两个坐标值相同，如图 2-18 所示 E、F 两点处于垂直于正面的同一条投射线上，该两点的正面投影重合，E、F 两点的 x、z 坐标相同，即 $x_E=x_F$，$z_E=z_F$。

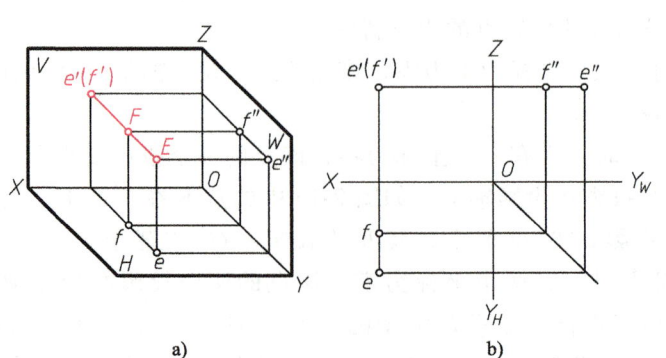

动画 2-6-2
重影点的投影

图 2-18 重影点的投影

重影点的可见性需根据这两点不重影的投影的坐标大小来判别，在第一角画法中，坐标值大者可见，小者不可见。

例如图 2-18 中，e'、f' 重合，但水平投影不重合，且 e 在前 f 在后，即 $y_E > y_F$。所以 V 面投影中，e' 可见，f' 不可见。在投影中，不可见的点需加圆括号表示。如图 2-18 中，点 F 的 V 面投影不可见，加圆括号表示为 (f')。点 E、F 的相对位置描述为，E 在 F 的正前方，或 F 在 E 的正后方。

【例 2-3】 已知点 A 的三面投影，如图 2-19a 所示，作点 $B(20，15，0)$ 的三面投影，并判断两点在空间的相对位置。

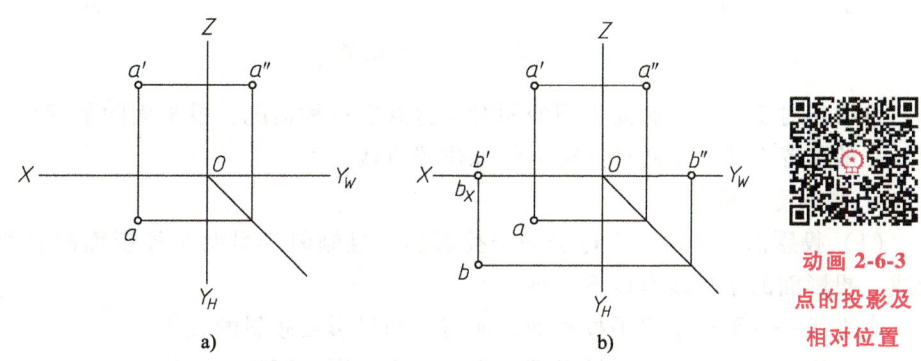

图 2-19 点的投影及其相对位置

分析：点 B 的 z 坐标为 0，说明点 B 在 H 面上，点 B 的正面投影 b' 一定在 OX 轴上，侧面投影 b'' 一定在 OY_W 轴上。

作图：在 OX 轴上由 O 向左量取 20，得 b_X（b' 重合于该点），由 b_X 向下作垂线并取 $b_X b = 15$，得 b。根据作出的 b、b'，即可求得第三投影 b''，如图 2-19b 所示。应注意，b'' 一定在 W 面的 OY_W 轴上。

判别 A、B 两点在空间的相对位置：由 V 面或 H 面投影可知，A 在 B 的右侧；由 V 面或 W 面投影可知，A 在 B 的上方；由 H 面或 W 面投影可知，A 在 B 的后方。即点 A 在点 B 的右、后、上方，或点 B 在点 A 的左、前、下方。

2.4 直线的投影

为叙述方便，本书所研究的直线，均指直线的有限长度——线段。

2.4.1 直线的投影特性

空间直线的投影一般仍是直线，如图 2-20a 所示。

因空间两点可确定一条直线，所以空间直线上任意两点（通常取线段的两个端点）的同面投影的连线即为直线的投影。由此，可得出求直线三面投影图的步骤：

1）求出直线两端点的三面投影，如图 2-20b 所示。

2）用直线（粗实线）连接两端点的各同面投影，即得直线的三面投影，如图 2-20c 所示。

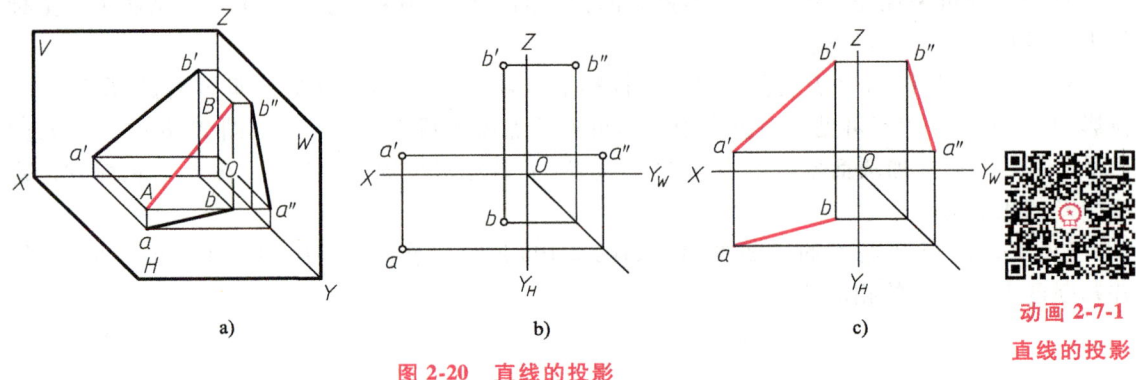

图 2-20 直线的投影

直线相对于三个投影面不同的相对位置共有三种情况：投影面的平行线、投影面的垂直线、一般位置直线。前两种又称为特殊位置直线。

1. 特殊位置直线

（1）投影面平行线　平行于一个投影面，且倾斜于另两个投影面的直线称为投影面平行线。投影面的平行线有以下三种：

水平线——平行于水平投影面，而与另两投影面倾斜的直线。

正平线——平行于正立投影面，而与另两投影面倾斜的直线。

侧平线——平行于侧立投影面，而与另两投影面倾斜的直线。

直线与投影面倾斜，必然出现倾角，画法几何中对此作如下规定：直线对 H 面的倾角用 α 表示，对 V 面的倾角用 β 表示，对 W 面的倾角用 γ 表示。

投影面平行线的投影特性见表 2-1。

表 2-1 投影面平行线的投影特性

名称	水平线（//H 面）	正平线（//V 面）	侧平线（//W 面）
实例			
轴测图			

(续)

名称	水平线(∥H面)	正平线(∥V面)	侧平线(∥W面)
投影			
投影特性	1) 水平投影 $ab=AB$ 2) 正面投影 $a'b'$∥OX，侧面投影 $a''b''$∥OY_W，都不反映实长 3) ab 与 OX 和 OY_H 的夹角 β、γ 反映 AB 对 V 面、W 面的倾角	1) 正面投影 $b'c'=BC$ 2) 水平投影 bc∥OX，侧面投影 $b''c''$∥OZ，都不反映实长 3) $b'c'$ 与 OX 和 OZ 的夹角 α、γ 反映 BC 对 H 面、W 面的倾角	1) 侧面投影 $a''c''=AC$ 2) 水平投影 ac∥OY_H，正面投影 $a'c'$∥OZ，都不反映实长 3) $a''c''$ 与 OY_W 和 OZ 的夹角 α、β 反映 AC 对 H 面、V 面的倾角

（2）投影面垂直线　垂直于某一个投影面的直线，称为投影面垂直线。

铅垂线——垂直于水平投影面的直线。

正垂线——垂直于正立投影面的直线。

侧垂线——垂直于侧立投影面的直线。

投影面垂直线的投影特性见表 2-2。

表 2-2　投影面垂直线的投影特性

名称	铅垂线(⊥H面)	正垂线(⊥V面)	侧垂线(⊥W面)
实例			
轴测图			

(续)

名称	铅垂线（⊥H面）	正垂线（⊥V面）	侧垂线（⊥W面）
投影			
投影特性	1）水平投影 $a(b)$ 成一点，有积聚性 2）$a'b' \perp OX$，$a''b'' \perp OY_W$，且 $a'b' = a''b'' = AB$	1）正面投影 $a'(c')$ 成一点，有积聚性 2）$ac \perp OX$，$a''c'' \perp OZ$，且 $ac = a''c'' = AC$	1）侧面投影 $a''(d'')$ 成一点，有积聚性 2）$ad \perp OY_H$，$a'd' \perp OZ$，且 $ad = a'd' = AD$

2. 一般位置直线

对三个投影面都倾斜的直线，称为一般位置直线。

图 2-21 所示的直线是一般位置直线。因为直线段的两个端点到各投影面的距离都不相等，所以它的三面投影都与投影轴倾斜，并且投影的长度均小于线段的实长。另外，直线的各投影与投影轴的夹角也不反映空间直线与各投影面的倾角。

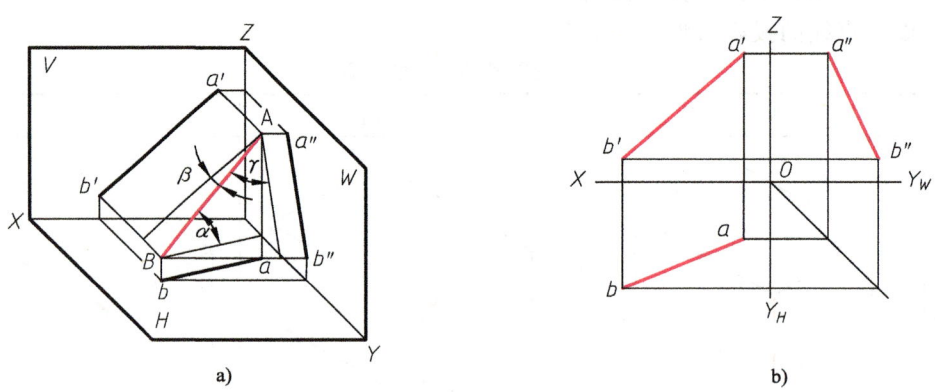

图 2-21 一般位置直线

2.4.2 直线上的点

直线上的点的投影具有以下特性：

1）若点在直线上，则点的各面投影必在该直线的同面投影上，且符合点的投影规律。反之，如果点的各面投影均在直线的同面投影上，且符合点的投影规律，则点必在该直线上。如图 2-22 所示，点 C 在直线 AB 上，则点 C 的三面投影 c、c'、c'' 必定分别在直线 AB 的同面投影 ab、$a'b'$、$a''b''$ 上。

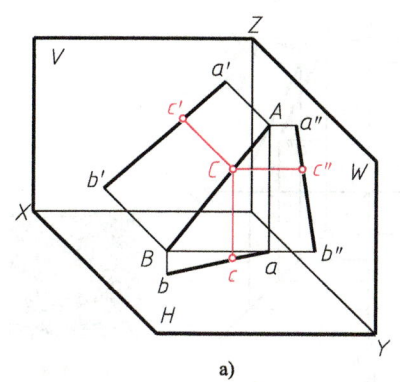 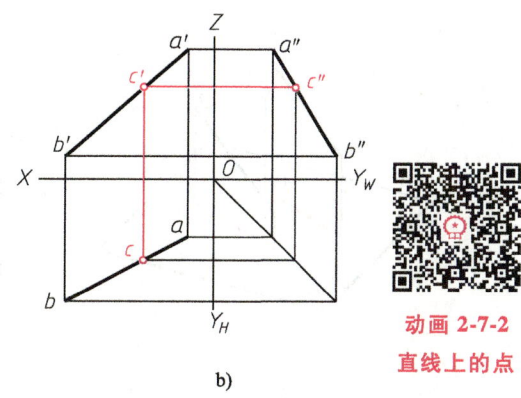

图 2-22 直线上的点

2) 直线上的点分割线段长度之比等于其投影分割线段相应投影长度之比,反之亦然,简称定比性。如图 2-22 所示,点 C 在直线 AB 上,则 $AC:CB = ac:cb = a'c':c'b' = a''c'':c''b''$。

【例 2-4】 在已知直线 AB 上取一点 C,使 $AC:CB = 2:3$,求点 C 的两面投影,如图 2-23a 所示。

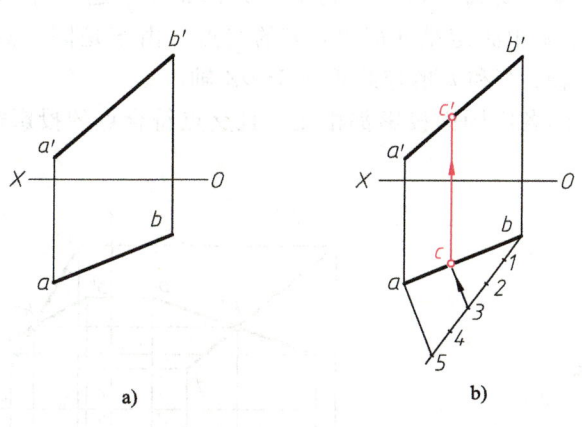 

图 2-23 在直线上取点

解题过程如图 2-23b 所示。根据直线上点的投影特性,可任选直线 AB 的一面投影如 ab,过 b 作任意直线,在其上以任意单位量取 5 个单位长,得点 1、2、3、4、5,连接 $5a$,过点 3 作直线 $3c\!/\!/5a$,交 ab 于 c,c 即为点 C 的水平投影。最后再由 c 求出 c'。

2.4.3 两直线的相对位置

空间两直线的相对位置有平行、相交和交叉三种情况。

1. 平行两直线

空间两直线互相平行,则它们的各组同面投影也一定互相平行。

如图 2-24 所示,$AB/\!/CD$,则 $ab/\!/cd$、$a'b'/\!/c'd'$、$a''b''/\!/c''d''$。

如果两直线的各组同面投影都互相平行,则可判定它们在空间也一定互相平行。

机械制图

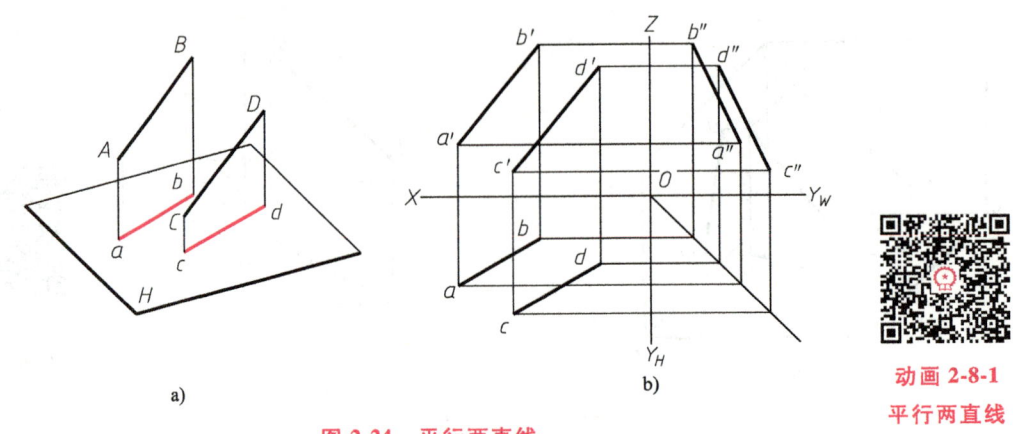

图 2-24 平行两直线

动画 2-8-1
平行两直线

2. 相交两直线

空间相交的两直线，它们的同面投影也一定相交，交点为两直线的共有点，且应符合点的投影规律。

如图 2-25 所示，直线 AB 和 CD 相交于点 K，点 K 是直线 AB 和 CD 的共有点。根据直线上的点的投影特性，可知 k 既属于 ab，又属于 cd，即 k 一定是 ab 和 cd 的交点。同理，k' 必定是 a'b' 和 c'd' 的交点；k" 也必定是 a"b" 和 c"d" 的交点。由于是同一点 K 的三面投影，因此 k、k' 的连线垂直于 OX 轴，k' 和 k" 的连线垂直于 OZ 轴。

反之，如果两直线的各组同面投影都相交，且交点符合点的投影规律，则可判定这两直线在空间也一定相交。

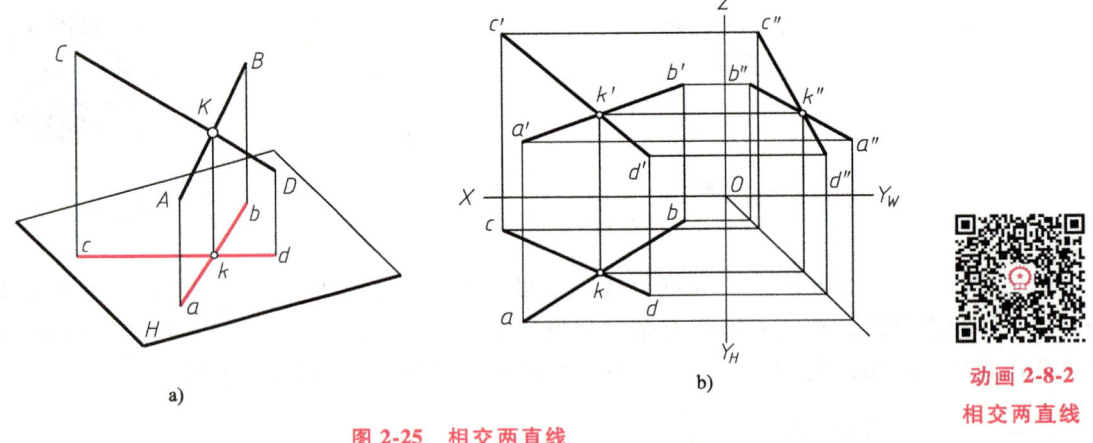

图 2-25 相交两直线

动画 2-8-2
相交两直线

3. 交叉两直线

在空间既不平行也不相交的两直线，称为交叉两直线，又称异面直线，如图 2-26 所示。

因直线 AB、CD 不平行，它们的各组同面投影不会都平行（可能有一组或两组平行）；又因直线 AB、CD 不相交，各组同面投影交点的连线不会垂直于相应的投影轴，即不符合点的投影规律。

反之，如果两直线的投影不符合平行或相交两直线的投影规律，则可判定这两直线为空

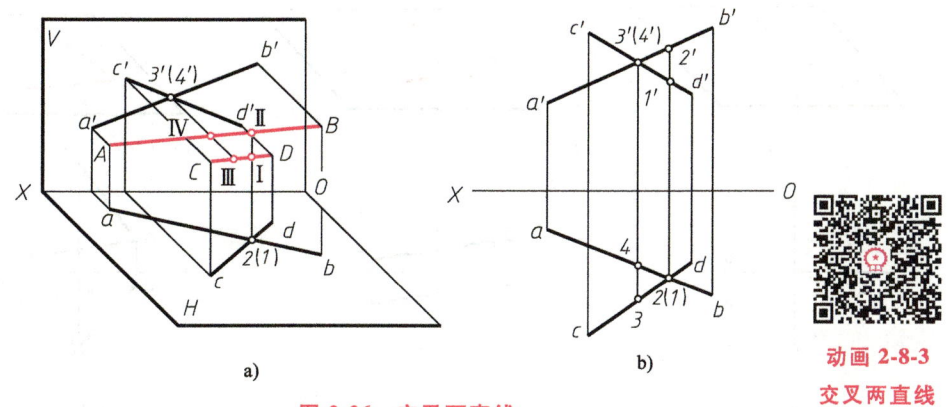

图 2-26 交叉两直线

间交叉两直线。

交叉两直线投影的交点为空间两直线在该投影面上的重影点。如图 2-26 所示，ab 和 cd 的交点，是 AB 上的 Ⅱ 点和 CD 上的 Ⅰ 点在 H 面上的重影点。从正面投影可以看出：$z_Ⅱ>z_Ⅰ$。对水平投影来说，点 Ⅱ 是可见的，而点 Ⅰ 是不可见的，故标记为 2（1）。

如图 2-26 所示，$a'b'$ 和 $c'd'$ 的交点，则是 CD 上的 Ⅲ 点和 AB 上的 Ⅳ 点在 V 面上的重影点。由于 $y_Ⅲ>y_Ⅳ$，在正面投影中，点 Ⅲ 可见而点 Ⅳ 不可见，故标记为 3′（4′）。

2.5 平面的投影

为叙述方便，本书所讨论的平面为平面的有限部分，即平面图形。

2.5.1 平面的表示法及三面投影

1. 平面的表示法

由几何学可知，平面的空间位置可由下列任何一组几何元素确定：

1）不在一条直线上的三个点，如图 2-27a 所示。
2）一直线和直线外一点，如图 2-27b 所示。
3）相交两直线，如图 2-27c 所示。
4）平行两直线，如图 2-27d 所示。
5）任意的平面图形，如三角形、四边形和圆等，如图 2-27e 所示。

平面的投影可以用上述任何一组几何元素的投影来表示，如图 2-27 所示。

从图 2-27 中可以看出，平面的各种表示方法之间有着紧密的联系，可以互相转化。同一平面，不论如何转换，只是其表示的形式不同，平面的空间位置并不会改变。因此在作图时，平面的表达形式可以任意选择，一般采用两条相交直线、三角形和平面多边形。

2. 平面的三面投影

图 2-28a 所示，平面图形（△ABC）的三面投影的作图步骤如下：

1）分别作出平面图形上各顶点 A、B、C 的三面投影 a、a′、a″，b、b′、b″，c、c′、c″，如图 2-28b 所示。
2）用直线（粗实线）依次连接各顶点的同面投影，即得 △ABC 的三面投影 △abc、

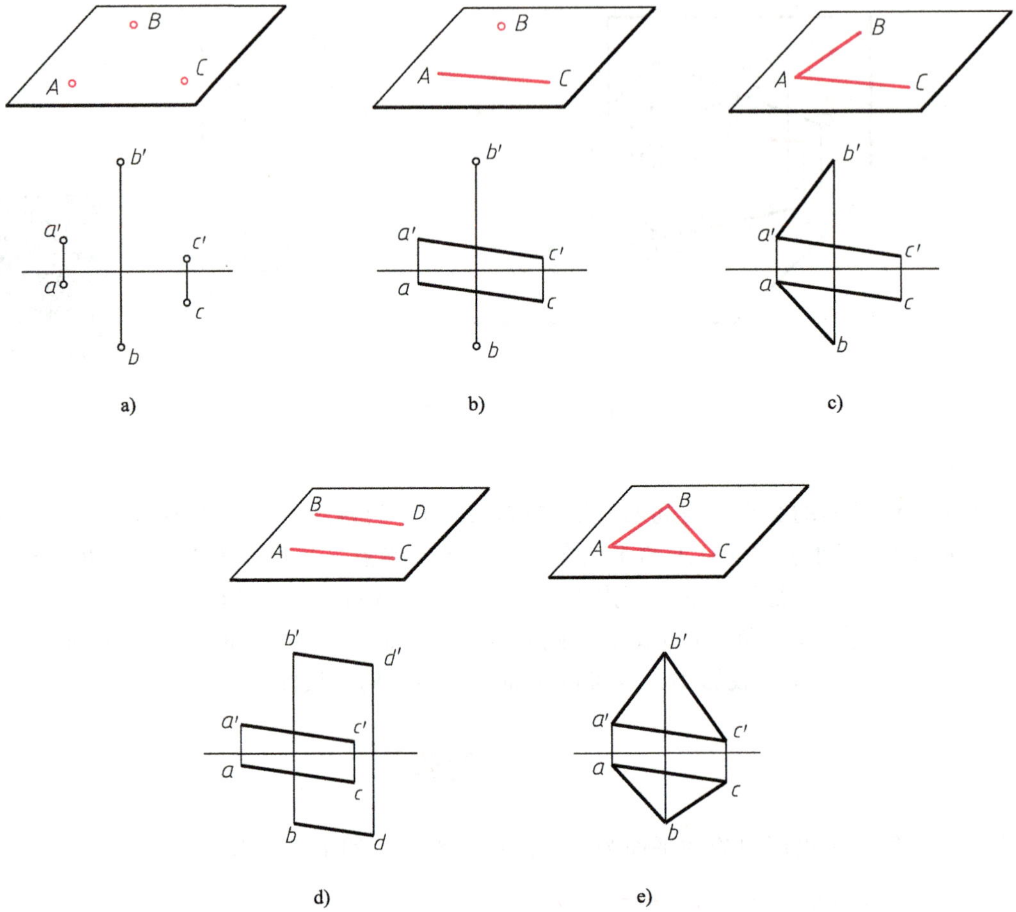

机械制图

图 2-27 平面的几何元素表示法

△$a'b'c'$、△$a''b''c''$，如图 2-28c 所示。

图 2-28 平面投影图的作法

动画 2-9-1
平面的投影作法

2.5.2 平面的投影特性

空间平面相对于三个投影面的位置有三种情况：投影面平行面、投影面

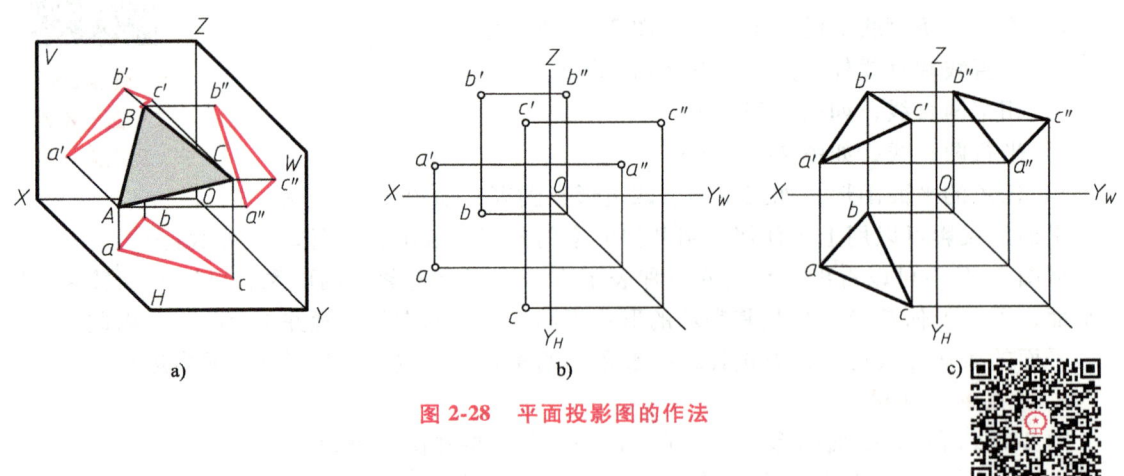

垂直面和一般位置平面。

投影面平行面——平行于某一投影面，与其他两个投影面垂直的平面。

投影面垂直面——垂直于某一投影面，与其他两个投影面倾斜的平面。

一般位置平面——与三个投影面都倾斜的平面。

投影面平行面和投影面垂直面又统称为特殊位置平面。

平面对 H、V、W 投影面的倾角也用 α、β、γ 表示。

1. 特殊位置平面

（1）投影面平行面 投影面平行面按其所平行的投影面不同可分为以下三种。

水平面——平行于 H 面，与 V、W 面垂直的平面。

正平面——平行于 V 面，与 H、W 面垂直的平面。

侧平面——平行于 W 面，与 H、V 面垂直的平面。

投影面平行面的投影特性见表 2-3。

表 2-3 投影面平行面的投影特性

名称	水平面（∥H 面）	正平面（∥V 面）	侧平面（∥W 面）
实例	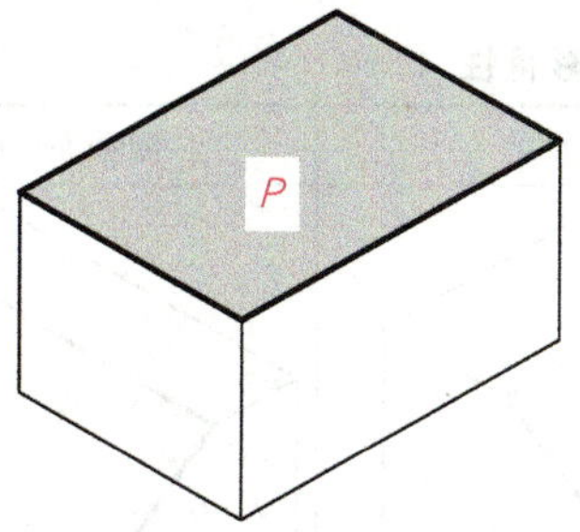	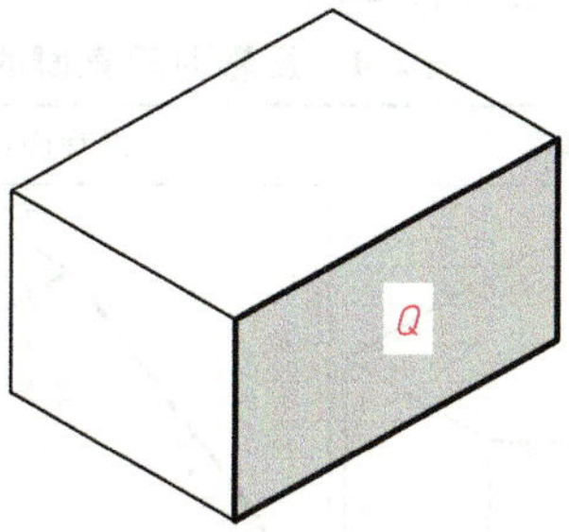	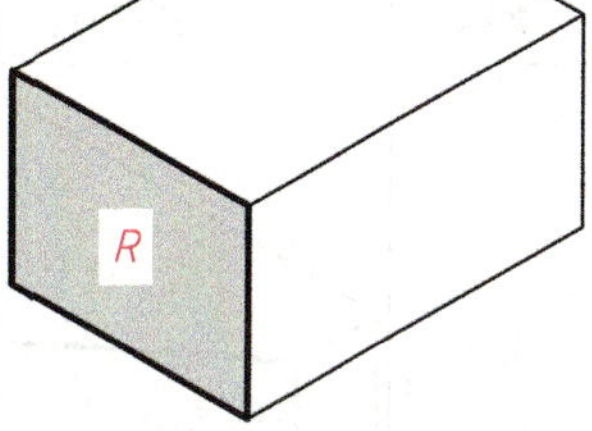
轴测图	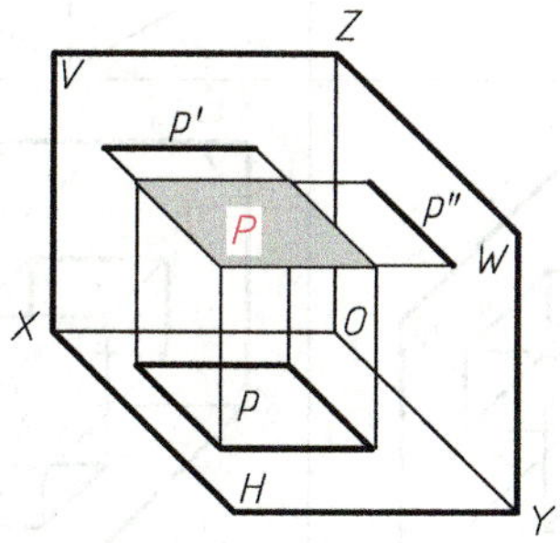	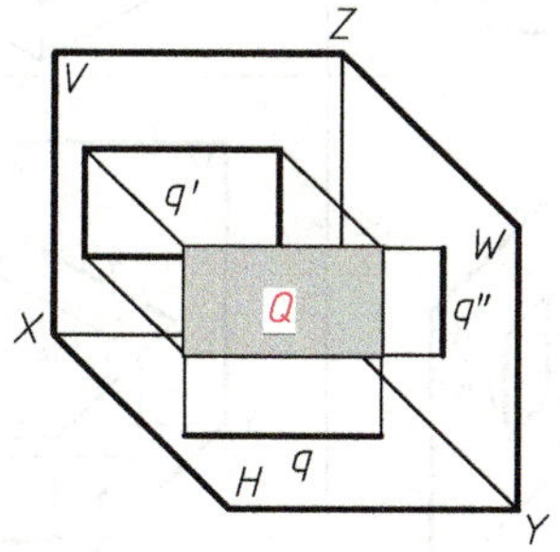	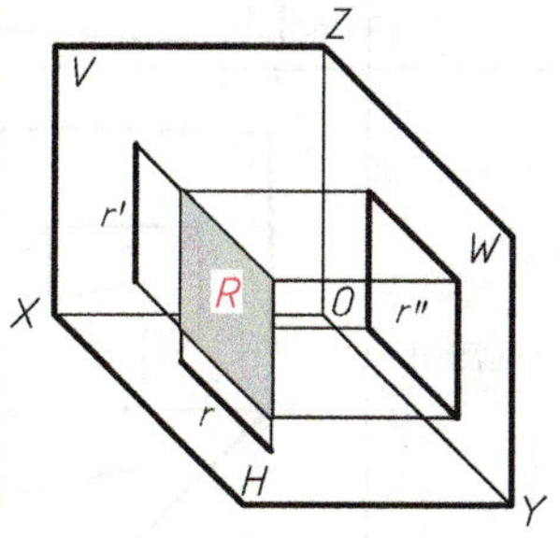
投影	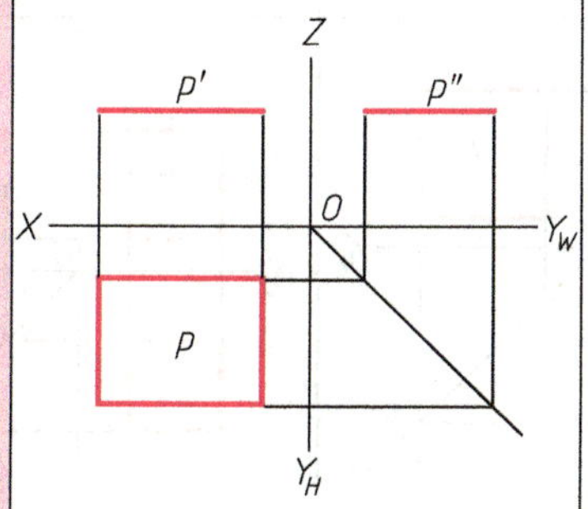	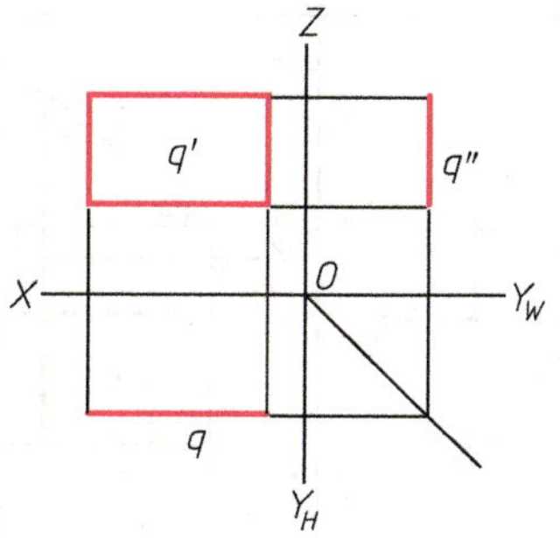	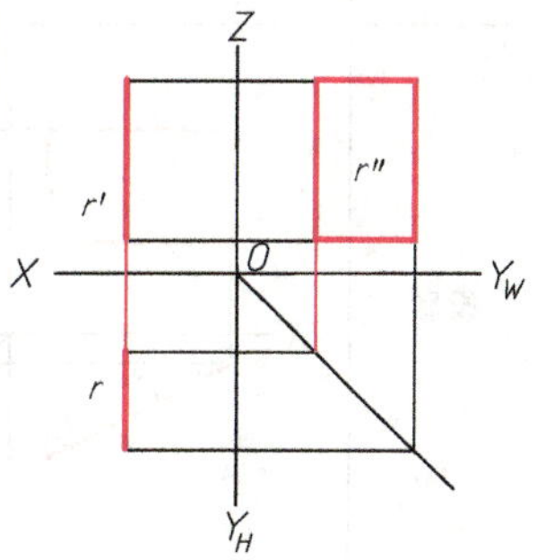

(续)

名称	水平面(//H面)	正平面(//V面)	侧平面(//W面)
投影特性	1)水平投影反映实形 2)正面投影积聚为一条直线,且平行于 OX 轴 3)侧面投影积聚为一条直线,且平行于 OY_W 轴	1)正面投影反映实形 2)水平投影积聚为一条直线,且平行于 OX 轴 3)侧面投影积聚为一条直线,且平行于 OZ 轴	1)侧面投影反映实形 2)正面投影积聚为一条直线,且平行于 OZ 轴 3)水平投影积聚为一条直线,且平行于 OY_H 轴

比较表 2-3 中各平面的投影,可归纳出投影面平行面的投影特性为:

1)在所平行的投影面上的投影反映实形。

2)其他两面投影均积聚成一条直线,且平行于相应的投影轴(平面所平行的投影面上的两投影轴)。

(2) 投影面垂直面　投影面的垂直面按其所垂直的投影面不同可分为以下三种。

铅垂面——垂直于 H 面,与 V、W 面倾斜的平面。

正垂面——垂直于 V 面,与 H、W 面倾斜的平面。

侧垂面——垂直于 W 面,与 H、V 面倾斜的平面。

投影面垂直面的投影特性见表 2-4。

表 2-4　投影面垂直面的投影特性

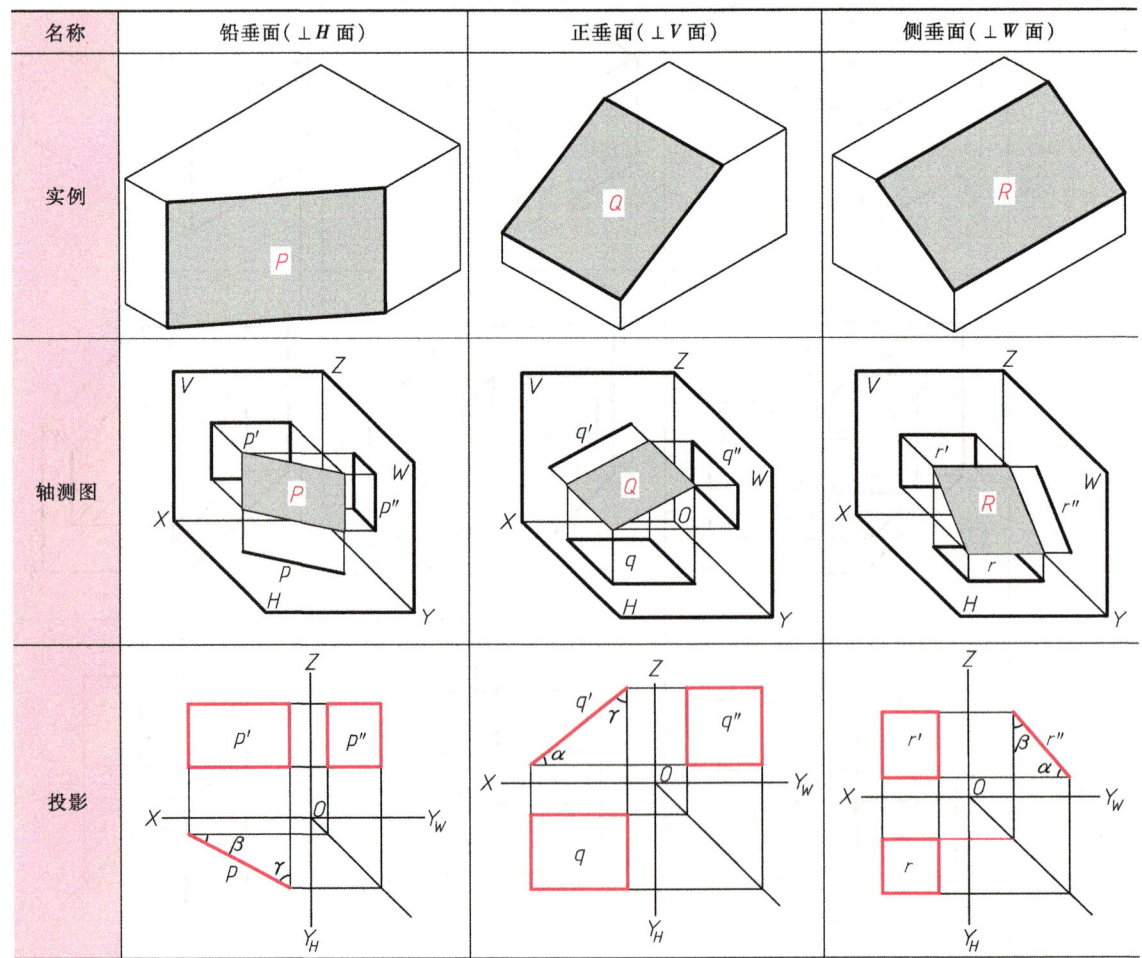

(续)

名称	铅垂面(⊥H面)	正垂面(⊥V面)	侧垂面(⊥W面)
投影特性	1)水平投影积聚成一条与投影轴倾斜的直线,并反映对V、W面的倾角β、γ 2)正面投影和侧面投影均为原形的类似形,且面积缩小	1)正面投影积聚成一条与投影轴倾斜的直线,并反映对H、W面的倾角α、γ 2)水平投影和侧面投影均为原形的类似形,且面积缩小	1)侧面投影积聚成一条与投影轴倾斜的直线,并反映对H、V面的倾角α、β 2)正面投影和水平投影均为原形的类似形,且面积缩小

比较表2-4中各平面的投影,可归纳出投影面垂直面的投影特性为:

1) 在所垂直的投影面上的投影积聚成一条与投影轴倾斜的直线,它与投影轴的夹角分别反映该平面与另外两个投影面的真实倾角。

2) 其他两投影面上的投影均为原空间图形的类似形,且面积缩小。

2. 一般位置平面

如图2-29所示,一般位置平面对三个投影面都倾斜,所以它的三面投影均为空间图形的类似形,不反映实形,也不反映该平面与三个投影面的倾角α、β、γ。因此,一般位置平面的投影特性为:三个投影均为面积缩小的类似形。

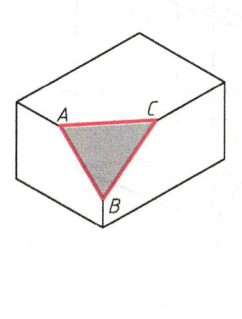
a)
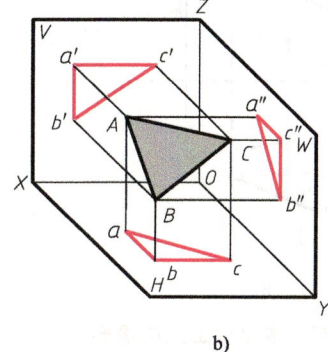
b)
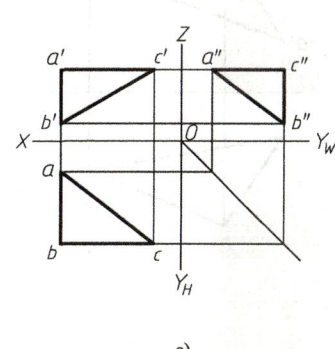
c)

图2-29 一般位置平面的投影

2.5.3 平面上的直线和点

1. 平面上的直线

直线在平面上的几何条件是:

1) 一直线若通过平面上的两已知点,则此直线必在该平面上,如图2-30a所示。

2) 一直线若通过平面上的一已知点,且平行于该平面上的一已知直线,则此直线必在该平面上,如图2-30b所示。

微课 2-10
平面上的直线和点

如图2-30a所示,平面P由相交两直线AB和BC确定,点M和N分别在AB和BC上,则过点M、N的直线MN必在平面P上。在图2-30b中,平面P由AB和BC所确定,点M在AB上,且MN平行于直线BC,则直线MN必在平面P上。

2. 平面上的点

点在平面上的几何条件是:如果点在平面上的任一直线上,则此点在该平面上。

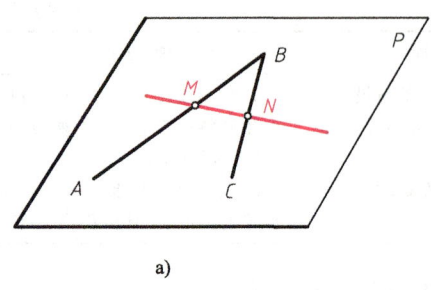 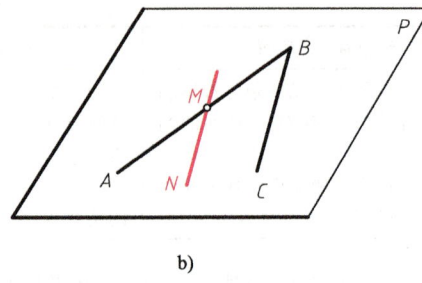 

a)   b)

图 2-30 平面上的直线

动画 2-10-1
平面上的直线

因此，若在平面上取点，必须先在平面上取一直线，然后再在此直线上取点。如图 2-30 所示，由于点 M 在直线 AB 上，所以点 M 必在平面 P 上。

【例 2-5】 已知 △ABC 平面内点 K 的正面投影 k'，试求它的另一面投影，如图 2-31a 所示。

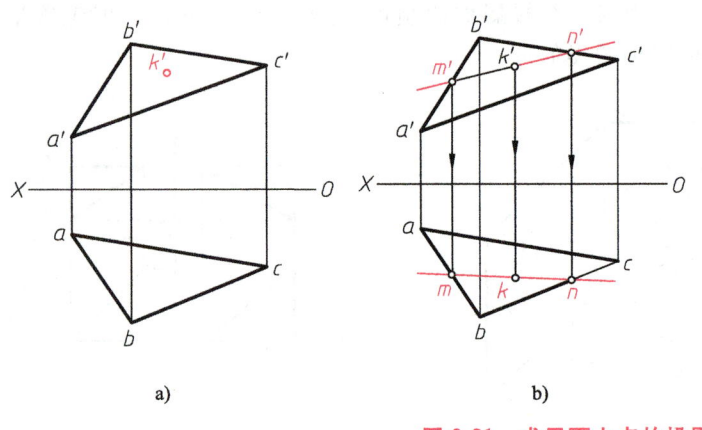 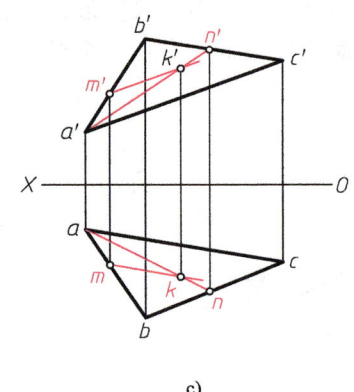

a)   b)   c)

图 2-31 求平面上点的投影

分析：因为点 K 在 △ABC 平面内，故过点 K 在 △ABC 平面上作一条直线，则点 K 的两个投影必在相应直线的同面投影上。

作图步骤如图 2-31b 所示。

1) 过 K 作辅助线 MN，即过 k' 作 $m'n'$，再求出辅助线的水平投影 mn。
2) 然后过 k'，作 OX 轴的垂线与 mn 相交，交点即为点 K 的水平投影 k。

常用的辅助线，也可以过点 K 和 △ABC 的一个顶点，或过点 K 且平行于 △ABC 的一边，作图更为方便，如图 2-31c 中的 AN 和 KM。

动画 2-10-2
平面上点的投影

2.6 基本体的投影

任何物体都可以看成由若干基本体组合而成。基本体按其表面性质的不同，可以分为平面体和曲面体两类。

2.6.1 平面体

平面体的每个表面都是平面，除顶面和底面外，其他表面（侧面）称为棱面，棱面与棱面的交线称为棱线。常见的平面体有棱柱和棱锥。

1. 棱柱及其表面上点的投影

棱柱由顶面、底面和棱面组成。顶面和底面为全等并且相互平行的多边形，各棱面为矩形或平行四边形棱线相互平行。棱线与底面垂直的棱柱称为直棱柱，棱线与底面倾斜的棱柱称为斜棱柱。顶面和底面为正多边形的直棱柱，称为正棱柱。下面以图 2-32a 所示的正三棱柱为例，分析其投影特征和作图方法。

微课 2-11 棱柱及其表面上点的投影

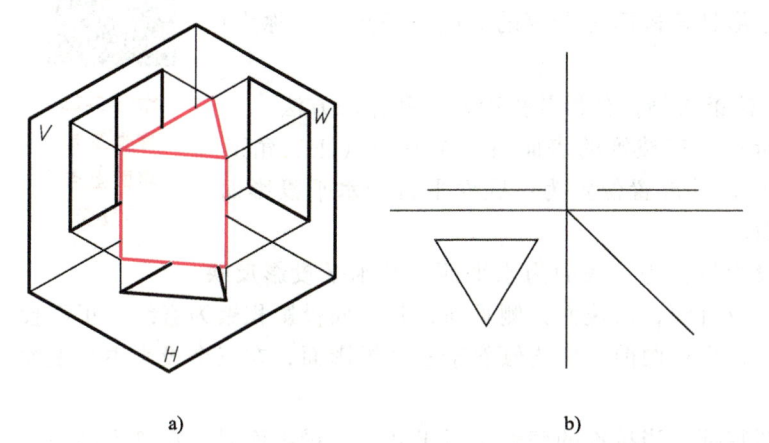

a)   b)

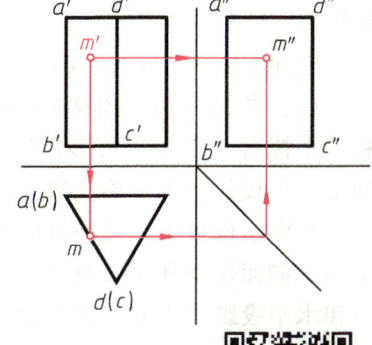

c)

图 2-32　正三棱柱及其表面上点的投影

动画 2-11-1 正三棱柱及其表面上点的投影

（1）投影分析　图 2-32a 所示正三棱柱的两端面（顶面和底面）为正三角形，且平行于水平投影面；后棱面为长方形，且平行于正立投影面；另外两个棱面也为长方形，且垂直于水平投影面。

在图示位置下，三棱柱的投影特征为：顶面和底面的水平投影重合，并反映实形，是一个正三角形，它们的正面和侧面投影分别积聚为两条平行于投影轴的直线，两直线间的距离即为棱柱的高；三个棱面的水平投影积聚为三角形的三条边，两前棱面的其他两面投影为类似形，后棱面的正面投影反映实形，侧面投影积聚为直线；三棱柱的三条棱线均为铅垂线，其水平投影积聚为点，与顶面、底面的水平投影即正三角形的三个顶点重合，其正面投影和侧面投影均反映实长。

由此可得出直棱柱的三视图特性：一个视图有积聚性，是反映棱柱顶面和底面实形的多边形，反映了棱柱的形状特征，另两个视图都是由粗实线或细虚线组成的矩形线框。

（2）作图步骤

1）作三棱柱的对称中心线和底面基线，并画出具有形状特征的视图——俯视图（正三角形），如图 2-32b 所示。

2）按长对正的投影关系并量取三棱柱的高度画出主视图，再按宽相等、高平齐的投影关系画出左视图，如图 2-32c 所示。

（3）棱柱表面上点的投影　求平面体表面上点的投影，其原理和方法与求平面上点的投影相同，必须先确定该点是在平面体的哪个表面上。若点在某一平面上，则该点的投影必在该表面的各同面投影上；若该点所在平面投影可见，则该点的同面投影亦可见，反之不可见。若点的投影在该表面具有积聚性的投影上时，可不判断点的投影的可见性。

如图 2-32c 所示,已知三棱柱棱面 ABCD 上点 M 的正面投影 m',求作 m 和 m"。由于点 M 所在棱面 ABCD 是铅垂面,其水平投影积聚成直线 abcd,因此点 M 的水平投影必在该积聚性直线上,即可由 m' 直接求出 m,再由 m' 和 m 求出 m"。因为棱面 ABCD 的侧面投影可见,所以 m" 可见。

2. 棱锥及其表面上点的投影

棱锥由底面和棱面组成,其底面为多边形,棱线交于一点(锥顶点),棱面为具有公共顶点(锥顶点)的三角形。常见的棱锥有三棱锥、四棱锥、五棱锥等。当棱锥底面为正多边形且各棱面为全等的等腰三角形时,称为正棱锥。

微课 2-12
棱锥及其
表面上点
的投影

下面以图 2-33a 所示的正三棱锥为例,分析其投影特性和作图方法。

(1) 投影分析　图 2-33a 所示正三棱锥的表面由一个底面(正三角形)和三个棱面(等腰三角形)围成,其放置位置为:底面平行于水平投影面,其中一个棱面垂直于侧立投影面。

在图示位置下,三棱锥的投影特征为:底面为水平面,其水平投影反映实形,侧面投影和正面投影积聚成直线;后棱面为侧垂面,其侧面投影积聚为直线,正面投影和水平投影均为缩小的类似三角形;两前棱面均倾斜于三个投影面,在三个投影中都是缩小的类似三角形。

由此可得出正棱锥的三视图特征:当棱锥的底面平行于某一个投影面时,在该投影面上得到的外轮廓为正多边形,内部为具有公共顶点的等腰三角形,另外两个视图是由若干个共顶的三角形线框组成。

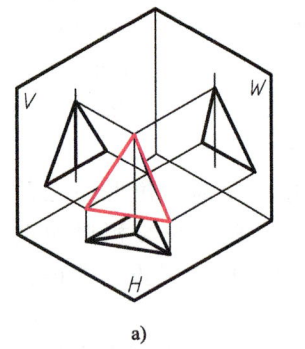
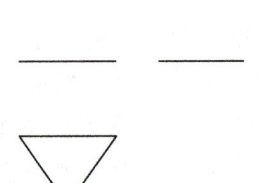
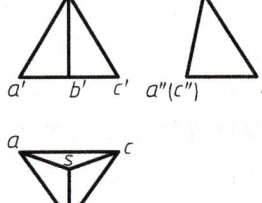

a)　　　　　　　　b)　　　　　　　c)

图 2-33 三棱锥的投影

动画 2-12-1
三棱锥的投影

(2) 作图步骤

1) 作三棱锥的中心线和底面基线,先画出底面俯视图中的正三角形,如图 2-33b 所示。

2) 根据三棱锥的高度定出锥顶点的投影位置,然后在主、俯视图中分别用直线连接锥顶与底面三个顶点的投影,即得三条棱线的投影。因为是正三棱锥,三条棱线的水平投影为正三角形中心与三个顶点的连线。再由主、俯视图求出左视图,如图 2-33c 所示。

(3) 棱锥表面上点的投影　棱锥表面有特殊位置平面,也有一般位置平面。因此,求棱锥表面上点的投影,首先要确定点位于棱锥的哪个表面上,再分析该表面的投影特性。若该表面为特殊位置平面,可利用该平面投影的积聚性直接求得点的投影;若该表面为一般位置平面,可通过在平面上作辅助线的方法求得点的投影。

如图 2-34 所示，已知三棱锥侧棱面 SAB 上点 M 的正面投影 m'，求作 m 和 m"。

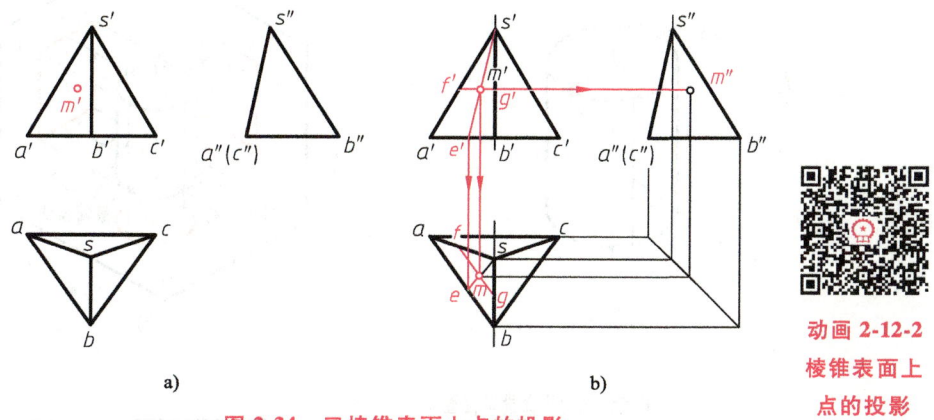

图 2-34 三棱锥表面上点的投影

方法一：

过点 M 及锥顶点 S 作一条直线 SE，与底边 AB 相交于点 E，则点 M 的投影必在直线 SE 的同面投影上。在图 2-34b 中，过 m'作 s'e'，再作出 E 点的水平投影 e，连接 se，则 m 必在 se 上，可求出点 M 的水平投影 m，再根据 m、m'可求出 m"。

方法二：

过点 M 作 FG 平行于 AB，交 SA 于点 F，交 SB 于点 G，则点 M 的投影必在直线 FG 的同面投影上。在图 2-34b 中，过 m'作 f'g'平行于 a'b'，再作出点 F、点 G 的水平投影 f、g，连接 fg，则 m 必在 fg 上，可求出点 M 的水平投影 m，再根据 m、m'可求出 m"。

2.6.2 回转体

曲面体至少有一个表面是曲面。常见的曲面体为回转体，如圆柱、圆锥、圆球、圆环等。回转体上的曲面称为回转面，回转面由一条母线（直线或曲线）绕某一轴线旋转而形成。母线在旋转过程中的任意位置时称为素线；母线上每个点的运动轨迹均为垂直于轴线的圆，这些圆称为纬圆。

1. 圆柱及其表面上点的投影

圆柱由圆柱面与上、下两底面围成。圆柱面可看作由一条直母线绕平行于它的轴线回转而成。圆柱面的所有素线都是平行于轴线的直线，如图 2-35a 所示。

（1）投影分析　如图 2-35b 所示，当圆柱轴线垂直于水平面时，圆柱的俯视图是一个圆。圆周为圆柱面的积聚投影；圆为上、下两底面的水平投影，其中上底面的水平投影可见、下底面的水平投影不可见；圆心为圆周轴线的水平投影。

圆柱的主视图为一个矩形线框。矩形线框内部区域为圆柱面前半部分和后半部分的正面投影，其中前半部分可见，后半部分不可见。矩形的上、下两条边为圆柱上、下两底面的积聚投影；矩形的左、右两条边为圆柱面最左、最右两条素线的投影。最左、最右两条素线是前半圆柱面和后半圆柱面的分界线，也称为正面投影的转向轮廓线，其侧面投影与圆柱轴线

机械制图

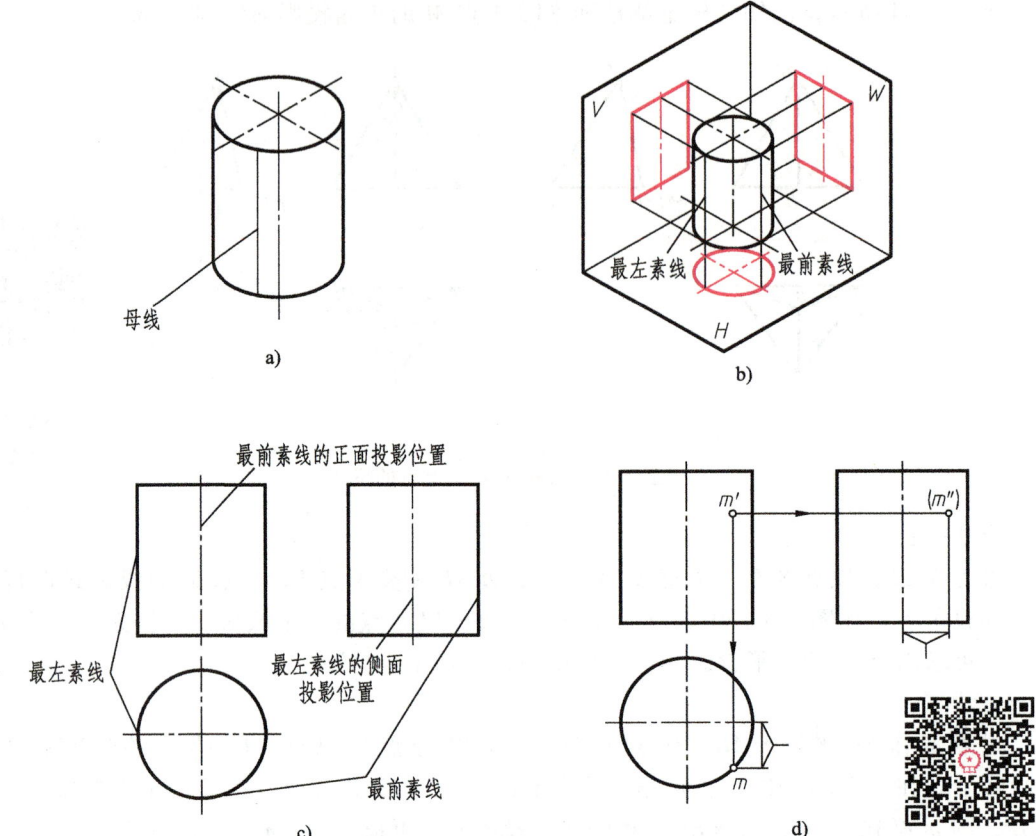

图 2-35 圆柱的三视图及其表面上点的投影

动画 2-13-1 圆柱的三视图及其表面上点的投影

的侧面投影重合，不再画出。

圆柱的左视图为一个与主视图全等的矩形线框。矩形线框内的区域是圆柱面左半部分和右半部分的侧面投影，其中左半部分可见，右半部分不可见。矩形的上、下两条边为圆柱上、下两底面的积聚投影。矩形的前、后两条边为圆柱面最前、最后两条素线的投影。最前、最后两条素线是左半圆柱面和右半圆柱面的分界线，也称为侧面投影的转向轮廓线，其正面投影与圆柱轴线的正面投影重合，不再画出。

由此可得出圆柱的三视图特征：当圆柱的轴线垂直于某一个投影面时，圆柱在该投影面上的视图为与其两底面全等的圆，另外两个视图为全等的矩形。

（2）作图步骤 画圆柱体的三视图时，先画各投影的中心线、轴线，再画圆柱面具有积聚性的投影（俯视图中的圆），然后根据圆柱体的高度画出另外两个视图，如图 2-35c 所示。

（3）圆柱表面上点的投影 当圆柱的轴线垂直于某一个投影面时，圆柱面在该投影面上的投影具有积聚性，两底面在其他两个投影面上的投影也具有积聚性。因此，求圆柱表面上点的投影均可利用投影的积聚性求得。

如图 2-35d 所示，已知圆柱面上点 M 的正面投影 m'，求作 m 和 m''。

因为圆柱轴线垂直于水平投影面，圆柱的水平投影具有积聚性，圆柱面上点的水平投影一定重合在圆周上。由于 m' 是可见的，则点 M 在前半圆柱面上，m 必在水平投影圆的前半圆周上。过 m' 作一铅垂线，与俯视图中的前半圆相交于一点，即 m，再由 m' 和 m 求 m''。由于点 M 在右半圆柱面上，所以 m'' 不可见。

2. 圆锥及其表面上点的投影

圆锥由圆锥面和底面围成。圆锥面可看作由一条直母线绕与它斜交的轴线旋转而成。圆锥面上任意一条与轴线斜交的直母线为圆锥面的素线，如图2-36a所示。

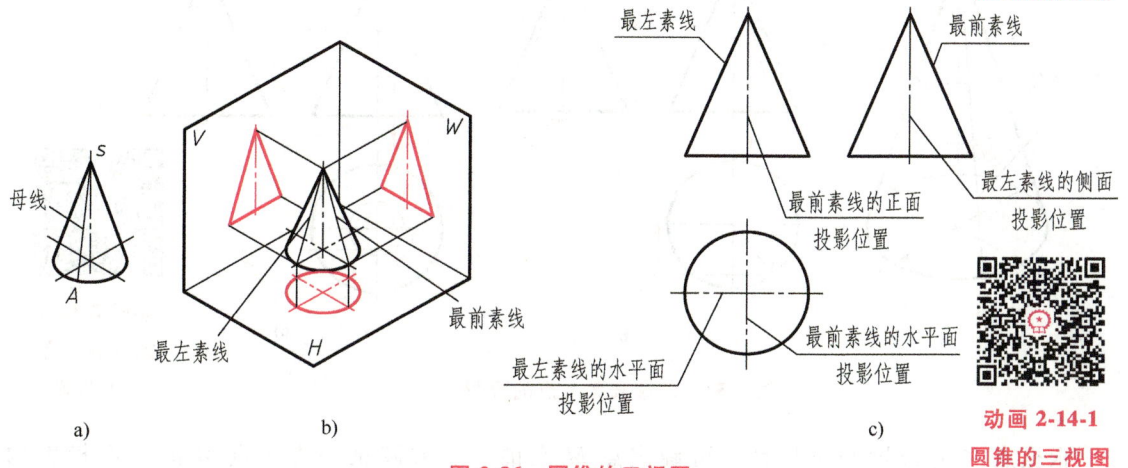

图 2-36 圆锥的三视图

（1）投影分析 如图 2-36b 所示，当圆锥的轴线垂直于水平投影面时，圆锥的俯视图为一个圆。该圆是圆锥面和圆锥底面的重合投影，反映底面的实形，并且圆锥面上点的投影可见，底面上点的投影不可见。圆心为锥顶点和轴线的投影，用正交的细点画线表示。

圆锥的主视图为等腰三角形。三角形内区域为圆锥面前半部分和后半部分的正面投影，其中前半部分可见，后半部分不可见。三角形的底边为圆锥底面的积聚投影。三角形的两腰为圆锥面最左、最右两条素线的投影。最左、最右两条素线是前半部分圆锥面和后半部分圆锥面的分界线，也称为正面投影的转向轮廓线，其侧面投影与圆锥轴线的侧面投影重合，不再画出。

圆锥的左视图为一个与主视图全等的等腰三角形。三角形内区域为圆锥面左半部分和右半部分的侧面投影，其中左半部分可见，右半部分不可见。三角形的底边为圆锥底面的积聚投影。三角形的两腰为圆锥面最前、最后两条素线的投影。最前、最后两条素线是圆锥面左半部分和右半部分的分界线，也称为侧面投影的转向轮廓线，其正面投影与圆锥轴线的正面投影重合，不再画出。

由此可得出圆锥的三视图特征：当圆锥的轴线垂直某一个投影面时，则圆锥在该投影面上的视图为与其底面全等的圆，另外两个视图为全等的等腰三角形。

（2）作图步骤 画圆锥的三视图时，先画各投影的中心线，再画底面圆的各投影，然后画出锥顶的投影和等腰三角形，完成圆锥的三视图。

（3）圆锥表面上点的投影 当圆锥轴线垂直于某一投影面时，圆锥底面的投影具有积聚性，圆锥底面圆上的点可利用积聚性直接求得；圆锥面的三面投影都没有积聚性，所以求圆锥面上点的投影时，必须借助辅助线来求得，常用的作图方法为素线法和纬圆法。素线法为在圆锥面上过已知点和锥顶点作一辅助素线，先求该素线的投影，再求点的投影。纬圆法为在圆锥面上过已知点作一垂直于圆锥轴线的辅助纬圆，先求该纬圆的投影，再求点的投影。

如图 2-37 所示，已知圆锥表面上点 M 的正面投影 m'，求作 m 和 m''。

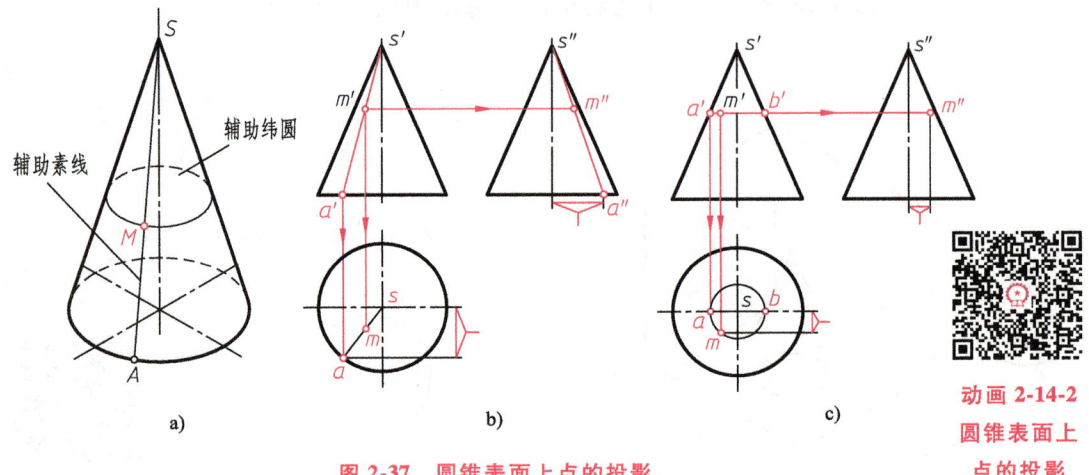

图 2-37 圆锥表面上点的投影

根据点 M 的位置和可见性，可确定点 M 在前、左方圆锥面上，点 M 的三面投影均可见。

作图方法有以下两种：

1）辅助素线法。如图 2-37a 所示，过锥顶 S 和点 M 作辅助素线 SA，即在图 2-37b 中连接 $s'm'$，并延长与底面的正面投影相交于 a'，求出 sa 和 $s''a''$，再由点在直线上的投影关系求出 m 和 m''。

2）辅助纬圆法。如图 2-37a 所示，过点 M 在圆锥面上作垂直于圆锥轴线的水平辅助圆——纬圆，点 M 的各投影必在该圆的同面投影上。如图 2-37c 所示，过 m' 作圆锥轴线的垂直线，交圆锥左、右轮廓线于 a'、b'，$a'b'$ 即辅助纬圆的正面投影，以 s 为圆心，$a'b'$ 为直径，作辅助纬圆的水平投影。由 m' 求得 m，再由 m'、m 求得 m''。

3. 圆球及其表面上点的投影

圆球的表面可看作由一条圆母线绕其任一直径旋转一周而成，如图 2-38a 所示。

（1）投影分析　从图 2-38b 可看出，圆球的三个视图都是等径圆，并且是圆球上平行于相应投影面的三个不同位置的最大轮廓圆。

主视图的圆形是前半圆球面和后半圆球面的重合投影；圆周为前、后两半球面的分界线的正面投影，是圆球面对正立投影面可见与不可见的分界线，位于圆球前、后的中间。

俯视图的圆形是上半圆球面和下半圆球面的重合投影；圆周为上、下两半球面的分界线的水平投影，是圆球面对水平投影面可见与不可见的分界线，位于圆球上、下的中间。

左视图的圆形是左半圆球面和右半圆球面的重合投影；圆周为左、右两半球面的分界线的侧面投影，是圆球面对侧立投影面可见与不可见的分界线，位于圆球左、右的中间。

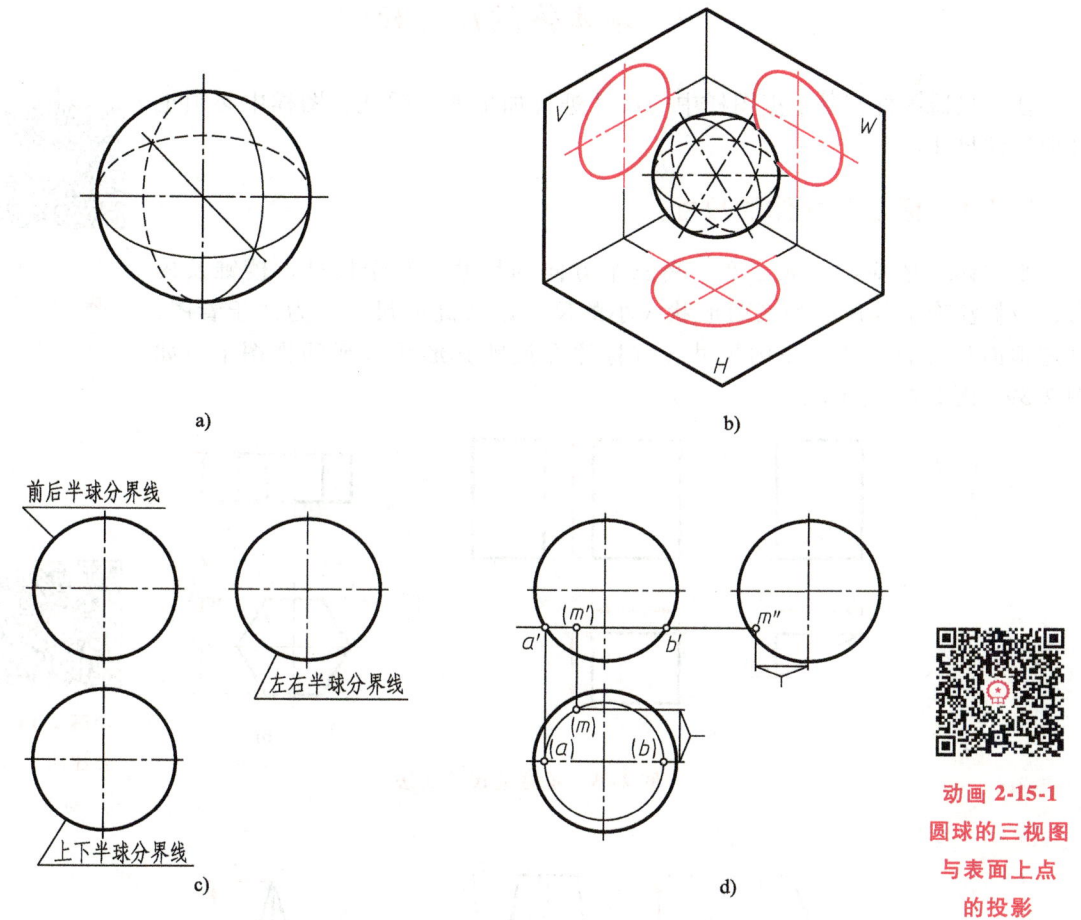

图 2-38　圆球的三视图与表面上点的投影

三条素线圆的其他两面投影，均与圆的相应中心线重合，不再画出。

（2）作图步骤　先确定球心的三面投影，过球心分别画出圆球的三投影轴线，再画出与球等直径的圆，如图 2-38c 所示。

（3）圆球表面上点的投影　圆球面的投影没有积聚性，求作其表面上点的投影需采用辅助圆（纬圆）法，即过该点在球面上作一个平行于任一投影面的辅助圆（纬圆）。

如图 2-38d 所示，已知球面上点 M 的正面投影 m'，求 m 和 m''。

由图 2-38d 可知，m' 不可见，故点 M 位于圆球表面的左、下、后部分，点 M 的正面投影和水平投影不可见，点 M 的侧面投影可见。

过（m'）作辅助水平纬圆的正面投影 $a'b'$，再以俯视图的圆心为圆心，以 $a'b'$ 为直径画圆，可得辅助水平纬圆的水平投影。从（m'）向下作投影连线，与此圆的后半圆相交，可求出（m）。最后再由（m'）、（m）求得 m''。

也可在球面上过点 M 作一平行于正立投影面的辅助纬圆，或过点 M 作一平行于侧立投影面的辅助纬圆，请读者自行分析。

2.7 基本体的尺寸标注

任何机器零件都是依据图样中的尺寸进行加工的。因此，图样中必须正确地标注尺寸。

2.7.1 标注平面体的尺寸

平面体一般应标注长、宽、高三个方向的尺寸。对于棱柱、棱锥及棱台，应标注确定其顶面和底面形状大小的尺寸以及高度尺寸。为便于看图，确定顶面和底面形状大小的尺寸，宜标注在反映其形状特征的视图上，如图 2-39、图 2-40 所示。

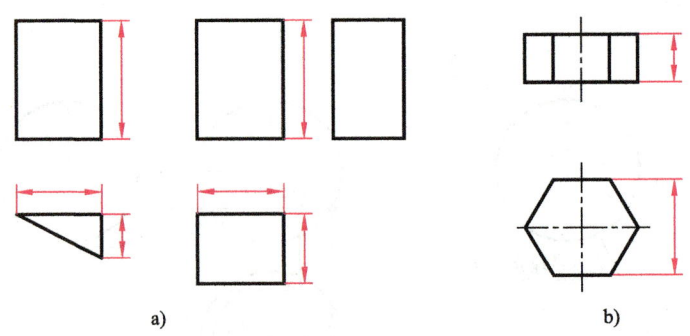

a)   b)

图 2-39 棱柱的尺寸注法

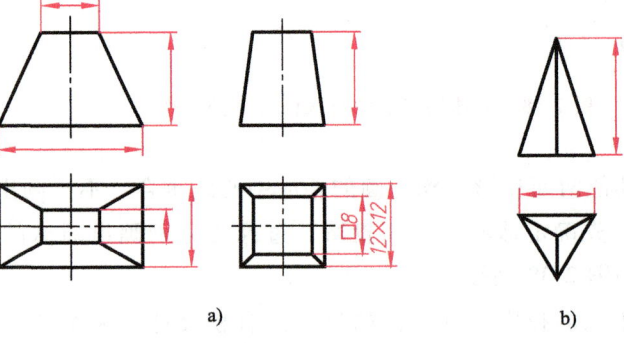

a)   b)

图 2-40 棱锥、棱台的尺寸注法

正方形的尺寸可采用"边长×边长"的形式注出，也可采用简化注法，即在边长的尺寸数字前加注正方形符号"□"，如图 2-40a 所示。

2.7.2 标注曲面体的尺寸

圆柱与圆台（或圆锥）应注出高和底圆直径，并在直径尺寸前加注"φ"，如图 2-41a、b 所示。

圆球只用一个视图就可将其形状和大小表示清楚，圆球尺寸只标直径，并在尺寸前加注"Sφ"，如图 2-41c 所示。

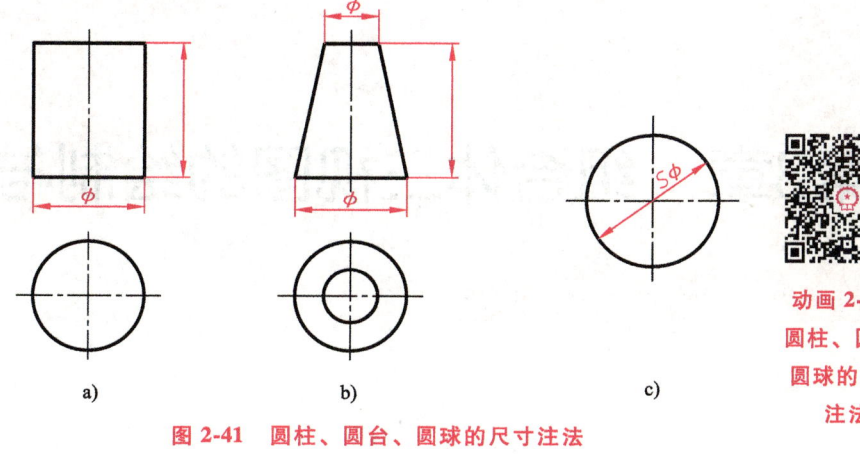

图 2-41 圆柱、圆台、圆球的尺寸注法

动画 2-16-3
圆柱、圆台、圆球的尺寸注法

第3章　组合体三视图的绘制与识读

学习目标

1. 了解并掌握组合类型分类，组合体表面连接关系及截交线和相贯线的投影画法。
2. 学习并掌握组合体三视图绘制与尺寸标注的方法。
3. 掌握组合体的三视图识读的方法。

素养目标

1. 培养学生具备组合体的画图、读图及尺寸标注能力，通过"由物想图""由图想物"的训练，提升学生的空间想象能力、空间思维能力。
2. 培养学生严谨细致的作图习惯和认真踏实的工作作风。

学习任务

3.1　组合体的组合形式及表面连接关系

3.1.1　组合体的概念与类型

1. 组合体的概念

任何复杂的形体，都可以看成是由一些基本的形体按照一定的连接方式组合而成的。这些基本体包括棱柱、棱锥、圆柱、圆锥、圆球和圆环等。由基本体组成的复杂形体称为组合体，如图3-1所示。

微课 3-1
组合体的组合形式及表面连接关系

2. 组合体的类型

（1）叠加型　由若干基本体简单叠加形成的组合体，如图3-1a所示。

（2）切割型　由基本体经过切槽、钻孔等切割而形成的组合体，如图3-1b所示。

（3）综合型　是前两种形式的综合，即整体上为叠加型，局部为切割型。常见的组合体多为此类型，如图3-1c所示。

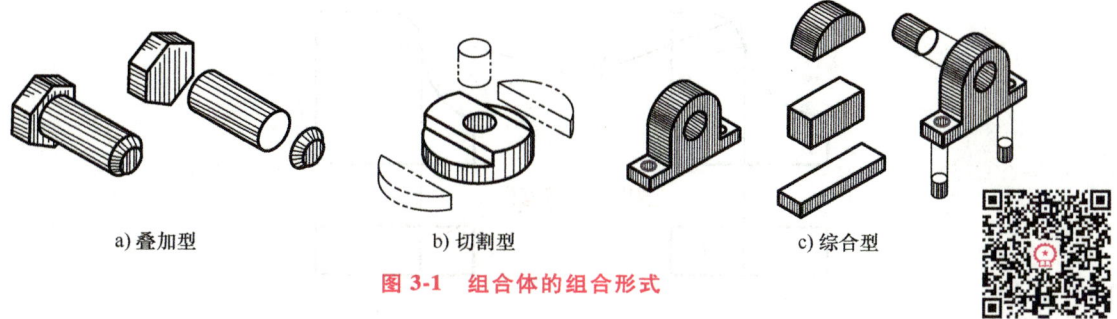

a) 叠加型　　　　　b) 切割型　　　　　c) 综合型

图 3-1　组合体的组合形式

动画 3-1-1
组合体的组合
形式

3.1.2　组合体的表面连接关系

从组合体的整体来看，构成组合体的各基本体间都有一定的相对位置，并且相邻表面之间也存在一定的连接关系，其形式一般可分为平齐、不平齐、相切、相交等情况。

1. 平齐

两相邻基本体的表面处在同一平面上时，称为平齐，其视图上两基本体之间无分界线，如图 3-2a 所示。

2. 不平齐

两相邻基本体的表面处在不同平面上时，称为不平齐，其视图上两基本体之间必须画出分界线，如图 3-2b 所示。

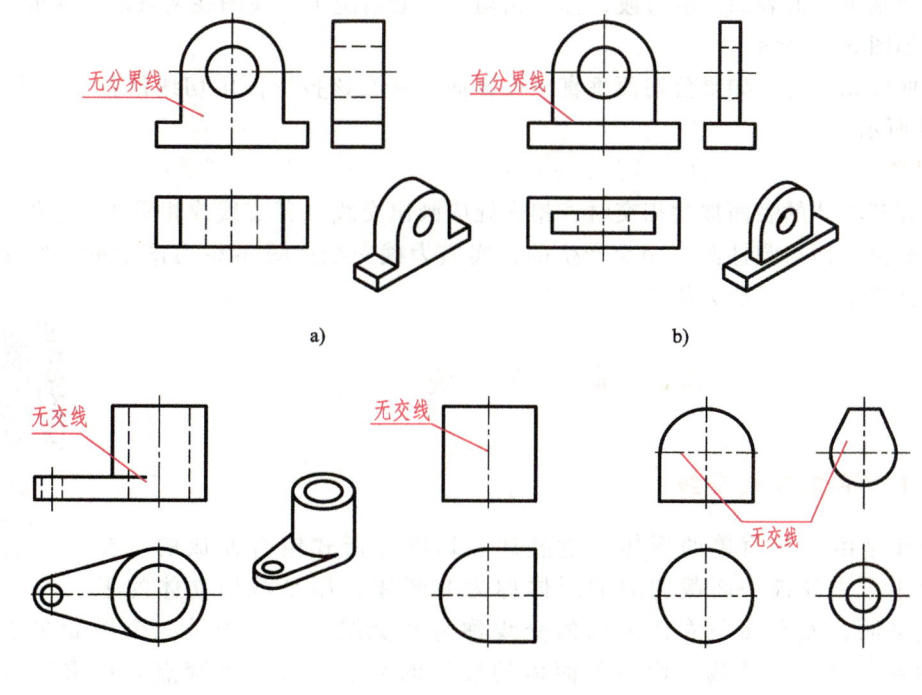

图 3-2　组合体的表面连接关系

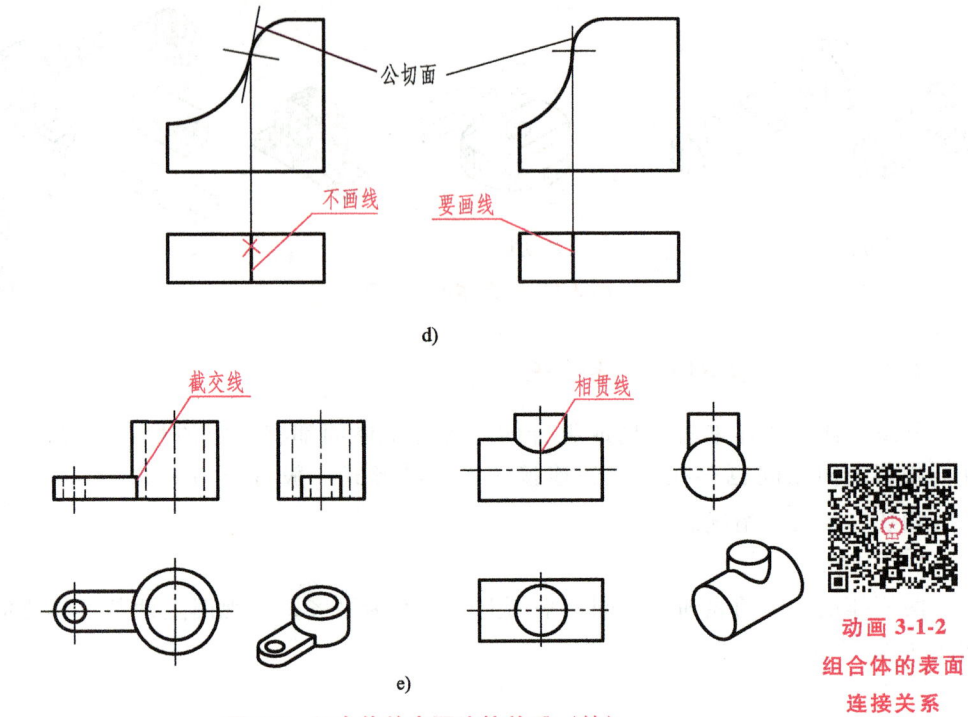

图3-2 组合体的表面连接关系（续）

3. 相切

两相邻基本体的表面光滑过渡，称为相切，一般情况下其视图在两表面相切处不应画出轮廓线，如图3-2c所示。

当两曲面相切时，如果公切面垂直于投影面，则在该投影面中切线位置要画出一条线，如图3-2d所示。

4. 相交

两相邻基本体的表面彼此相交时，相交处应画出交线（截交线或相贯线）。图3-2e左图中的交线是由平面与圆柱曲面相交产生的，实质为截交线；图3-2e右图中的交线是由两圆柱曲面相交产生的，实质为相贯线。

3.2 截 交 线

微课3-2
平面体的
截交线

3.2.1 平面体截交线

组合体是由一些简单的形体经过叠加、切割等形式组合而成的。在组合过程中，立体被平面截切后的形体称为截断体，用来截切立体的平面称为截平面，截平面与立体表面的交线称为截交线。截交线是一个平面多边形，此多边形的各个顶点就是截平面与平面体的棱线的交点，称为贯穿点。在求作棱柱或棱锥的截交线时，常常先求出贯穿点，即侧棱线或底棱与截平面的交点，然后依次连成截交线。

1. 棱柱的截交线

【例 3-1】 图 3-3 所示为 L 形棱柱被正垂面 P 切割，求作切割后棱柱的三视图。

分析：正垂面 P 切割 L 形棱柱时，与棱柱的各棱面都相交，所以交线为 L 形。平面 P 垂直于正平面，交线的正面投影积聚在 p' 上，如图 3-4a 所示。棱柱六个棱面的侧面投影都有积聚性，交线的侧面投影可直接求出，再求出交线的水平投影。

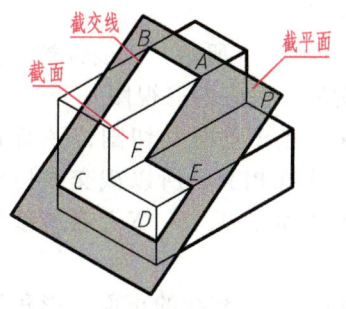

图 3-3 平面与棱柱相交

动画 3-2-1 平面与棱柱相交

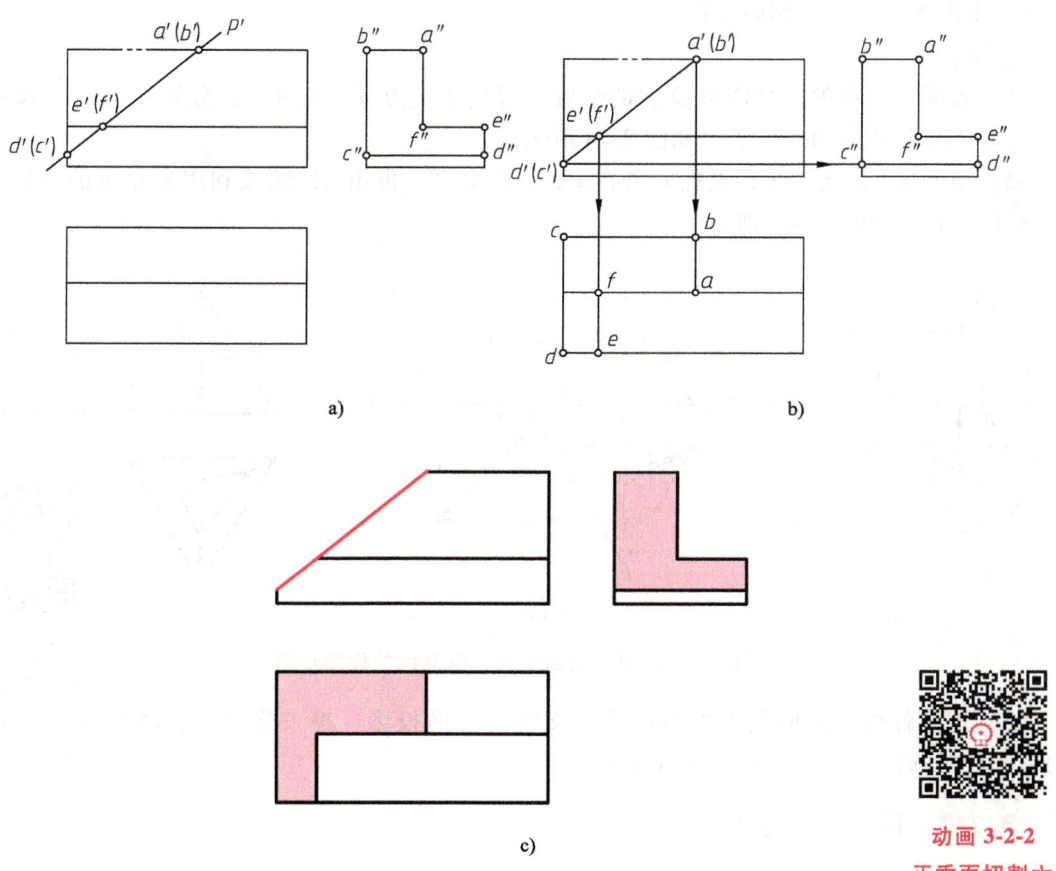

图 3-4 正垂面切割六棱柱的截交线的作图步骤

动画 3-2-2 正垂面切割六棱柱的截交线的作图步骤

作图：

1）参照立体图在主、左视图上标注已知各点的正面和侧面投影，如图 3-4a 所示。

2）由已知各点的正面和侧面投影，求出水平投影 a、b、c、d、e、f，如图 3-4b 所示。

3）擦去作图线，描深六棱柱被切割后的图线，如图 3-4c 所示。值得注意的是，截交线的水平投影和侧面投影为六边形的类似形（L 形）。

2. 棱锥的截交线

【例 3-2】 如图 3-5 所示，三棱锥被正垂面 P 切割，求作切割后三棱锥的三视图。

分析：三棱锥被正垂面 P 切割，平面 P 与三棱锥的三条侧棱线都相交，所以截交线构成一个三角形，三角形的顶点 D、E、F 是各棱线与平面 P 的交点。

如图 3-6a 所示，截交线的正面投影积聚在 p' 上，d'、e'、f' 分别是各棱线的正面投影与 p' 的交点。利用直线上点的投影特性，可由截交线的正面投影求出水平投影和侧面投影。

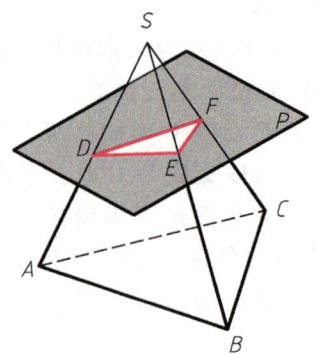

动画 3-2-3 平面与棱锥相交

图 3-5 平面与棱锥相交

作图：

1）根据三棱锥的三视图以及 p' 的位置，可确定交点 d'、e' 和 f'，分别在 sa、sc 和 $s''a''$、$s''c''$ 上直接求出 d、f 和 d''、f''，如图 3-6a 所示。

2）由于 SB 是侧平线，根据 e' 可在 $s''b''$ 上求出 e''，再由 45°线或利用宽相等的投影关系在 sb 上求出 e，如图 3-6b 所示。

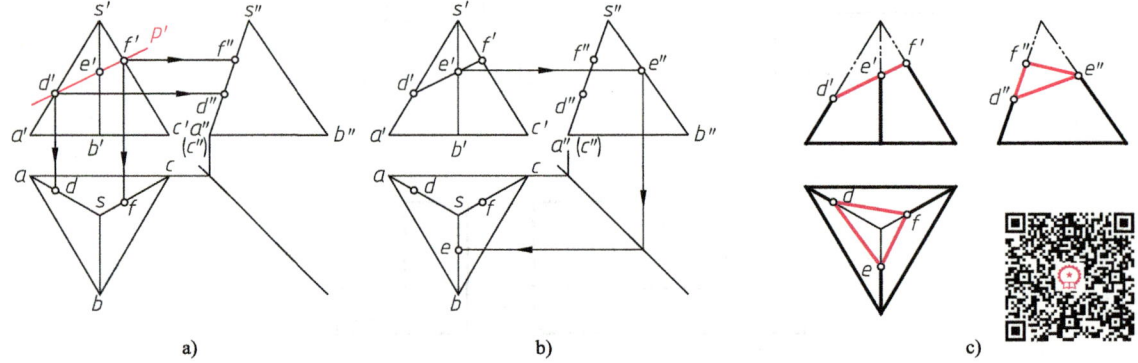

动画 3-2-4 正垂面切割三棱锥的截交线的作图步骤

图 3-6 正垂面切割三棱锥截交线的作图步骤

3）连接各点的同面投影即为所求截交线的三面投影，擦去作图线，将切割后三棱锥的图线描深，如图 3-6c 所示。

3.2.2 回转体截交线

1. 平面与圆柱相交

平面与圆柱轴线不同的相对位置可形成三种不同形状的截交线，如图 3-7 所示。

1）当平面与圆柱轴线平行时，截交线为矩形，如图 3-7a 所示。

2）当平面与圆柱轴线垂直时，截交线为圆，如图 3-7b 所示。

3）当平面与圆柱轴线倾斜时，截交线为椭圆，如图 3-7c 所示。

【例 3-3】 绘制圆柱被平面切割后的三视图，如图 3-8 所示。

微课 3-3 平面与圆柱相交

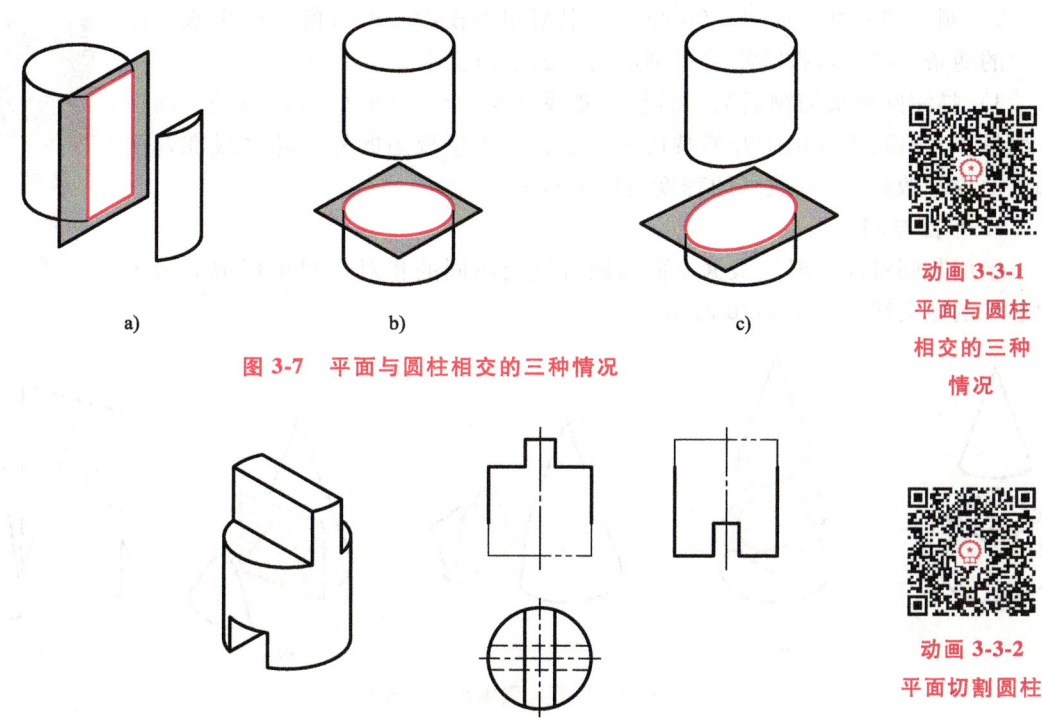

图 3-7 平面与圆柱相交的三种情况

动画 3-3-1 平面与圆柱相交的三种情况

图 3-8 平面切割圆柱

动画 3-3-2 平面切割圆柱

分析：圆柱上部切肩是由左、右两个平行于圆柱轴线的对称的侧平面以及两个垂直于圆柱轴线的水平面切割而成的。圆柱下部开槽是由前、后两个平行于圆柱轴线的对称的正平面以及一个垂直于圆柱轴线的水平面切割而成的。侧平面、正平面与圆柱表面的截交线都是直线，水平面与圆柱表面的截交线都是圆弧。因此，圆柱上部切肩和下部开槽部分的截交线都可利用积聚投影求作。

作图：

1）画上部切肩，如图 3-9a 所示。根据切肩正面投影中的高和水平投影中的宽画出切肩的侧面投影。

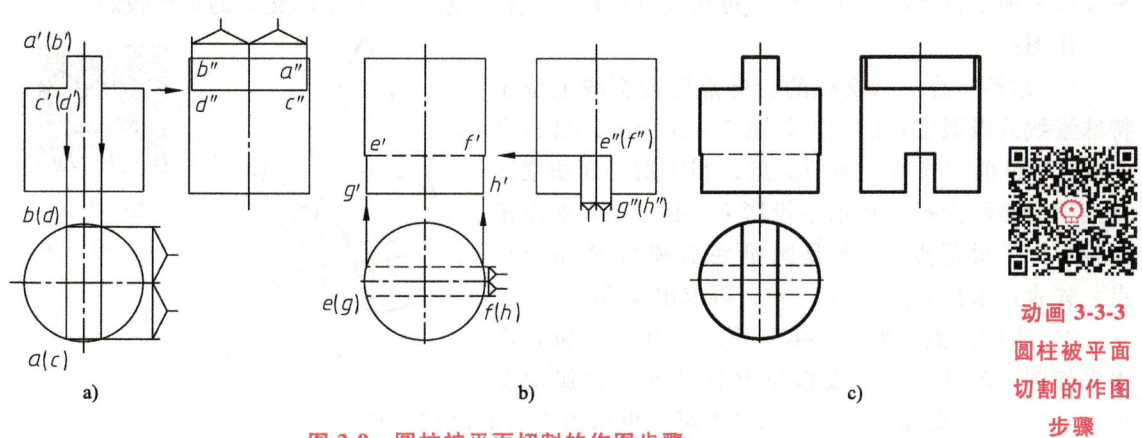

图 3-9 圆柱被平面切割的作图步骤

动画 3-3-3 圆柱被平面切割的作图步骤

2）画下部开槽，如图 3-9b 所示。根据侧面投影中槽口的宽画出水平投影中的两条虚线，再按投影关系画出槽口的正面投影。

3）描深圆柱被切割后的三视图，如图 3-9c 所示。值得注意的是，圆柱下部最左、最右素线由于开槽被切去一段，所以主视图的外形轮廓线在开槽部位向内"收缩"，其收缩的程度与槽宽有关。

微课 3-4
平面与圆锥相交

2. 平面与圆锥相交

平面与圆锥相交时，根据平面与圆锥轴线不同的相对位置可形成五种不同形状的截交线，如图 3-10 所示。

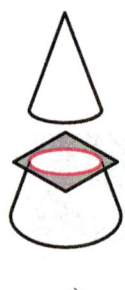 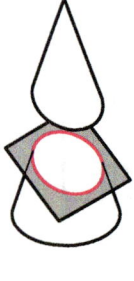 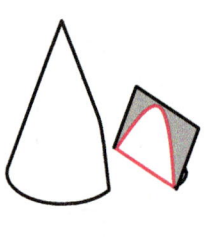 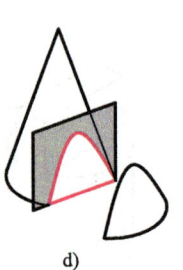 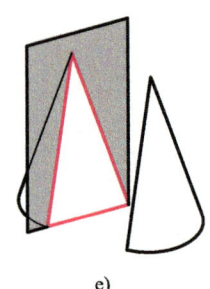

a)　　　　　b)　　　　　c)　　　　　d)　　　　　e)

图 3-10　平面与圆锥相交的五种情况

1）当平面与圆锥轴线垂直时，截交线为圆，如图 3-10a 所示。

2）当平面与圆锥轴线倾斜时，截交线为椭圆，如图 3-10b 所示。

3）当平面平行于圆锥面上的一条素线时，截交线为抛物线和直线，如图 3-10c 所示。

4）当平面平行于圆锥轴线时，截交线为双曲线和直线，如图 3-10d 所示。

5）当平面过锥顶时，截交线为三角形，如图 3-10e 所示。

动画 3-4-1
平面与圆锥
相交的五种
情况

【例 3-4】　画出正平面切割圆锥后的三视图，如图 3-11 所示。

分析：正平面 P 与圆锥轴线平行，截交线为双曲线和直线，其正面投影反映实形，水平投影和侧面投影积聚成直线。可用辅助纬圆法或辅助素线法求作截交线的正面投影。

作图：

1）求特殊点。截交线的特殊点即截交线上位于特殊素线或极限位置的点。如图 3-12a 所示，最高点 C 是圆锥最前素线与 P 面的交点，利用切平面积聚性直接求出侧面投影 c'' 和水平投影 c，由 c'' 和 c 求出正面投影 c'；最低点 A、E 是圆锥底面圆与 P 面的交点，先直接求出 a、e 和 a''、e''，再求出 a' 和 e'。

2）求中间点。如图 3-12b 所示，在适当位置作水平纬圆，该圆的水平投影与 P 面的水平投影的交点 b、d 即为截交线上两点的水平投影，再求出 b'、d' 和 b''、d''。

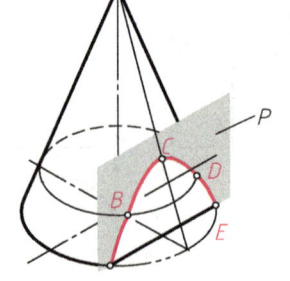

动画 3-4-2
平面与圆锥
相交

图 3-11　平面与圆锥相交

3）依次光滑连接。连接 $a'b'c'd'e'$ 即为截交线的正面投影，如图 3-12c 所示。

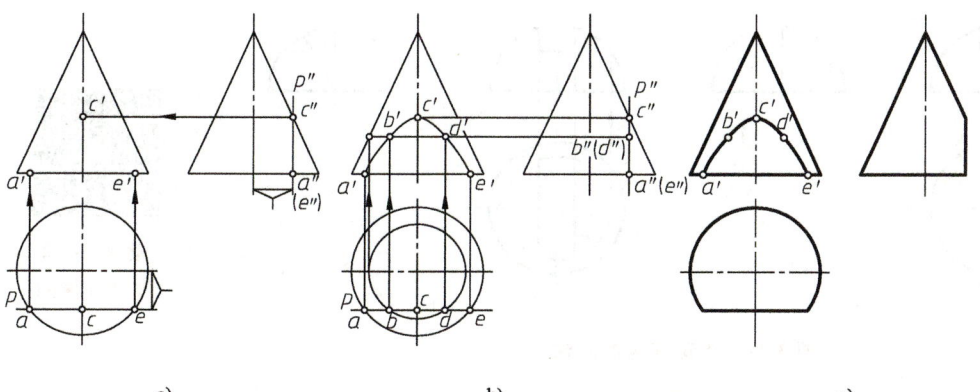

动画 3-4-3
正平面切割圆
锥作图步骤

图 3-12 正平面切割圆锥作图步骤

3. 平面与球体相交

平面切割圆球时，其截交线均为圆，圆的大小取决于平面与球心的距离。当平面平行于投影面时，在该投影面上截交线圆的投影反映实形，另外两个投影面上的投影积聚成直线。图 3-13 所示为圆球被水平面和侧平面切割后的三面投影图。

微课 3-5
平面与球体
相交

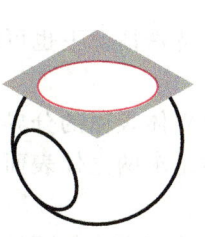
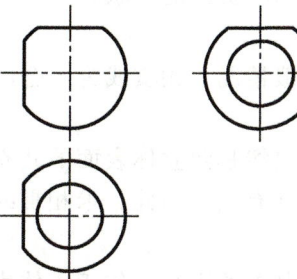

动画 3-5-1
平面与圆球
相交

图 3-13 平面与圆球相交

【**例 3-5**】 已知半球开槽的主视图，求作其俯视图和左视图，如图 3-14a 所示。

分析：半球的方槽由一个水平面和两个侧平面切割球面而成。两个侧平面与球面的截交线各为一段平行于侧面的圆弧（半径为 R_1），而水平面与球面的截交线为两段水平的圆弧（半径为 R_2）。

作图步骤如图 3-14b 所示。

1）作切槽的水平投影。切槽底面的水平投影由两段相同的圆弧和两段积聚性直线组成，圆弧的半径为 R_2，从正面投影中量取。

2）作切槽的侧面投影。切槽的两侧面为侧平面，其侧面投影为圆弧，半径 R_1 从正面投影中量取。切槽的底面为水平面，其侧面投影积聚为一条直线，中间部分不可见，画成虚线。

综上可知，平面与回转体相交的截交线，一般为平面曲线，特殊情况为直线或圆。求回转体截交线的方法为：先判断截交线的形状，若为直线或圆，则直接作图；若为其他曲线，先求特殊点，再求中间点，最后依次光滑连接即可。

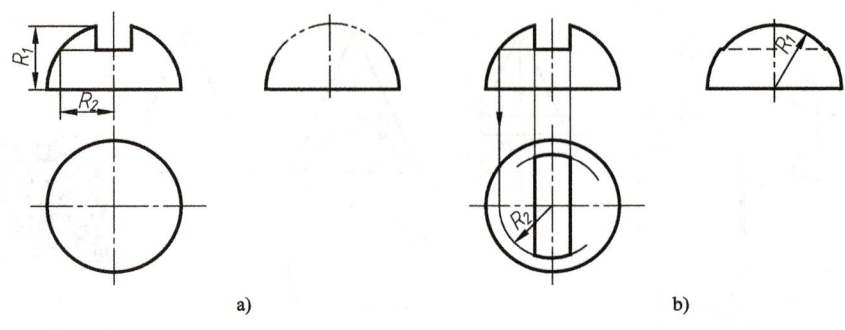

动画 3-5-2 半球开槽的画法

图 3-14 半球开槽的画法

3.3 相贯线

3.3.1 相贯线的基本知识

两立体表面相交形成的交线，称为相贯线。立体相贯分平面体与平面体相贯、平面体与曲面体相贯、曲面体与曲面体相贯。下面主要讨论回转体相贯。

相贯线的形状由两相贯体的形状、大小和相对位置决定，但任何相贯线都具有下列两个基本性质：

（1）封闭性 一般情况下相贯线为闭合的空间曲线，特殊情况下也可以是平面曲线或直线围成的平面图形。

（2）共有性 相贯线是两立体表面的共有线，也是两立体表面的分界线，相贯线上的所有点是两立体表面的共有点，因此，求相贯线的问题实质是求两立体表面一系列共有点的问题，如图 3-15a 所示。

相贯线可见性的判断原则是：位于立体表面可见部分的相贯线是可见的。

3.3.2 相贯线的作图方法

求相贯线的方法有以下两种：

（1）积聚性投影法 对于相交两立体，表面投影具有积聚性时，就可利用该立体投影的积聚性求作相贯线。

（2）辅助平面法 根据三面共点原理，作辅助平面与两立体表面相交，产生两条截交线，求出两辅助截交线的交点，即为相贯点，最后连接成相贯线。

为了使相贯线的作图清楚、准确，在求共有点时，应先求特殊点，再求一般点。相贯线上的特殊点包括：可见性分界点，曲面投影轮廓上的点，极限位置点（最高、最低、最左、最右、最前、最后）等。根据这些点不仅可以确定相贯线投影的范围，还可以确定相贯线的凹凸和拐点。

3.3.3 圆柱与圆柱正交

1. 利用积聚性求相贯线

两圆柱正交，当其中一个圆柱轴线垂直于投影面时，则相贯线在该投影面上的投影必在圆柱面的积聚投影圆上。利用这一特性，可在相贯线上取若干点，按回转体表面上取点的方法求出相贯线的其他投影。

图 3-15b 所示为不同直径两圆柱垂直相交。由于直立圆柱的水平投影和水平圆柱的侧面投影都有积聚性，所以相贯线的水平投影和侧面投影分别在它们有积聚性的圆上。因此，只要求作相贯线的正面投影即可。因为相贯线前后对称，在其正面投影中，可见的前半部与不可见的后半部重合，并且左右对称。

微课 3-6
圆柱与圆柱
正交

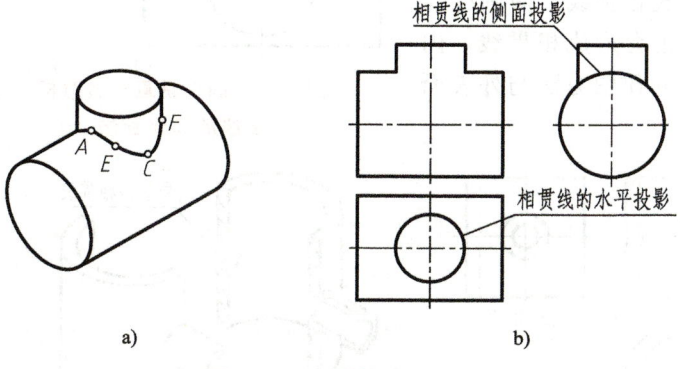

动画 3-6-1
两圆柱正交
相贯

图 3-15 两圆柱正交相贯

作图步骤如图 3-16 所示。

1）求特殊点。水平圆柱的最高素线与直立圆柱最左、最右素线的交点 A、B 是相贯线上的最高点，也是最左、最右点。a'、b'，a、b 和 a''、b'' 均可直接求出。点 C 是相贯线上的最低点，也是最前点。c'' 和 c 可直接求出，再由 c''、c 求得 c'，如图 3-16a 所示。

2）求中间点。利用积聚性，在侧面投影和水平投影上定出 e''、f'' 和 e、f，再由 e''、f'' 和 e、f 求得 e'、f'。用同样方法可再求出相贯线上一系列点的投影。依次光滑连接各点即为相贯线的正面投影，如图 3-16b 所示。

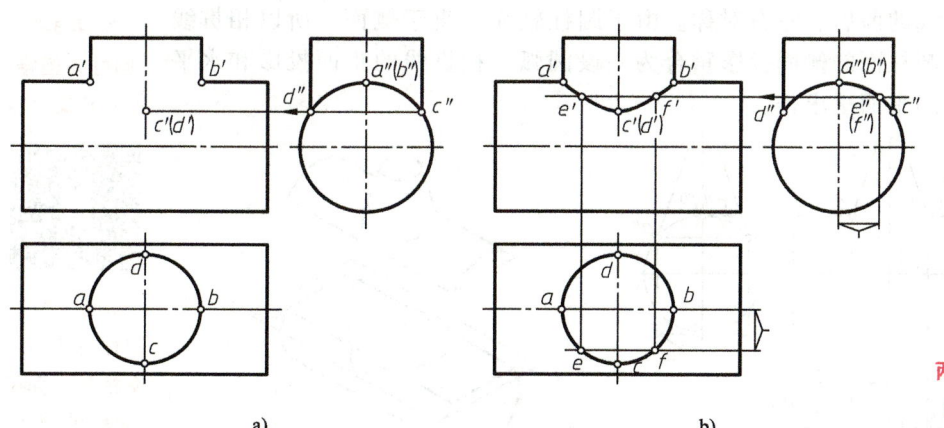

图 3-16 两圆柱垂直相贯

动画 3-6-2
两圆柱垂直相贯
表面相贯线的
作图步骤

2. 相贯线的简化画法

在工程上，经常遇到两圆柱垂直相交的情况，为了简化作图，允许用圆弧代替非圆曲线，如图 3-17 所示。画法为：以相贯两圆柱体中的大圆柱半径为半径画弧，圆心在小圆柱的轴线上，过两圆柱轮廓素线的交点，凸起方向朝向大圆柱的轴线。

3. 圆柱穿孔的相贯线画法

如图 3-18 所示，圆柱孔与圆柱面相交时，在孔口会形成相贯线。两圆柱孔相交时，其内表面也会形成相贯线。内表面相贯线的形状和作图方法与外表面相贯线一样。

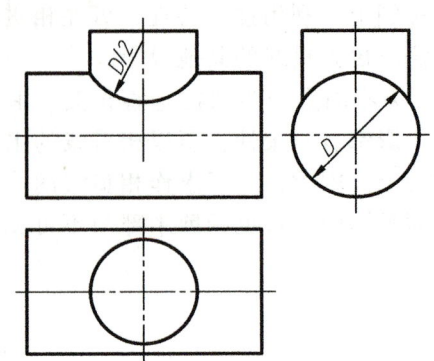

图 3-17 圆柱垂直相贯时相贯线的简化画法

动画 3-6-3 两圆柱垂直相贯时相贯线的简化画法

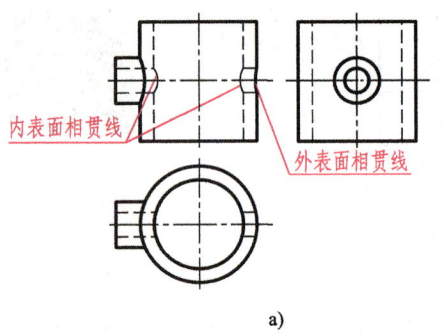
a)

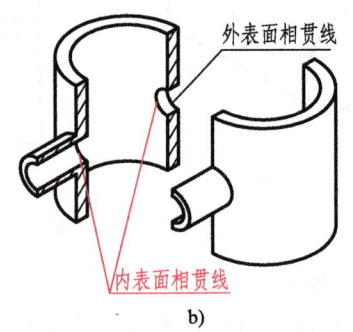
b)

图 3-18 圆柱穿孔的表面相贯线

动画 3-6-4 圆柱穿孔的表面相贯线画法

3.3.4 圆柱与圆锥正交

如图 3-19 所示，圆柱轴线与圆锥轴线垂直时，其相贯线为封闭的空间曲线，并且相贯线的前后、左右对称。由于圆柱轴线垂直于侧面，所以相贯线的侧面投影与圆柱面的侧面投影重合为一段圆弧。相贯线的正面投影和水平投影可采用辅助平面法求作。

微课 3-7 圆柱与圆锥正交

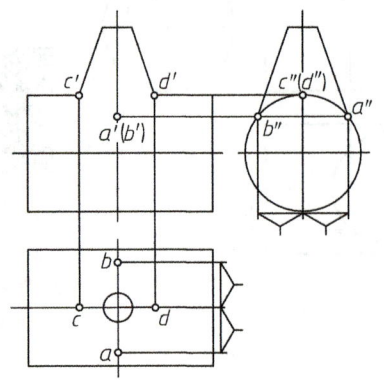
a)

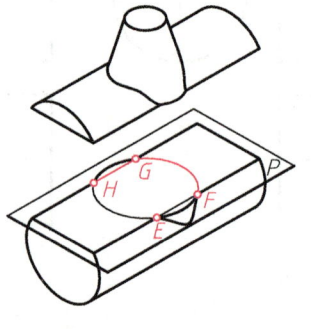
b)

图 3-19 圆柱与圆锥正交相贯

动画 3-7-1 圆柱与圆锥正交相贯表面相贯线的画法

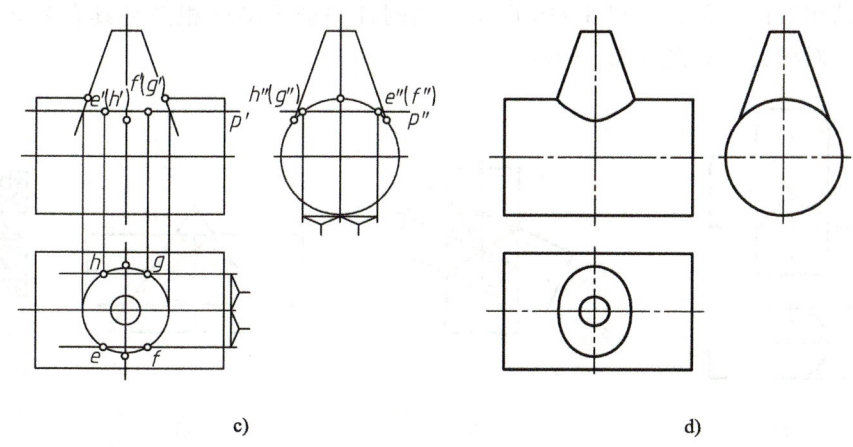

c)   d)

图 3-19 圆柱与圆锥正交相贯（续）

作图步骤如图 3-19 所示。

1）求特殊点。根据相贯线最高点 C、D（也是最左、最右点）和最低点 A、B（也是最前、最后点）的侧面投影 c''、d''、a''、b''，直接求出正面投影 c'、d'、a'、b' 和水平投影 c、d、a、b，如图 3-19a 所示。

2）求中间点。在最高点与最低点之间的适当位置作辅助平面 P，如图 3-19b、c 所示。平面 P（水平面）与圆锥的截交线是圆，其水平投影反映实形，该圆的半径可在侧面投影中量取。平面 P 与圆柱的截交线是矩形，它在水平投影中的位置也可从侧面投影中量取。在水平投影中，圆和矩形的交点 e、f、g、h 即为相贯线上四个点的水平投影。其正面投影 e'、f'、g'、h' 应在 p' 上，侧面投影 e''、f''、g''、h'' 应位于 p'' 与圆的相交处。

3）在正面投影和水平投影上分别依次光滑连接各点，作图结果如图 3-19d 所示。

3.3.5 相贯线的特殊情况

1. 同轴回转体相交

具有同轴的两回转体相交时，其相贯线为垂直于该轴线的圆，如图 3-20 所示。

微课 3-8
相贯线的
特殊情况

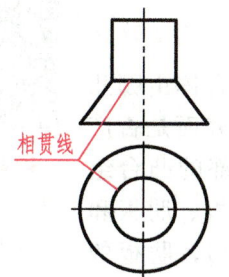 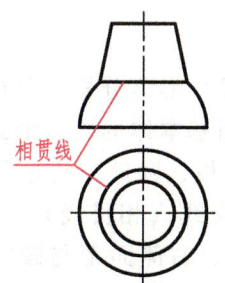 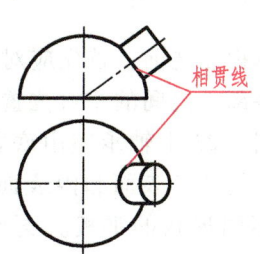

图 3-20 同轴回转体的相贯线

2. 两回转体轴线相交，且具有公共内切球

两回转体轴线相交，且具有公共内切球时，其相贯线为平面曲线。如两等径圆柱正交时，相贯线为两个大小相等的圆，如图 3-21a 所示；当两等径圆柱斜交时，相贯线为两个长轴不等，短轴相等的椭圆，如图 3-21b 所示；当圆柱与圆锥轴线相交且具有公共内切球时，相贯线也是一对椭圆，如图 3-21c 所示。

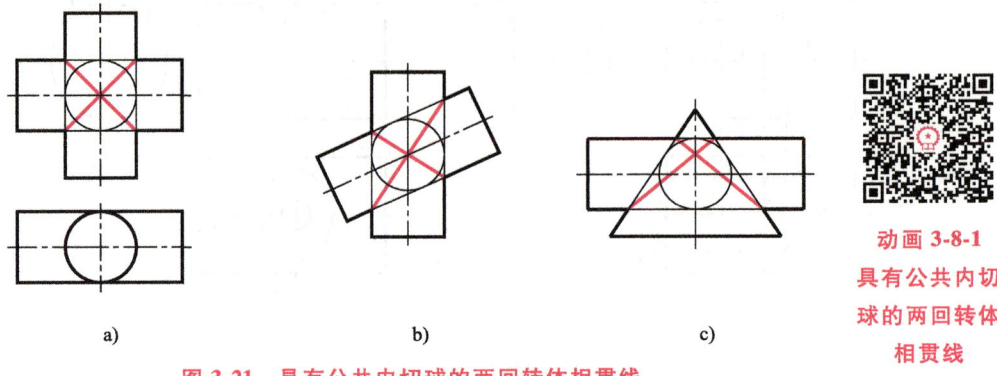

图 3-21 具有公共内切球的两回转体相贯线

动画 3-8-1 具有公共内切球的两回转体相贯线

3. 两圆柱面的轴线平行或两圆锥面共锥顶

当两圆柱面的轴线平行或两圆锥面共锥顶时，相贯线为直线，如图 3-22 所示。

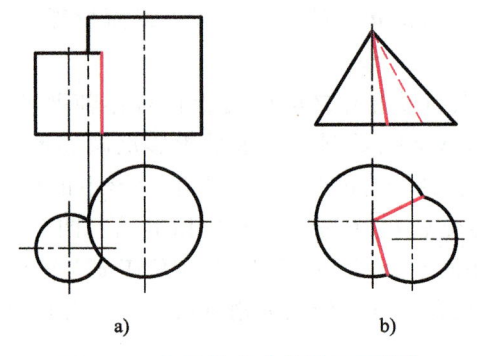

图 3-22 相贯线为直线的两回转体

动画 3-8-2 相贯线为直线的两回转体

3.4 组合体三视图的画法

3.4.1 形体分析

画组合体视图之前，首先应对组合体进行形体分析。分析组合体由哪几部分组成，各部分之间的相对位置，相邻两基本体的组合形式，表面是否产生交线等。图 3-23 中轴承座由底板、支承板、圆筒、肋板及上部的凸台组成。凸台与圆筒在外表面和内表面上都有交线（相贯线）。支承板、肋板和底板分别是不同形状的平板。支承板的左、右侧面都与圆筒相切，肋板的左、右侧面与圆筒外表面相交。

微课 3-9 叠加组合体的画法

3.4.2 选择视图

选择视图首先要确定主视图。主视图方向确定后，其他视图的方向则随之确定。主视图选择的一般原则如下。

(1) 正放原则 将组合体的主要表面或主要轴线放置在与投影面平行或垂直的位置。

(2) 形状特征原则 以最能反映该组合体各部分形状和相对位置特征的方向作为主视图的方向。

(3) 清晰性原则 使主视图和其他两个视图上的虚线尽量少一些。

(4) 其他原则 例如尽量使画出的三视图长大于宽，这样既能符合习惯思维，也能突出主视图。

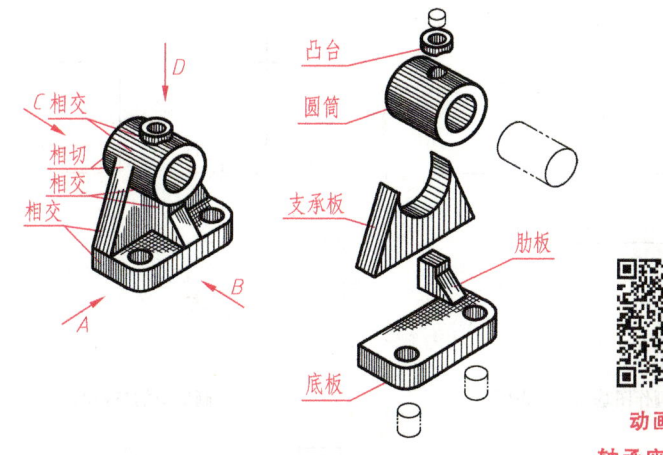

图 3-23 轴承座形体分析

动画 3-9-1
轴承座形体分析

对比图 3-23 中的轴承座的 A、B、C、D 四个观察方向，可看出沿 B 向观察所得视图满足上述要求，适合作为主视图方向。

3.4.3 叠加组合体的画法

1. 确定比例与图纸幅面

根据组合体的复杂程度和尺寸大小，应选择国家标准规定的比例和图纸幅面。一般情况下，尽可能选用 1∶1 的比例作图。图幅的大小应充分考虑到视图、尺寸、技术要求及标题栏的大小和位置等。

2. 布置视图，画作图基准线

根据组合体的总体尺寸通过简单计算将各视图均匀地布置在图框内。各视图位置确定后，用细点画线或细实线画出作图基准线。作图基准一般为底面、对称面、端面、轴线等，如图 3-24a 所示。

3. 画底稿

依次画出每个基本体的三视图，如图 3-24b~f 所示。画底稿时应注意：

1) 在画各基本体的视图时，应先画主要形体，后画次要形体。如图 3-24 中先画底板和圆筒，后画支承板、肋板和凸台。

2) 画每一个基本体时，一般应三个视图对应着一起画。先画反映实形或有形状特征的视图，再按投影关系画其他视图。如图 3-24 中底板先画俯视图，圆筒先画主视图，凸台先画俯视图，支承板先画主视图等。尤其要注意必须按投影关系正确地画出平齐、相切和相交处的投影，如图 3-24d、e 所示。

3) 画每一个基本体时，先画粗略轮廓，后画细节结构，先画可见的部分，后画不可见的部分。

4. 检查、描图

检查底稿，改正错误，擦去多余图线，然后描深，如图 3-24f 所示。

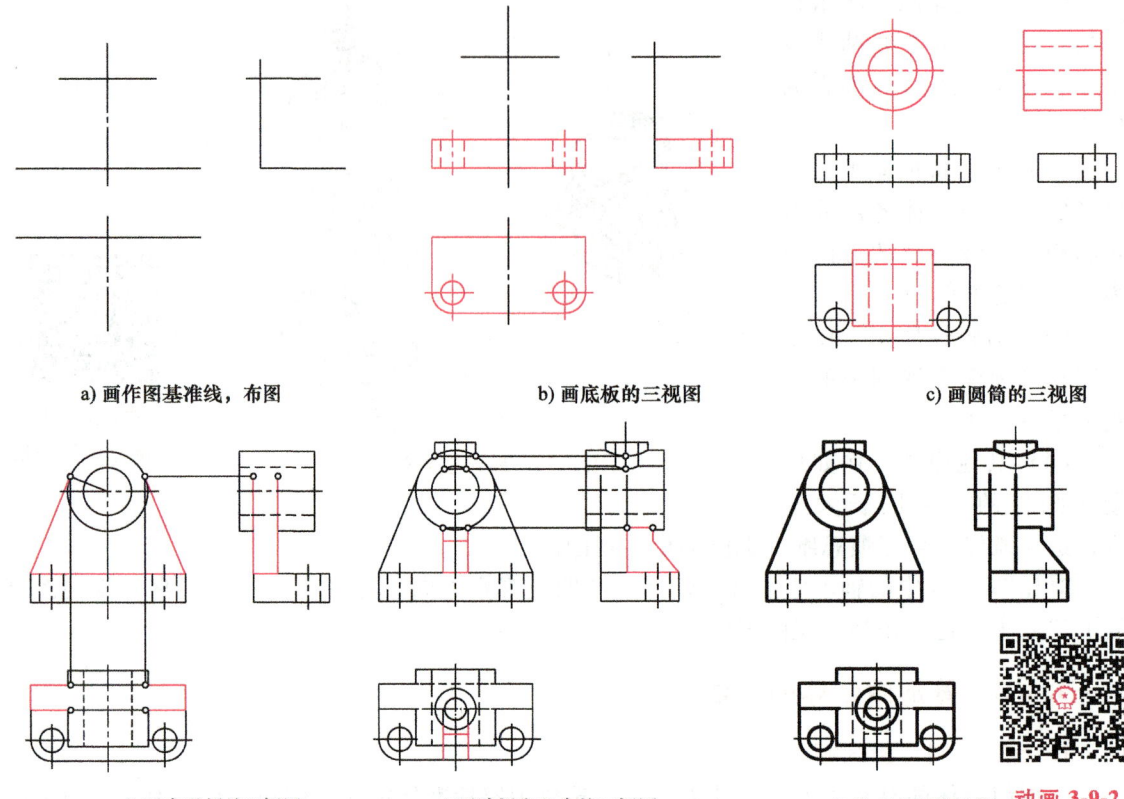

a) 画作图基准线，布图   b) 画底板的三视图   c) 画圆筒的三视图

d) 画支承板的三视图   e) 画肋板和凸台的三视图   f) 检查全图并描深

图 3-24 轴承座三视图的画图步骤

动画 3-9-2 轴承座三视图的画图步骤

3.4.4 切割组合体的画法

切割类组合体可以看成是由一个基本体被切去某些部分后形成的。图 3-25 所示的组合体可以看成是由一个四棱柱切去 A、B、C 三部分后形成的。

画切割类组合体的三视图时，应先画出切割前完整基本体的三视图，然后按照切割过程逐个画出被切部分的投影，从而得到切割体的三视图。同叠加类组合体类似，对于被切去的形体也应从反映其形状特征的视图入手，然后通过投影关系，画出其他两面投影。具体画图步骤如图 3-26 所示。

微课 3-10 切割组合体的画法

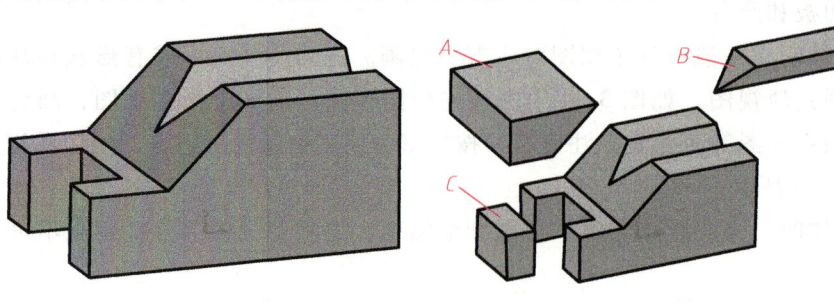

a)   b)

图 3-25 切割类组合体的形体分析

动画 3-10-1 切割类组合体的形体分析

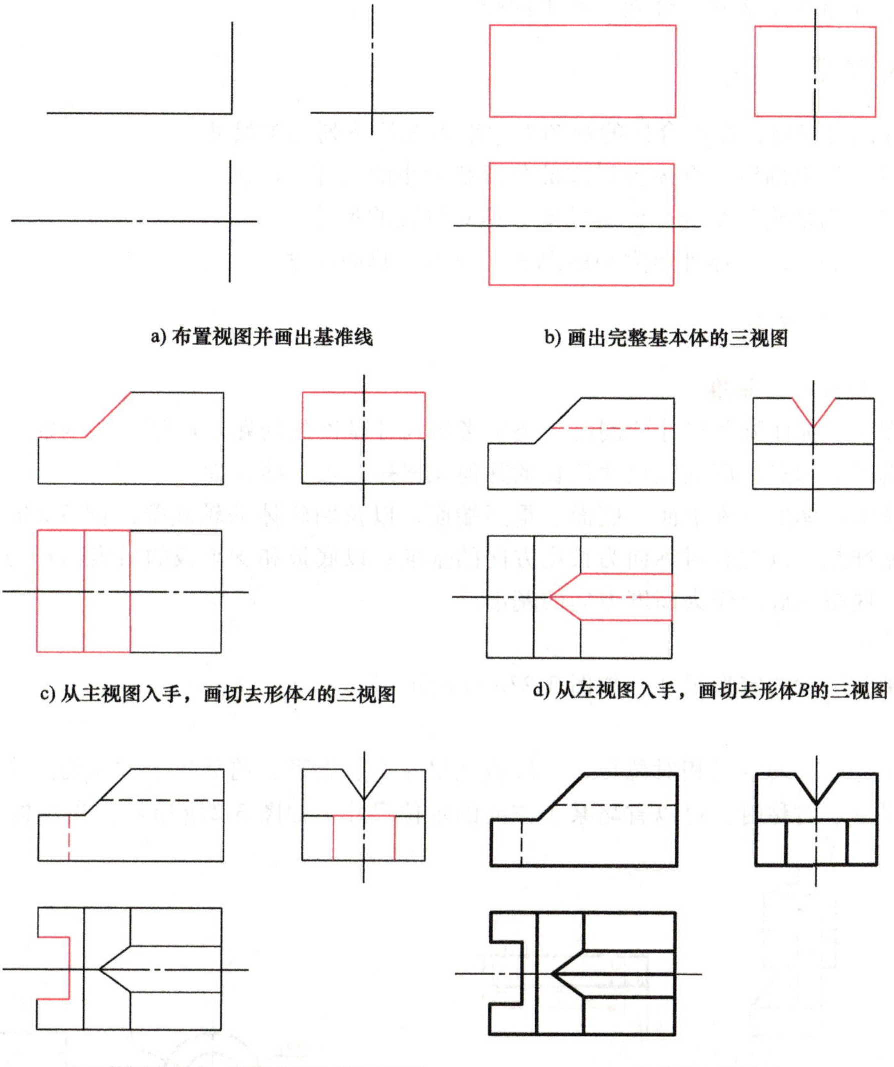

a) 布置视图并画出基准线　　b) 画出完整基本体的三视图

c) 从主视图入手，画切去形体A的三视图　　d) 从左视图入手，画切去形体B的三视图

e) 从俯视图入手，画切去形体C的三视图　　f) 检查、描深

图 3-26　切割类组合体的画图步骤

动画 3-10-2
切割类组合体的画图步骤

3.5　组合体的尺寸标注

3.5.1　尺寸标注的基本要求

尺寸标注要求做到以下三点：

（1）正确　标注尺寸要符合国家标准的有关规定，所注尺寸数值要正确无误。

（2）完整　标注的尺寸应能完全确定物体的形状和大小，既不重复，也不遗漏。

微课 3-11
组合体的尺寸标注

(3) 清晰　尺寸布置要整齐、合理，便于读图。

3.5.2　尺寸类型

为了将尺寸标注得完整，在组合体的视图上一般需标注下列几类尺寸：
(1) 定形尺寸　用来确定组合体各组成部分形状大小的尺寸。
(2) 定位尺寸　用来确定组合体各组成部分相对位置的尺寸。
(3) 总体尺寸　表示组合体外形大小的总长、总宽、总高尺寸。

3.5.3　尺寸标注方法

1. 形体分析、选择尺寸基准

在明确了视图中应标注哪些尺寸的同时，还须考虑尺寸基准的问题。所谓尺寸基准，就是标注尺寸时所选择的起点，即确定尺寸位置的几何元素——点、线、面。

基准一般可选组合体的对称平面、底面、重要端面，以及回转体的轴线等。图3-27a所示轴承座的尺寸基准是：以左右对称面为长度方向的基准；以底板和支承板的后表面作为宽度方向的基准；以底板的底面作为高度方向的基准。

2. 标注定形尺寸

标注确定各部分形状的定形尺寸，如图3-27b~f所示。

3. 标注定位尺寸

为了确定各部分之间的空间相对位置，一般应注出左右、上下、前后三个方向的定位尺寸，表面重合、平齐、对称时，可以省略某个方向的定位尺寸。如图3-27g所示，支承板与

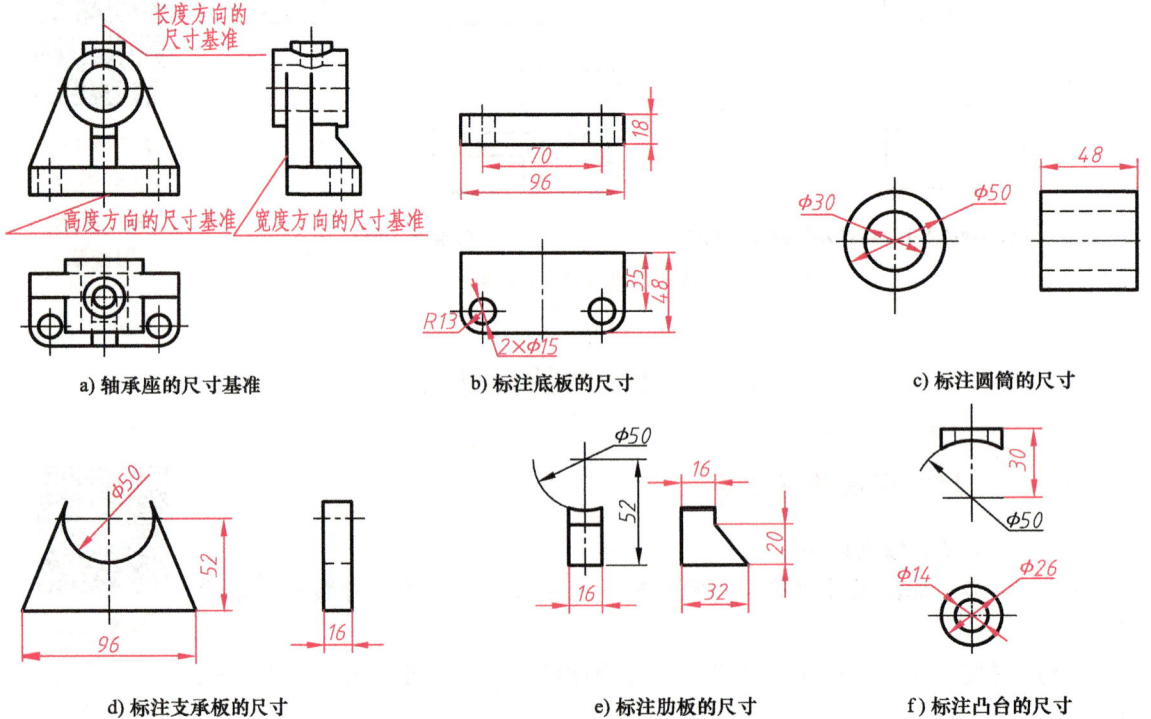

图3-27　尺寸标注的方法与步骤

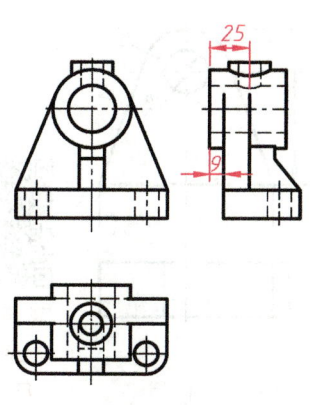

g) 标注各部分之间的定位尺寸　　　　h) 调整尺寸，完成标注

图 3-27　尺寸标注的方法与步骤（续）

动画 3-11-1
尺寸标注的
方法与步骤

底板叠加时，支承板下表面与底板上表面重合，则上下方向不需要标注定位尺寸；后表面平齐，则前后不需要定位尺寸；左右对称，则左右也不需要定位尺寸。同理，分析其他部分可知，圆筒与支承板叠加时前后需要定位尺寸"9"；凸台与圆筒叠加时前后需要定位尺寸"25"，其他方向则不需要定位尺寸。

4. 标注总体尺寸

为了表示组合体的总长、总宽、总高，一般应标注出相应的总体尺寸。

5. 检查、修改、调整尺寸

按上述分析，尺寸虽然已经标注完整，但考虑总体尺寸后，为了避免重复，还应做适当的调整。如图 3-27h 中，尺寸"100"为总高尺寸，标注这个尺寸后会与凸台部分的尺寸"30"、支承板部分的尺寸"52"、底板部分的尺寸"18"重复，因此应将尺寸"30"省略。

另外，考虑到基准，同时也将尺寸"52"调整成"70"。

还应注意，当组合体某个视图中以圆弧为轮廓线时，为明确圆弧中心的确切位置，一般不注总体尺寸，而是注出圆心的定位尺寸和圆弧的半径或直径，如图 3-28c、d 所示。当圆弧只是作为圆角时，则既要注出圆角半径，也要注出总长、总宽等尺寸，如图 3-28a 所示。图 3-28 是一些常见结构的尺寸注法，图中尺寸线上标"×"的尺寸为错误注法。

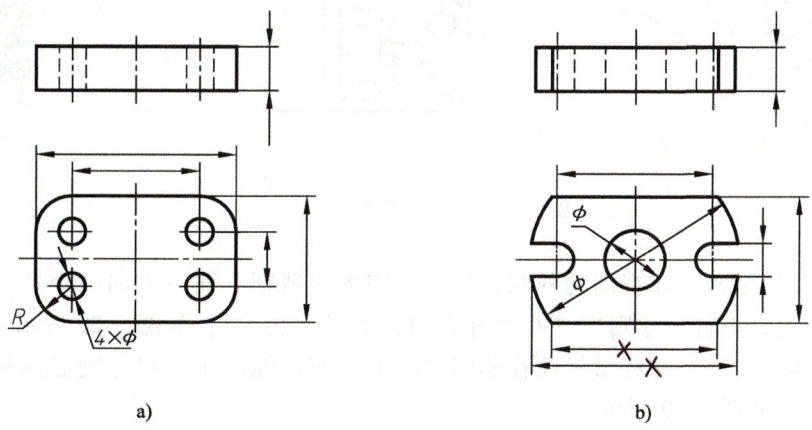

a)　　　　　　　　　　　　b)

图 3-28　常见结构的尺寸注法

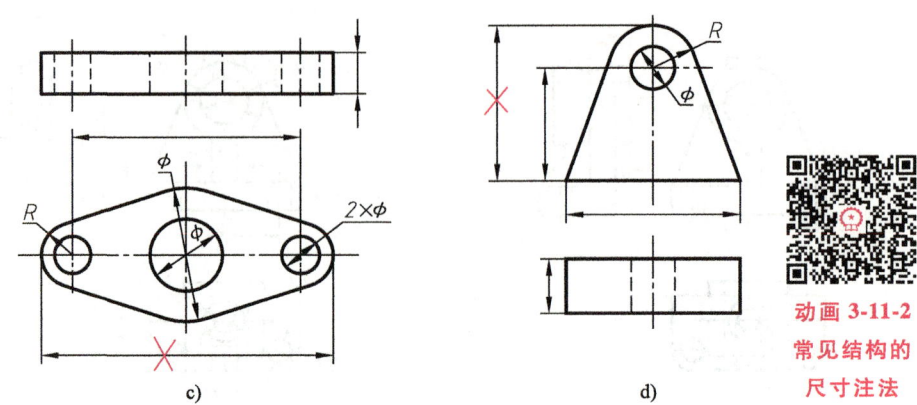

图 3-28 常见结构的尺寸注法（续）

6. 尺寸标注要清晰

标注尺寸时，除了要求正确、完整外，为了便于读图，还要求标注清晰。为保证尺寸的清晰性，应注意以下几点。

1）各基本体的定形尺寸和相关联的定位尺寸尽量集中标注，并且应标注在反映形体特征和明显反映相对位置关系的视图中。如图 3-29 所示，垂直板的尺寸 "17" "27" "10" "$\phi14$" "28" 应集中标注在左视图中；三角形肋板的尺寸 "12" "7" 应集中标注在主视图中；底板的尺寸 "43" "35" "34" "18" "$R8$" "$2\times\phi8$" 应集中标注在俯视图中；底板与垂直板的定位尺寸 "5" 则标注在反映位置明显的主视图中。

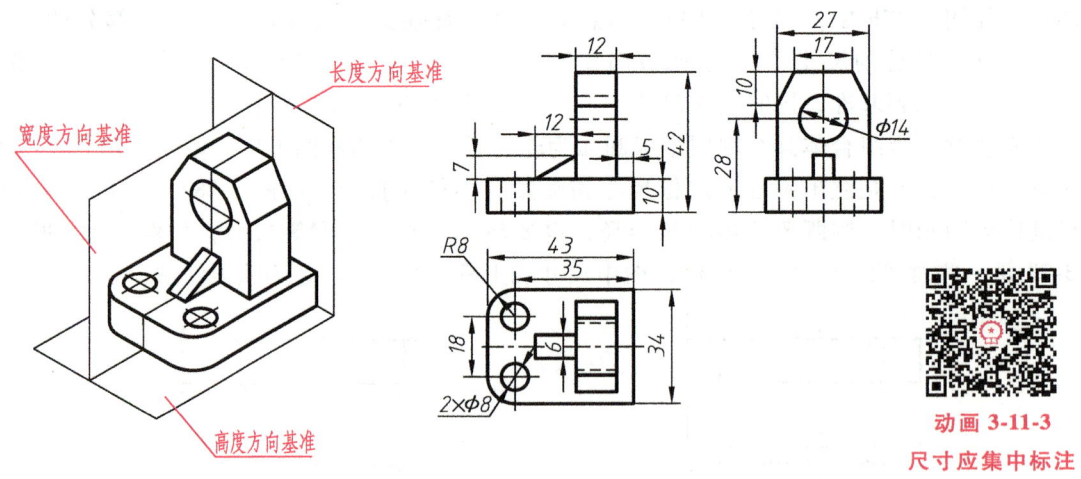

图 3-29 尺寸应集中标注

2）尺寸应尽量标注在视图的外侧，以保持图形的清晰。同一方向几个连续尺寸应尽量位于同一条线上，平行尺寸则应 "小尺寸在内，大尺寸在外"，如图 3-29 所示。

3）回转体的直径尺寸尽量标注在非圆视图上，而圆弧的半径尺寸则必须标注在投影为圆弧的视图上，如图 3-30 所示。

4）尽量避免在虚线上标注尺寸，如图 3-30 所示。

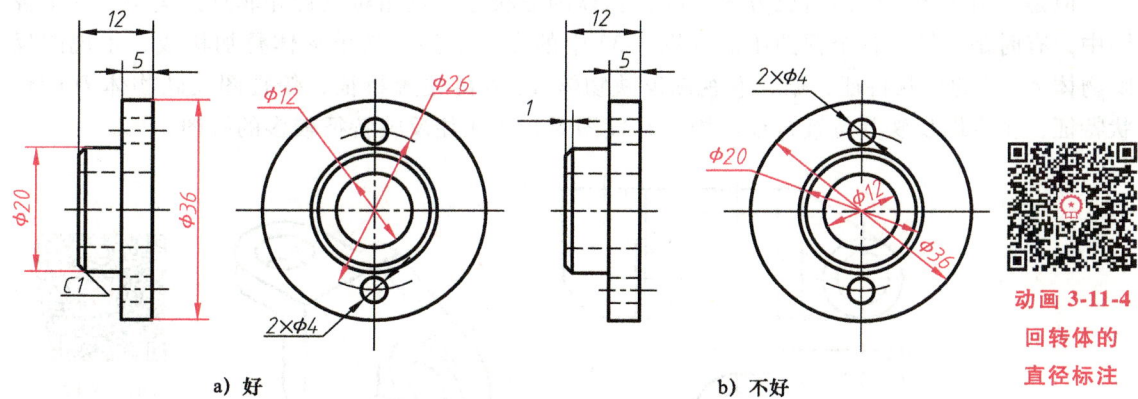

a) 好   b) 不好

图 3-30 回转体的直径标注

动画 3-11-4 回转体的直径标注

5）内形尺寸与外形尺寸最好分别标注在视图的两侧。

在标注尺寸时，有时会出现不能兼顾以上各点的情况，这时必须在保证尺寸标注正确、完整的前提下，灵活掌握，力求清晰。

3.6　读组合体视图的方法

3.6.1　读图的基本要领

画图是运用正投影原理用二维图形表达空间形体的过程，而读图则是运用正投影方法，根据已给的视图，经过投影分析，想象出空间形体的结构形状的过程。也就是说，读图是画图的逆过程。读图的基本要领如下。

微课 3-12 读图的基本要领

1. 几个视图联系起来看

一般情况下，一个视图不能完全确定物体的形状。图 3-31 所示的三组视图中，它们的主、俯视图都相同，但左视图不同，表示了三种不同形状的物体。由此可见，读图时，一般要将几个视图联系起来阅读、分析和构思，才能弄清物体的形状。

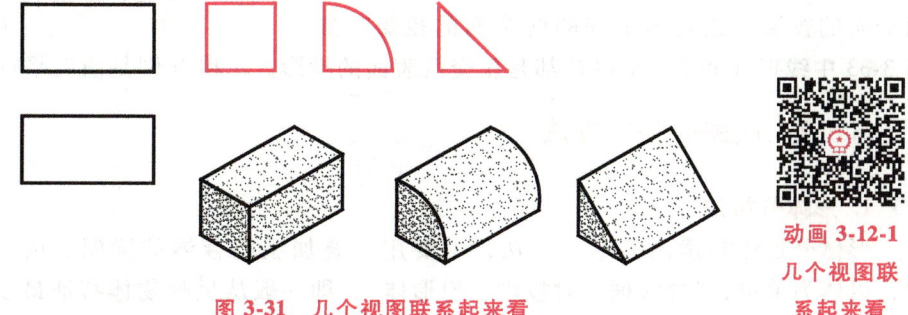

图 3-31 几个视图联系起来看

动画 3-12-1 几个视图联系起来看

2. 抓住特征视图

所谓特征视图，就是最能反映物体的形状特征和相对位置特征的那个视图。抓住特征视图，再配合其他视图，便于分析物体的形体特征。

但是，由于组合体的组成方式不同，物体的形状特征及相对位置并非总是集中在一个视图中，有时是分散于各个视图中。如图3-32中的支架由四个简单形体叠加构成，主视图反映物体 A、B 的形状特征，俯、左视图反映物体 A、B 的位置特征；俯视图反映物体 D 的形状特征，主视图反映其位置特征。因此在读图时，要抓住反映特征较多的视图。

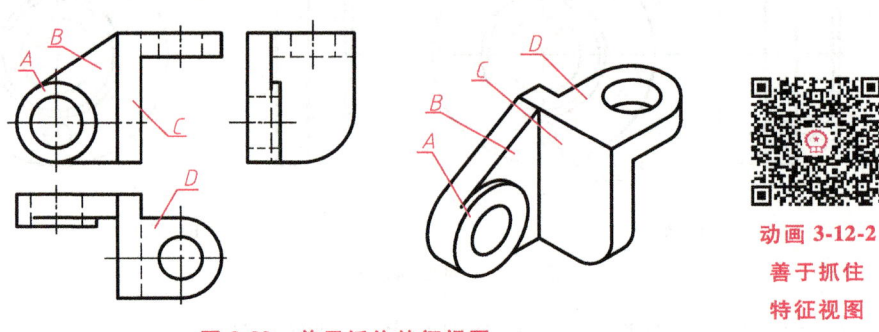

图 3-32 善于抓住特征视图

3. 了解视图中线框和图线的含义

弄清视图中线框和图线的含义，是看图的基础。下面以图3-33为例说明。

视图中每个封闭线框，可以是形体上不同位置平面和曲面的投影，也可以是孔的投影。如图3-33主视图中线框 A、B 和 D 为平面的投影，线框 C 为曲面的投影，俯视图中的圆线框则为切割圆柱体的投影。

视图中的每一条图线，可以是曲面的转向轮廓线的投影，如图3-33中的直线2（圆柱的转向轮廓线），也可以是两表面的交线的投影，如图3-33中的直线1（平面与平面的交线）、直线3（平面与曲面的交线），还可以是面的积聚性投影，如图3-33中的直线4。

任何相邻的两个封闭线框，应是物体上相交的两个面的投影，或是不平齐的两个面的投影。如图3-33中线框 A 和 B、B 和 C 都是相交两表面的投影，B 和 D 则是前后平行两表面的投影。

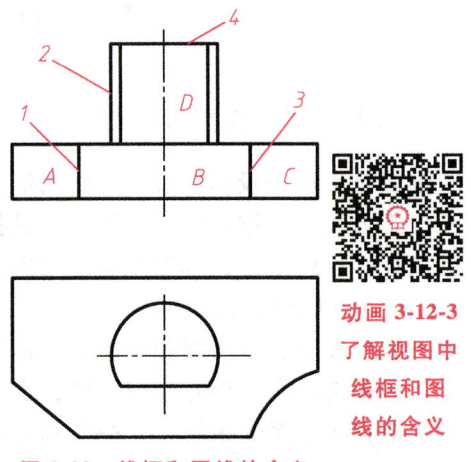

图 3-33 线框和图线的含义

3.6.2 读图的基本方法

1. 形体分析法

形体分析法是读图的基本方法，主要用于叠加型组合体的读图。读图时，以体为单位，"分线框、对投影、想形体"，即一般从反映物体特征最多的主视图着手，对照其他视图，初步分析该物体是由哪些基本体以及通过什么连接关系形成的，然后按投影特性逐个找出各基本体在其他视图中的投影，以确定各基本体的形状和它们之间的相对位置，最后综合想象出物体的总体形状。下面以图3-34所示的轴承座为例，说明如何运用形体分析法读图。

1）从视图中分离出表示各基本体的线框。主视图有四个线框，每个线框各代表一个基本体，如图 3-34a 所示。其中线框 3 为左右两个完全相同的三角形，因此主视图可归纳为三个线框。

2）分别找出各线框对应的其他投影，并结合各自的特征视图逐一构思它们的形状。如图 3-34b~d 所示，线框 1 的主、俯两视图是矩形，左视图是 L 形，可以想象出该形体是一块直角板，板上钻了两个圆孔。线框 2 的主视图是一个带有半圆的矩形，俯视图是一个中间带有两条直线的矩形，左视图是一个矩形，矩形的中间有一条虚线，可以想象出它的形状是在一个长方体的中部挖了一个半圆槽。线框 3 的俯、左两视图都是矩形，因此它们是两块三角形板，对称地分布在轴承座的左右两侧。

3）根据各部分的形状和它们的相对位置综合想象出组合体的整体形状，如图 3-34e 所示。

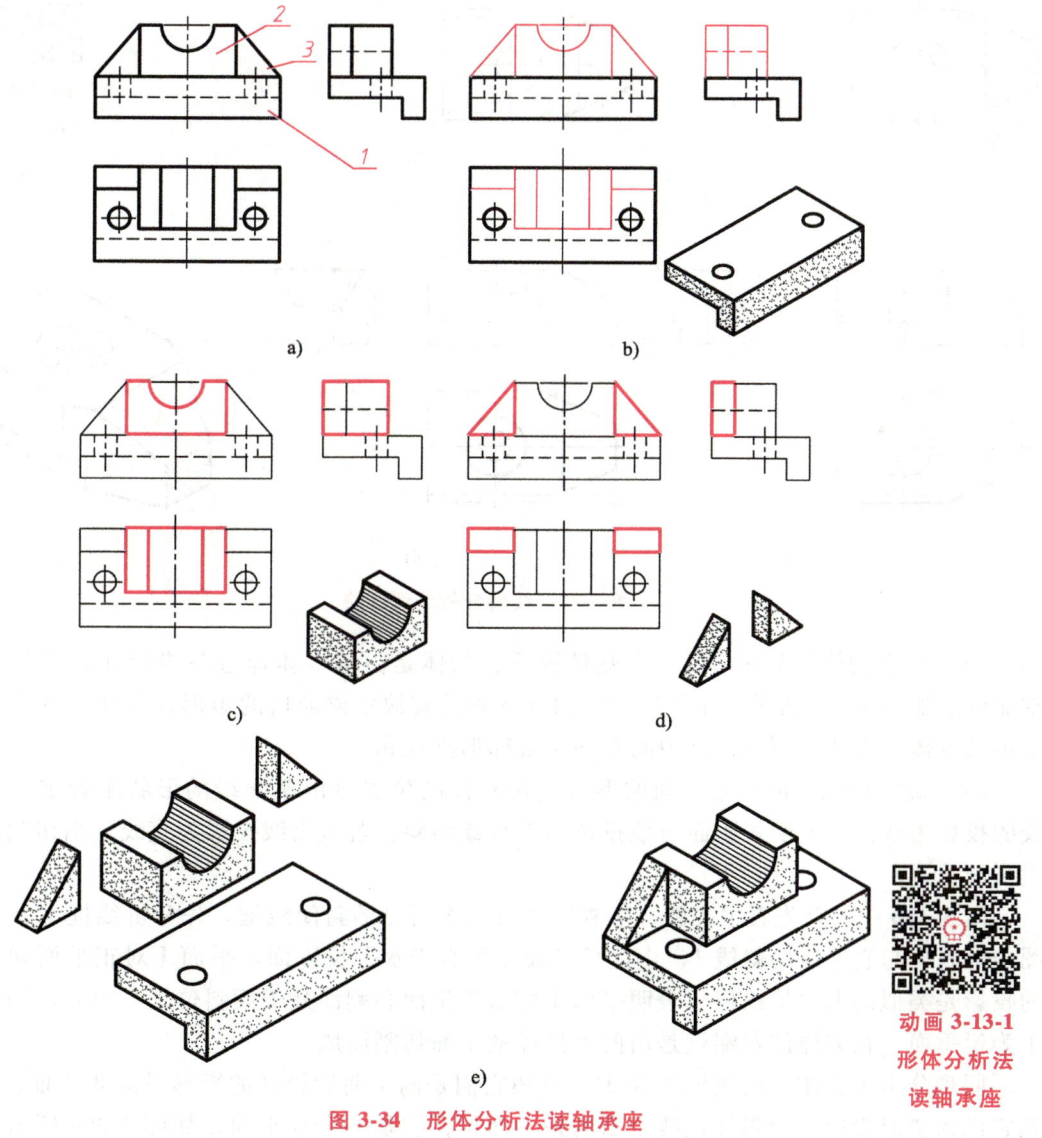

图 3-34 形体分析法读轴承座

动画 3-13-1 形体分析法读轴承座

2. 线面分析法

线面分析法主要用于切割体。读图时，以线面为单位，"分线框、对投影、想截面"，即当形体被平面切割时，不论切割体的形状如何，它们的表面投影如果不具有积聚性，一定都是一个封闭线框。从线框入手，将视图上的一个线框看作物体上的一个面（平面或曲面）的投影，利用投影关系，在其他视图中找到对应的图形，分析这个面的投影特性（真实性、积聚性、类似性），想象该面的形状，并借助立体的概念来想象物体的形状。

微课 3-14
线面分析法
读组合体

下面以图 3-35 所示的压块为例，说明线面分析法的读图方法。

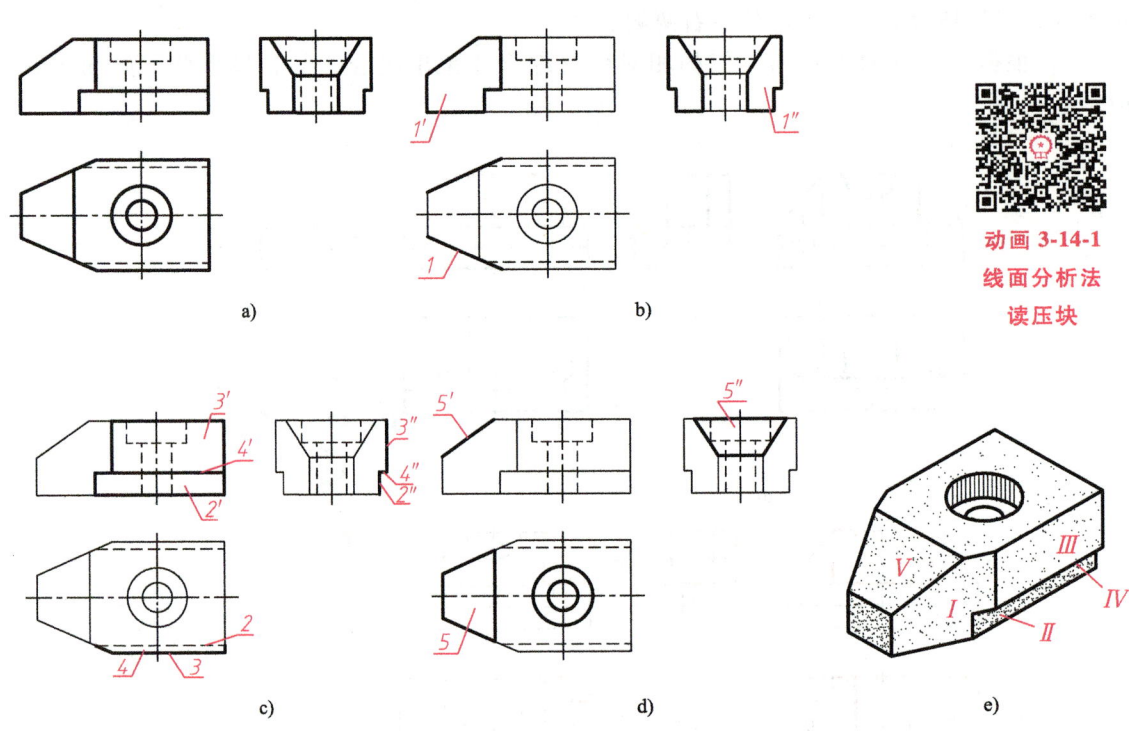

图 3-35 线面分析法读压块

（1）确定物体的整体形状　多数情况下，物体是由基本体通过与投影面垂直的平面切割而成。如图 3-35a 所示，压块三视图的外形均是有缺角或缺口的矩形，可初步认定该物体是由长方体多次切割而成，且中间有一个阶梯形圆柱孔。

（2）确定切割面的位置和面的形状　切割面的位置可由截交线的形状来确定。若截交线的投影为线框，说明切割面与该投影面平行或倾斜；若截交线投影为直线，则切割面与该投影面垂直。

图 3-35b 中，首先看主视图，主视图中有三个可见的封闭线框。先分析线框 1′，在俯视图中可找出与它对应的斜线 1，由此可见面Ⅰ垂直于水平投影面。平面Ⅰ对正平面和侧平面的投影是类似的七边形线框，表明平面Ⅰ相对于正面和侧面处于倾斜位置。由此可知，平面Ⅰ为铅垂面，长方体的左端就是由两个这样的平面切割而成。

同理分析主视图中的线框 2′和 3′，可知它们是两个前后错开的矩形平面Ⅱ和Ⅲ，2′和 3′是它们的实形投影。分隔开这两个面的是平面Ⅳ，它是一个水平面，如图 3-35c 所示。长方体的前后两个角被这三个面切去。

接着分析俯视图中的线框 5，如图 3-35d 所示，可知平面 V 是垂直于正面的梯形平面。长方体的左上角是由平面 V 切割而成，平面 V 对侧面和水平面都处于倾斜位置，所以侧投影 5″和水平投影 5 是类似图形，不反映平面 V 的真实形状。

（3）综合想象整体形状　搞清楚各切割面的空间位置和形状后，根据基本体形状、各切割面与基本体的相对位置，进一步分析视图中线、线框的含义，可以综合起来想象整体形状，如图 3-35e 所示。

读组合体的视图时，常常需要两种方法并用，以形体分析法为主，遇到难点时借助线面分析法，这样才能较好地读懂视图。

3.6.3　补视图与补缺线

由两个视图补画第三视图或补画视图中所缺的图线，是培养和检验读图能力的有效手段，因为只有在读懂已知视图并想象出物体形状的基础上，才能正确地补画出第三视图或视图中所缺的图线。

【例 3-6】　根据图 3-36a 所示的两视图，补画左视图。

首先根据形体分析法，从主视图入手，联系俯视图，可以把整体分解为 I、II、III 三个部分，然后分别构思每个部分的形状。可以看出 I 为带方槽和圆孔的长方形板，II 为带半圆孔的长方形板，III 为带孔 U 形板。最后根据三者的相对位置关系构思整体，如图 3-36b 所示。

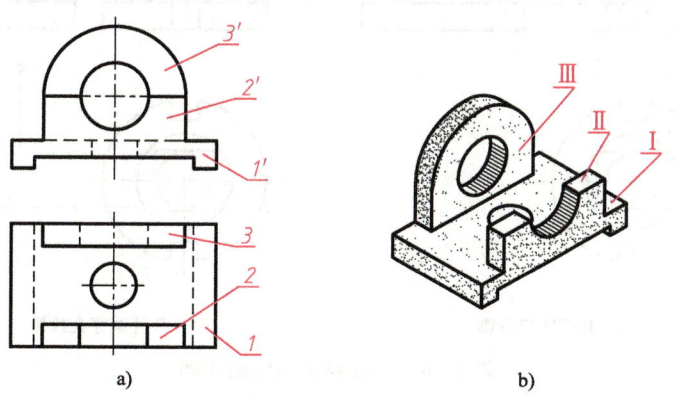

图 3-36　补画左视图

补画左视图的步骤如图 3-37 所示。

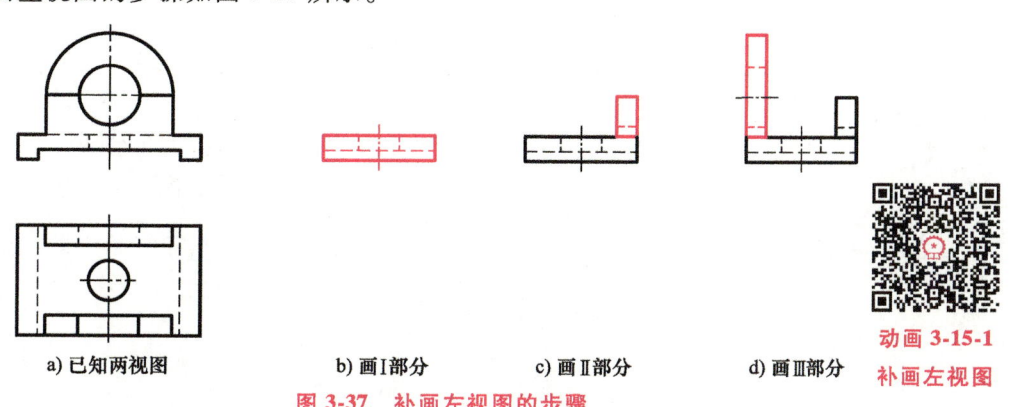

图 3-37　补画左视图的步骤

【例 3-7】 根据图 3-38a 所示的三视图，补画所缺图线。

分析可知，该物体由圆柱底板和一小圆柱叠加后，又经切割而成。首先是在圆柱底板的前后切两个方槽，然后在小圆柱的前后切两个缺口，最后在底板和小圆柱上共同穿孔。补画视图缺线的步骤如图 3-38b、c、d 所示。

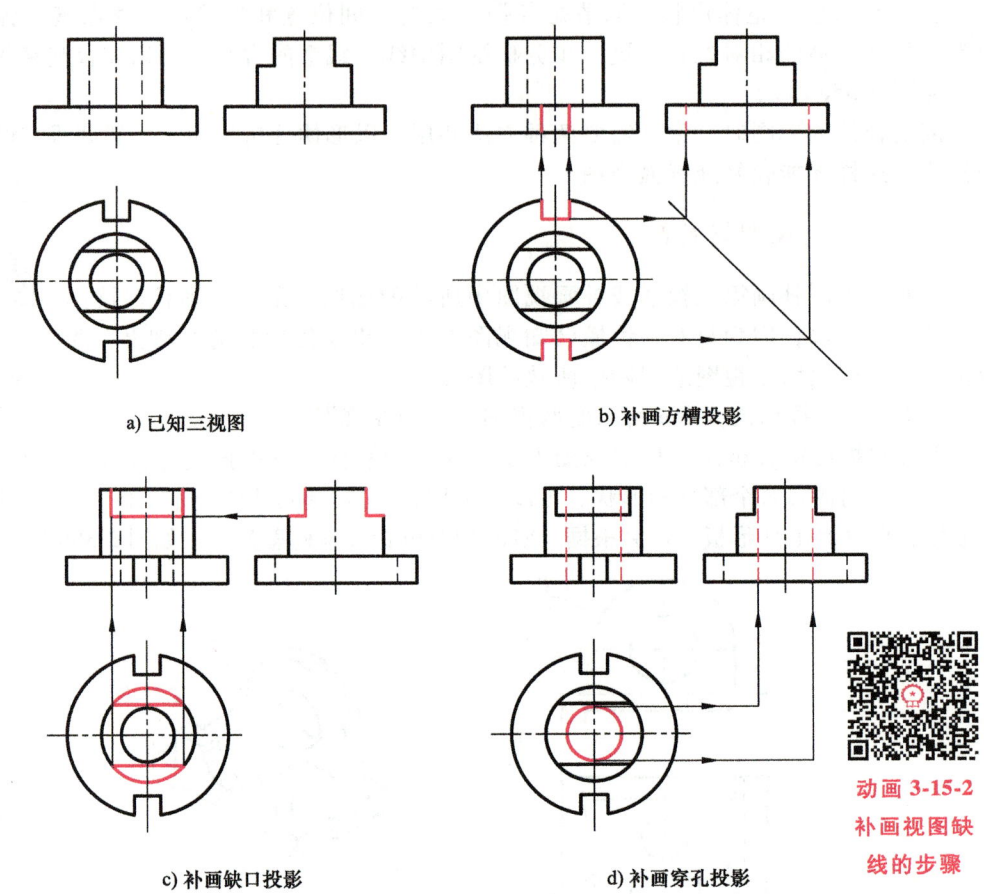

a) 已知三视图　　　　　　　b) 补画方槽投影

c) 补画缺口投影　　　　　　d) 补画穿孔投影

图 3-38　补画视图缺线的步骤

动画 3-15-2
补画视图缺线的步骤

第4章 轴测图

学习目标

了解轴测图的形成、分类及投影特性，学习并掌握正等测和斜二测轴测图的画法。

素养目标

培养学生的空间想象能力及认真细致的工作态度。

学习任务

4.1 轴测图基本知识

微课 4-1
轴测图基
本知识

4.1.1 轴测图的基本概念

1. 轴测图的形成

如图 4-1 所示，轴测图是用平行投影法，将物体连同确定其空间位置的直角坐标系，沿不平行于任一坐标面的方向投射在单一投影面（轴测投影面）上得到的具有立体感的图形。

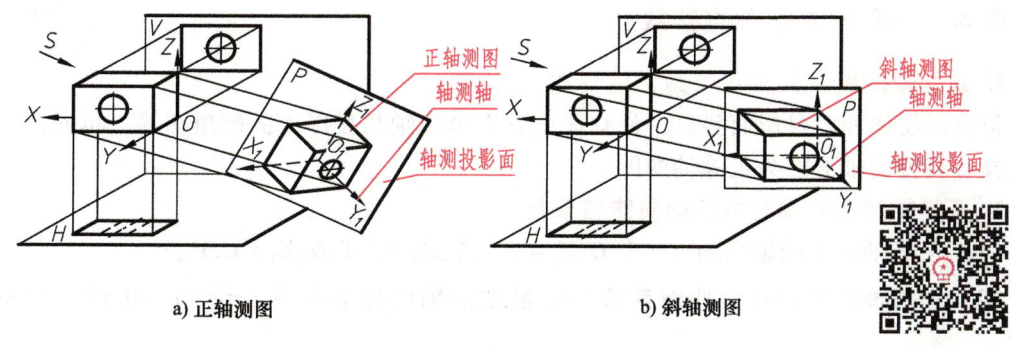

a) 正轴测图　　　　　　　　b) 斜轴测图

图 4-1 轴测图的形成

动画 4-1
轴测图的形成

2. 轴测轴

空间直角坐标轴 OX、OY、OZ 在轴测投影面上的投影 O_1X_1、O_1Y_1、O_1Z_1 称为轴测轴。

3. 轴间角

轴间角是指轴测图中两根轴测轴之间的夹角，如 $\angle X_1O_1Y_1$、$\angle X_1O_1Z_1$、$\angle Y_1O_1Z_1$。

4. 轴向伸缩系数

轴向伸缩系数是指轴测轴上的单位长度与相应坐标轴的单位长度的比值。OX、OY、OZ 轴上的伸缩系数分别用 p、q、r 简化表示。

4.1.2 轴测图的投影特性

1）物体上互相平行的线段，其轴测投影仍互相平行。

2）平行于坐标轴的线段，其轴测投影仍平行于相应的轴测轴，且同一轴向所有线段的轴向伸缩系数相同。

画轴测图时，物体上凡是与坐标轴平行的直线段，可沿轴向进行测量和作图，与坐标轴不平行的线段，在轴测图上不能直接从正投影图中量取。

4.1.3 轴测图的分类

1. 按投影法分（图 4-1）

（1）正轴测图　投射方向垂直于轴测投影面，由正投影法得到。

（2）斜轴测图　投射方向倾斜于轴测投影面，由斜投影法得到。

2. 按轴向伸缩系数分

（1）正（斜）等轴测图　三个轴向伸缩系数均相等，即 $p=q=r$。

（2）正（斜）二等轴测图　两个轴向伸缩系数相等，即 $p=r\neq q$。

（3）正（斜）三轴测图　三个轴向伸缩系数均不相等，即 $p\neq q\neq r$。

工程上常采用立体感较强、作图较简便的正等轴测图和斜二等轴测图。

4.2　正等轴测图

微课 4-2
正等轴测图

4.2.1 正等轴测图的参数

1. 正等轴测图（简称正等测）的形成

将空间物体相对投影面斜放，使物体上三个坐标轴与投影面的倾角相等，再向投影面进行正投影获得的轴测图为正等轴测图。

2. 正等轴测图的轴间角和轴向伸缩系数

（1）正等轴测图的轴间角　$\angle X_1O_1Y_1 = \angle Y_1O_1Z_1 = \angle X_1O_1Z_1 = 120°$。

（2）正等轴测图的轴向伸缩系数　三根轴的轴向伸缩系数 $p=q=r\approx 0.82$，如图 4-2a 所示。

为了作图方便，通常采用简化的轴向伸缩系数，即 $p=q=r=1$，如图 4-2b 所示。

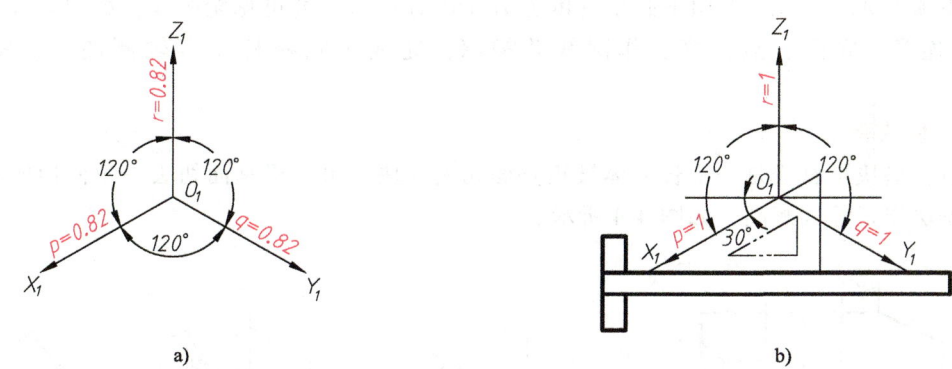

图 4-2　正等轴测图的轴间角和轴向伸缩系数

4.2.2　平面体正等轴测图的画法

平面体正等轴测图常用的基本作图方法是坐标法和切割法。

作图步骤：

1）在物体上选定坐标原点和直角坐标轴，并画出轴测轴。

2）根据视图中确定的平面体表面上各顶点或线段端点的坐标（或相对坐标），画出其轴测投影，然后分别连线完成轴测图。

轴测图只要求画出可见轮廓线，不可见轮廓线一般不必画出。

1. 正六棱柱的画法（坐标法）

分析：如图 4-3 所示，正六棱柱的前后、左右对称，将坐标原点 O 定在上顶面六边形的中心，以六边形的中心线为 X 轴和 Y 轴。采用坐标法从顶面开始作图，直接求出上顶面六边形各顶点的坐标。

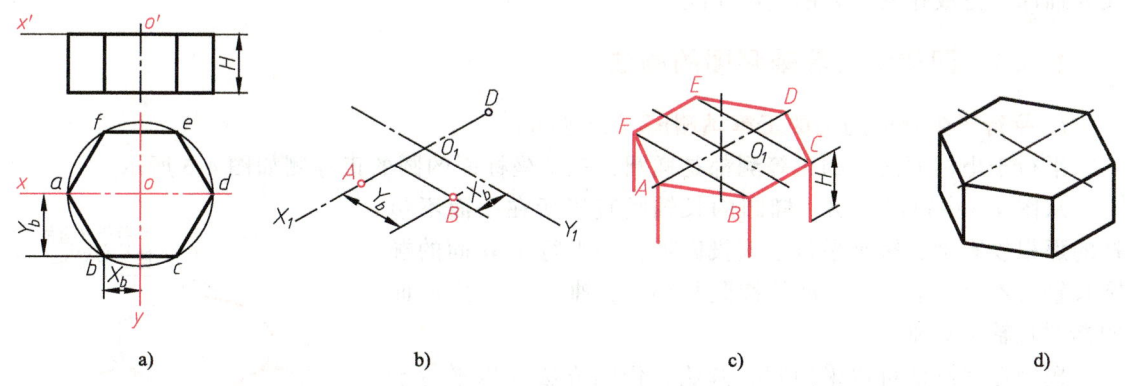

图 4-3　正六棱柱的正等测画法

作图：

1）定出坐标原点 O 和坐标轴 OX 和 OY，如图 4-3a 所示。

2）画出轴测轴 O_1X_1、O_1Y_1，由于 a、d 在 OX 轴上，可直接量取并在轴测轴上求出点 A、D，根据顶点 b 的坐标值 X_b 和 Y_b，定出其轴测投影 B，如图 4-3b 所示。

3）求出点 B 与 X、Y 轴对应的对称点 C、E、F，连接 $ABCDEF$ 即为上顶面六边形的轴测图；由顶点 A、B、C、F 向下画出高度为 H（相对坐标）的可见轮廓线，如图 4-3c 所示。

4）连接下底面各点，擦去作图线并描深，完成正六棱柱正等轴测图，如图 4-3d 所示。

2. 垫块的画法（切割法）

分析：垫块可看成是一个长方体被正垂面切去一块，再由铅垂面切去一角而形成的，可采用切割法作正等轴测图，如图 4-4 所示。

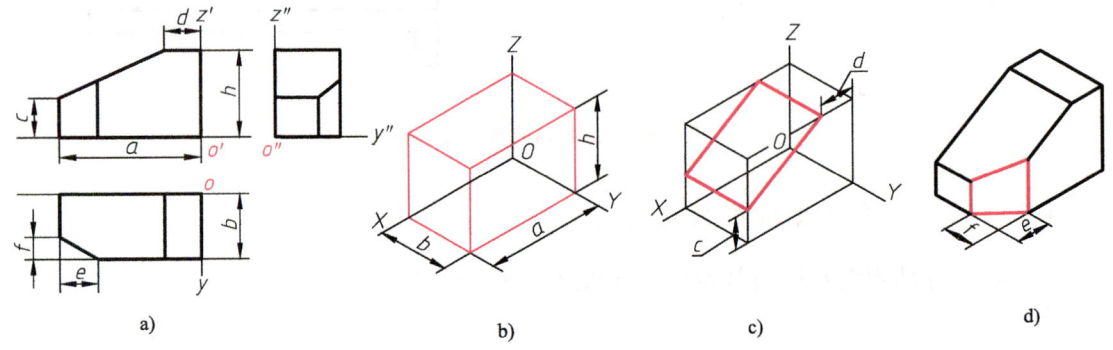

图 4-4 作切割体的正等轴测图

作图：

1）定坐标原点 O（右后下角）和坐标轴，如图 4-4a 所示。

2）根据给出的尺寸 a、b、h 作出长方体的轴测图，如图 4-4b 所示。

3）倾斜线上不能直接量取尺寸，只能沿与轴测轴平行的对应棱线量取 c、d（相对坐标），定出斜面上线段端点的位置，并连成平行四边形，如图 4-4c 所示。

4）根据给出的尺寸 e、f 定出左下角斜面上线段端点的位置，并连成四边形，擦去作图线并描深，完成作图，如图 4-4d 所示。

4.2.3 回转体正等轴测图的画法

1. 平行于坐标面的圆的正等轴测图（正等测）

平行于坐标面的圆的正等测都是椭圆，三个坐标面的圆的正等测如图 4-5 所示。

从图 4-5 中可以看出，椭圆的长轴垂直于所在平面不包括的那根投影轴，短轴平行于该投影轴。即平行于 H 面的椭圆长轴⊥Z 轴，平行于 V 面的椭圆长轴⊥Y 轴，平行于 W 面的椭圆长轴⊥X 轴。

椭圆近似画法可以采用四心圆法，作图方法（以平行于 H 面的圆为例）如图 4-6 所示。

1）以圆心为原点 O，圆的中心线 OX、OY 为坐标轴，作圆的外切正方形，得切点 a、b、c、d，如图 4-6a 所示。

2）作轴测轴和四个切点的轴测投影 A、B、C、D，过四点分别作 O_1X_1、O_1Y_1 的平行线，得外切正方形的轴测菱形，如图 4-6b 所示。

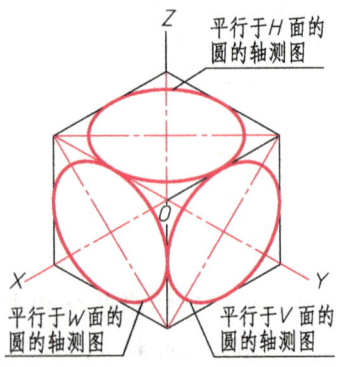

图 4-5 三个坐标面的圆的正等测

3）过菱形顶点 1、2 连接 1C 和 2B，与菱形对角线相交得交点 3，连接 2A 和 1D 得交点 4，则 1、2、3、4 各点即为作近似椭圆四段圆弧的圆心，以点 1、2 为圆心，1C 为半径作圆弧 CD 和圆弧 AB，以点 3、4 为圆心，3B 为半径作圆弧 BC 和圆弧 AD，即得圆的轴测椭圆，如图 4-6c 所示。

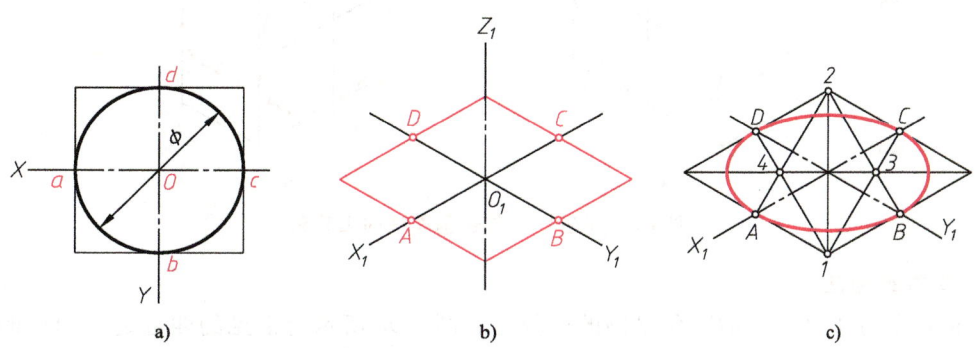

图 4-6　平行于 H 面的椭圆近似画法

2. 圆柱的画法

分析：如图 4-7 所示，直立圆柱的轴线垂直于水平面，上、下底为两个与水平面平行且大小相同的圆。根据圆的直径 ϕ 和柱高 h，作出两个形状、大小相同，中心距为 h 的椭圆，然后作两椭圆的公切线，即可作出圆柱的正等测。

作图：

1）定坐标原点 O 和坐标轴，如图 4-7a 所示。

2）采用四心圆法作出上底圆的轴测椭圆，将椭圆的三个圆心 2、3、4 沿 Z 轴平移高度 h，求出下底椭圆（下底椭圆看不见的一半圆弧不必画出），如图 4-7b 所示。

3）作两椭圆公切线，擦去作图线并描深，如图 4-7c 所示。

正垂圆柱与侧垂圆柱的正等测如图 4-8 所示，画法和图 4-7 相同。

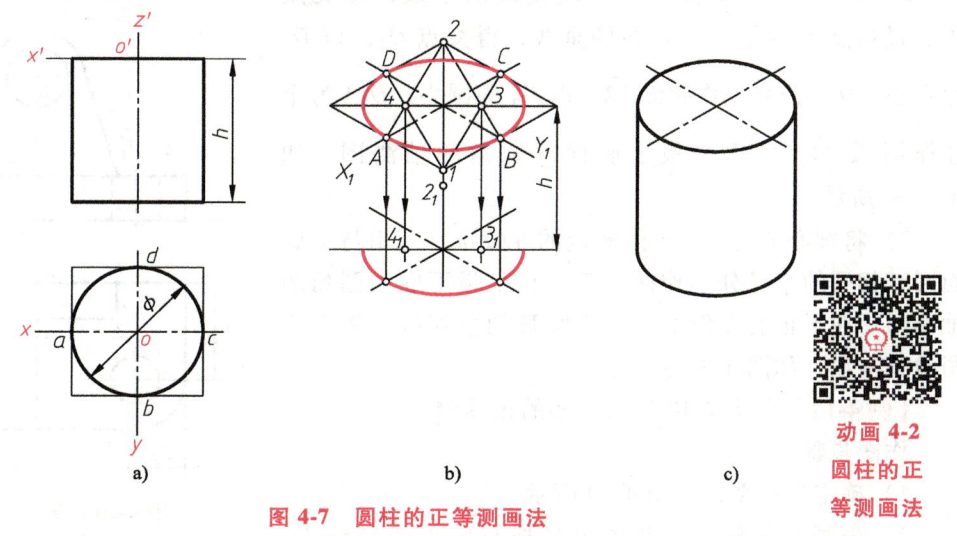

图 4-7　圆柱的正等测画法

动画 4-2
圆柱的正等测画法

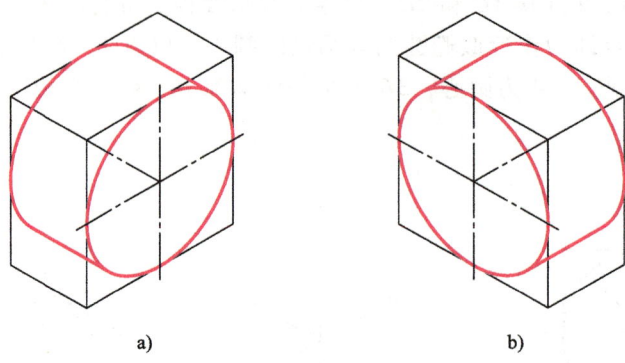

图 4-8　正垂圆柱与侧垂圆柱的正等测

3. 圆角的画法

分析：平行于坐标面的圆角是圆的一部分，图 4-9a 所示为常见的四分之一圆周的圆角，其正等测恰好是上述近似椭圆的四段圆弧中的一段。

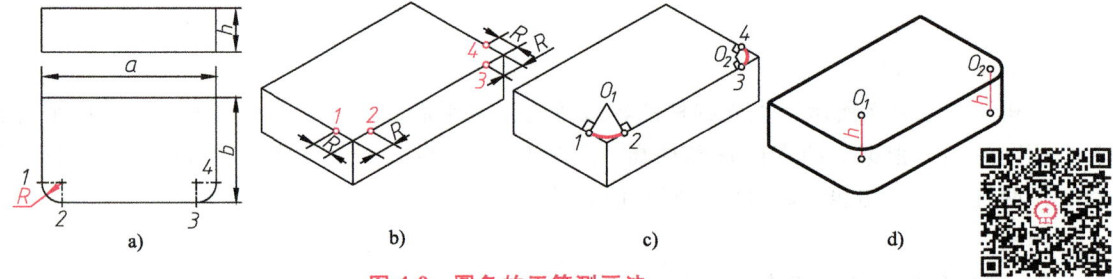

图 4-9　圆角的正等测画法

作图：

1）求出平板切角前的轴测图，根据圆角的半径 R，在平板上底面相应的棱线上求出切点 1、2、3、4，如图 4-9b 所示。

2）过切点 1、2 分别作相应棱线的垂线，得交点 O_1，过切点 3、4 作相应棱线的垂线，得交点 O_2。以 O_1 为圆心，$O_1 1$ 为半径作圆弧 $\widehat{12}$，以 O_2 为圆心，$O_2 3$ 为半径作圆弧 $\widehat{34}$，即得平板上底面两圆角的轴测图，如图 4-9c 所示。

3）将圆心 O_1、O_2 下移平板的厚度 h，再用与上底面圆弧相同的半径分别作两圆弧，得平板下底面圆角的轴测图。在平板右端作上、下小圆弧的公切线，擦去作图线并描深，如图 4-9d 所示。

【例 4-1】　作图 4-10 所示支架的正等测。

作图步骤：

1）确定坐标系，如图 4-10 所示。

2）先画底板轮廓，并画出竖板与底板的交线Ⅰ、

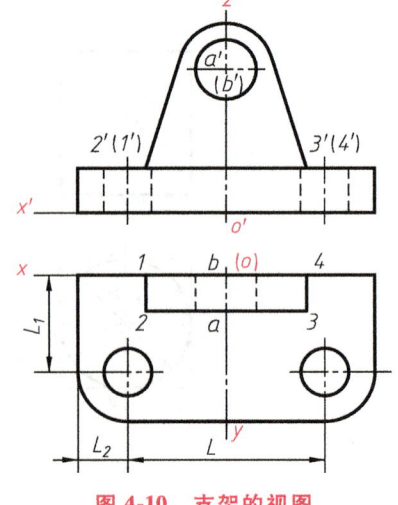

图 4-10　支架的视图

Ⅱ和Ⅲ、Ⅳ，确定竖板后孔口圆心 B，由 B 求出前孔口圆心 A，再作竖板顶部圆柱面的轴测椭圆弧，如图 4-11a 所示。

过点 1、2、3 作椭圆弧切线，右上方两椭圆弧的公切线，以及竖板上的圆孔，然后作出底板上的小圆孔，如图 4-11b 所示。

3）作底板上的两个圆角，注意竖板后孔口以及底板在底面上的一段可见圆弧不要漏画，如图 4-11c 所示。

4）擦去作图线并描深，完成作图，如图 4-11d 所示。

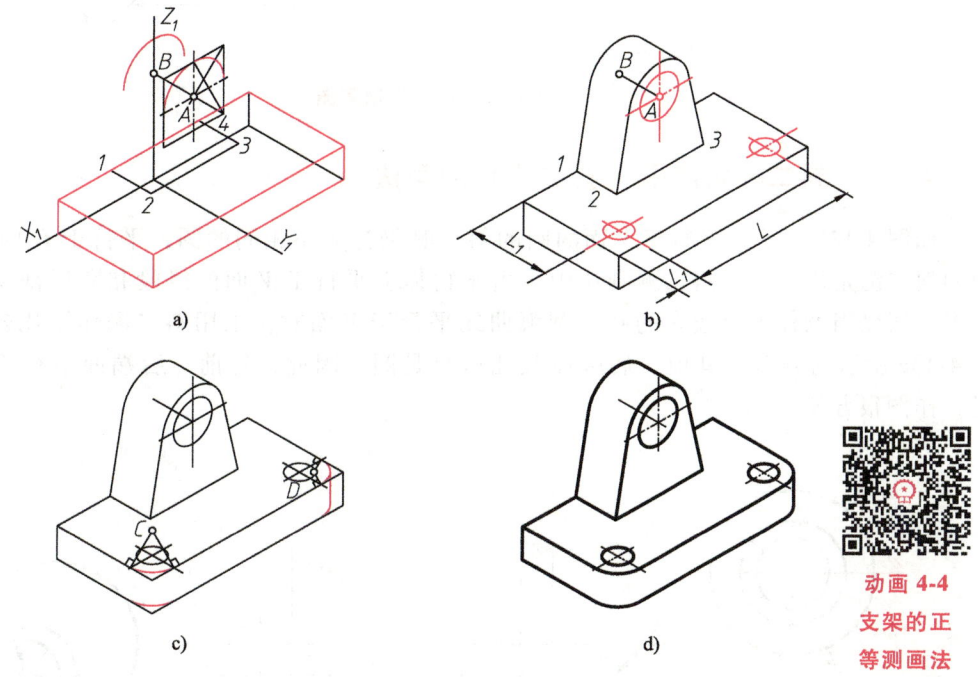

图 4-11 支架的正等测

4.3 斜二等轴测图

4.3.1 斜二等轴测图参数

1. 斜二等轴测图的形成

轴测投影面平行于一个坐标面（V 面），投射方向倾斜于轴测投影面且平行于坐标面的两个轴的轴向伸缩系数相等时，即得斜二等轴测图。

2. 斜二等轴测图的轴间角和轴向伸缩系数（图 4-12）

1）斜二等轴测图轴间角 $\angle X_1 O_1 Z_1 = 90°$，$\angle X_1 O_1 Y_1 = 135°$，$\angle Z_1 O_1 Y_1 = 135°$（轴 $O_1 Y_1$ 与水平线夹角为 45°）。

2）轴向伸缩系数 $p = r = 1$，$q = 0.5$。

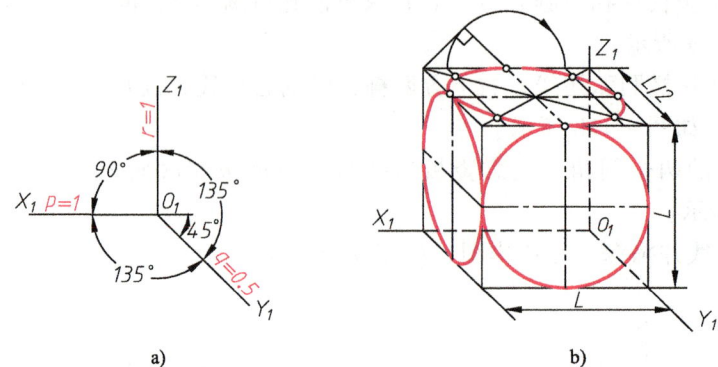

图 4-12 斜二等轴测图

4.3.2 斜二等轴测图（斜二测）的画法

如图 4-12b 所示，平行于 V 面的圆的斜二测仍为大小相同的圆，平行于 H 面和 W 面的圆的斜二测是椭圆。在斜二测画法中，由于物体上平行于 V 面的线段和图形都反映实长和实形，所以当物体上有较多的圆或圆弧曲线平行于 V 面时，采用斜二测作图比较方便。如图 4-13a 所示的圆台，其前、后端面及孔口都是圆。因此，将前、后端面平行于正平面放置，作图很方便。

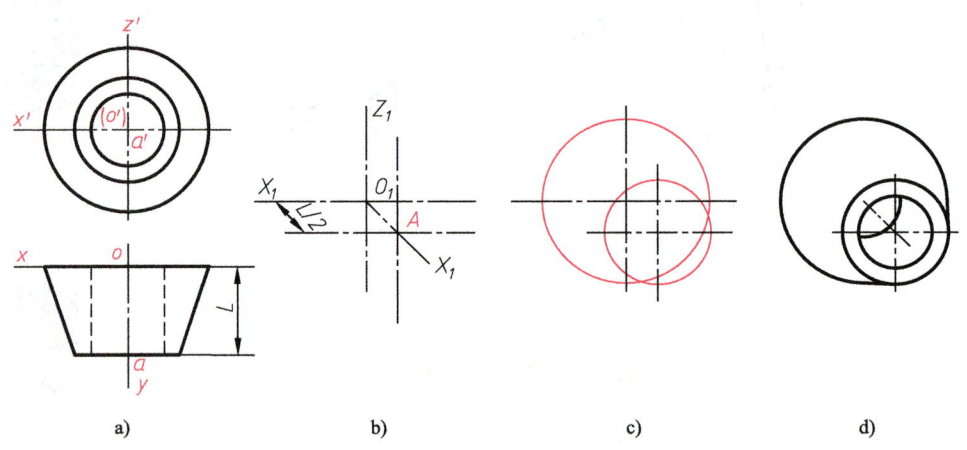

图 4-13 圆台的斜二测

【例 4-2】 作图 4-14a 所示支座的斜二测。

分析：图示支座的前、后端面平行于 V 面，采用斜二测作图很方便。

作图：

1）选择坐标轴和原点，如图 4-14a 所示。

2）画轴测轴，并画出与主视图完全相同的前端面的图形，如图 4-14b 所示。

3）由 O_1 沿 O_1Y_1 轴向后移 $L/2$ 得 O_2，以 O_2 为圆心画出后端面的图形，如图 4-14c 所示。

4）画出其他可见轮廓线及圆弧的公切线，描深，完成作图，如图 4-14d 所示。

第 4 章 轴测图

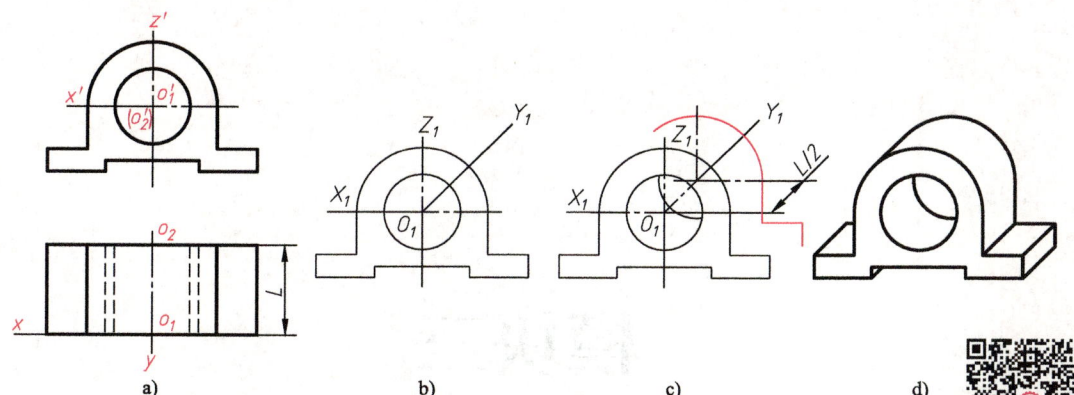

图 4-14 支座的斜二测

动画 4-5
支座的斜二测画法

模块三

机械图样

第5章 机件常用表达方法

学习目标

1. 了解并掌握机械图样的多种表达方法。
2. 能够选用恰当的表示方法表达中等复杂程度的机械零件。

素养目标

1. 培养学生独立分析和解决实际问题的能力。
2. 培养知难而进、团结协作的工作态度。

学习任务

5.1 视 图

微课 5-1 视图

视图（GB/T 17451—1998、GB/T 4458.1—2002）主要用来表达机件的外部结构，通常包括基本视图、向视图、局部视图和斜视图。

5.1.1 基本视图

复杂机件的结构形状用三视图不能表达完整、清晰，国家标准规定，在原有三个投影面基础上对称地增加三个投影面，组成了一个正六面体，正六面体的六个面称为基本投影面，将物体向基本投影面投射所得的视图称为基本视图，如图 5-1 所示。

基本视图名称及投射方向如下：

主视图——由前向后投射。
俯视图——由上向下投射。
左视图——由左向右投射。
右视图——由右向左投射。
仰视图——由下向上投射。
后视图——由后向前投射。
六个基本投影面的展开如图 5-2 所示。

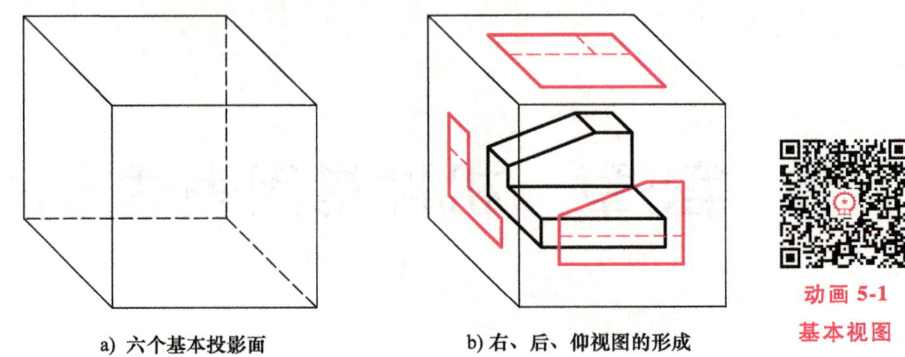

a) 六个基本投影面　　b) 右、后、仰视图的形成

图 5-1　基本视图的形成

六个基本视图的配置如图 5-3 所示。基本视图通常不标注名称，它们仍保持"长对正，高平齐，宽相等"的投影关系。靠近主视图的视图方位均为后方，后视图与主视图为相反的左右方位。

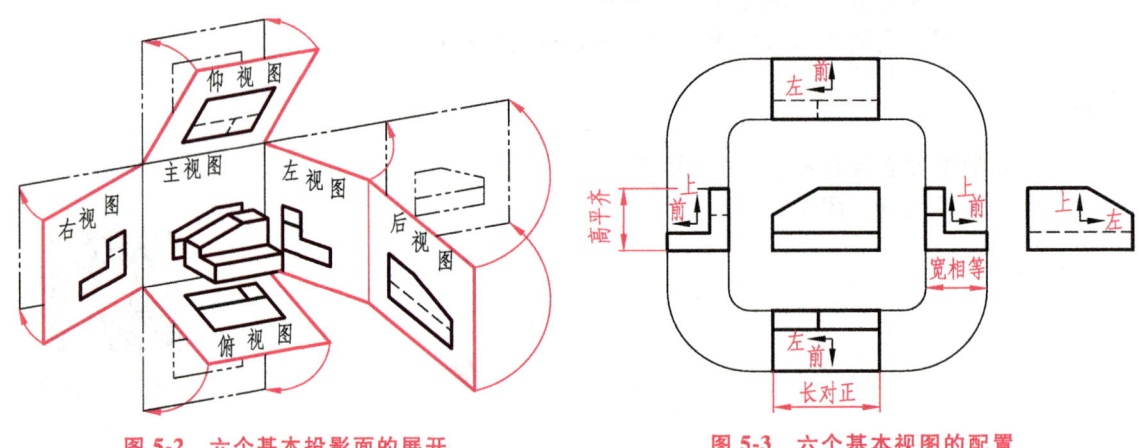

图 5-2　六个基本投影面的展开　　图 5-3　六个基本视图的配置

绘图时，应根据机件的复杂程度选择适当的基本视图，不必将六个基本视图都画出。在选择视图时，一般优先选用主、俯、左视图。

5.1.2　向视图

向视图是可以自由配置的视图。向视图要进行标注，如图 5-4 所示。应在向视图上方用

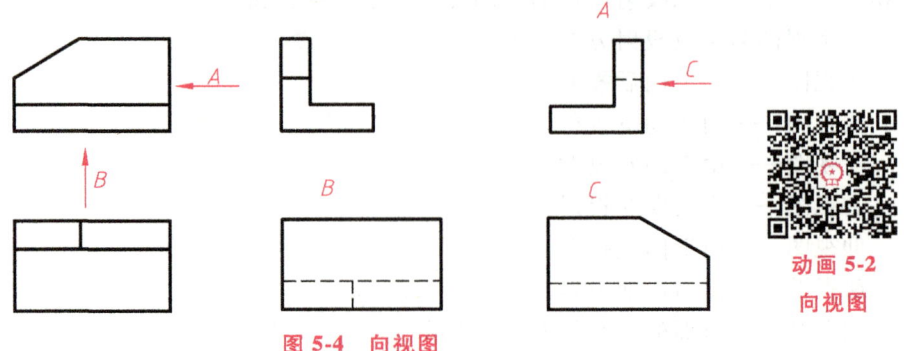

图 5-4　向视图

大写字母标注视图名称（如"A""B"等），并在相应的视图附近用箭头指明投射方向，并注上相同的字母。

5.1.3 局部视图

将物体的某一部分向基本投影面投射所得的视图，称为局部视图。如图 5-5 所示，零件左侧的连接板与右侧的缺口，均采用局部视图来表示，不但节省了两个基本视图，而且表达清晰，简单明了。

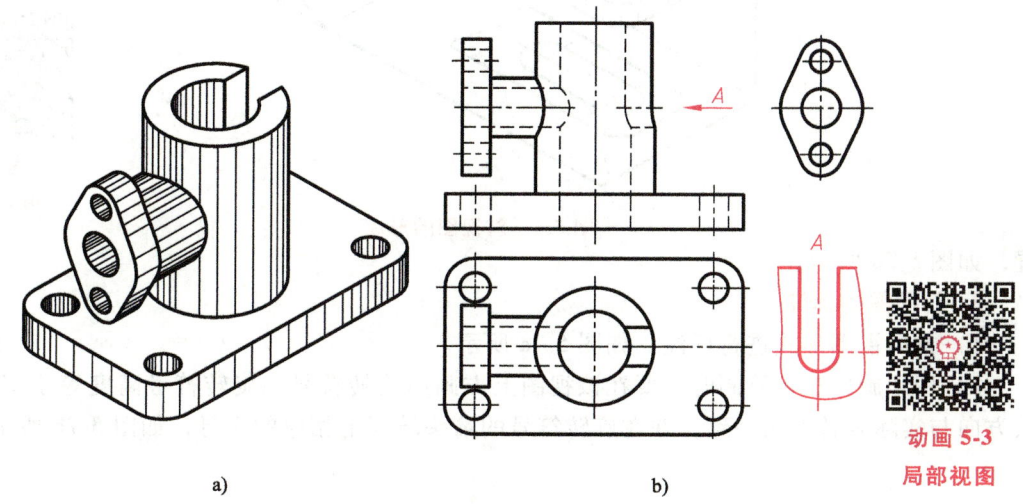

图 5-5 局部视图

动画 5-3 局部视图

1. 局部视图的画法

1) 局部视图的断裂边界应以波浪线或双折线表示，如图 5-5b 中的视图 A。

波浪线画法：波浪线表示机件表面上的断裂边界线，波浪线不应画在机件的中空处及图形之外。

2) 当局部视图所表示的局部结构是完整的，且外轮廓线呈封闭图形时，波浪线可省略不画，如图 5-5b 中的连接板视图。

2. 局部视图的配置和标注

局部视图可按基本视图的位置配置。按投影关系配置且视图间没有被其他图形隔开时，可省略标注，如图 5-5b 中的连接板视图；也可按向视图的配置形式配置，这时要标注，即用箭头表示投射方向，用字母表示局部视图名称，如视图 A。

5.1.4 斜视图

将物体向不平行于基本投影面的平面进行投射所得的视图，称为斜视图，如图 5-6 所示。

1. 斜视图的画法

1) 斜视图常画成局部视图，斜视图的断裂线用波浪线或双折线表示，如图 5-7 中的视图 A。

2) 斜视图通常按向视图的配置形式配置，如图 5-7a 所示。必要时允许将斜视图旋转配

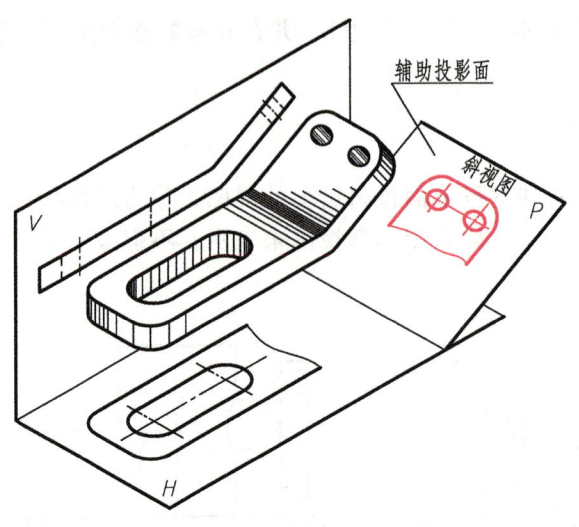

图 5-6 斜视图的形成

动画 5-4
斜视图

置,如图 5-7b 所示。

2. 斜视图的标注

1) 按向视图形式进行标注,如图 5-7a 所示。

2) 图形旋转放正绘制时,要在该视图上方画出旋转符号,旋转符号高度等于字高,箭头方向与实际旋转方向一致,并在旋转符号的箭头端写上相应的字母,如图 5-7b 所示。

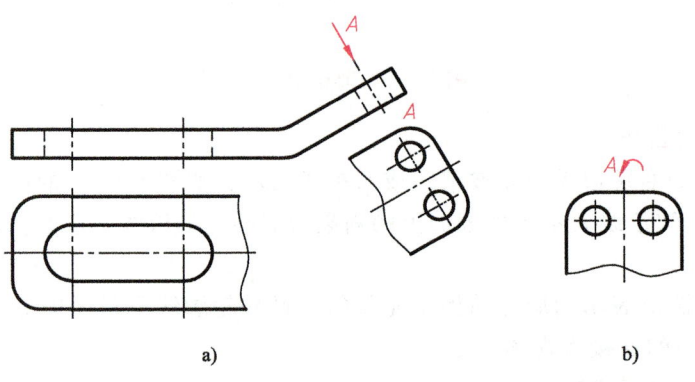

图 5-7 斜视图

5.2 剖 视 图

剖视图(GB/T 17452—1998、GB/T 4458.6—2002)主要用来表达机件的内部结构。当机件的内部结构比较复杂时,视图上会出现较多的虚线,给看图和标注尺寸带来一定的困难。为此,国家标准中规定用剖视图解决这个问题。

微课 5-2
剖视图的概念、形成及画法

5.2.1 剖视图概述

1. 剖视图的形成

假想用剖切面剖开物体,将处在观察者和剖切面之间的部分移去,而将其余部分向投影面投射所得的图形，称为剖视图，简称为剖视，如图 5-8 所示。图 5-9a 所示的视图，主视图中的虚线较多，不够清晰。图 5-9b 采用剖视图后，原来不可见的部分变为可见，虚线变为实线，加上在剖面区域内画出规定的剖面符号后，图形就清晰多了。

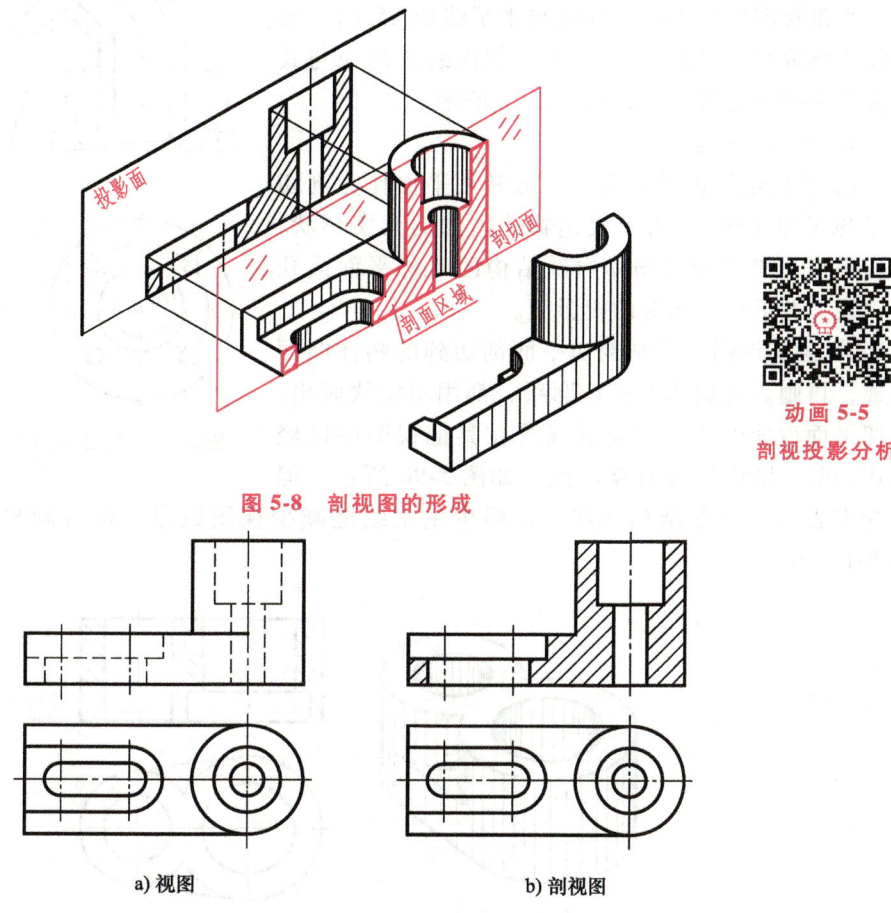

图 5-8　剖视图的形成

动画 5-5
剖视投影分析

a) 视图　　　　　　　　　　b) 剖视图

图 5-9　剖视图与视图的比较

2. 剖面符号

机件被假想剖开后，剖切面与机件的接触部分（即断面轮廓内）要画出与材料相应的剖面符号，以便区别机件的实体与空心部分。表 5-1 所示为各种材料的剖面符号。

表 5-1　不同材料的剖面符号（摘自 GB/T 4457.5—2013）

材料类型	剖面符号	材料类型	剖面符号	材料类型	剖面符号
金属材料（已有规定剖面符号者除外）	////	非金属材料（已有规定剖面符号者除外）	▦	线圈绕组元件	▦
型砂、填砂、粉末冶金、砂轮、陶瓷刀片、硬质合金刀片等	∙∙∙∙	液体	═	木材纵断面	〰
转子、电枢、变压器和电抗器等的叠钢片	‖‖‖	玻璃及供观察用的其他透明材料	∕∕∕	木材横断面	◎

金属材料的剖面符号是与水平成 45°且间隔相等的细实线，简称剖面线。在同一机件的视图中，剖视图中的剖面线应方向一致、间隔相等，如图 5-9 所示。当剖视图中的主要轮廓线与水平线成 45°时，剖面线应画成与水平成 30°或 60°，剖面线方向应与其他视图中的剖面线一致，如图 5-10 所示。

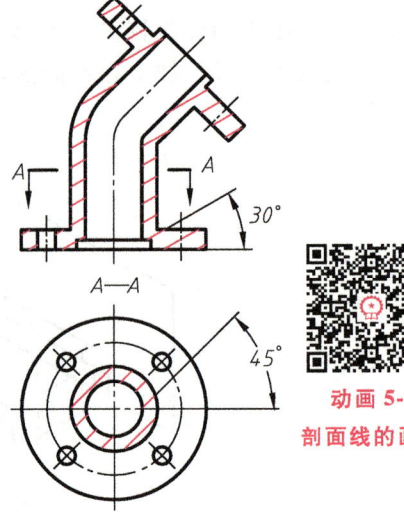

动画 5-6
剖面线的画法

图 5-10 剖面线的绘制

3. 剖视图的画法

1）确定剖切面的位置。一般常用平面作为剖切面（也可用柱面）。为了表达物体内部的真实形状，剖切平面一般应通过物体内部结构的对称平面或孔的轴线，并平行于相应的投影面。

2）画剖视图。先画剖切平面剖切到的物体断面轮廓，再画其后面的可见轮廓线，都用粗实线画出。剖切平面后面的不可见轮廓线若在其他视图中已经表达清楚，则虚线可省略不画，如图 5-9b 所示。但对尚未表达清楚的结构形状，若画少量虚线能减少视图数量，也可画出必要的虚线，如图 5-11b 所示。

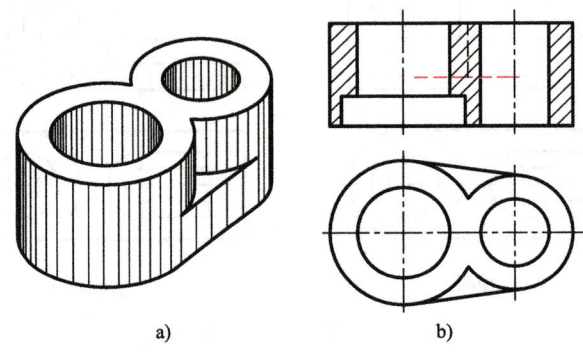

图 5-11 剖视图中必要的虚线

3）画剖面符号。

4. 剖视图的配置与标注

剖视图可按基本视图的方位或投影关系放置，必要时也可放在任意位置。

微课 5-3
剖视图的配置及标注

剖视图应标注剖切位置、投射方向和剖视图的名称。

（1）剖切符号　用粗短线表示剖切面的起始、转折和终止位置。粗短线尽可能不要与图形的轮廓线相交。

（2）投射方向　用箭头"↑"表示投射方向，画在粗短线的两外端，并与粗短线垂直。

（3）视图名称　在剖视图的上方用大写拉丁字母标出剖视图的名称"×—×"，并在剖切符号附近注上相同的字母（当图形拥挤时，转折处可不写字母）。字母必须水平书写。

以下情况可省略或简化标注：

1）当单一剖切平面通过物体的对称平面或基本对称平面，剖视图按投影关系配置，中间又没有其他图形隔开时，可省略标注，如图5-9b、图5-11所示。

2）当剖视图按投影关系配置，中间又没有其他图形隔开时，可省略箭头。

特殊情况下的标注：

1）几个剖切平面分别剖开机件，得到的剖视图为相同的图形时，可按图5-12所示的形式标注。

2）用一个公共剖切平面剖开机件，按不同投射方向投射得到两个剖视图，应按图5-13所示的形式标注。

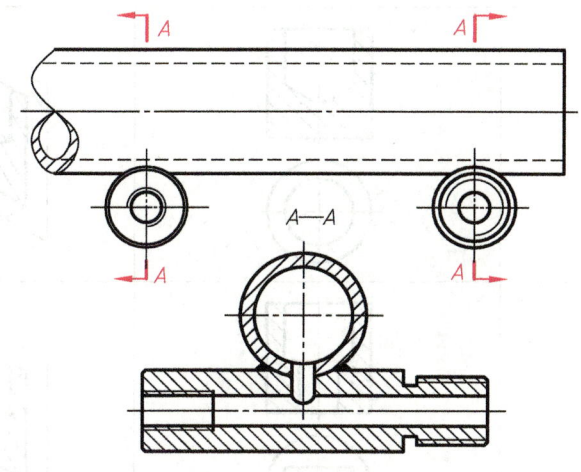

图5-12 剖视图的标注（一）

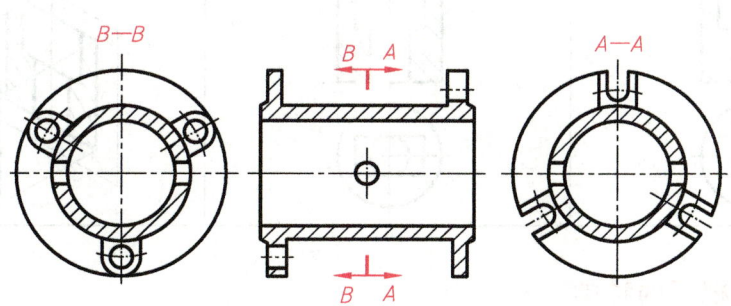

图5-13 剖视图的标注（二）

5. 画剖视图应注意的事项

1）剖视图是用剖切面假想地剖开物体，所以，当物体的一个视图画成剖视图后，其他视图的完整性不受影响，仍按完整视图画出。

2）剖切面后面的可见轮廓线应全部画出，不能遗漏，但也不可多画。表5-2中是最容易漏线和多线的几种结构。

表 5-2 剖视图中最容易漏线和多线的结构

正确画法	错误画法	空间投影情况

5.2.2 剖视图的种类

根据机件被剖切的范围,剖视图分为三种:全剖视图、半剖视图和局部剖视图。

微课 5-4 剖视图的种类及画法

1. 全剖视图

用剖切面完全地剖开机件所得的剖视图,称为全剖视图。它适用于内部复杂、外形简单或外形较复杂但已在其他视图上表达清楚的机件,如图 5-9b、图 5-11b 所示。

2. 半剖视图

当机件具有对称平面时,向垂直于对称平面的投影面上投射

动画 5-7 全剖　动画 5-8 半剖

所得的图形，可以对称中心线为界，一半画成剖视图，另一半画成视图，这样的图形称为半剖视图。

图 5-14a 所示的机件，左右对称，主、俯视图都可以画成半剖视图，如图 5-14b 所示。

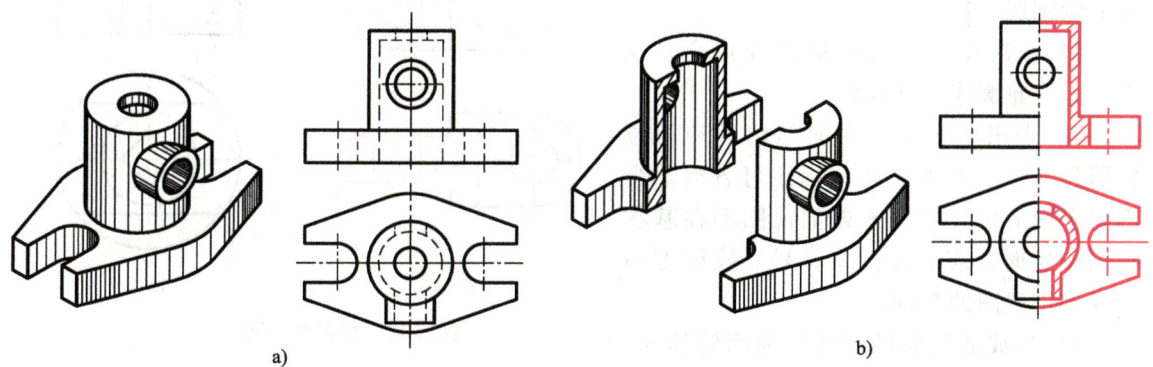

图 5-14　半剖视图

半剖视图适用于内、外形状比较复杂的对称机件。但当机件的形状接近对称且不对称部分已另有图形表达时，也可以画成半剖视图。

画半剖视图时应注意以下两点：
1）半个视图与半个剖视图以细点画线为界。
2）半个视图中已表达清楚的内部结构的虚线不画出。

半个剖视图的位置，通常按以下原则配置：若对称线为竖线时，剖视图位于右侧，如图 5-14b 所示；若对称线为水平线时，剖视图位于下方。

3. 局部剖视图

用剖切面局部地剖开机件所得的剖视图，称为局部剖视图，如图 5-15 所示。

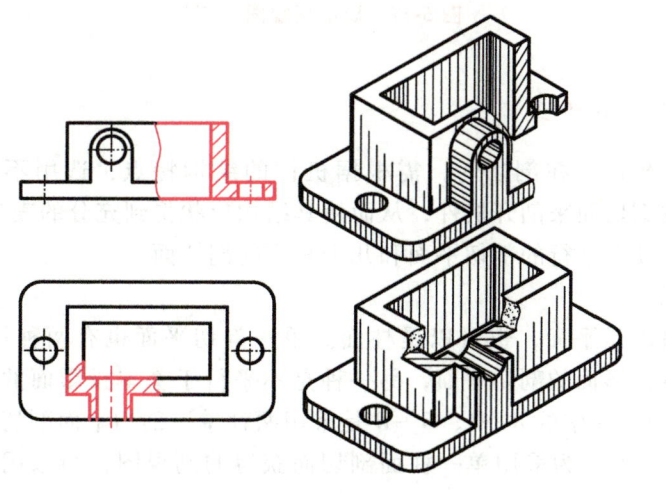

图 5-15　局部剖视图（一）

动画 5-9
局部剖

局部剖视图主要用于只表达局部结构，又不宜采用全剖视图或半剖视图的机件，如图 5-16 所示。

画局部剖视图时应注意以下几点：

1）波浪线应画在机件表面的实体部分，不能画在孔槽处，也不能超出形体的外形轮廓线。

2）波浪线不能与其他图线重合，也不应画在轮廓线的延长线上。

3）当用单一剖切平面剖切且剖切位置明显时，局部剖视图的标注可省略。当剖切平面的位置不明显或剖视图不在基本视图位置时，应标注剖切符号、投射方向和局部剖视图的名称。

4）当被剖切的局部结构为回转体时，允许将回转中心作为局部剖视图与视图的分界线，如图5-17a所示。图5-17b中的方孔，属于非回转体，故不可用中心线代替波浪线。

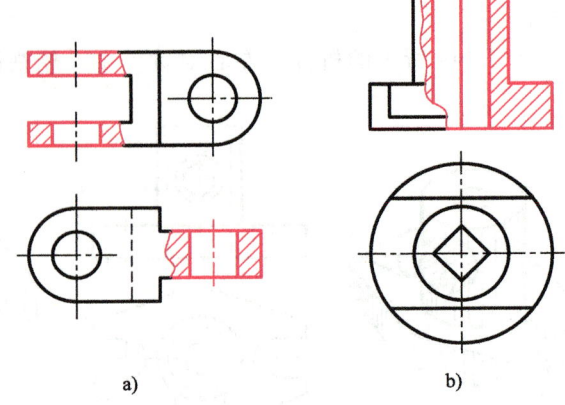

图 5-16 局部剖视图（二）

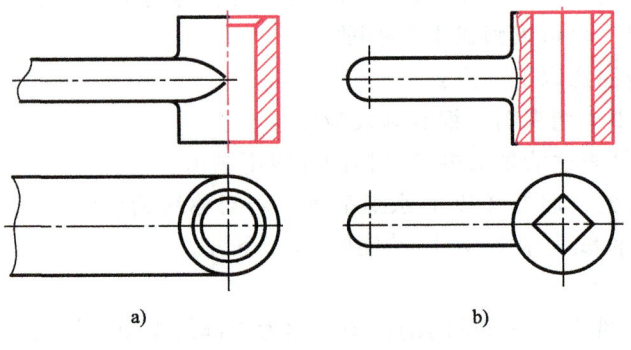

图 5-17 局部剖视图（三）

5.2.3 剖切面的种类

由于机件各不相同，在剖切时，需根据机件的结构特点，选用不同数量、位置和形状的剖切面来剖开机件，从而使其结构形状得到充分的表达。可选用的剖切面为：单一剖切面、几个平行的剖切平面和几个相交的剖切面。

微课 5-5
剖切面的种类

1. 单一剖切面

单一剖切面可以是平面，也可以是柱面。单一剖切平面也有两种情况，一种是平行于基本投影面的剖切平面，另一种是不平行于基本投影面的剖切平面（斜剖）。图5-18a中的 A—A、B—B 是采用两种单一剖切平面剖切所得的剖视图。图5-18b所示为采用单一柱面剖切而获得的剖视图，当采用柱面剖切时，剖视图应展开绘制。

动画 5-10
单一斜剖视图

2. 几个平行的剖切平面

几个平行的剖切平面是指两个或两个以上平行的剖切平面，并且要求各剖切平面的转折处必须是直角。图5-19所示为机件采用三个平行的剖切平面剖切而获得的剖视图。

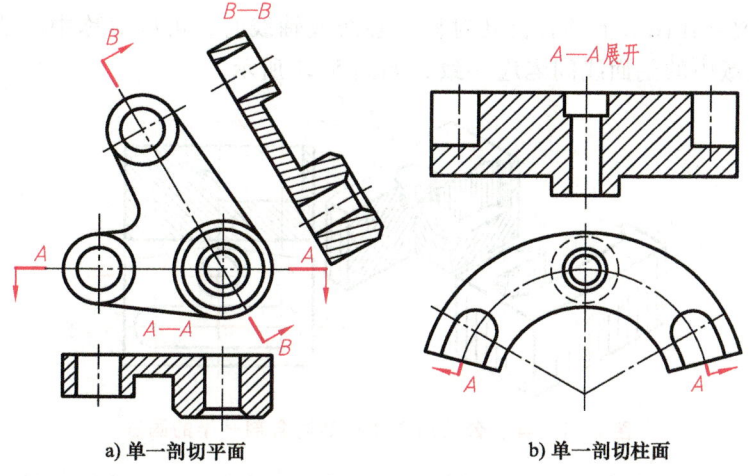

a) 单一剖切平面　　　　　　　　b) 单一剖切柱面

图 5-18　单一剖切面

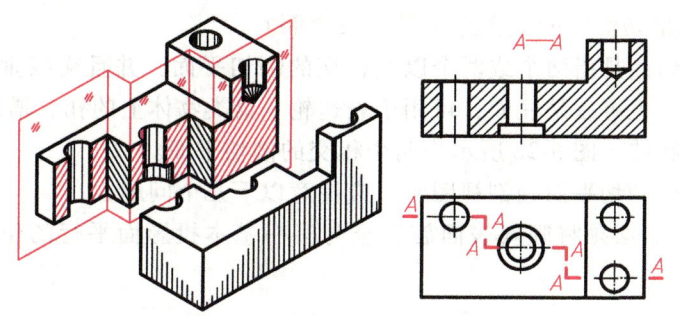

动画 5-11
阶梯剖视图

图 5-19　几个平行的剖切平面

画剖视图时应注意以下几个问题：

1）不应在剖视图中画出各剖切平面转折处的投影，如图 5-20a 所示；同时，剖切平面转折处也不应与图形中的轮廓线重合，如图 5-20b 所示。

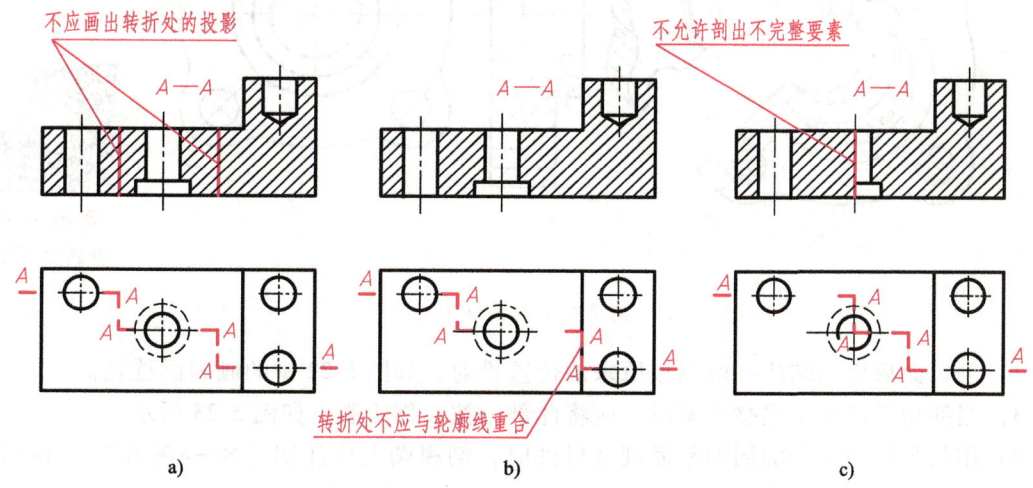

图 5-20　几个平行的剖切平面剖切时应注意的问题

2）选择剖切平面位置时，应注意在图形上不应出现不完整要素，如图 5-20c 所示。

3）当两个要素在图形上具有公共对称中心线或轴线时，可以对称中心线或轴线为界各画一半。剖面区域中的剖面线间隔应一致，如图 5-21 所示。

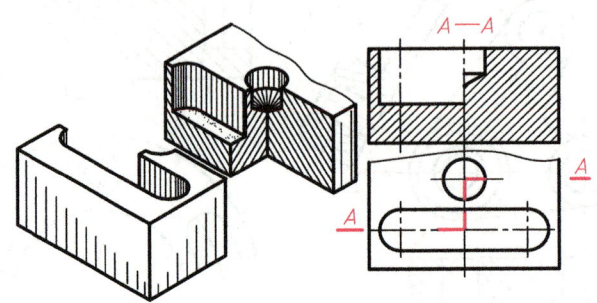

图 5-21　具有公共对称中心线时各剖一半的画法

4）采用几个平行的剖切平面画剖视图时，不能省略标注；当剖视图按投影关系配置，中间无其他图形时，可省略箭头。

3. 几个相交的剖切面（交线垂直于某一投影面）

几个相交的剖切面是指两个或两个以上相交的剖切平面，并且交线垂直于某一投影面。剖切面可以是平面，也可以是柱面，可用于表达轮、盘类物体上的孔、槽结构，以及具有公共轴线的非回转体物体。图 5-22 所示为两个相交的剖切平面。

采用几个相交的剖切平面画剖视图时，应注意以下几个问题：

1）剖开机件后，必须将倾斜表面旋转至与某一基本投影面平行的位置后再进行投射，如图 5-22 所示。

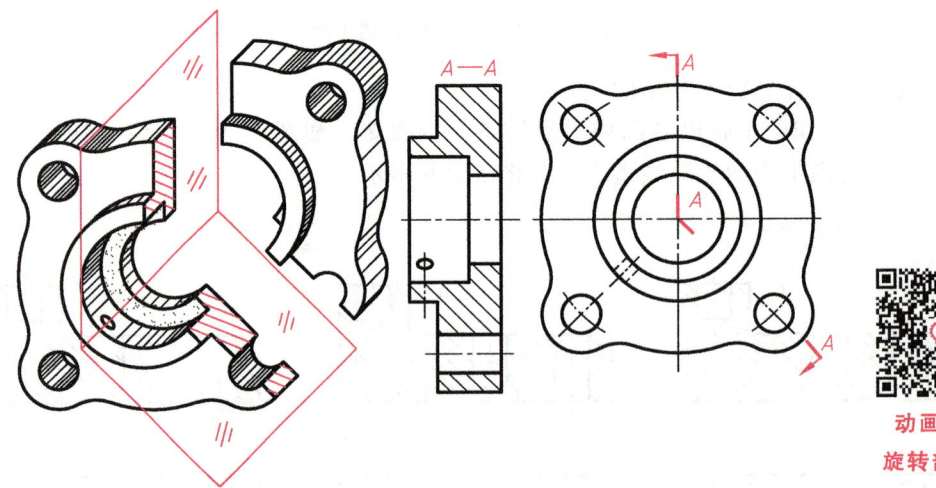

动画 5-12
旋转剖视图

图 5-22　两个相交的剖切平面

2）剖切面后面的结构一般仍按原来的位置投射，如图 5-22 中的倾斜圆柱孔。

3）当剖切后产生不完整要素时，应将此部分按不剖绘制，如图 5-23 所示。

4）用几个两两相交的剖切平面剖开机件时，剖视图上应注明"×—×展开"，如图 5-24 所示。

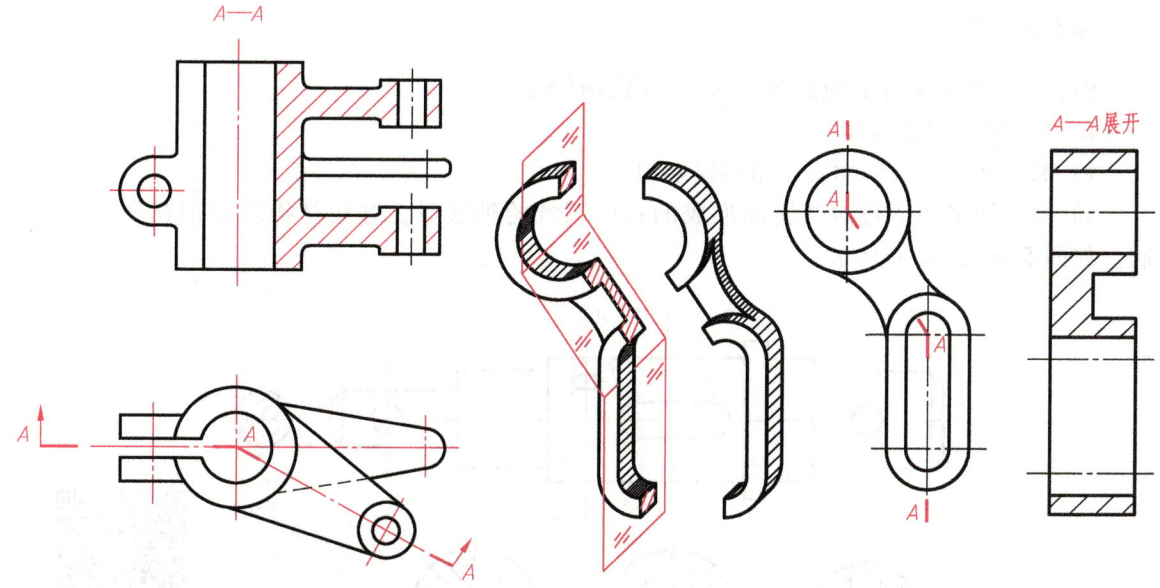

图 5-23 剖切产生不完整要素处理　　　图 5-24 几个相交的剖切平面

5.3 断 面 图

5.3.1 断面图的概念及分类

假想用剖切面将物体的某处切断，仅画出剖切面与物体接触部分的图形，称为断面图，简称断面，如图 5-25a 所示。

微课 5-6
断面图的画法及标注

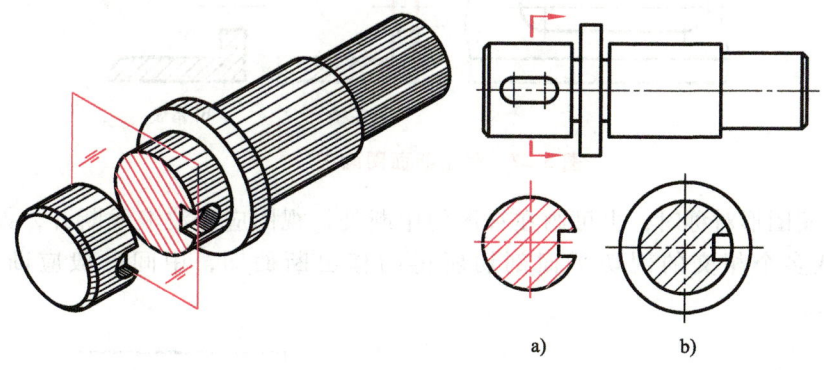

图 5-25 断面图的形成

画断面图时，应注意断面图与剖视图的区别。图 5-25b 所示为剖视图。

断面图通常用来表示物体上某一局部的断面形状，如机件上的肋板、轮辐，轴上的键槽、孔、凹坑及各种型材的断面形状等。

断面图分为移出断面图和重合断面图。

101

5.3.2 移出断面图

画在视图轮廓之外的断面图,称为移出断面图。

1. 移出断面图的画法

1) 移出断面图的轮廓线用粗实线绘制。

2) 当剖切平面通过由回转面形成的孔或凹坑的轴线时,这些结构应按剖视图要求绘制,如图 5-26a、c、d 所示。

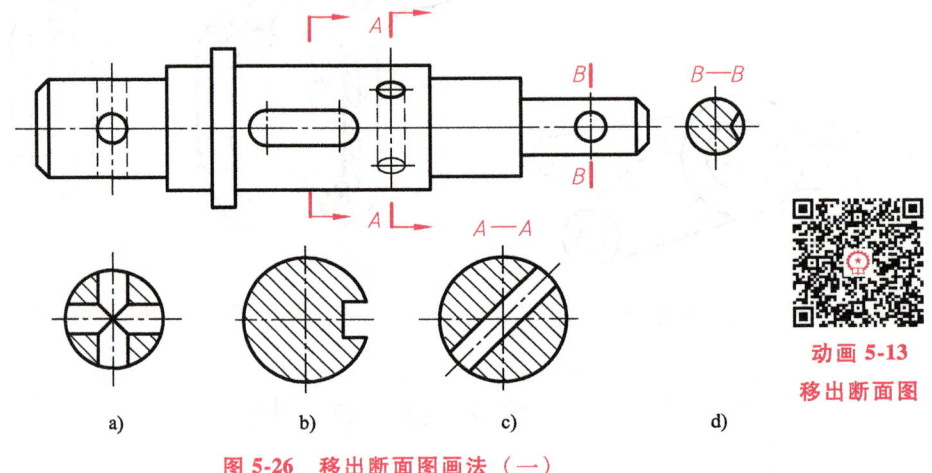

图 5-26 移出断面图画法(一)

3) 当剖切平面通过非圆孔,导致出现完全分离的两个断面时,应按剖视图要求绘制,如图 5-27a 所示。

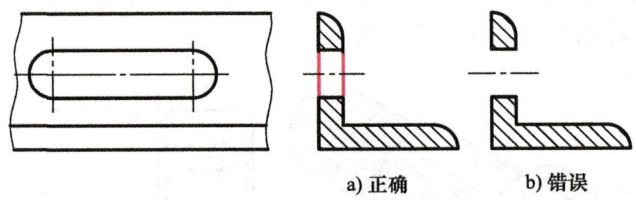

图 5-27 移出断面图画法(二)

4) 当断面图形对称时,也可画在视图的中断处,视图应用波浪线断开,如图 5-28a 所示。由两个或多个相交的剖切平面剖切所得的移出断面图,中间一般应断开绘制,如图 5-28b 所示。

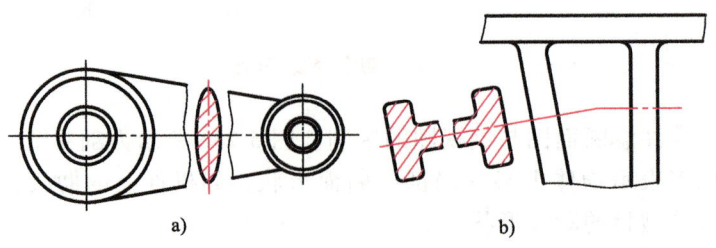

图 5-28 移出断面图的配置及画法

2. 移出断面图的配置

1）移出断面图优先配置在剖切线的延长线上，如图 5-26a、b 所示；也可配置在其他适当的位置，如图 5-26c 所示。

2）移出断面图可按投影关系配置，当断面图对称时，也可配置在视图的中断处，如图 5-28a 所示。

3. 移出断面图的标注

1）移出断面图的标注同剖视图，即用剖切符号表示剖切位置，用箭头表示投射方向，并标注字母，在断面图的上方用同样的字母标出相应的名称"×—×"，如图 5-26 中 A—A 断面。

2）配置在剖切符号延长线上的移出断面图，可省略字母，如图 5-29a、c 所示。

3）未配置在剖切符号延长线上的对称移出断面图，以及按投影关系配置的移出断面图，中间没有图形隔开时，可省略箭头，如图 5-29b、d 所示。

4）配置在剖切符号延长线上的对称移出断面图和配置在视图的中断处的对称移出断面图，可省略标注，如图 5-29a 所示。

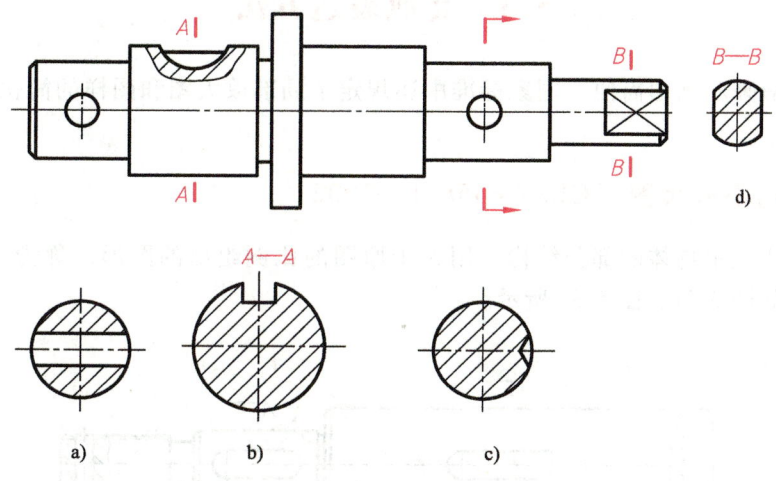

图 5-29 移出断面图的标注

5.3.3 重合断面图

画在视图轮廓线之内的断面图，称为重合断面图，如图 5-30 所示。

1. 重合断面图的画法

1）重合断面图的轮廓线用细实线绘制。

2）当视图中的轮廓线与重合断面图的轮廓线重叠时，视图中的轮廓线应连续画出，不可间断，如图 5-30b 所示。

2. 重合断面图的标注

相对于剖切位置线对称的重合断面图不必标注，如图 5-30a 所示。不对称的重合断面图可省略标注，如图 5-30b 所示。

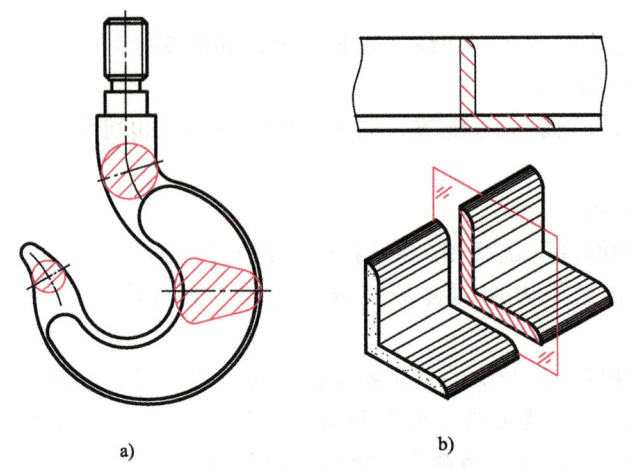

图 5-30 重合断面图的画法

5.4 其他表达方法

为使图形清晰和画图简便，国家标准中还规定了局部放大图和图样的简化画法，供绘图时选用。

5.4.1 局部放大图（GB/T 4458.1—2002）

将图样中所表示物体的部分结构，用大于原图的比例绘出的图形，称为局部放大图，如图 5-31、图 5-32 所示。

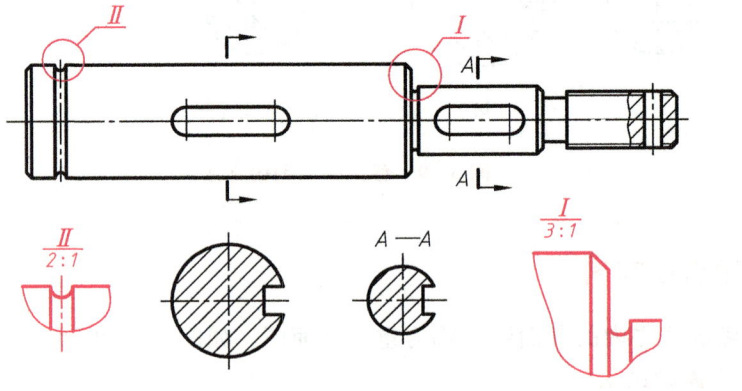

图 5-31 局部放大图（一）

1. 局部放大图的画法与配置

1) 局部放大图可以画成视图、剖视图、断面图的形式，与被放大部分的表示形式无关，并尽量配置在被放大部位的附近。

2) 同一机件上不同部位的局部放大图，当图形相同或对称时，只需画出一个。

3) 必要时，可用几个图形来表达同一个被放大部位的结构，如图 5-32 所示。

2. 局部放大图的标注

1) 用细实线圈出被放大的部位。若只有一处被放大时，在局部放大图上方只需注明所采用的比例即可，如图 5-32 所示。

2) 当同一机件上有几处需要放大时，必须用罗马数字依次标明被放大的部位，并在局部放大图上方标出相应的罗马数字和所采用的比例，如图 5-31 所示。

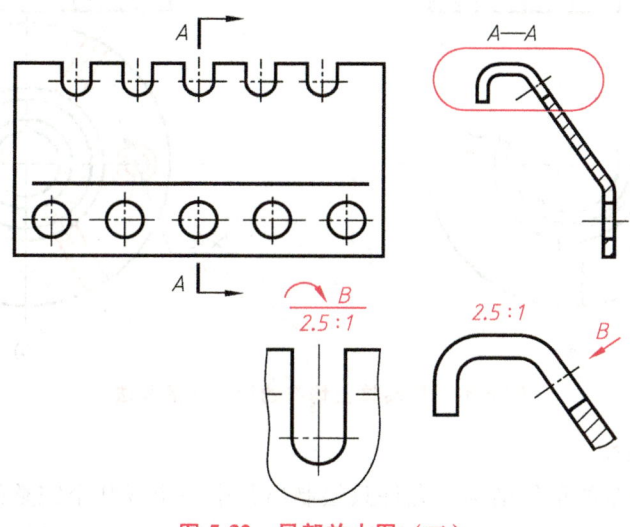

图 5-32　局部放大图（二）

5.4.2　简化画法与其他规定画法

1. 机件上的肋、轮辐等结构的画法

对于机件上的肋、轮辐及薄壁等，如按纵向剖切，这些结构都不画剖面符号，用粗实线将其与邻接部分分开，如图 5-33 所示。

微课 5-8
规定画法

微课 5-9
简化画法

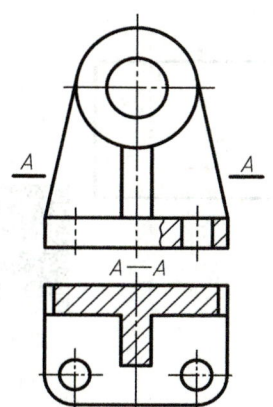

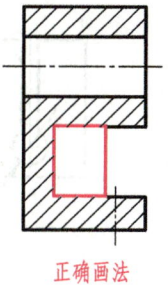

正确画法　　错误画法

动画 5-16
规定画法

图 5-33　肋的简化画法

带有均匀分布结构要素的回转体机件，需要绘制剖视图时，可将其结构要素转到剖切平面上绘制，如图 5-34 所示。

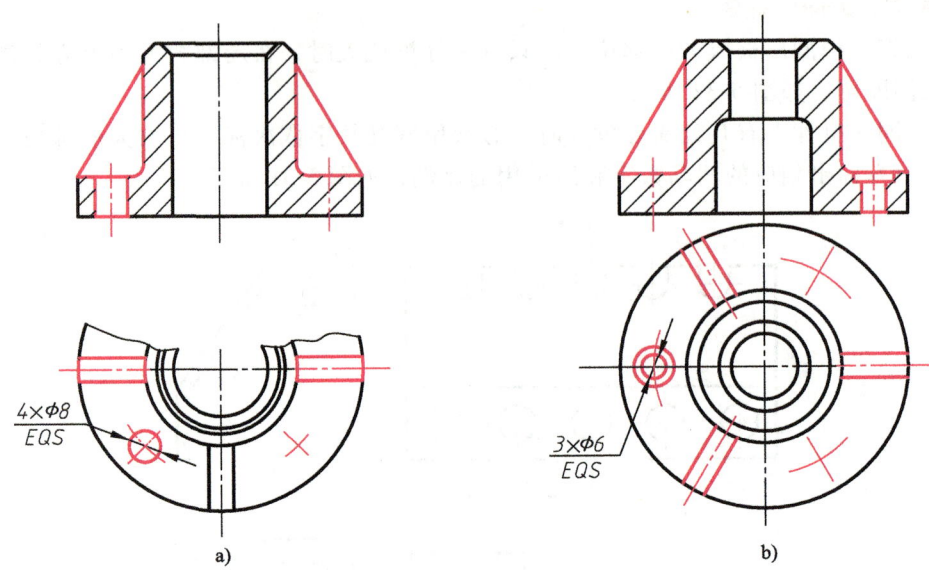

图 5-34 回转体上均布的肋、孔的画法

2. 重复结构的画法

机件中呈规律分布的重复结构,允许只绘制出其中一个或几个完整的结构,并反映其分布情况,如图 5-35a 所示。对称的重复结构,用细点画线表示各对称要素的位置,如图 5-35b 所示。不对称的重复结构,则用相连的细实线代替,如图 5-36 所示。

3. 网状结构的画法

滚花、槽沟等网状结构一般用粗实线完全或部分地表示出来,并在图中按规定标注,如图 5-37 所示。

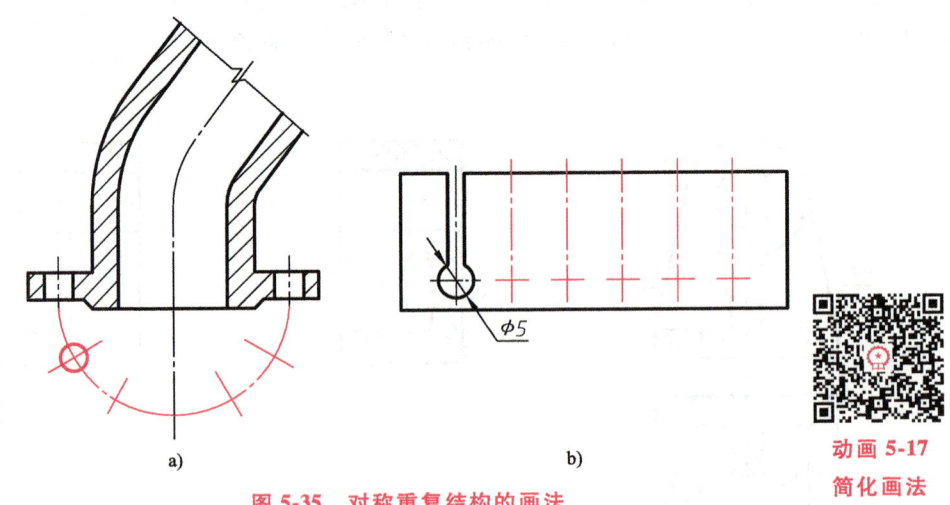

动画 5-17 简化画法

图 5-35 对称重复结构的画法

4. 等径的孔的简化画法

等径且呈规律分布的孔(圆孔、螺纹孔、沉孔等),可以仅画一个或少量几个,其余只需用细点画线表示其中心位置,但在零件图中要注明孔的总数,如图 5-38 所示。

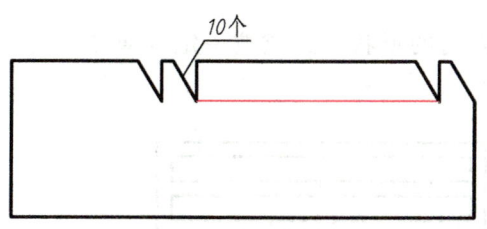
图 5-36 不对称重复结构的画法

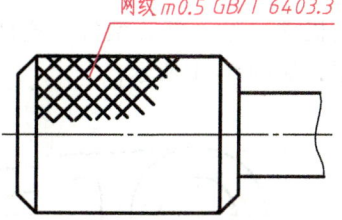
图 5-37 网状结构的简化画法

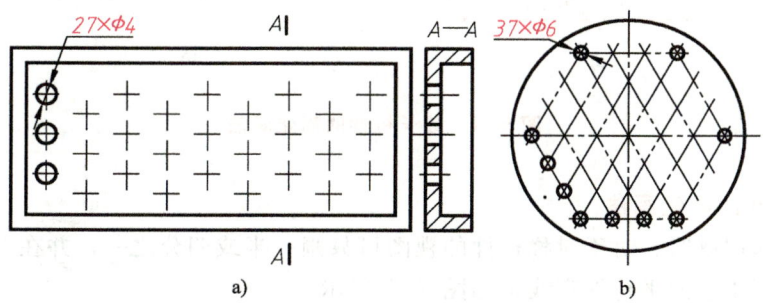
图 5-38 等径且呈规律分布孔的画法

5. 平面的表示法

为了避免增加视图、剖视图或断面图，可用两条相交成对角的细实线表示平面，如图 5-39 所示。

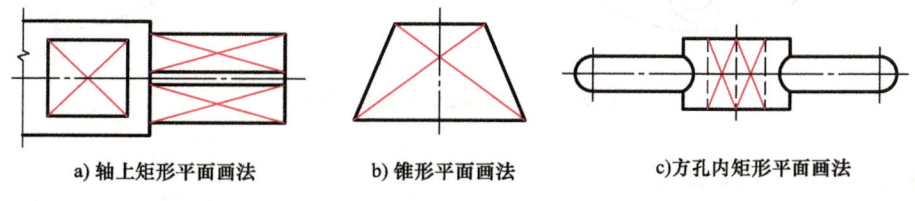

a)轴上矩形平面画法　　b)锥形平面画法　　c)方孔内矩形平面画法

图 5-39 平面的表示法

6. 较小斜度和锥度结构的画法

机件上较小的斜度和锥度等结构，如在一个图形中已表达清楚时，其他图形可按小端画出，如图 5-40 所示。

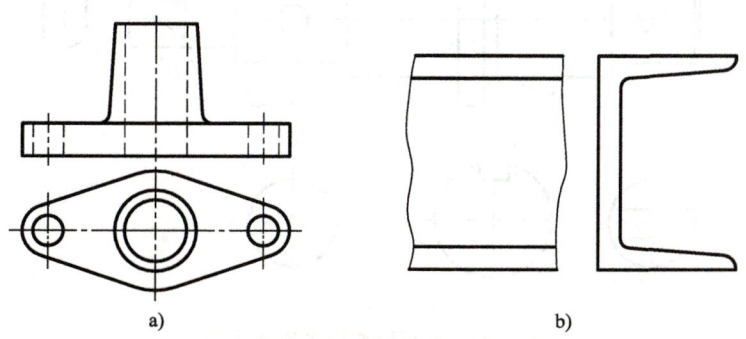

图 5-40 较小斜度和锥度结构的画法

7. 较长机件的简化画法

较长机件（轴、杆、型材、连杆等）沿长度方向的形状一致或按一定规律变化时，可断开绘制，如图 5-41 所示。

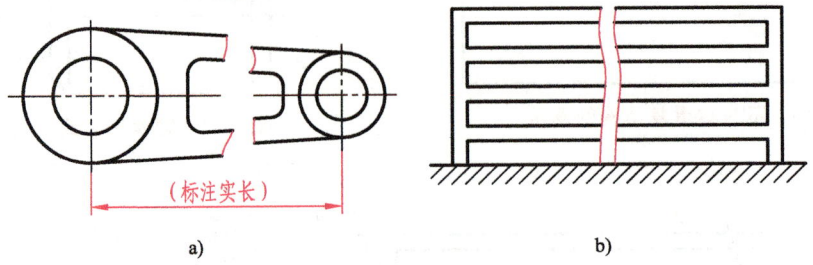

图 5-41　较长机件的简化画法

8. 对称机件的简化画法

在不致引起误解时，对于对称机件的视图可只画一半或四分之一，并在对称中心线的两端画出两条与其垂直的平行细实线，如图 5-42 所示。

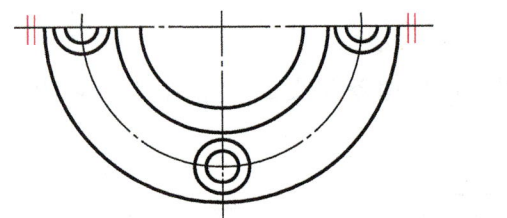 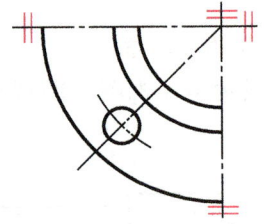

图 5-42　对称机件的简化画法

9. 移出断面图的简化画法

在不致引起误解时，零件图中的移出断面图允许省略剖面符号，但剖切符号和断面图的名称，必须按照断面图的标注规则标出，如图 5-43 所示。

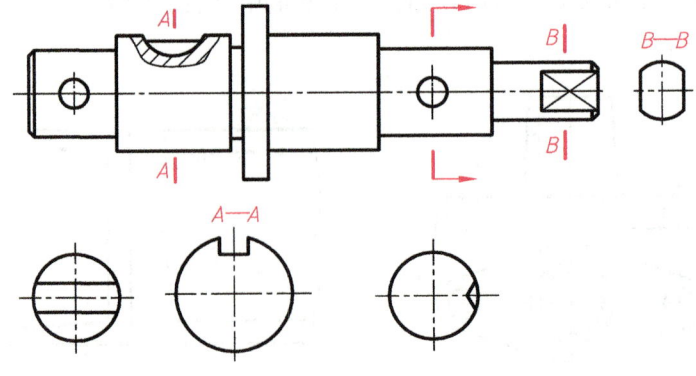

图 5-43　移出断面图的简化画法

10. 局部视图的简化画法

机件上对称结构的局部视图可配置在视图上所需表示物体局部结构的附近，如图 5-44 所示。

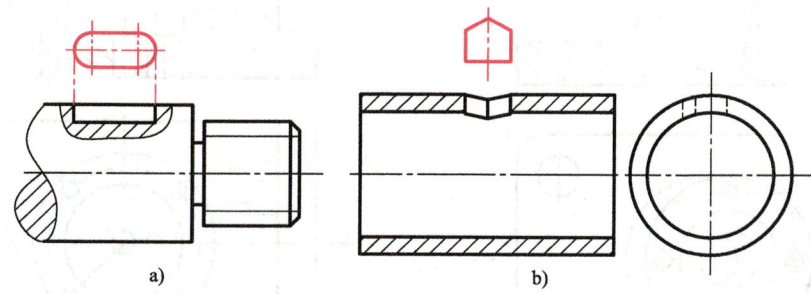

图 5-44　局部视图的简化画法

11. 圆角、倒角的简化画法

除确属需要表示的某些圆角、倒角外，其他圆角、倒角在零件图中均可不画，但必须注明尺寸，或在技术要求中加以说明，如图 5-45 所示。

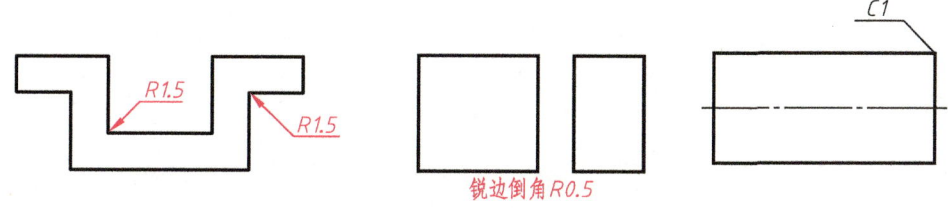

图 5-45　圆角、倒角的简化画法

12. 剖切平面前结构的表示法

在需要表示剖切平面前的结构时，可按假想投影用细双点画线绘制结构的轮廓，如图 5-46 所示。

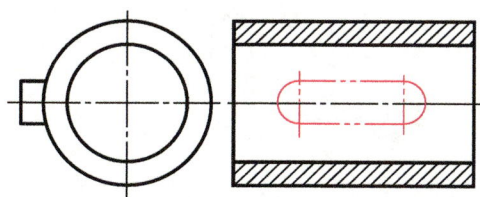

图 5-46　剖切平面前结构的表示法

13. 倾斜圆投影的简化画法

倾斜角度小于或等于 30°的斜面上的圆或圆弧，其投影可用圆或圆弧代替，如图 5-47 所示。

14. 剖视中的剖视图画法

在剖视图的剖面区域可再做一次局部剖视，采用这种表达方法时，两个剖面区域的剖面线应同方向、同间隔，但要相互错开，并用指引线标注其名称，如图 5-48 所示。

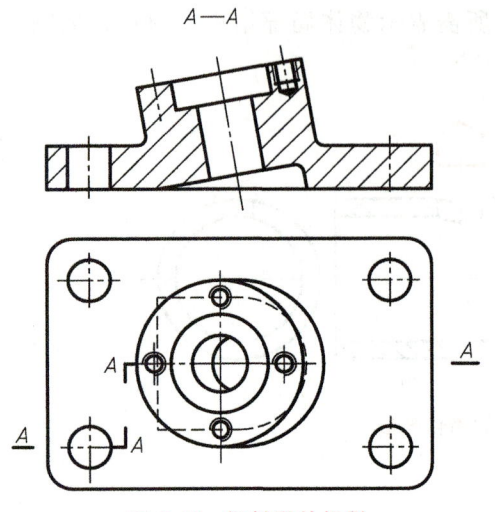

图 5-47 倾斜圆的投影　　　　图 5-48 剖视图中再做剖视

第6章　标准件和常用件的画法与标记

在机械设备或部件的装配或安装中，经常要用到螺栓、螺钉、螺母、垫圈、键和销等零件。这些零件的结构、尺寸及技术要求等已全部实现标准化，以适应专业化大批量生产，这些零件统称为标准件。有些零件虽不属于标准件，但它们的结构和尺寸部分地实现了标准化，如齿轮、弹簧等，这些零件也被广泛使用，统称为常用件。

学习目标

1. 了解并掌握螺纹、齿轮、键、销、滚动轴承、弹簧的参数及标记。
2. 熟练掌握螺纹、齿轮、键、销、滚动轴承、弹簧的规定画法。

素养目标

1. 培养学生的职业岗位意识和创新思维。
2. 培养学生遵守国家标准的规矩意识。

学习任务

6.1　螺　纹

6.1.1　螺纹的基本知识

螺纹是在圆柱、圆锥等回转面上沿着螺旋线所形成的、具有相同轴向断面的连续凸起的沟槽。在圆柱、圆锥等外表面上所形成的螺纹称外螺纹；在零件的圆柱、圆锥孔腔等内表面上所形成的螺纹称内螺纹。

微课 6-1
螺纹的基本知识

动画 6-1
螺纹的形成

各种螺纹都是根据螺旋线形成的原理加工而成的。加工螺纹的方法很多，常见的加工方法有在车床上车削内、外螺纹，用丝锥和板牙攻内螺纹、套外螺纹等。图 6-1 所示为在车床上加工螺纹的情况。

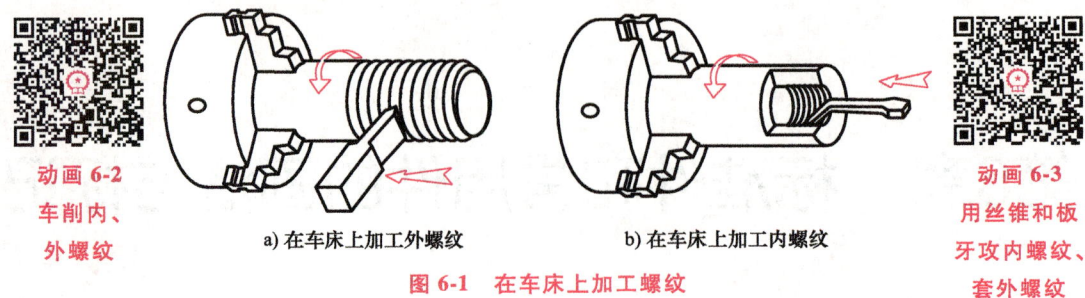

动画 6-2 车削内、外螺纹

a) 在车床上加工外螺纹

b) 在车床上加工内螺纹

动画 6-3 用丝锥和板牙攻内螺纹、套外螺纹

图 6-1 在车床上加工螺纹

1. 螺纹的要素

螺纹的要素有牙型、直径、线数、螺距和旋向。只有螺纹的所有要素都相同的外螺纹和内螺纹才能相互旋合。

（1）牙型　在通过螺纹轴线的平面内，螺纹的轮廓形状称为牙型。常见的牙型有三角形、梯形、锯齿形等多种。螺纹的牙型不同，其用途也不同，见表 6-1。

表 6-1 常用标准螺纹的种类、牙型、特征代号及说明

种类		特征代号	牙型放大图	说明
联接螺纹	普通螺纹	M	60°	是最常用的联接螺纹，牙型还可分为粗牙和细牙，一般联接多用粗牙。在相同的大径下，细牙螺纹的螺距较粗牙小，切深较浅，多用于薄壁或紧密联接的零件
55°管螺纹	55°密封管螺纹	Rc Rp R_1 R_2	55°	包括圆锥内螺纹（Rc）与圆锥外螺纹（R_2）、圆柱内螺纹（Rp）与圆锥外螺纹（R_1）两种联接形式，具有密封性。适用于管子、管接头、旋塞、阀门等
	55°非密封管螺纹	G	55°	螺纹本身不具有密封性，内、外螺纹都是圆柱管螺纹。适用于管接头、旋塞、阀门等
传动螺纹	梯形螺纹	Tr	30°	用于传递运动和动力，如机床丝杠、尾架丝杠等
	锯齿形螺纹	B	3° 30°	用于传递单向压力，如千斤顶螺杆

（2）直径　螺纹的直径有大径（外螺纹用 d 表示，内螺纹用 D 表示）、中径（d_2、D_2）和小径（d_1、D_1）之分。螺纹的大径又称为公称直径；外螺纹的大径和内螺纹的小径又称为顶径，如图6-2所示。

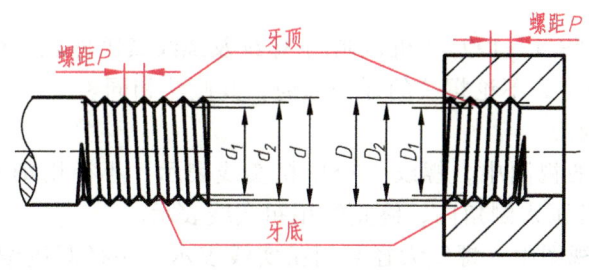

图6-2　螺纹各部分名称

（3）线数（n）　螺纹有单线和多线之分。沿一条螺旋线所形成的螺纹，称为单线螺纹；沿两条或两条以上且在轴向等距离分布的螺旋线所形成的螺纹，称为多线螺纹，如图6-3所示。

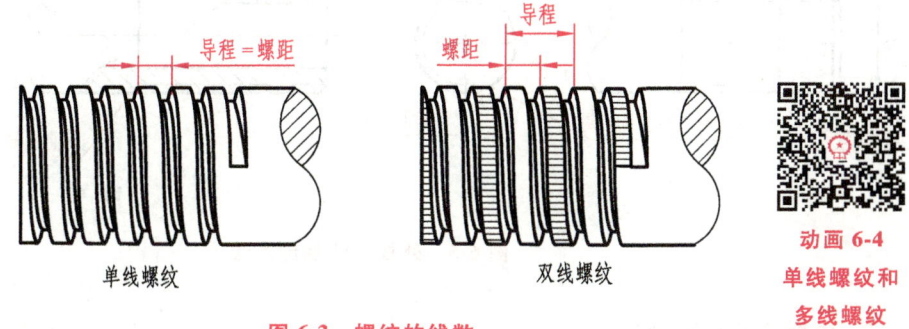

图6-3　螺纹的线数

动画6-4
单线螺纹和
多线螺纹

（4）螺距 P 和导程 P_h　螺距是指螺纹上相邻两牙在中径线上对应两点间的轴向距离。导程是指在同一条螺旋线上的相邻两牙在中径线上对应两点间的距离，如图6-3所示。

螺距、导程和线数三者之间的关系为

$$螺距 P = \frac{导程 P_h}{线数 n}$$

（5）旋向　螺纹旋向分右旋和左旋。内、外螺纹旋合时，顺时针旋转旋入的螺纹为右旋螺纹；逆时针旋转旋入的螺纹为左旋螺纹。

旋向判定方法：将外螺纹轴线竖直放置，螺纹的可见部分右高、左低的螺纹为右旋螺纹，左高、右低的螺纹为左旋螺纹，如图6-4所示。

改变上述螺纹要素中的任一要素，可得到不同规格的螺纹。

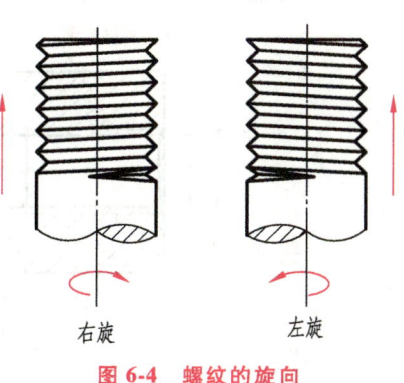

图6-4　螺纹的旋向

2. 螺纹的类型

凡是牙型、直径和螺距符合标准的螺纹称为标准螺纹。牙型符合标准,而直径或螺距不符合标准的螺纹称为特殊螺纹。牙型不符合标准的螺纹称为非标准螺纹。

6.1.2 螺纹的规定画法

国家标准 GB/T 4459.1—1995《机械制图 螺纹及螺纹紧固件表示法》对螺纹的画法做了统一规定,不论螺纹的牙型如何,其画法相同。

微课 6-2 螺纹的规定画法

1. 外螺纹的规定画法

1) 在投影为非圆的视图中,螺纹大径用粗实线表示,小径用细实线表示(取 $d_1 \approx 0.85d$),并画入倒角内,终止线用粗实线表示。

2) 在投影为圆的视图中,螺纹大径圆用粗实线表示,小径圆用细实线表示,且只画约 3/4 圈,倒角圆省略不画,如图 6-5a 所示。

3) 外螺纹剖切后,终止线按图 6-5b 所示画出。

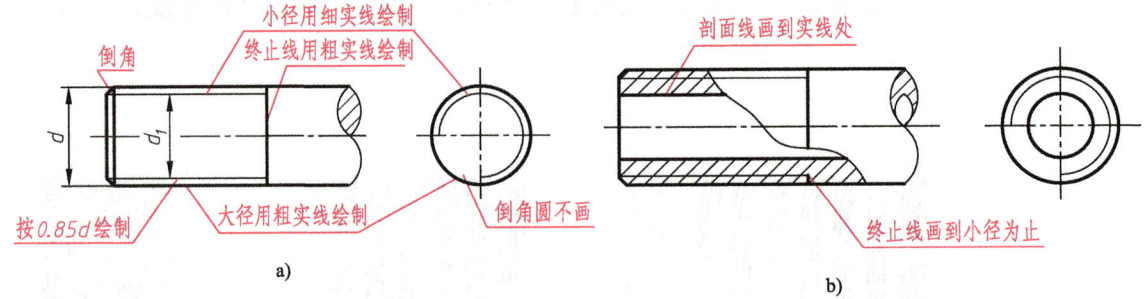

图 6-5 外螺纹的规定画法

2. 内螺纹的规定画法

1) 内螺纹常用剖视图表示。在非圆视图中,螺纹大径用细实线表示,小径用粗实线表示(取 $D_1 \approx 0.85D$),终止线用粗实线表示,剖面线画到粗实线处。

2) 在投影为圆的视图中,螺纹大径圆用细实线表示,且只画约 3/4 圈,小径圆用粗实线表示,倒角圆省略不画,如图 6-6 所示。

3) 当内螺纹不可见时,除中心线外,螺纹的所有图线均用细虚线绘制。

4) 不穿通螺纹孔的一种加工方法及其画法如图 6-7 所示。

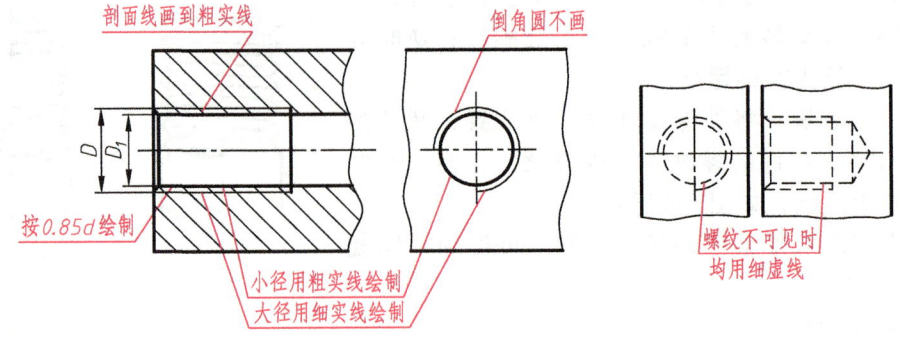

图 6-6 内螺纹的规定画法

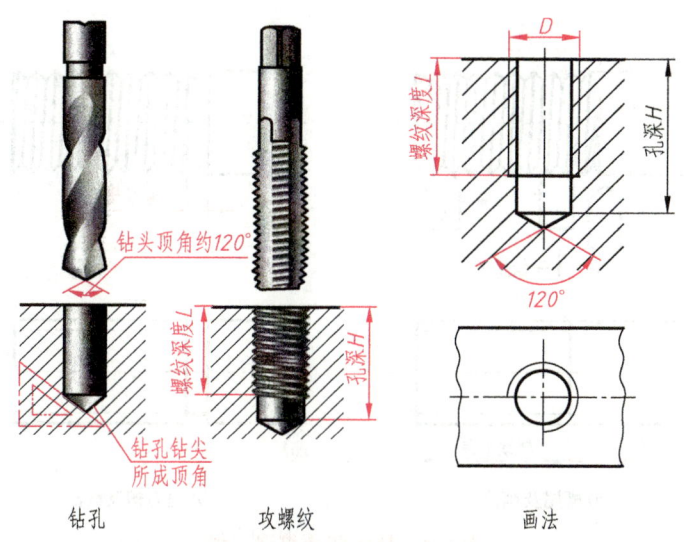

钻孔　　　攻螺纹　　　画法

图 6-7　不穿通螺纹孔的加工方法及其画法

3. 螺纹联接的规定画法

螺纹联接常用剖视图表示。

1）旋合部分按外螺纹画，其余部分仍按各自的规定画法表示，如图 6-8 所示。

2）表示内、外螺纹大径的细实线和粗实线，以及表示内、外螺纹小径的粗实线和细实线均应分别对齐。

3）实心螺杆通过轴线剖切时，按不剖绘制。

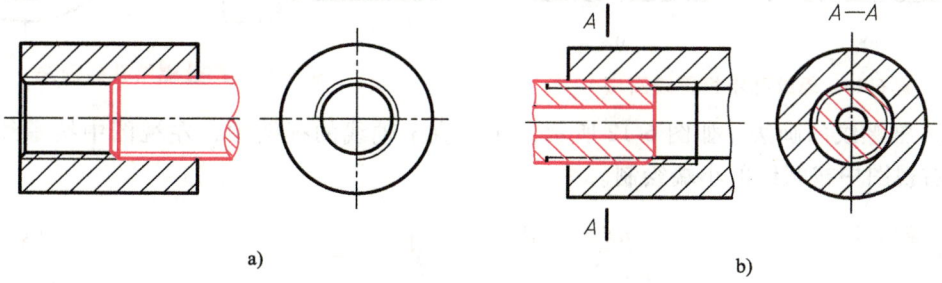

a)　　　　　　　　　　b)

图 6-8　内、外螺纹联接的画法

4. 其他规定画法

（1）螺尾和退刀槽的画法　加工部分长度的内、外螺纹时，由于刀具临近螺纹末尾时要逐渐离开工件，因此末尾附近出现切削深度渐浅的部分，称为螺尾。画螺纹时，一般不表示螺尾，当需要表示时，螺纹尾部的牙底用与轴线成 30°角的细实线表示，螺纹终止线画在完整螺纹终止处，如图 6-9a 所示。有时为了避免产生螺尾，常在该处预先加工一个退刀槽，如图 6-9b 所示。

（2）螺纹孔中相贯线的画法　两螺纹孔相交或螺纹孔与光孔相交时，只在牙顶处画一条相贯线，如图 6-10 所示。

（3）部分螺纹孔的画法　零件上有时会遇到图 6-11 所示的部分螺纹孔，在垂直于螺纹

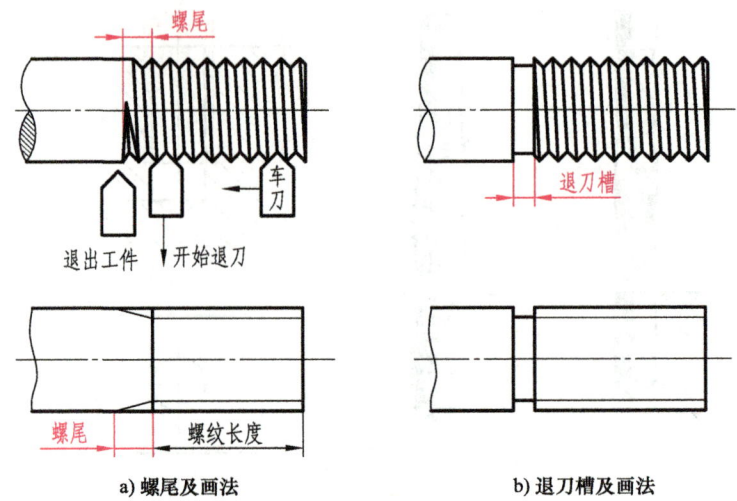

a) 螺尾及画法　　　　　　　　b) 退刀槽及画法

图 6-9　螺尾和螺纹退刀槽

轴线的视图中，表示螺纹大径圆的细实线应适当空出一段。

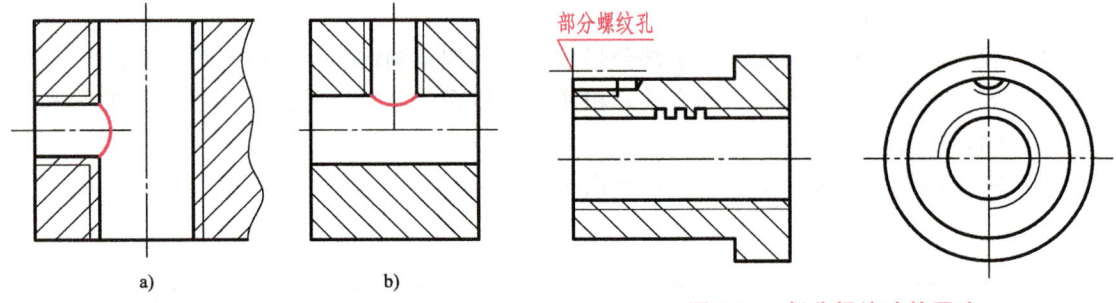

图 6-10　螺纹孔中相贯线画法　　　图 6-11　部分螺纹孔的画法

（4）锥螺纹的画法　如图 6-12 所示，在垂直于轴线的视图中，左视图中按螺纹的大端绘制，右视图中按螺纹的小端绘制。

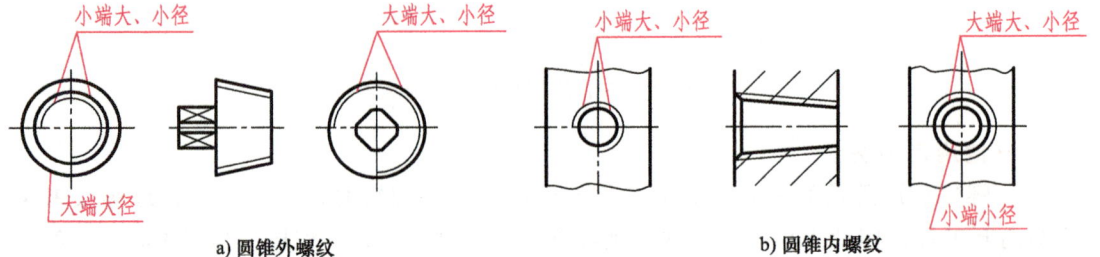

a) 圆锥外螺纹　　　　　　　　b) 圆锥内螺纹

图 6-12　锥螺纹的画法

6.1.3　螺纹的标记与标注

按规定画法画出的螺纹，不能表明螺纹的牙型、公称直径、螺距、线数和旋向等结构要素，因此，需要用标记来说明。

微课 6-3　螺纹的标记与标注

1. 普通螺纹的标记

| 螺纹特征代号 | 公称直径 |×| 导程（P 螺距） |-| 公差带代号 |-| 旋合长度代号 |-| 旋向代号 |

规则：

1）普通螺纹特征代号为 M。单线螺纹省略标注导程。单线粗牙普通螺纹不标注螺距。

2）公差带代号由中径公差带代号和顶径公差带代号组成。外螺纹公差带代号用小写字母表示，内螺纹公差带代号用大写字母表示。如果中径和顶径公差带代号相同时，只注写一个代号。对于中等公差精度的螺纹，当公称直径≤1.4mm 且公差带代号为 5H 和 6h，以及当公称直径≥1.6mm 且公差带代号为 6H 和 6g 时，公差带代号可以省略。

3）旋合长度分为短（S）、中（N）、长（L）三种，中等旋合长度（N）省略标注，短、长旋合长度需分别标注 S、L。特殊要求时，可注明旋合长度数值。

4）为右旋螺纹时，旋向省略标注。左旋螺纹用"LH"表示。

2. 管螺纹的标记

（1）55°密封管螺纹的标记　因为 55°密封管螺纹只有一种公差带，所以标记为

| 螺纹特征代号 | 尺寸代号 | 旋向代号 |

规则：

1）螺纹特征代号 Rc 表示圆锥内螺纹，R_2 表示与圆锥内螺纹配合的圆锥外螺纹，Rp 表示圆柱内螺纹，R_1 表示与圆柱内螺纹配合的圆锥外螺纹。

2）尺寸代号用 1/2，3/4，1，1½……表示。管螺纹的尺寸代号并不是螺纹的大径，而是指管子的通孔直径。

3）对于旋向代号，左旋标注"LH"，右旋不标。

（2）55°非密封管螺纹的标记

| 螺纹特征代号 | 尺寸代号 | 公差等级代号 |-| 旋向代号 |

规则：

1）55°非密封管螺纹的特征代号为 G。

2）尺寸代号用 1/2，3/4，1，1½……表示。

3）55°非密封管螺纹中，外螺纹的公差等级分 A、B 两级，而内螺纹只有一种，不标记。

4）对于旋向代号，左旋标注"LH"，右旋不标。

3. 梯形螺纹和锯齿形螺纹的标记

梯形螺纹标记：| 螺纹特征代号 | 公称直径 |×| 导程 P 螺距 |-| 公差等级代号 |-| 旋合长度代号 |-| 旋向 |

锯齿形螺纹标记：| 螺纹特征代号 | 公称直径 |×| 导程（P 螺距） | 旋向 |-| 公差等级代号 |-| 旋合长度代号 |

规则：

1）梯形螺纹的特征代号为 Tr，锯齿形螺纹的特征代号为 B。

2）公差带代号只标注中径公差带代号。

3）长旋合长度标注 L，中等旋合长度省略标注。

4. 螺纹的标注方法

1）标准螺纹应标注国家标准规定的螺纹标记。公称直径以毫米（mm）为单位的螺纹，标记直接标注在大径的尺寸线或其指引线上；管螺纹一律标注在指引线上，指引线应由大径处或对称中心线处引出。标准螺纹的标注示例见表6-2。

表6-2 标准螺纹的标注示例

螺纹种类			标注示例	说明
联接螺纹	普通螺纹	粗牙	M10-7H / M10-5g6g-S-LH	表示公称直径为10mm的粗牙普通螺纹。外螺纹为左旋，中、顶径公差带代号分别为5g、6g，短旋合长度；内螺纹为右旋，中、顶径公差带代号均为7H，中等旋合长度
		细牙	M20×2-6H / M20×2-6g	表示公称直径为20mm，螺距为2mm的右旋细牙普通螺纹。外螺纹中、顶径公差带代号都是6g；内螺纹中、顶径公差带代号都是6H；内、外螺纹都是中等旋合长度
	管螺纹	55°密封管螺纹	R₁1/2LH / Rc1 1/2	表示尺寸代号为1½，用螺纹密封的圆锥外螺纹和圆锥内螺纹。外螺纹为左旋，内螺纹为右旋
			R₁3/4 / Rp3/4	表示尺寸代号为¾，用螺纹密封的圆锥外螺纹和圆柱内螺纹，右旋
		55°非密封管螺纹	G3/4A / G3/4	表示尺寸代号为¾，非螺纹密封的圆柱外螺纹和圆柱内螺纹，右旋。外螺纹公差等级为A级，内螺纹公差等级只有一种，不标注公差等级
传动螺纹	梯形螺纹		Tr40×7-7H / Tr40×14P7-LH-7e	表示公称直径为40mm，中等旋合长度的梯形螺纹。外螺纹导程为14mm、螺距为7mm，双线，左旋，中径公差带代号为7e；内螺纹螺距为7mm，单线，中径公差带代号为7H，右旋

（续）

螺纹种类		标注示例	说明
传动螺纹	锯齿形螺纹	B40×14(P7)-8c-L　B40×7LH-7H	表示公称直径为40mm的锯齿形螺纹。外螺纹导程为14mm、螺距为7mm，双线，中径公差带代号为8c，长旋合长度，右旋；内螺纹螺距为7mm，单线，公差带代号为7H，中等旋合长度，左旋

2）必要时，在装配图中应标注螺纹副的标记，如图6-13所示。55°密封管螺纹副的标注如图6-14所示，内、外螺纹的特征代号用斜线分开，斜线的前、后分别为内、外螺纹的特征代号。

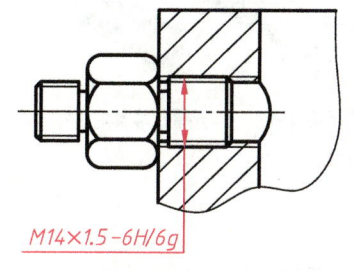

图6-13　螺纹副的标注方法（一）

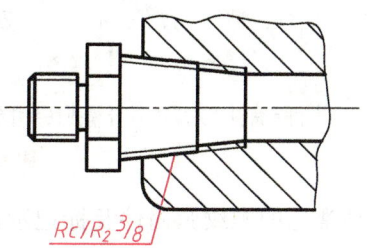

图6-14　螺纹副的标注方法（二）

3）非标准螺纹应画出螺纹的牙型，并标注相关尺寸，如图6-15所示。

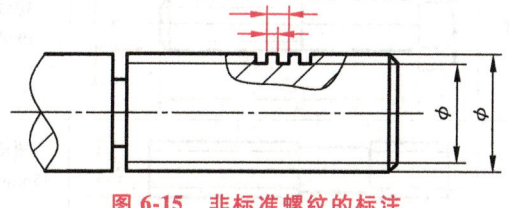

图6-15　非标准螺纹的标注

6.2　螺纹紧固件

螺纹紧固联接主要有螺栓联接、双头螺柱联接和螺钉联接。

6.2.1　螺纹紧固件的标记与画法

微课6-4
螺纹紧固件的标记与画法

常见的螺纹紧固件有螺栓、双头螺柱、螺钉、螺母、垫圈等，如图6-16所示。这些零件一般都是标准件，不需要单独画零件图，只需掌握标记和近似画法，根据标记可以从相应的国家标准中查到它们的结构形式和尺寸。

1. 螺纹紧固件的规定标记

螺纹紧固件的标记为

| 名称 | 标准代号 | 规格尺寸 |

机械制图

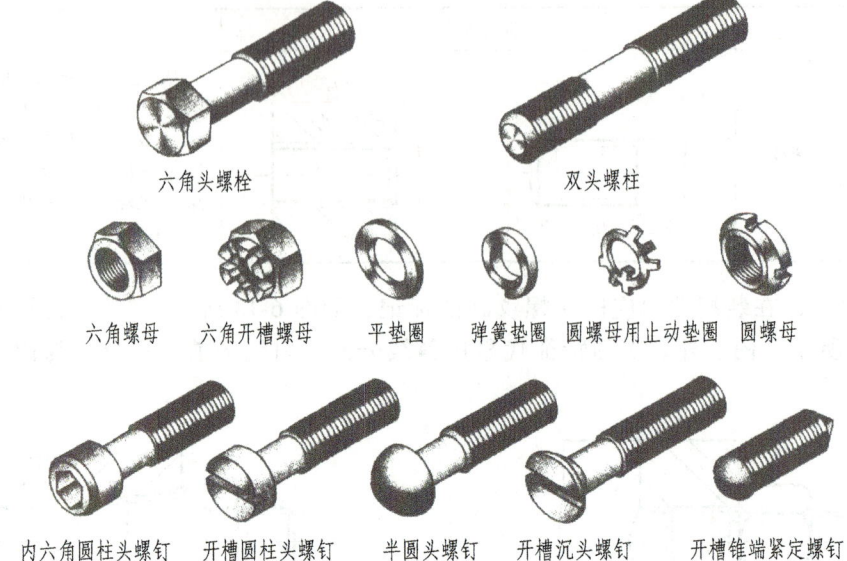

图6-16　常见的螺纹紧固件

几种常见的螺纹紧固件及标记示例见表6-3。

表6-3　常见螺纹紧固件及标记示例

序号	名称及标准号	图例及规格尺寸	标记实例
1	六角头螺栓—A和B级 （GB/T 5782—2016）	M8, 40	螺纹规格为M8，公称长度$l=40$mm，A级的六角头螺栓，标记为 　　螺栓 GB/T 5782　M8×40
2	双头螺柱 （GB/T 897~900—1988）	M8, 35	两端均为粗牙普通螺纹，$d=8$mm，$l=35$mm，B型，$b_m=1.5d$的双头螺柱，标记为 　　螺柱 GB/T 899　M8×35
3	开槽沉头螺钉 （GB/T 68—2016）	M8, 45	螺纹规格为M8、公称长度$l=45$mm的开槽沉头螺钉，标记为 　　螺钉 GB/T 68　M8×45
4	1型六角螺母—A和B级 （GB/T 6170—2015）	M8	螺纹规格为M8、A级1型六角螺母，标记为 　　螺母 GB/T 6170　M8
5	平垫圈—A级 （GB/T 97.1—2002）	d_1	标准系列、公称规格（d）8mm、由钢制造的硬度等级为200HV级、不经表面处理、产品等级为A级的平垫圈，标记为 　　垫圈 GB/T 97.1　8

（续）

序号	名称及标准号	图例及规格尺寸	标记实例
6	标准型弹簧垫圈 （GB/T 93—1987）		规格 8mm、材料为 65Mn、标准型弹簧垫圈，标记为 垫圈 GB/T 93　8

2. 螺纹紧固件近似画法

绘图时，螺纹紧固件各部分尺寸应根据其标记，从国家标准中查表确定。但为了方便作图通常各部分尺寸可按螺纹公称直径（d、D）的一定比例画出，如图 6-17 所示。

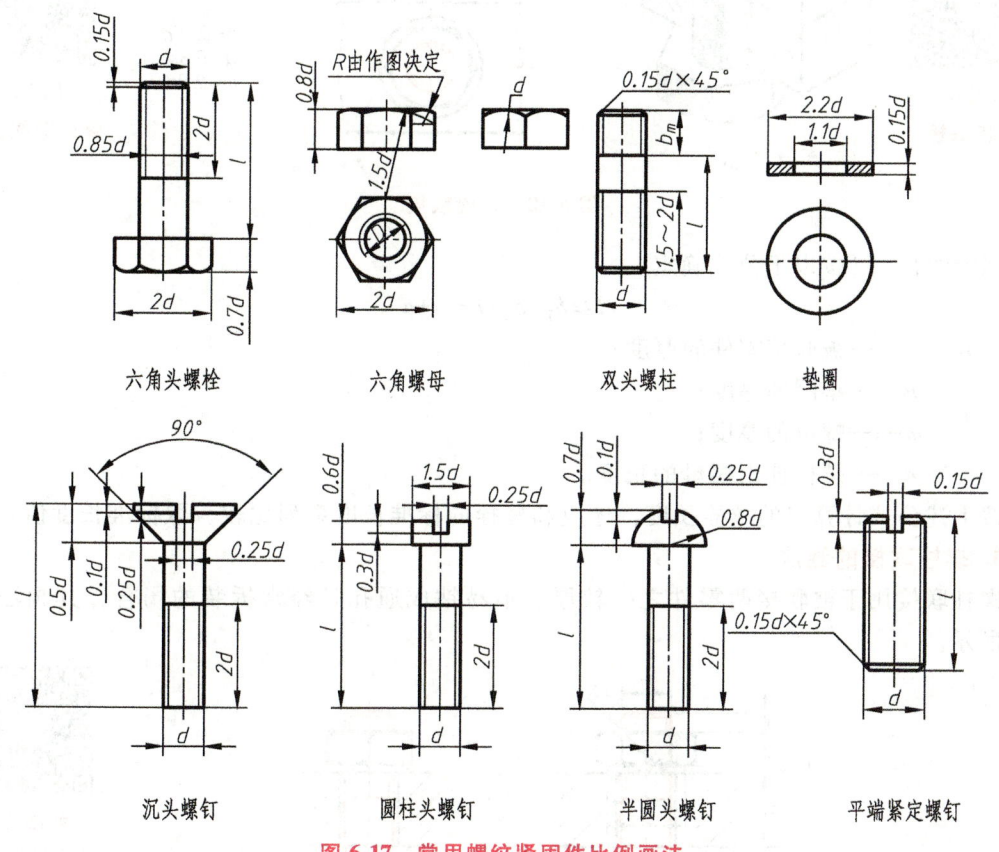

图 6-17　常用螺纹紧固件比例画法

6.2.2　螺栓、螺柱、螺钉联接的画法

1. 螺纹紧固件联接图规定

1) 两零件接触表面只画一条线，凡不接触的相邻表面，不论间隙大小，都画两条线。

2) 在剖视图中，相邻零件的剖面线的方向或间隔要加以区别。同一零件在各剖视图中剖面线的方向、间隔应相同。

微课 6-5
螺栓、螺柱、
螺钉联接画法

3）当剖切平面通过螺纹紧固件的轴线时，这些零件按不剖绘制。

2. 螺栓联接的画法

螺栓联接用于两个不太厚，并允许钻成通孔的零件的联接，其画法如图6-18所示。

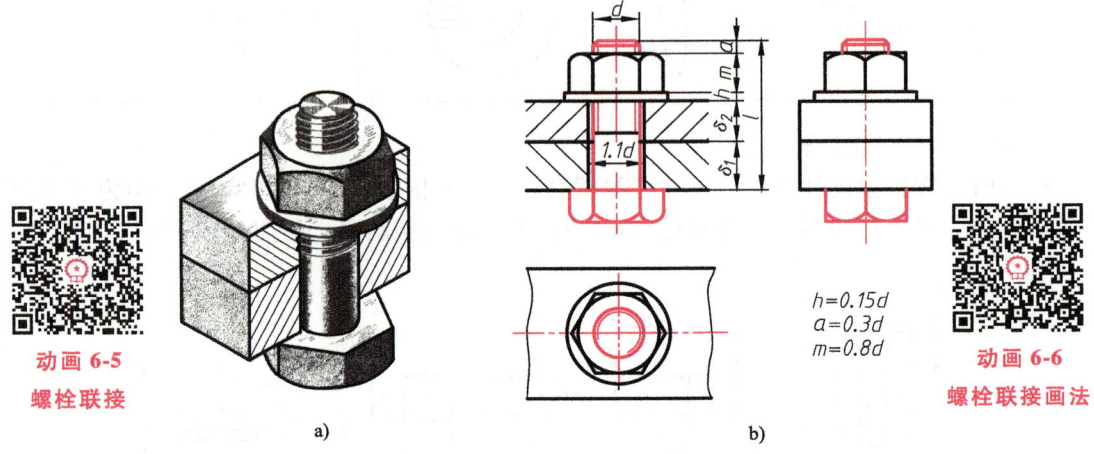

图 6-18 螺栓联接

螺栓的长度 l 按以下公式确定

$$l \geqslant \delta_1 + \delta_2 + h + m + a$$

式中　δ_1、δ_2——被联接零件的厚度；
　　　h——垫圈的厚度；
　　　m——螺母的厚度；
　　　a——螺栓伸出螺母的长度。

按上述公式计算出的螺栓长度，还应和螺栓的标准长度系列比较，取标准长度值。

3. 螺柱联接的画法

螺柱联接用于被联接两零件之一较厚、不易钻成通孔且经常拆装的场合，其画法如图6-19所示。

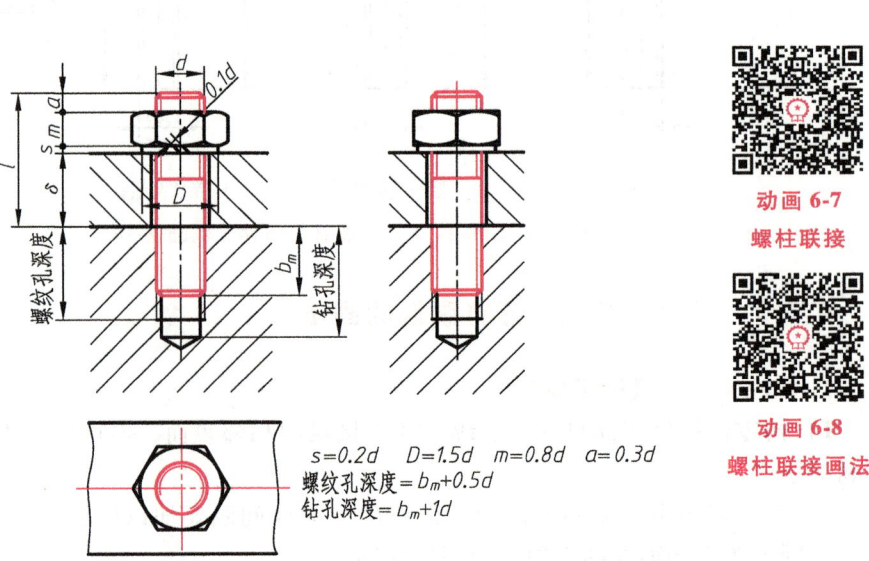

图 6-19 螺柱联接

注意事项:

1) 螺柱的旋入端长度 b_m 与被旋入零件的材料有关,见表6-4。

表6-4 螺柱旋入端长度及国标代号

零件材料	旋入端长度 b_m	国标代号
钢、青铜、硬铝	$b_m = 1d$	GB/T 897—1988
铸铁	$b_m = 1.25d$	GB/T 898—1988
	或 $b_m = 1.5d$	GB/T 899—1988
铝、有色金属较软材料	$b_m = 2d$	GB/T 900—1988

2) 螺柱旋入端全部旋入螺纹孔内,旋入端螺纹终止线应与被联接两零件的接触面平齐。

3) 螺柱的长度 l 按以下公式确定

$$l \geq \delta + s + m + a$$

式中　δ——通孔零件的厚度;

　　　s——垫圈的厚度;

　　　m——螺母的厚度;

　　　a——螺柱伸出螺母的长度。

按上述公式计算出的螺柱长度,还应和螺柱的标准长度系列比较,取标准长度值。

4) 弹簧垫圈开口槽宽取 $0.1d$,与水平线成60°向左倾斜。

4. 螺钉联接的画法

螺钉一般用于受力较小又不经常拆装的零件联接。两个被联接件中,较厚的加工出螺纹孔,较薄的加工出通孔,螺钉联接图的画法如图6-20所示。螺钉的公称长度 l 按被联接件的厚度 δ 与旋入零件的深度之和确定,并取标准值。

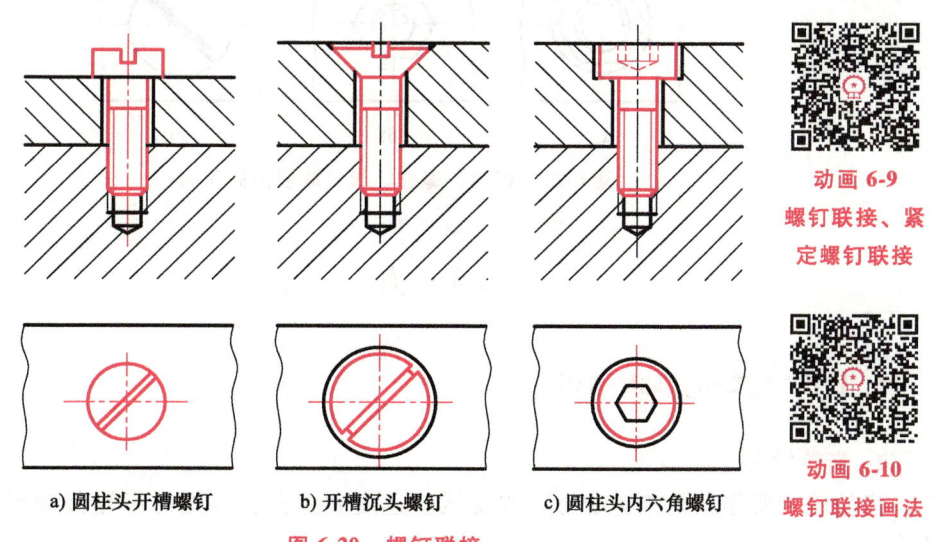

a) 圆柱头开槽螺钉　　b) 开槽沉头螺钉　　c) 圆柱头内六角螺钉

图6-20　螺钉联接

注意事项:

1) 采用带一字槽的螺钉联接时,在投影为非圆的视图中,其槽口面对观察者,在投影为圆的视图上，一字槽按 45°方向绘制。

2）当一字槽槽宽≤2mm 时，可涂黑表示。

3）紧定螺钉联接时，其画法如图 6-21 所示。

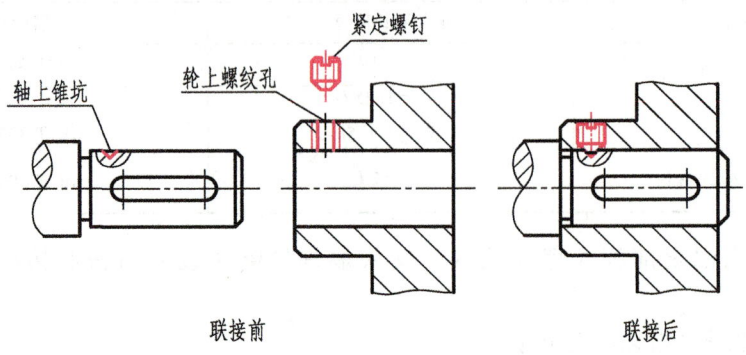

图 6-21　紧定螺钉联接

在装配图中，螺纹紧固件的工艺结构，如倒角、退刀槽、缩颈、凸肩等均可省略不画。不穿通螺纹孔可不画出钻孔深度，仅按有效螺纹部分的深度画出，如图 6-22 所示。

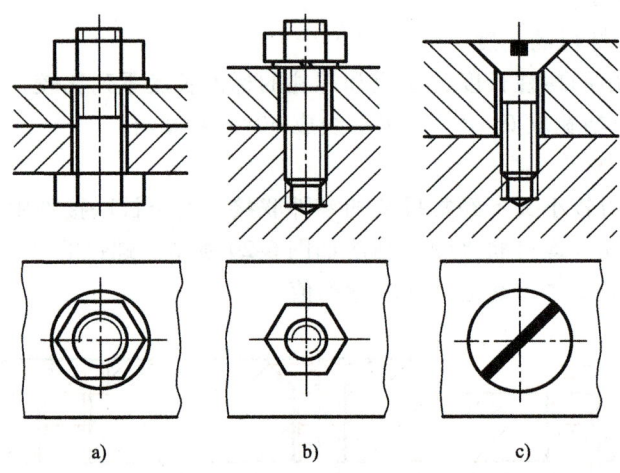

图 6-22　螺栓、螺柱、螺钉联接的简化画法

6.3　齿　　轮

6.3.1　齿轮的基本知识

1. 齿轮类型

齿轮的主要作用是传递动力、改变运动速度和方向。常见的齿轮传动形式有：

1）圆柱齿轮传动——用于两平行轴之间的传动，如图 6-23a 所示。

2）锥齿轮传动——用于两相交轴之间的传动，如图 6-23b 所示。

微课 6-6
齿轮的基本知识

3）蜗杆传动——用于两交叉轴之间的传动，如图6-23c所示。

a) 圆柱齿轮传动 b) 锥齿轮传动 c) 蜗杆传动

图6-23 齿轮传动类型

齿轮传动的另一种形式为齿轮齿条传动，用于转动和平动之间的运动转换，如图6-24所示。

图6-24 齿轮齿条传动

2. 直齿圆柱齿轮的参数

圆柱齿轮按其齿形可分为直齿、斜齿和人字齿等，如图6-25所示。

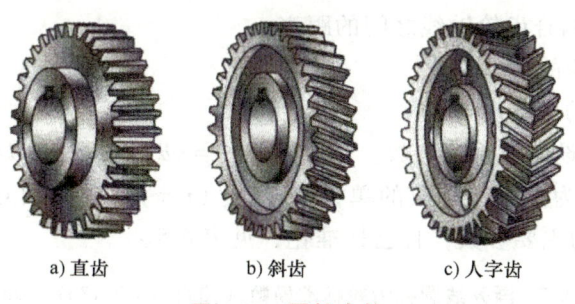

a) 直齿 b) 斜齿 c) 人字齿

图6-25 圆柱齿轮

这里主要介绍直齿圆柱齿轮。

（1）直齿圆柱齿轮各部分名称及代号 直齿圆柱齿轮各部分名称及代号如图6-26所示。

1）齿顶圆：通过齿轮各齿顶端的圆，称为齿顶圆，其直径用 d_a 表示。

2）齿根圆：通过齿轮各齿槽底部的圆，称为齿根圆，其直径用 d_f 表示。

3）分度圆：齿轮上一个约定的假想圆，在该圆上，齿槽宽 e（一个齿槽的两侧齿廓之间的弧长）与齿厚 s（一个轮齿两侧齿廓之间的弧长）相等，即 $e=s$，其直径用 d 表示。分度圆是齿轮设计和加工时计算尺寸的基准圆。

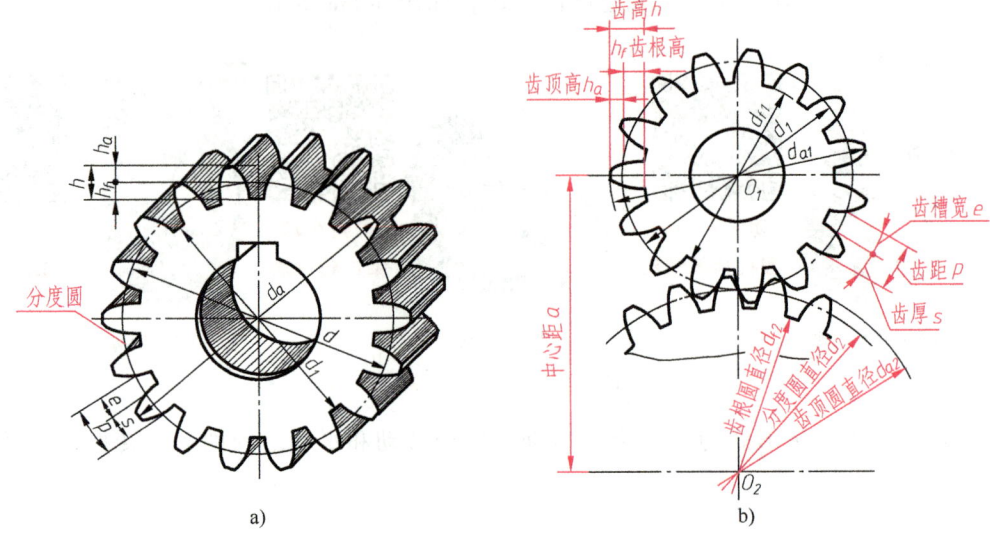

图 6-26 直齿圆柱齿轮各部分名称及代号

4）节圆：两齿轮啮合时，位于连心线 O_1、O_2 上两齿廓的接触点，称为节点，分别以 O_1、O_2 为圆心，过节点所作的两个相切的圆称为节圆，其直径用 d' 表示。正确安装的标准齿轮，分度圆和节圆相等，即 $d=d'$。

5）齿距 p：分度圆上相邻同侧齿廓对应点之间的弧长，$p=s+e=2s=2e$。

6）齿高 h：轮齿在齿顶圆和齿根圆之间的径向距离。

齿顶高 h_a：齿顶圆和分度圆之间的径向距离。

齿根高 h_f：分度圆和齿根圆之间的径向距离。

$$h=h_a+h_f$$

7）中心距 a：两啮合齿轮轴线之间的距离。

（2）直齿圆柱齿轮的基本参数

1）齿数 z：轮齿的个数。

2）模数 m：齿轮设计的重要参数。分度圆周长 $=\pi d=pz$，那么 $d=pz/\pi$，令 $p/\pi=m$。则 $d=mz$，式中的 m 即称为模数。模数的单位为毫米（mm）。一对相互啮合的齿轮的模数相等。模数是计算齿轮的主要参数，且已标准化，见表 6-5。

表 6-5 渐开线圆柱齿轮标准模数（摘自 GB/T 1357—2008） （单位：mm）

第一系列	1,1.25,1.5,2,2.5,3,4,5,6,8,10,12,16,20,25,32,40,50
第二系列	1.125,1.375,1.75,2.25,2.75,3.5,4.5,5.5,(6.5),7,9,11,14,18,22,28,36,45

注：选用时应优先选用第一系列，括号内的模数尽可能不用。

3）压力角 α：两齿轮啮合时，在节点 C 处两齿廓的公法线（受力方向）与两圆的公切线（速度方向）之间的夹角称为压力角，如图 6-27 所示。我国标准渐开线齿廓的齿轮，其压力角 $\alpha=20°$。

（3）直齿圆柱齿轮各部分尺寸的计算公式 齿轮的齿数、模数和压力角确定后，即可计算齿轮各部分的尺寸，计算公式见表 6-6。

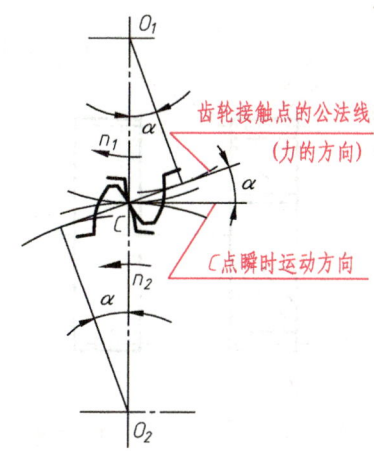

图 6-27 齿轮传动图

表 6-6 标准直齿圆柱齿轮基本尺寸计算公式

序号	名称	代号	计算公式
1	齿距	p	$p = \pi m$
2	齿顶高	h_a	$h_a = m$
3	齿根高	h_f	$h_f = 1.25m$
4	齿高	h	$h = 2.25m$
5	分度圆直径	d	$d = mz$
6	齿顶圆直径	d_a	$d_a = m(z+2)$
7	齿根圆直径	d_f	$d_f = m(z-2.5)$
8	中心距	a	$a = m(z_1+z_2)/2$

注：基本参数为模数 m、齿数 z（两啮合齿轮分别为 z_1、z_2）。

6.3.2 直齿圆柱齿轮的规定画法与尺寸标注示例

1. 单个齿轮的规定画法（GB/T 4459.2—2003）

单个圆柱齿轮的画法如图 6-28 所示。

1）齿顶圆和齿顶线用粗实线绘制。

2）分度圆和分度线用细点画线绘制。

3）齿根圆和齿根线用细实线绘制，也可省略不画；在剖视图中，齿根线用粗实线绘制。

4）在剖视图中，当剖切平面通过齿轮轴线时，轮齿一律按不剖画出。

若为斜齿轮或人字形齿轮，则在其投影为非圆的视图上，用三条与齿线方向一致的细实线表示轮齿方向。

齿轮轮齿部分以外的结构，均按其真实投影绘制。

2. 两齿轮啮合的规定画法

两齿轮啮合时，除啮合区外，其余部分的结构均按单个齿轮绘制。

1）在为圆的视图中，两节圆相切，两齿顶圆用粗实线完整绘制，如图 6-29a 所示；啮合区内齿顶圆也可省略不画；齿根圆用细实线绘制，也可省略不画，如图 6-29b 所示。

微课 6-7
直齿圆柱齿轮的规定画法与尺寸标注

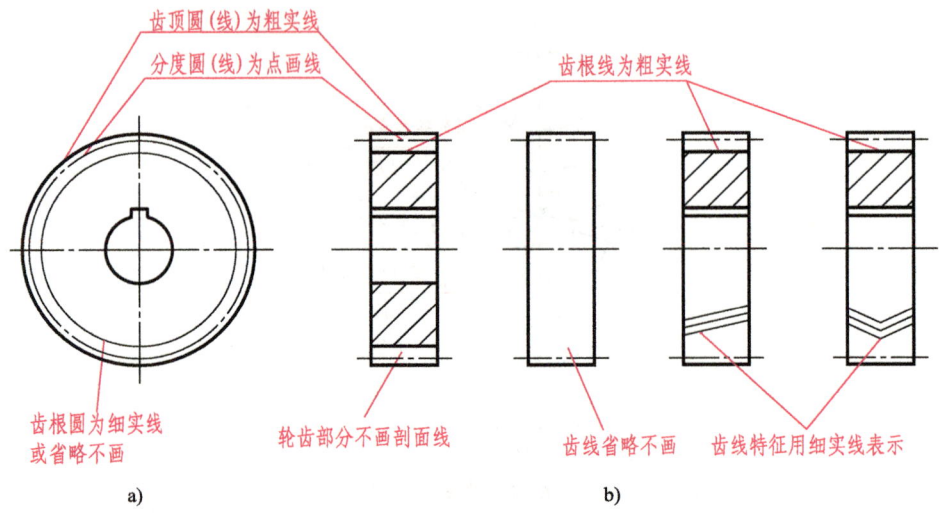

图 6-28 单个圆柱齿轮的画法

2）在非圆的视图中，不剖时两节线重合处用粗实线绘制，斜齿轮用三条细斜线表示倾斜方向，如图 6-29c 所示。在剖视图中，两节线重合处用细点画线绘制，齿根线用粗实线绘制，一个齿轮的齿顶线画粗实线，另一个齿轮的齿顶线画虚线或省略不画，如图 6-29a 所示。

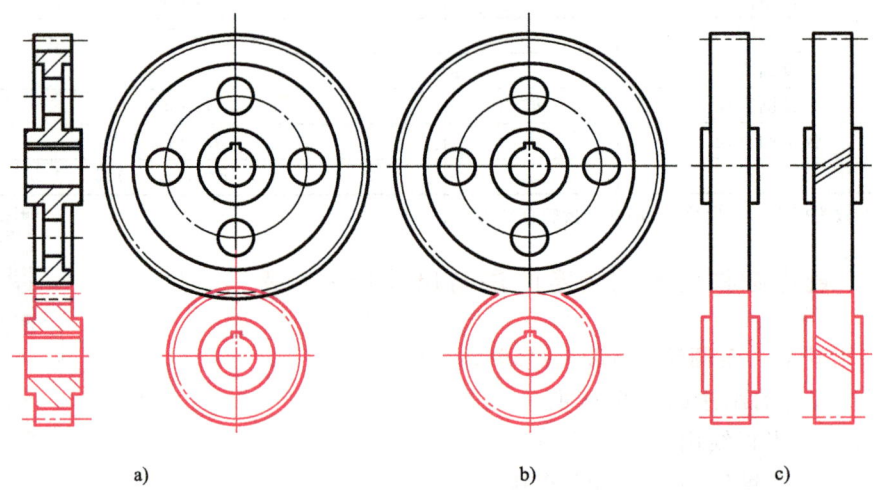

图 6-29 圆柱齿轮啮合的画法

齿轮、齿条啮合的画法如图 6-30 所示。

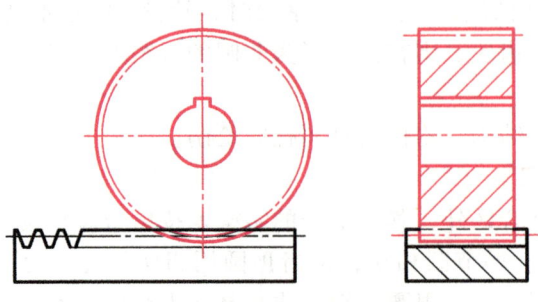

图 6-30 齿轮齿条啮合的画法

齿轮零件图如图 6-31 所示。

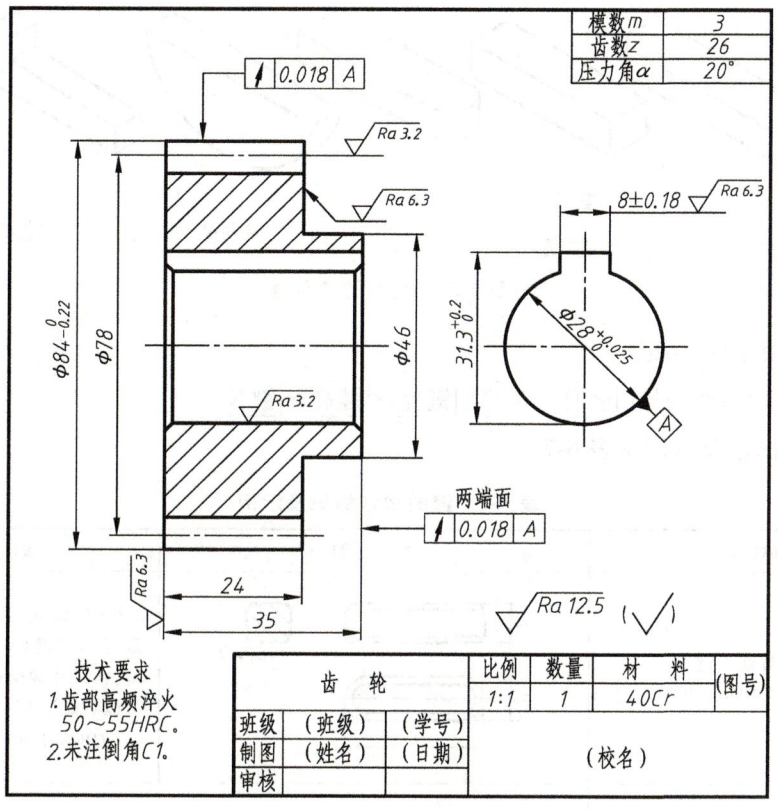

图 6-31 直齿圆柱齿轮零件图

6.4 键联接和销联接

键和销都是标准件，键联接与销联接也是工程中常使用的可拆联接。

微课 6-8
键联接和
销联接

6.4.1 常用键及其标记

1. 常用键的作用与种类

键用来联接轴和装在轴上的齿轮或带轮，使轴和轮一起转动，起传递转矩的作用，如图 6-32 所示。

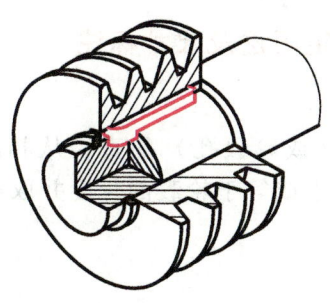

图 6-32 键联接

常用的键有普通平键、半圆键、钩头型楔键，如图 6-33 所示。

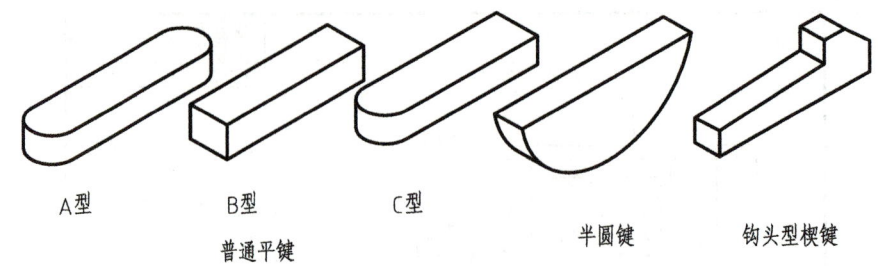

图 6-33 常用的几种键

2. 常用键的规定标记

键的标记：|标准编号| |名称| |类型| |键宽|×|键高|×|键长|

键的规定标记及示例见表 6-7。

表 6-7 键的规定标记及示例

序号	名称（标准号）	图 例	标记示例
1	普通平键 （GB/T 1096—2003）		$b=8$mm、$h=7$mm、$L=25$mm 的 A 型普通平键（普通 B 型和普通 C 型，在尺寸规格前加注 B 或 C，A，可以省略），标记为 GB/T 1096 键 8×7×25
2	半圆键 （GB/T 1099.1—2003）		$b=6$mm、$h=10$mm、$D=25$mm 的普通型半圆键，标记为 GB/T 1099.1 键 6×10×25
3	钩头型楔键 （GB/T 1565.1—2003）		$b=18$mm、$h=11$mm、$L=100$mm 的钩头型楔键，标记为 GB/T 1565 键 18×100

6.4.2 常用键联接的规定画法及尺寸标注

1. 键槽的规定画法与尺寸标注

键和键槽的尺寸可根据轴（或轮毂孔）的直径从相应的标准（GB/T 1095～1096—2003）中查得，键的长度 L 应小于或等于轮毂的长度并取标准值，键槽的画法与尺寸标注如图 6-34 所示。

2. 键联接的规定画法

键联接的规定画法见表 6-8。

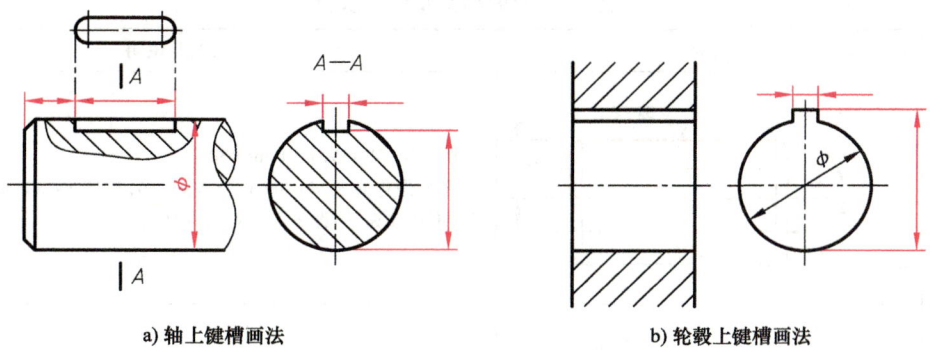

a) 轴上键槽画法　　　　　　b) 轮毂上键槽画法

图 6-34　键槽的画法与尺寸标注

表 6-8　键联接的规定画法

名称	联接的画法	说　明
普通平键		两侧面接触； 顶面之间有间隙，键的倒角或圆角可省略不画
半圆键		两侧面接触； 顶面有间隙
钩头型楔键		上、下两面与键槽接触； 两侧面有间隙

注：t_1 为键槽中轴的深度，t_2 为键槽中毂的深度。

6.4.3　销联接

1. 销及其标记

常用的销有圆柱销、圆锥销和开口销三种。圆柱销和圆锥销用作零件之间的联接或定位；开口销用来防止螺母松动或固定其他零件。

销的标记： 名称 标准编号 类型 公称直径 公差代号 × 长度

销的种类及标记示例见表 6-9。销的尺寸可以从相关标准（GB/T 119.1—2000、GB/T 117—2000、GB/T 91—2000）中查得。

表 6-9 销的种类及标记示例

名称	图例	标记示例及说明
圆柱销		销 GB/T 119.1 8 m6×30 表示公称直径 $d=8$ mm,公差为 m6,长度 $l=30$ mm,材料为钢,不经淬火,不经表面处理的圆柱销
圆锥销		销 GB/T 117 10×60 表示公称直径 $d=10$ mm,长度 $l=60$ mm,材料为 35 钢,热处理硬度 28~38HRC,表面氧化处理的 A 型圆锥销。圆锥销按表面加工要求不同,分为 A 型、B 型两种形式
开口销		销 GB/T 91 5×40 表示公称规格为 5mm、长度 $l=40$ mm 的开口销。公称规格指与之相配的销孔的直径,故开口销的公称规格都大于其实际直径

2. 销联接的画法

圆柱销和圆锥销的装配要求较高,销孔一般要在被联接零件装配后统一加工。圆柱销和圆锥销的联接画法如图 6-35 所示。销孔的加工及尺寸标注如图 6-36 所示。

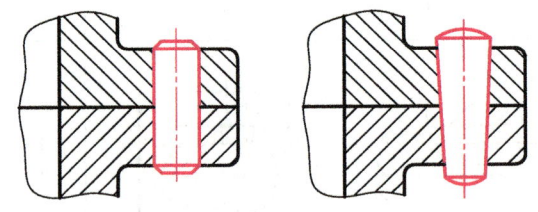

图 6-35 圆柱销和圆锥销的联接画法

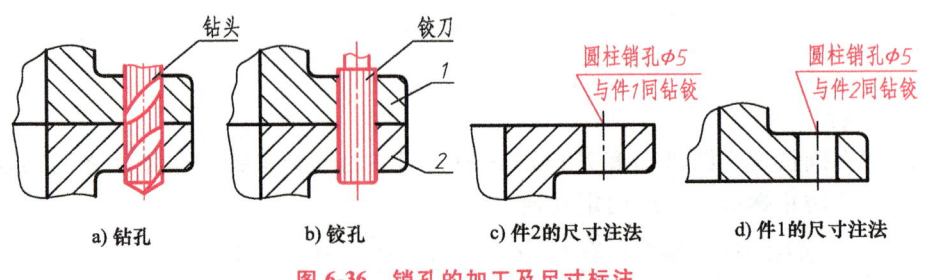

图 6-36 销孔的加工及尺寸标注

图 6-37 所示为带销孔螺杆和槽形螺母用开口销锁紧防松的联接图。

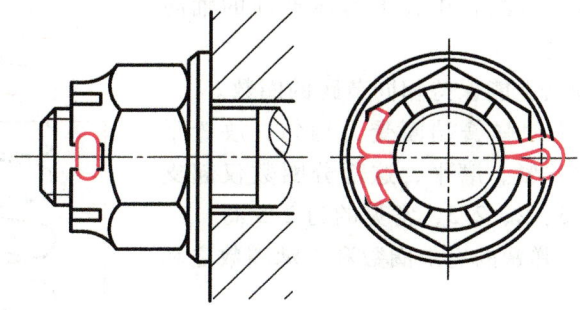

图 6-37 开口销锁紧防松的画法

6.5 弹 簧

微课 6-9 弹簧

动画 6-15 弹簧减震、夹紧、储能和测力

弹簧是工程上应用广泛的常用件,主要用于减振、夹紧、储能和测力等。

弹簧的种类很多,常用的有螺旋弹簧、板弹簧和涡卷弹簧等,如图 6-38 所示,其中圆柱螺旋弹簧最为常见。按所受载荷不同,圆柱螺旋弹簧又分为压缩弹簧、拉伸弹簧和扭转弹簧三种。

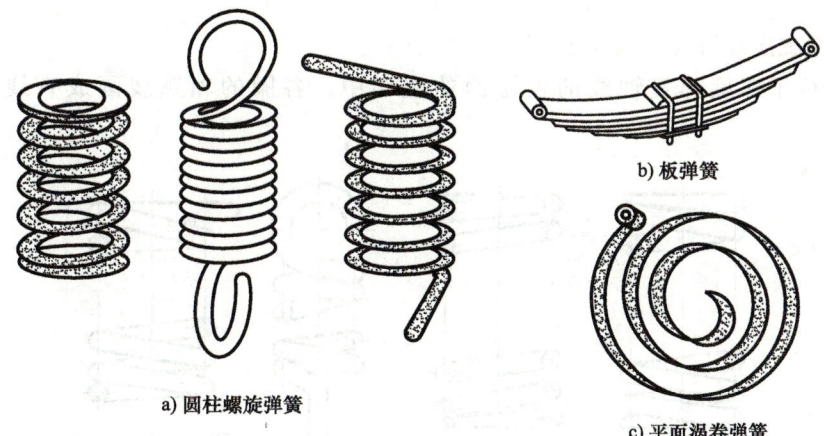

a) 圆柱螺旋弹簧
b) 板弹簧
c) 平面涡卷弹簧

图 6-38 常见弹簧种类

6.5.1 圆柱螺旋压缩弹簧各部分名称及尺寸

圆柱螺旋压缩弹簧的各部分名称及结构尺寸如图 6-39 所示。

1) 材料直径 d:制造弹簧的钢丝直径。
2) 弹簧外径 D_2:螺旋弹簧圈的外侧直径。
3) 弹簧内径 D_1:螺旋弹簧圈的内侧直径。
4) 弹簧中径 D:螺旋弹簧圈的弹簧内径与弹簧外径的平均值,其计算公式为

$$D = \frac{D_1 + D_2}{2} = D_1 + d = D_2 - d$$

5) 节距 t：相邻两有效圈在中径上对应点间的轴向距离。

6) 有效圈数 n：弹簧上能保持相同节距的圈数。

7) 支承圈数 n_Z：为使弹簧端面受力均匀，放置平稳，制造时将弹簧两端并紧、磨平，这部分圈数仅起支承作用，圈数主要有 1.5、2、2.5，常见的为 2.5 圈。

8) 弹簧总圈数 n_1：弹簧的有效圈数和支承圈数之和为总圈数，即

$$n_1 = n + n_Z$$

9) 弹簧的自由高（长）度 H_0：弹簧在未受外力作用下的高度（或长度），其计算公式为

$$H_0 = nt + (n_Z - 0.5)d$$

10) 弹簧的展开长度 L：绕制弹簧时钢丝的长度，按螺旋线展开的方法可得

$$L \approx n_1 \sqrt{(\pi D)^2 + t^2} \approx \pi D n_1$$

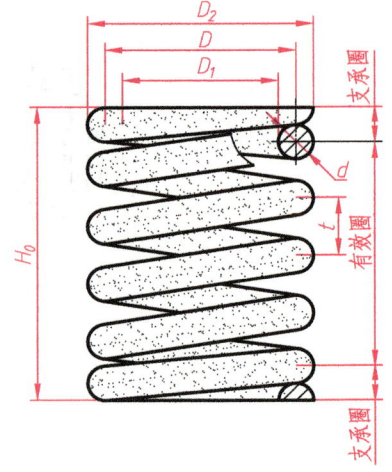

图 6-39 圆柱螺旋压缩弹簧

11) 旋向：螺旋弹簧分右旋和左旋两种。

6.5.2 圆柱螺旋压缩弹簧的规定画法（GB/T 4459.4—2003）

1. 圆柱螺旋压缩弹簧的规定画法

1) 在平行于螺旋弹簧轴线的投影面的视图中，各圈的轮廓线画成直线，如图 6-40 所示。

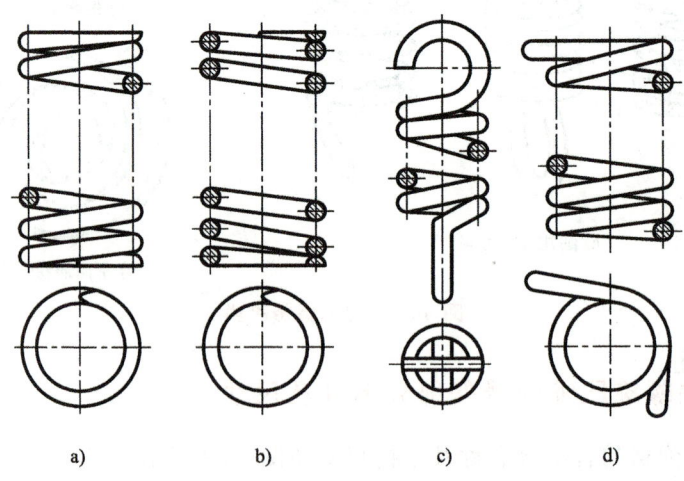

图 6-40 圆柱螺旋压缩弹簧的规定画法

2) 工作圈数多于四圈的螺旋弹簧，可在每一端画出 1~2 圈（支承圈数除外），中间只需用通过弹簧钢丝剖面中心的细点画线连接起来，且可适当缩短图形长度。

3) 螺旋弹簧均可画成右旋，对必须保证的旋向要求应在技术要求中注明。

4) 螺旋压缩弹簧不论支承圈多少，末端并紧情况如何，均按 2.5 圈支承圈绘制。

2. 圆柱螺旋压缩弹簧的作图步骤

已知圆柱螺旋压缩弹簧的外径 D_2、簧丝直径 d、节距 t 和有效圈数 n、支承圈数 n_Z，就可以计算出弹簧中径 D 和自由高度 H_0，作图步骤如图 6-41 所示。

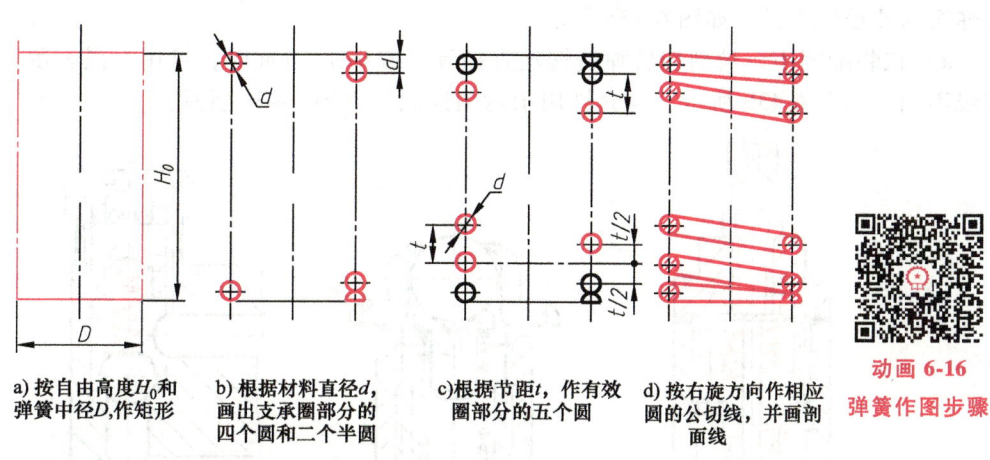

a) 按自由高度 H_0 和弹簧中径 D，作矩形

b) 根据材料直径 d，画出支承圈部分的四个圆和二个半圆

c) 根据节距 t，作有效圈部分的五个圆

d) 按右旋方向作相应圆的公切线，并画剖面线

动画 6-16 弹簧作图步骤

图 6-41 圆柱螺旋压缩弹簧作图步骤

圆柱螺旋压缩弹簧零件图如图 6-42 所示。

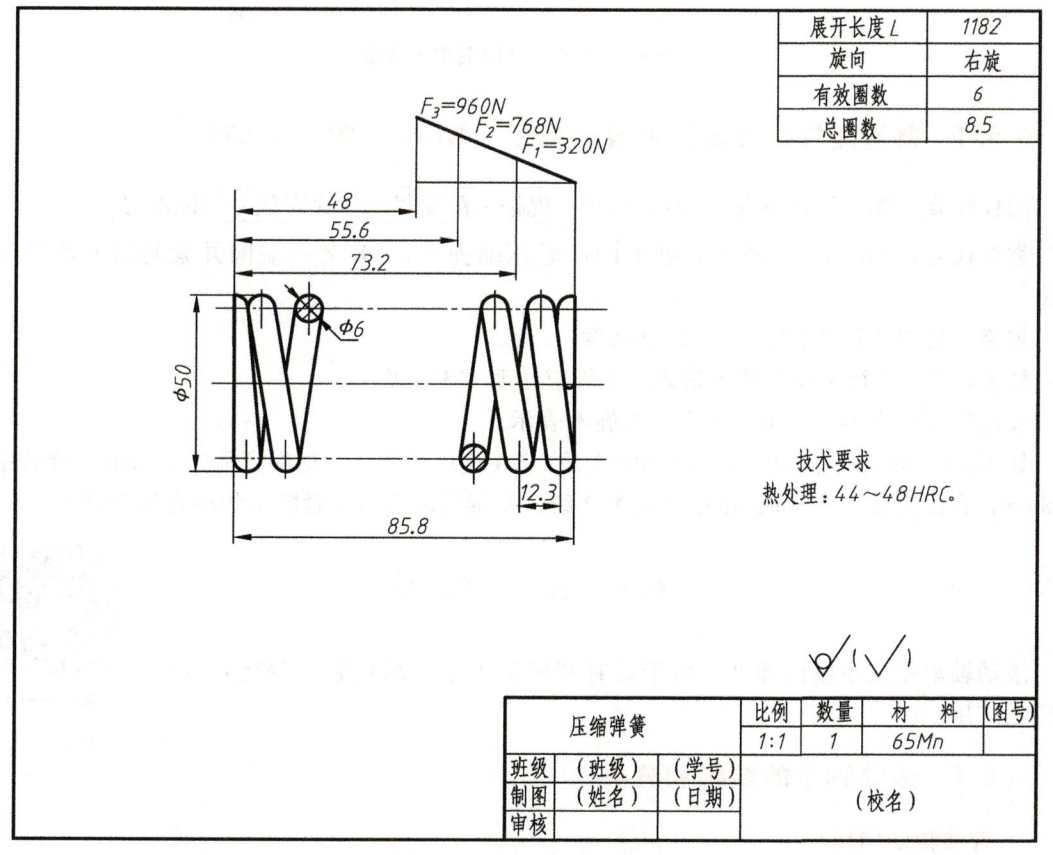

图 6-42 圆柱螺旋压缩弹簧零件图

6.5.3　弹簧的其他画法

1）在装配图中，弹簧被看作实心物体，被弹簧挡住的结构一般不画出，可见部分应画到弹簧的外径或中径，如图 6-43a 所示。

2）在装配图中，被剖切后弹簧钢丝直径等于或小于 2mm 时，可用涂黑表示，且各圈轮廓线不画，如图 6-43b 所示，也允许用示意图绘制，如图 6-43c 所示。

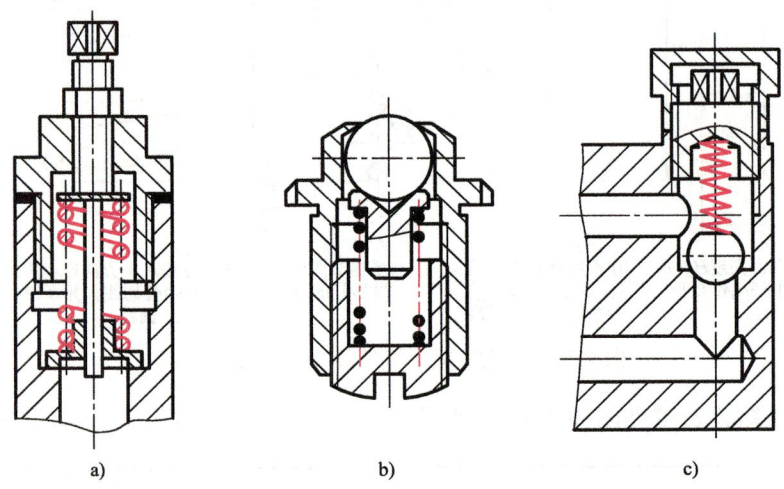

图 6-43　弹簧在装配图中的画法

6.5.4　普通圆柱螺旋压缩弹簧的标记（GB/T 2089—2009）

圆柱螺旋压缩弹簧的标记：| 类型代号 | 规格 - 精度代号 | 旋向代号 | 标准号 |

类型代号：YA 为两端圈并紧磨平的冷卷压缩弹簧，YB 为两端圈并紧制扁的热卷压缩弹簧。

规格：材料直径×弹簧中径×自由高度。

精度代号：2 级精度制造不表示，3 级应注明"3"级。

旋向代号：左旋应注明"左"，右旋不表示。

如 YA 1.8×8×40 左 GB/T 2089 的含义是：YA 型压缩弹簧，材料直径为 1.8mm，弹簧中径为 8mm，自由高度为 40mm，精度等级为 2 级，左旋的两端圈并紧磨平的冷卷压缩弹簧。

6.6　滚动轴承

微课 6-10
滚动轴承

滚动轴承是支承轴的部件，由于具有摩擦阻力小，结构紧凑等优点而得到广泛应用。

6.6.1　滚动轴承的结构和分类

1. 滚动轴承的结构

滚动轴承一般由内圈（轴圈）、外圈（座圈）、滚动体和保持架组成，如图 6-44 所示。

2. 滚动轴承的分类

按承受载荷的方向，滚动轴承分为以下三类：

1）向心轴承——主要承受径向载荷，如深沟球轴承（图6-44a）。
2）推力轴承——只承受轴向载荷，如推力球轴承（图6-44b）。
3）角接触轴承——同时承受径向和轴向载荷，如圆锥滚子轴承（图6-44c）。

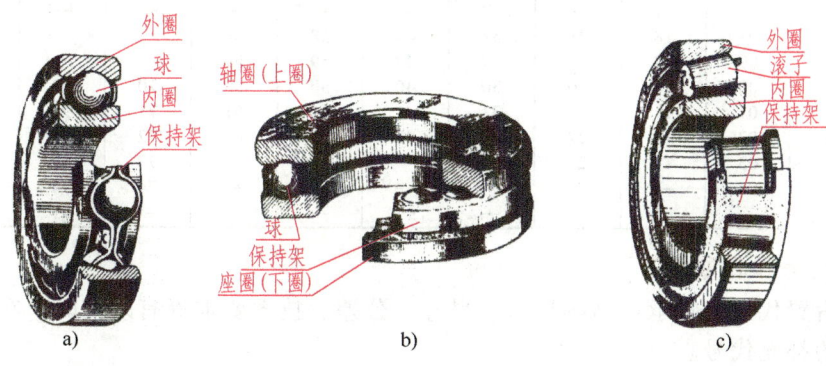

图 6-44 常用的滚动轴承

6.6.2 滚动轴承的代号（GB/T 272—2017）

滚动轴承代号是用字母加数字表示滚动轴承的结构、尺寸、公差等级、技术性能等特征的产品识别符号。排列形式如下：

| 前置代号 | 基本代号 | 后置代号 |

1. 基本代号

组成：| 类型代号 | 尺寸系列代号 | 内径代号 |

（1）类型代号 用阿拉伯数字或大写拉丁字母表示，见表6-10。
（2）尺寸系列代号 由轴承的宽（高）度系列代号和直径系列代号组合而成，见表6-11。
（3）内径代号 一般为两个数字，代号00、01、02、03分别表示内径d等于10mm、12mm、15mm、17mm；代号为04~96时，代号乘5就是内径d的尺寸。轴承公称内径为1~9mm（整数），直接用公称内径毫米数来表示，对深沟及角接触球轴承7、8、9直径系列，内径与尺寸系列代号之间用"/"分开。

表 6-10 滚动轴承类型代号

代号	轴承类型	代号	轴承类型
0	双列角接触球轴承	6	深沟球轴承
1	调心球轴承	7	角接触球轴承
2	调心滚子轴承和推力调心滚子轴承	8	推力圆柱滚子轴承
3	圆锥滚子轴承	N	圆柱滚子轴承（双列或多列用字母 NN 表示）
4	双列深沟球轴承	U	外球面球轴承
5	推力球轴承	QJ	四点接触球轴承

注：在表中代号后或前加字母或数字表示该类轴承中的不同结构。

表 6-11　向心轴承、推力轴承尺寸系列代号

直径系列代号	向心轴承								推力轴承			
	宽度系列代号								高度系列代号			
	8	0	1	2	3	4	5	6	7	9	1	2
	尺寸系列代号											
7	—	—	17	—	37	—	—	—	—	—	—	—
8	—	08	18	28	38	48	58	68	—	—	—	—
9	—	09	19	29	39	49	59	69	—	—	—	—
0	—	00	10	20	30	40	50	60	70	90	10	—
1	—	01	11	21	31	41	51	61	71	91	11	—
2	82	02	12	22	32	42	52	62	72	92	12	22
3	83	03	13	23	33	—	—	—	73	93	13	23
4	—	04	—	24	—	—	—	—	74	94	14	24
5	—	—	—	—	—	—	—	—	—	95	—	—

2. 前置代号和后置代号

前置及后置代号是轴承在结构形状、尺寸、公差、技术要求等有改变时，在其基本代号前、后添加的补充代号。

滚动轴承代号举例 1：GS 81107

其中：GS—前置代号，推力圆柱滚子轴承座圈；

8—轴承类型代号，推力圆柱滚子轴承；

11—尺寸系列代号，宽度系列代号为 1，直径系列代号为 1；

07—内径代号，表示 $d=35$mm。

滚动轴承代号举例 2：6210 NR

其中：6—轴承类型代号，深沟球轴承；

2—尺寸系列代号（02），宽度系列代号中"0"省略，直径系列代号为 2；

10—内径代号，$d=50$mm；

NR—后置代号，轴承外圈上有止动槽，并带止动环。

6.6.3　滚动轴承的画法

滚动轴承是标准件，需要时可根据轴承的代号选购。在装配图中由轴承代号查出外径 D、内径 d 和宽度 B 或 D、T，采用特征画法或规定画法。在传动系统中用图示符号表示，见表 6-12。

表 6-12　轴承的通用画法、特征画法和规定画法（摘自 GB/T 4459.7—2017）

名称和标准号	画法			
	通用画法	特征画法	规定画法	装配图中的画法
深沟球轴承 GB/T 276—2013	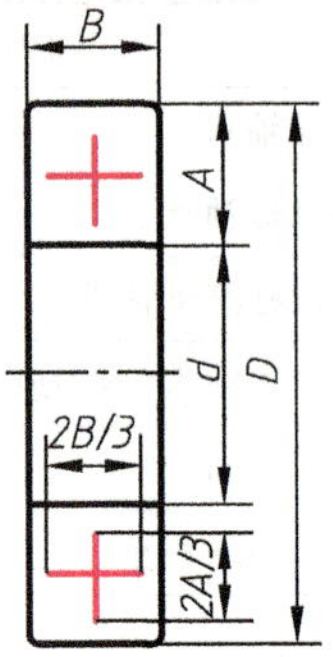	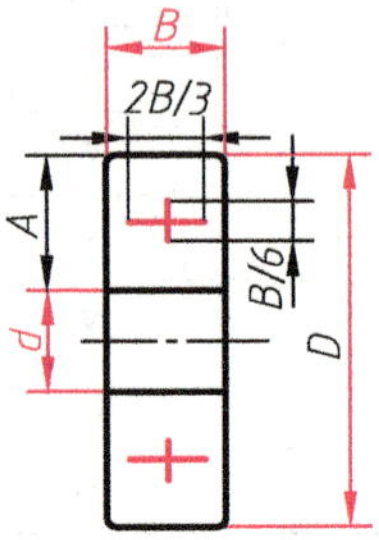	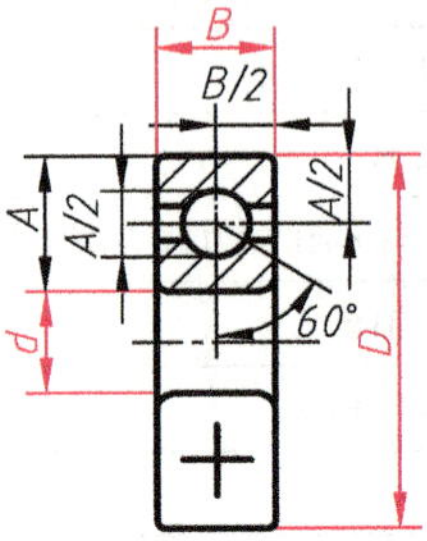	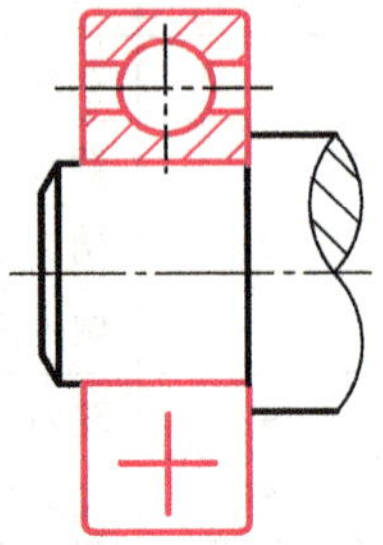

第6章 标准件和常用件的画法与标记

（续）

名称和标准号	画法			
	通用画法	特征画法	规定画法	装配图中的画法
圆锥滚子轴承 GB/T 297—2015	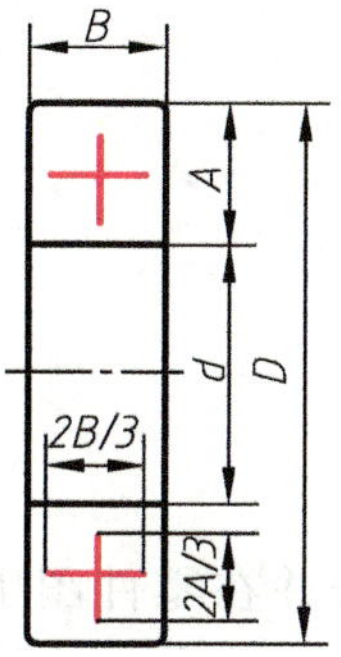	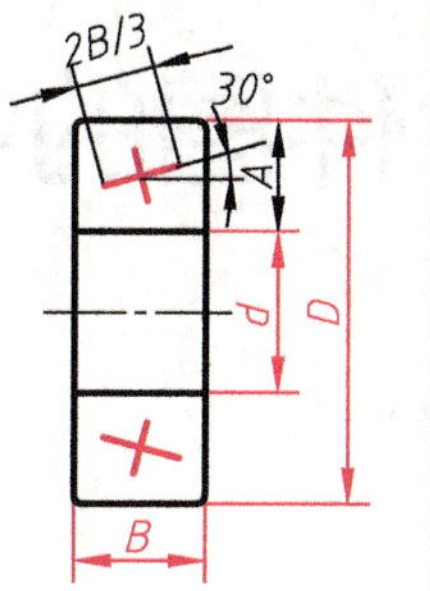	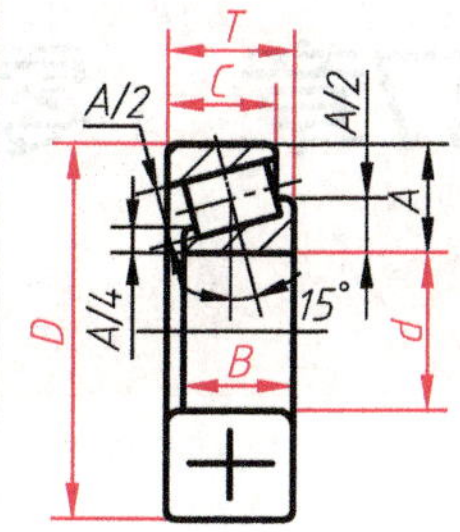	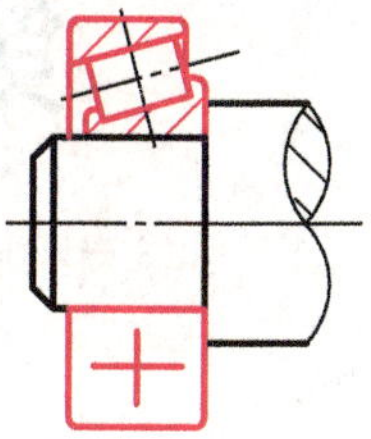
推力球轴承 GB/T 301—2015		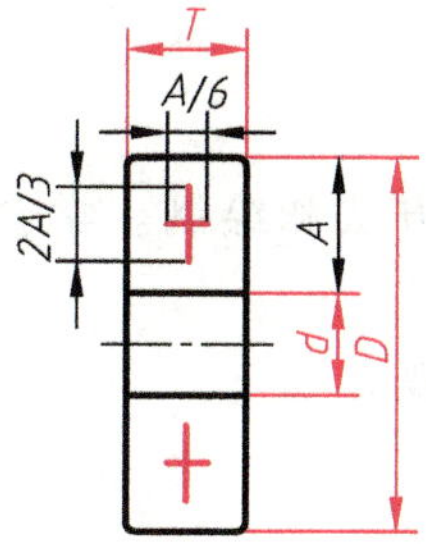	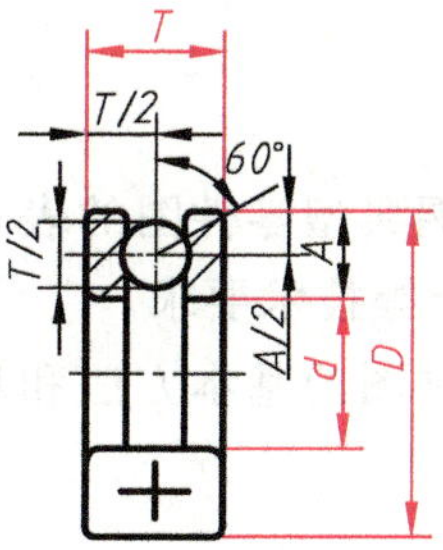	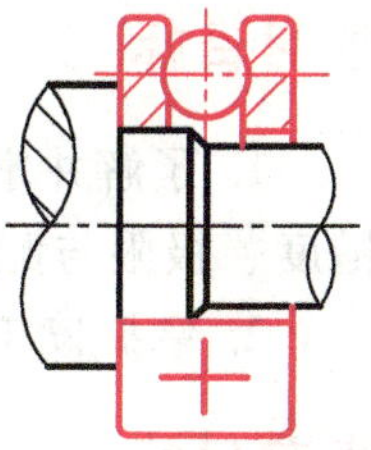

第7章　零件图的绘制与识读

学习目标

1. 了解并掌握典型零件图的表达方法和绘制。学会查表并在零件图中正确标注表面粗糙度、极限与配合等技术要求。
2. 掌握读零件图的基本方法和步骤。

素养目标

1. 培养学生分析问题和解决问题的能力。
2. 培养学生细致认真的工作作风，精益求精的工作态度和创新意识。

学习任务

7.1　零件图概述

微课 7-1
零件图概述

7.1.1　零件图的作用

任何机器或部件都是由若干零件按一定的装配关系和技术要求装配而成的，因此零件是组成机器或部件的基本单元。如图 7-1 所示的铣刀头，是由 17 种零件装配而成。制造机器时，必须先根据零件图制造出全部零件，再按装配图要求将零件装配成机器或部件。

表示零件结构、大小及技术要求的图样称为零件图。如图 7-2 所示，零件图是制造零件和检验零件的依据，是组织生产的主要技术资料之一。

7.1.2　零件图的内容

如图 7-2 所示，一张完整的零件图一般应包括以下几项内容。

1. 一组图形

用一定数量的视图、剖视图、断面图及其他表达方法正确、完整、清晰地表达零件的内、外结构形状。

第7章 零件图的绘制与识读

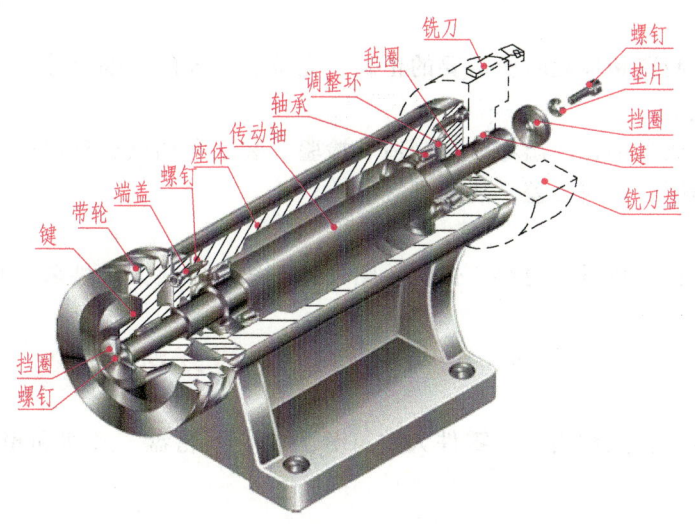

图 7-1 铣刀头（轴测图）

动画 7-1 铣刀头的组成

动画 7-2 铣刀头的工作原理

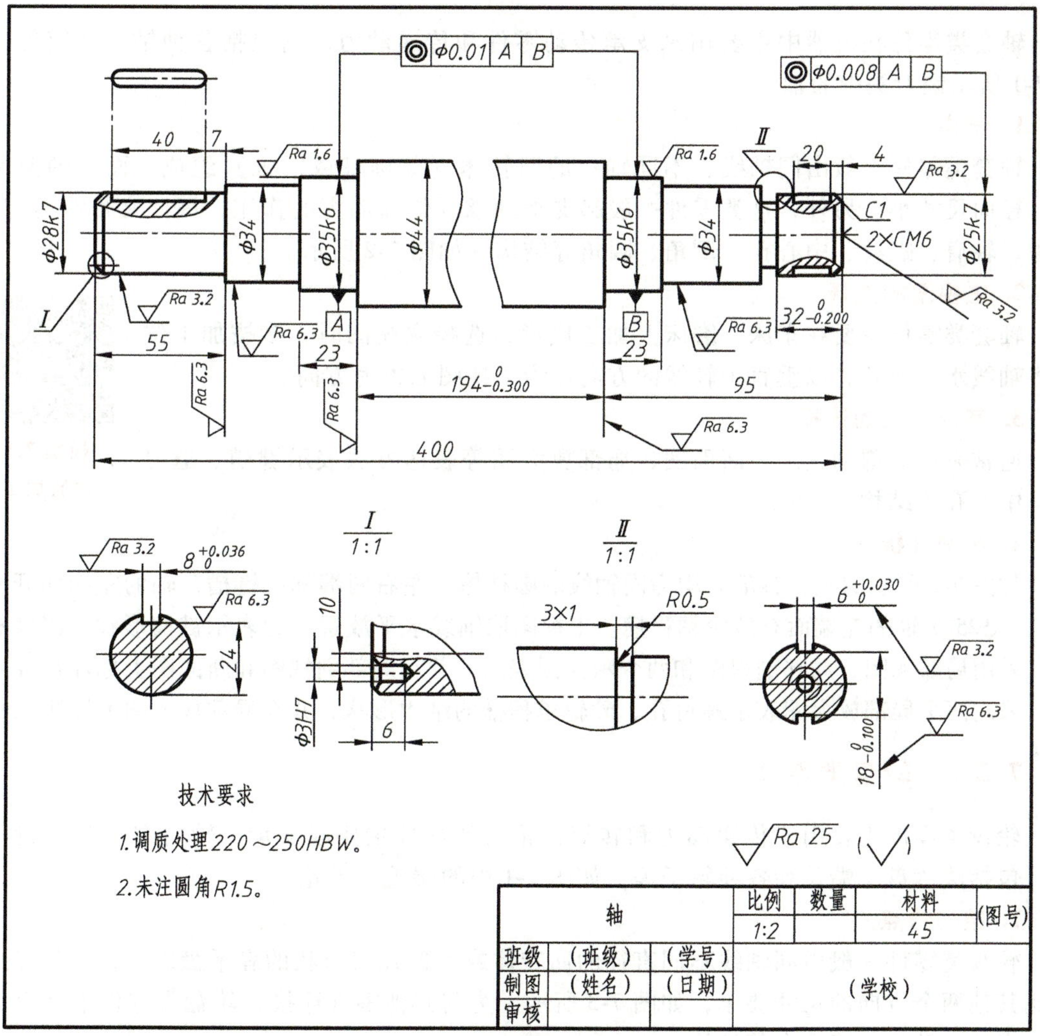

技术要求
1. 调质处理 220～250HBW。
2. 未注圆角 R1.5。

图 7-2 轴的零件图

2. 完整的尺寸

能够满足零件制造和检验时所需要的正确、完整、清晰的全部尺寸。

3. 技术要求

用规定的代号或文字，注出零件在制造、检验、装配和调试过程中应达到的要求，如尺寸公差、表面粗糙度、几何公差、热处理等。

4. 标题栏

填写零件的名称、数量、材料、比例、图号及制图、审核人员姓名、日期等。

7.2 典型零件的表达方法

根据零件结构的特点和用途，零件大致可分为轴套、轮盘、叉架和箱体四种类型。

微课 7-2
典型零件图
的表达方法

7.2.1 轴套类零件

轴套类零件在机器中主要用来支承传动零件和传递动力，它包括各种轴、套筒等，如图 7-1 所示铣刀头中的轴。

1. 结构特点

轴套类零件一般由同轴线、不同轴径的回转体（如圆柱或圆锥）组成，而且轴向尺寸大、径向尺寸小。另外，这类零件一般起支承轴承、传递动力的作用，因此常带有退刀槽、键槽、轴肩、螺纹、中心孔、倒角、圆角等结构，如图 7-2 所示。

2. 主视图的选择

轴套类零件主要在车床、磨床上加工成形，选择主视图时，多按加工位置将轴线水平放置，以垂直于轴线的方向作为主视图的投射方向。

3. 其他视图的选择

通常采用局部剖视图、断面图、局部放大图等表达方法表示键槽、退刀槽、中心孔等结构。

视频 7-1
轴的加工

4. 实例分析

如图 7-2 所示的轴，各部分均为同轴线的圆柱体，左右两端都有键槽，轴的左端面开有螺钉孔，$\phi 25k7$ 轴的左端面有砂轮越程槽。主视图取轴线水平放置；为表示键槽形状、深度和长度，采用局部视图、局部剖视图和两个断面图表示，并在局部剖视图和断面图上标注尺寸和公差；采用两个局部放大图表示螺钉孔、砂轮越程槽的结构形状，并在局部放大图上标注尺寸。

7.2.2 轮盘类零件

轮盘类零件主要用于传递动力和转矩，轮盘类零件主要起支承、轴向定位及密封等作用，包括法兰盘、端盖和各种轮子等，如图 7-1 中的端盖、带轮。

1. 结构特点

轮盘类零件一般由同轴线不同直径的回转体或其他几何形状的扁平盘组成，它的厚度尺寸比其他两个方向的尺寸要小，如图 7-3 所示。为与其他零件连接，轮盘类零件上常有螺纹孔、光孔、销孔及凹凸台等结构。

2. 主视图的选择

与轴套类零件一样，轮盘类零件主要在车床上加工成形，选择主视图时，多按加工位置将轴线水平放置，以垂直于轴线的方向作为主视图的投射方向，并用剖视图表示内部结构及相对位置。

3. 其他视图的选择

通常选用左或右视图来表达零件的外形和各种孔、肋、轮辐等的数量及分布情况。常用局部剖视图、断面图或局部放大图来表达个别细节。

4. 实例分析

如图 7-3 所示端盖，属于轮盘类零件。它的内部空心由多个直径不等的圆孔组成，主视图按加工位置选择，采用全剖视表达端盖的主要内部结构；左视图用来表达沉孔分布情况；密封槽用局部放大图来表达。

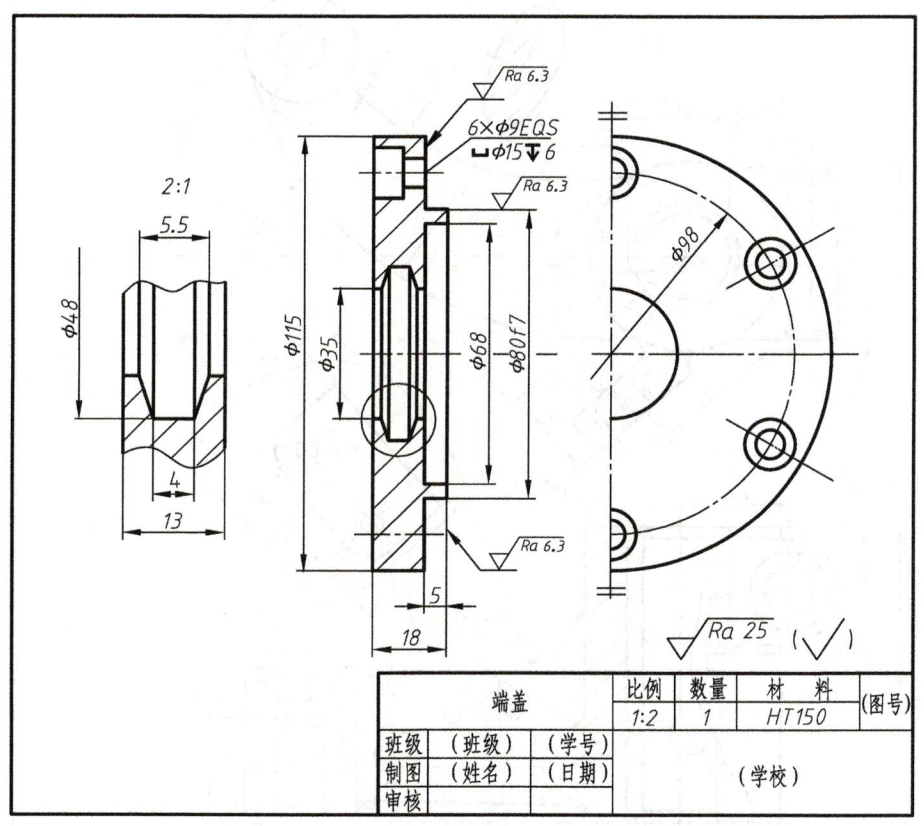

动画 7-3
端盖三维实
体及零件旋转

图 7-3 端盖零件图

7.2.3 叉架类零件

叉架类零件包括拨叉、支架等。拨叉主要用于机床、内燃机等各种机器上的操纵机构中，用于操纵机器，调节速度；支架主要起支承和连接作用，如图 7-4 所示。

1. 结构特点

叉架类零件的结构形状较为复杂，但都是由支承部分、工作部分、连接部分组成。常用铸造或锻造制成毛坯，再经机械加工而成，具有铸造或锻造圆角、起模斜度、凸台、凹坑等结构。

2. 主视图的选择

由于叉架类零件的功用及其在机械加工过程中的位置不大固定，因此选择主视图时，对这类零件常依据其主要形状特征来选择。

3. 其他视图的选择

由于叉架类零件的形状多样，因此视图数量也有较大变数。对于零件上弯曲、倾斜的结构，常采用斜视图、斜剖视图、局部视图来表示；对于连接部分、肋板的断面形状，常采用断面图表示。

动画 7-4 拨叉三维实体及零件旋转

4. 实例分析

如图 7-4 所示拨叉，采用了两个基本视图。为了表达内部结构形状，主

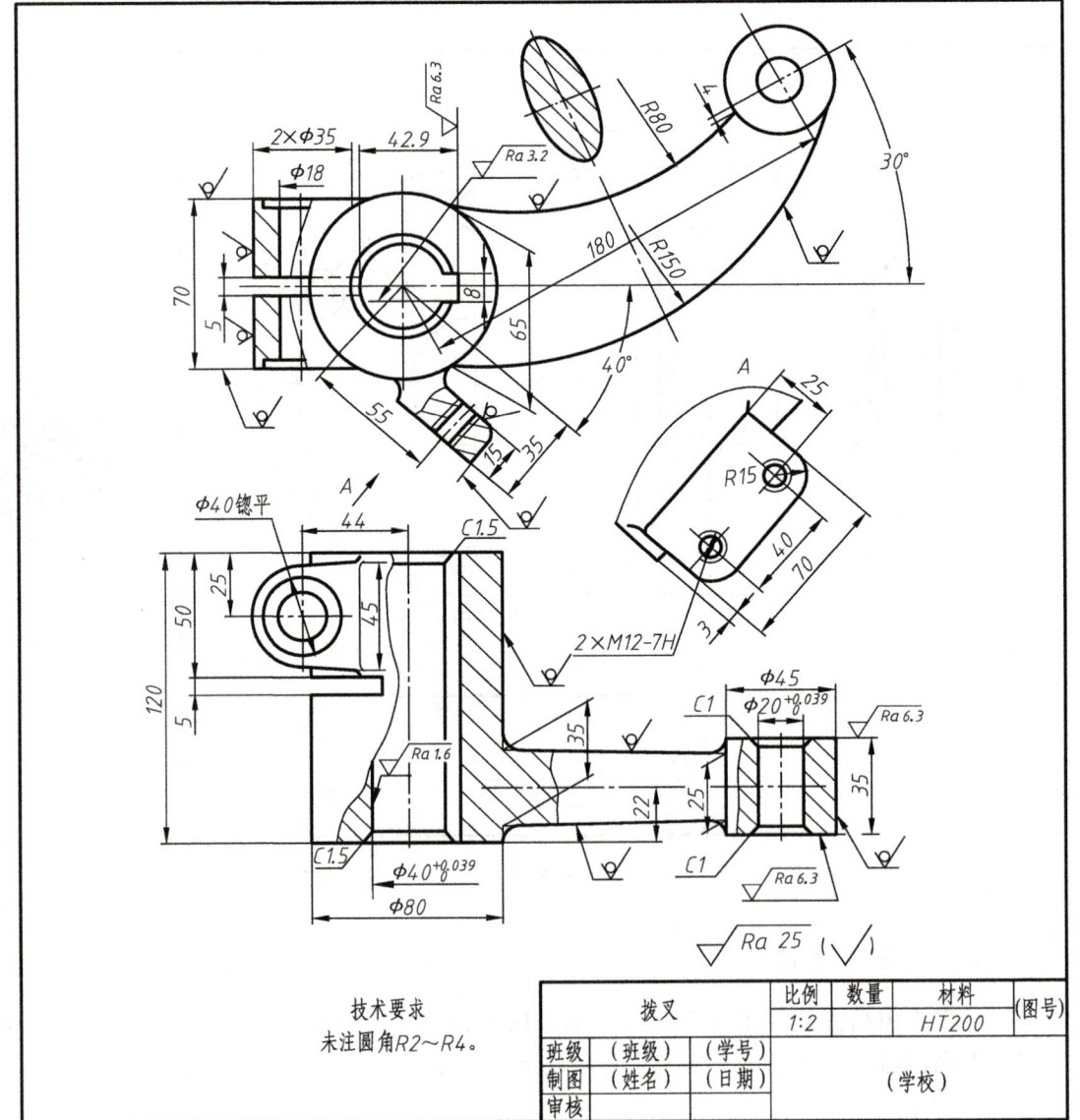

图 7-4 拨叉零件

视图和俯视图局部采用剖视图；用一个断面图表达连接部分的断面形状；用斜视图来表达安装部分的形状及安装孔的位置。

7.2.4 箱体类零件

箱体类零件包括箱体、泵体、阀体、外壳、座体等，一般起支承、包容、定位和密封等作用。

1. 结构特点

箱体类零件的结构较为复杂，它的总体特点是由薄壁围成不同形状的空腔，以容纳运动零件及油、气等。箱体类零件多为铸件，经必要的机械加工而成，上面常有加强肋、凸台、凹坑、起模斜度、铸造圆角。为了将箱体安装在机座上，常有安装底板、安装孔、螺纹孔等结构。

2. 主视图的选择

由于箱体类零件的机械加工工序较多，选择主视图时，零件按工作位置放置，并选择最能反映形状特征、最能反映主要结构与各组成部分相互关系的方向作为主视图的投射方向。

3. 其他视图的选择

对于主视图上未表达清楚的零件内部结构和外形，需采用其他基本视图或在基本视图上采取剖视来表达；对于局部结构，常用局部视图、局部剖视图、斜视图、断面图等来表达。

动画 7-5
座体三维实体
及零件旋转

4. 实例分析

如图 7-5 所示铣刀头座体，属于箱体类零件。零件按工作位置放置，主

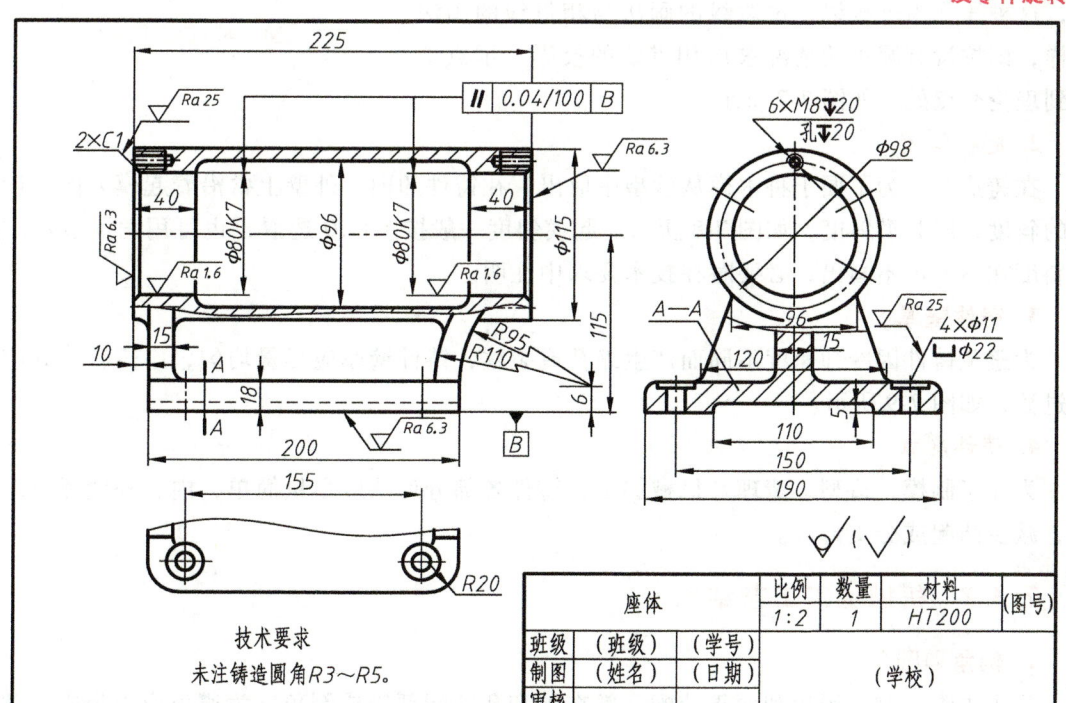

图 7-5 座体零件图

视图采用了局部剖来表达内腔结构;通过左视图把箱体底板、支撑板、圆筒三部分的位置关系,圆端面形状及螺纹孔分布情况表达出来,左视图采用局部剖表达支撑板的形状、底板安装孔的结构及深度;局部视图用于表达底板的形状及安装孔的位置关系。

7.3 零件的常见工艺结构

微课 7-3
零件图的常见工艺结构

零件的结构除了满足设计要求外,还应方便加工、制造,因此绘制的零件图不但要满足零件的工作性能要求,还应具有良好的工艺性。零件的工艺结构是用不同的加工方法得到的。机械制造的基本加工方法有铸造、锻造、机械加工和焊接等。下面介绍铸造工艺和机械加工工艺对零件结构的要求。

7.3.1 铸造工艺结构

1. 铸造圆角

为了防止砂型在尖角落砂和浇注时金属液冲坏砂型及避免铸件冷却收缩时在尖角处产生裂纹和缩孔,铸件表面的转角处应做成圆角,如图 7-6 所示。

圆角半径一般取壁厚的 0.2~0.4 倍,同一铸件上的圆角半径尽可能减少种类。铸造圆角在零件图中应该画出,圆角半径尺寸常集中注写在技术要求中。

由于存在铸造圆角,铸件表面的相贯线就不明显了,这种线称为过渡线,过渡线的画法与相贯线的画法一样,即按没有圆角的情况求出相贯线的投影,示意地画到理论交点处,如图 7-7 所示。

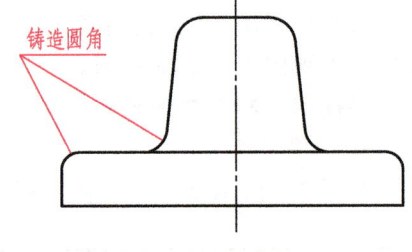

图 7-6 铸造圆角

2. 起模斜度

在铸造时,为了便于将木模从砂型中取出,在铸件的内、外壁上常沿着起模方向设计一定的斜度,即起模斜度,如图 7-8 所示。起模斜度一般按 1:20 选取,也可用角度表示。起模斜度在图上可不画出,必要时在技术要求中注明。

3. 铸件壁厚

为避免铸件因冷却速度不同而产生缩孔或裂纹,铸件壁厚应尽量均匀,厚薄转弯处应逐渐过渡,如图 7-9 所示。

4. 铸件形状

为便于制模、造型、清理及机械加工,铸件各部分形状应尽量简单,内、外壁尽可能平直,减少凸起或分支部分。

7.3.2 机械加工工艺结构

1. 倒角和圆角

为了去除毛刺、锐边和便于装配,常在轴和孔的端部制成倒角。为避免应力集中,常在阶梯轴和阶梯孔的转角处制成圆角过渡,如图 7-10 所示。

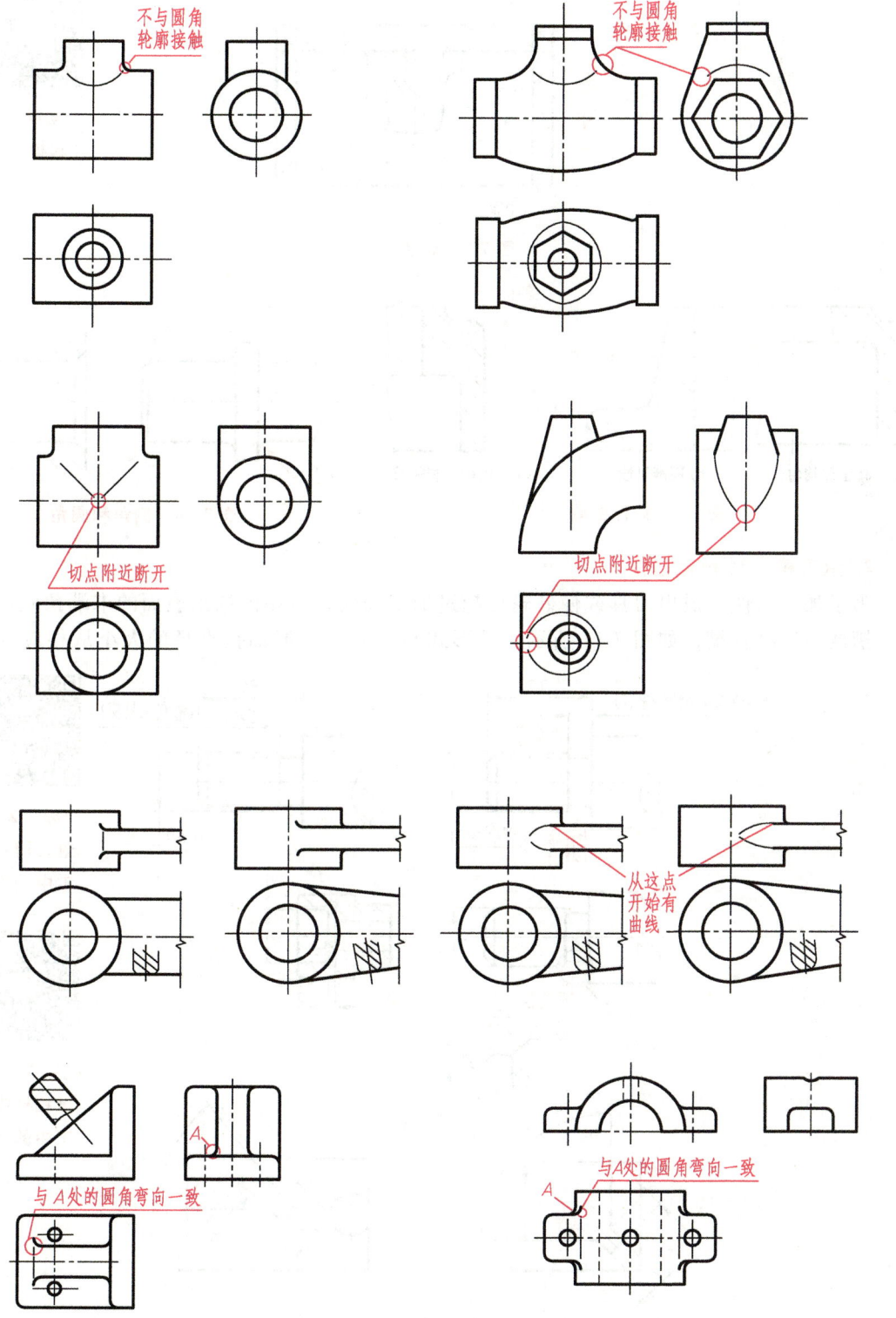

图 7-7 过渡线的画法

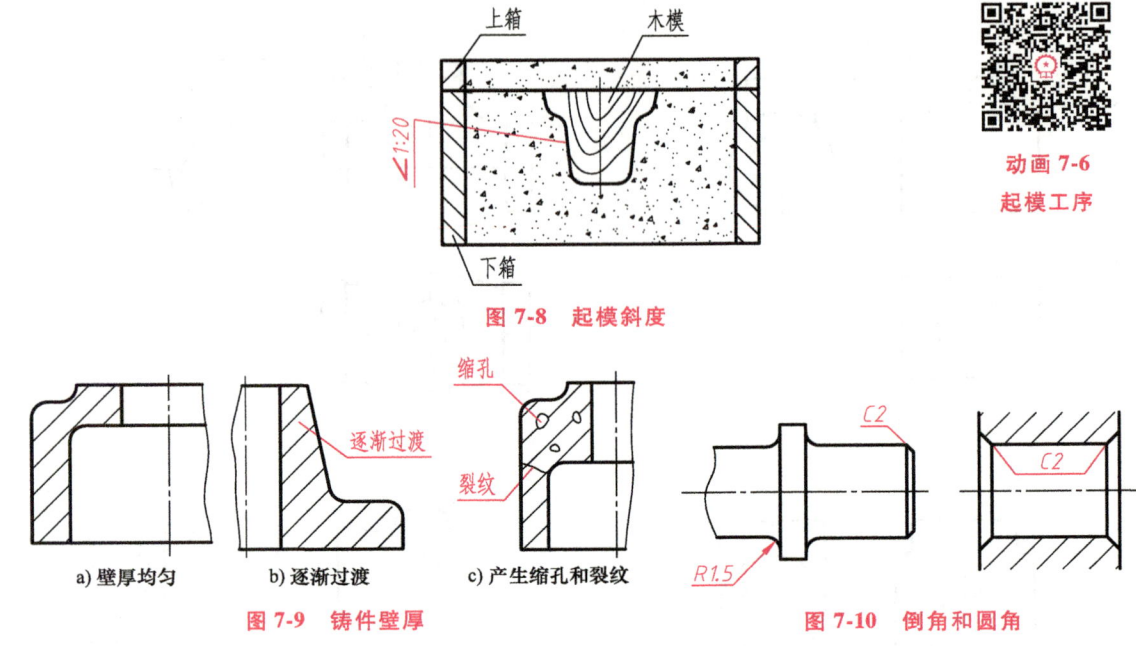

图 7-8 起模斜度

图 7-9 铸件壁厚

图 7-10 倒角和圆角

2. 退刀槽和砂轮越程槽

为了加工时便于退出刀具或使砂轮可越过加工表面，常在被加工表面的末端预先加工出退刀槽或砂轮越程槽，如图 7-11 所示，其形式与尺寸可根据轴孔直径的大小从相应的标准

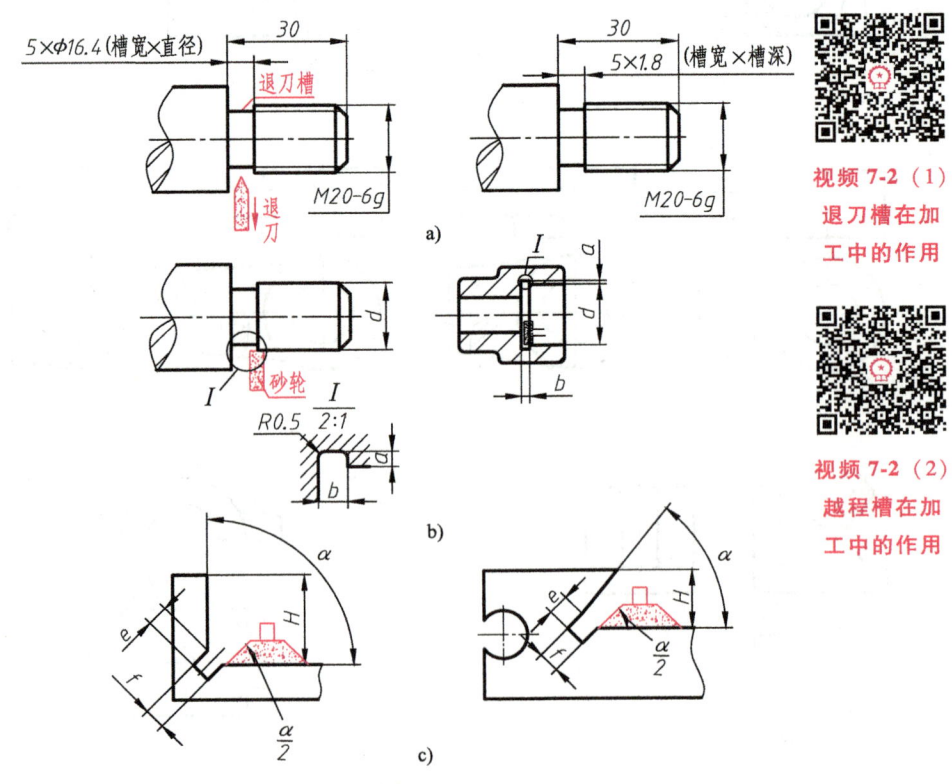

图 7-11 退刀槽和砂轮越程槽

查出。退刀槽和砂轮越程槽的尺寸可按"槽宽×槽深""槽宽×直径"形式注出。当槽的结构比较复杂时，可采用局部放大图标注尺寸。

3. 凸台和凹坑

为使零件在装配时表面接触良好及减少加工面积，常在铸造零件上设计凸台和凹坑，如图 7-12 所示。

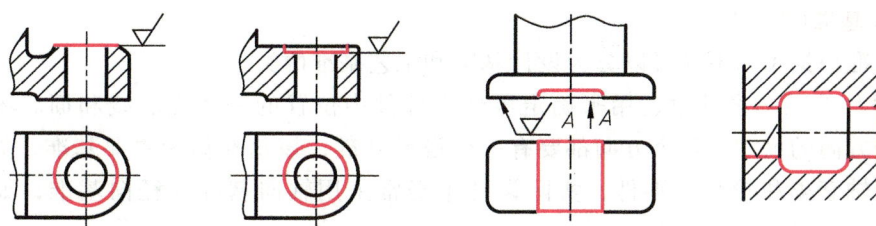

图 7-12 凸台和凹坑

4. 钻孔结构

用钻头钻孔时，为避免钻头因单边受力产生偏斜或折断，要求钻头尽量与被钻孔的端面垂直，所以应设置与孔轴线垂直的凸台或凹坑，如图 7-13 所示。钻不通孔时，其底部应画成 120°圆锥角，标注钻孔深度时，不包括锥坑深度。

视频 7-3
钻孔加工

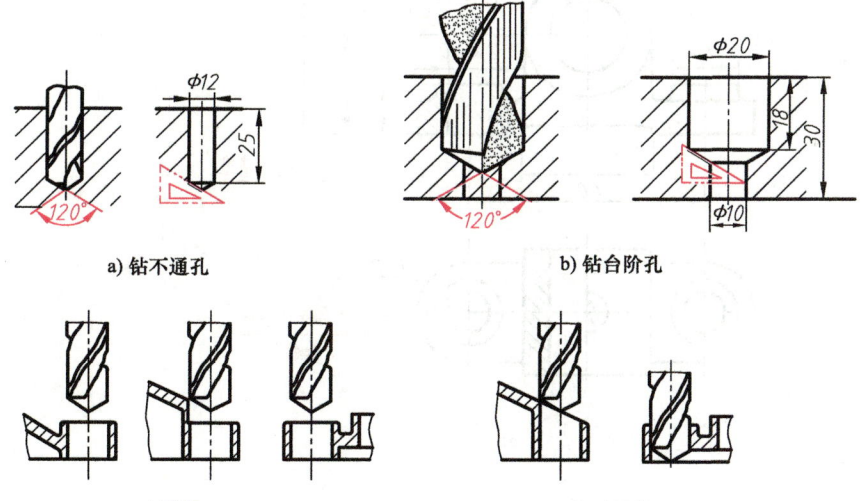

图 7-13 钻孔结构

7.4 零件图中的尺寸标注

微课 7-4
零件图中的
尺寸标注

零件图上的尺寸是制造和检验零件的依据，所以在零件图中标注尺寸，不但要正确、完整、清晰，还要做到合理。所谓合理，即所标注的尺寸既要保证设计要求，又要符合加工、测量的工艺要求。

7.4.1 尺寸基准及其选择

1. 尺寸基准的概念

尺寸基准是零件在设计、制造和检验时计量尺寸的起点，即用来确定几何要素位置的一组点、线、面。通常可选择零件的底面、端面、对称面、回转体的轴线等作为尺寸基准。

2. 尺寸基准的分类

尺寸基准根据用途不同可以分为设计基准和工艺基准两类。

（1）设计基准　设计时，用来确定零件在部件中位置的一些点、线和面。零件有长、宽、高三个方向的尺寸，每个方向都要有一个设计基准，该基准称为主要基准，如图7-14a所示。对于轴套类和轮盘类零件，实际设计中经常采用轴向基准和径向基准，如图7-14b所示。

（2）工艺基准　加工和测量时，用来确定零件在部件中位置的一些点、线和面，又称为辅助基准。零件同一方向有多个尺寸基准时，主要基准只有一个，其余均为辅助基准，辅助基准必有一个尺寸与主要基准相联系，如图7-14a中的高度尺寸44mm，图7-14b中的长度尺寸164mm。

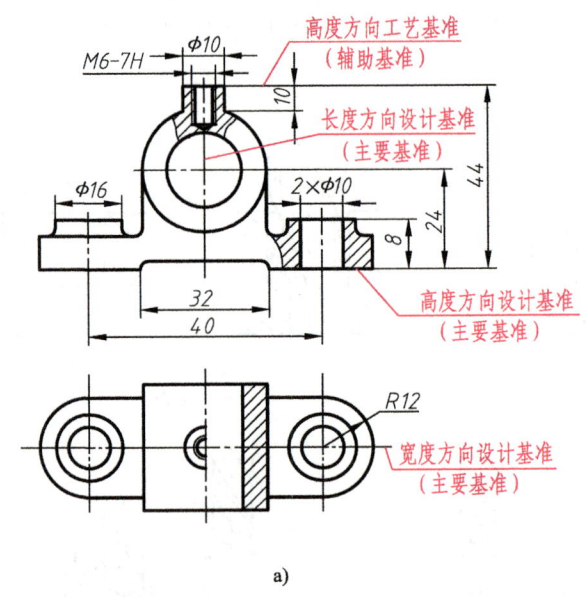

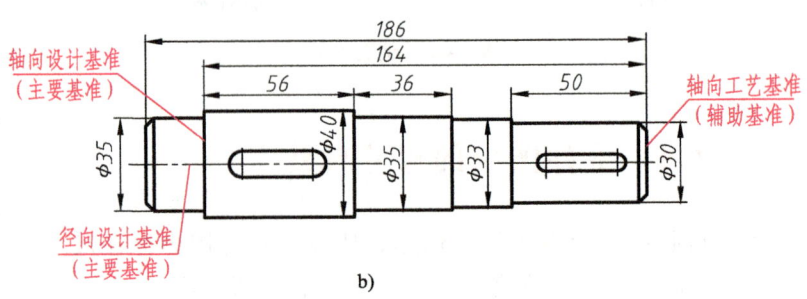

图7-14　零件的尺寸基准

3. 尺寸基准的选择原则

标注尺寸时应尽可能使设计基准和工艺基准重合，做到既满足设计要求，又满足工艺要求。但实际上往往不能兼顾设计和工艺要求，这时应以保证设计要求为主，将重要尺寸从设计基准注出，次要尺寸从工艺基准注出，以便于加工和测量。

7.4.2 标注尺寸的形式

根据零件的结构特点，标注尺寸的形式有三种，如图7-15所示。

1. 坐标式

所有尺寸从一个事先选定的基准开始标注，如图7-15a所示。它的优点是每一个尺寸的加工精度只取决于这一部分加工时的加工误差，不受其他尺寸误差的影响。

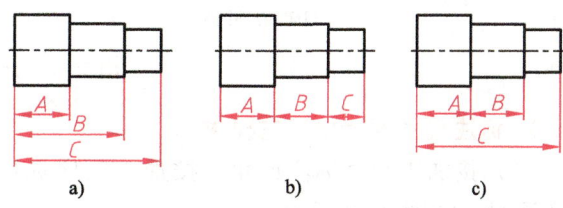

图7-15 尺寸标注的三种形式

2. 链状式

把尺寸依次注写为链状，即后一个尺寸以前一个尺寸为基准，如图7-15b所示。它的优点是尺寸精度只受这一段加工误差的影响，前面各尺寸的误差并不影响正在加工的尺寸精度。

3. 综合式

把坐标式和链状式综合起来即综合式，如图7-15c所示。这是应用最为广泛的一种标注形式，具有两种标注的优点。当零件上一些较重要的尺寸要求误差较小时，常采用这种标注形式。实际标注中，单纯采用坐标式或链状式的形式并不多见。

7.4.3 尺寸标注的注意事项

1. 重要的尺寸应从基准直接注出

从基准直接注出，可以保证加工时达到尺寸要求，避免由于尺寸换算所造成的累积误差的影响，如图7-16所示。

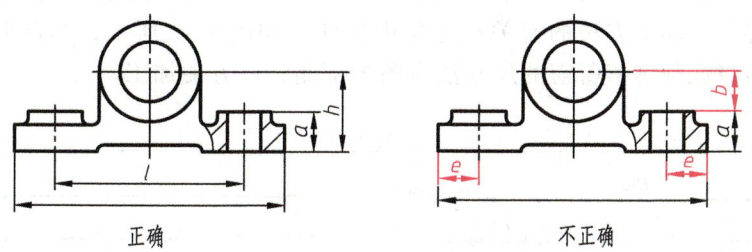

图7-16 重要的尺寸从基准直接注出

2. 不应出现封闭的尺寸链

封闭尺寸链是由首尾相接，绕成一整圈的一组尺寸。尺寸链中任一环的尺寸精度，都受其他各环的尺寸误差影响。因此，封闭尺寸链常常不能保证设计要求。在标注尺寸时，在尺寸链中选一个不重要的一环不标注尺寸，我们称它为开口环。开口环的尺寸误差是其他环尺寸误差之和，但它不重要，对设计要求没有影响。有时作为设计和加工时的参考，也注成封闭的尺寸链，但要根据需要把某一个环的尺寸用括弧括起来，作为参考尺寸，如图7-17所示。

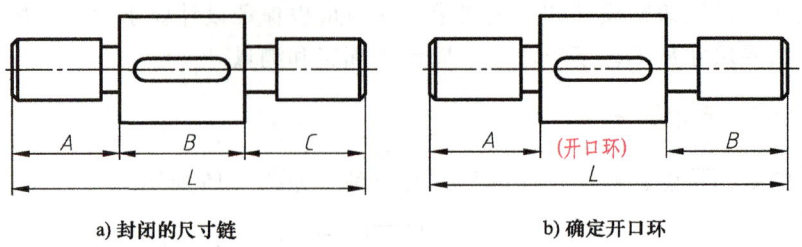

a) 封闭的尺寸链　　　　　b) 确定开口环

图7-17　尺寸链

3. 标注尺寸要考虑工艺要求

（1）按加工顺序标注尺寸　按加工顺序标注尺寸，符合加工过程，便于工人看图、加工和测量，如图7-18所示。

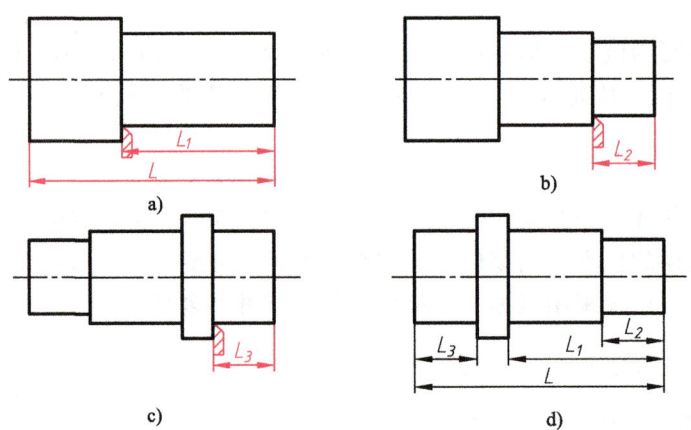

图7-18　轴的加工顺序和尺寸标注

（2）按加工方法标注尺寸　一个零件在制造过程中一般要采用多种加工方法，在标注尺寸时，尽量将不同加工方法的有关尺寸集中标注。如图7-19所示，车削时所需的尺寸注在图的上侧，而将铣削键槽所需的尺寸注在图的下侧，以方便加工。

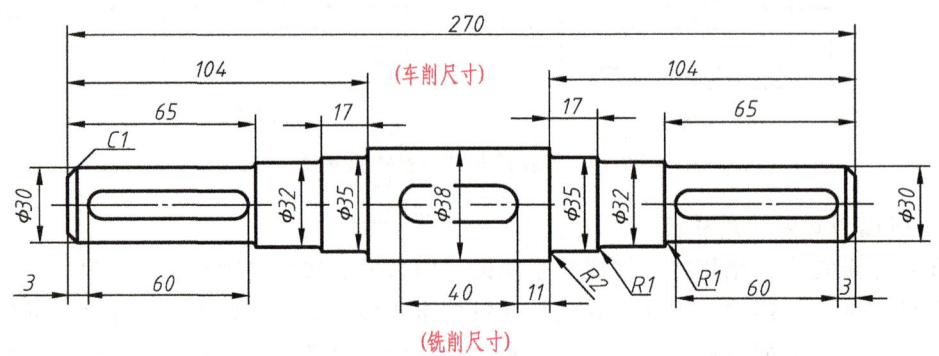

图7-19　按加工方法标注尺寸

（3）尺寸标注要考虑便于测量 应尽量做到使用简单量具就能测量相关尺寸，如图 7-20 所示。

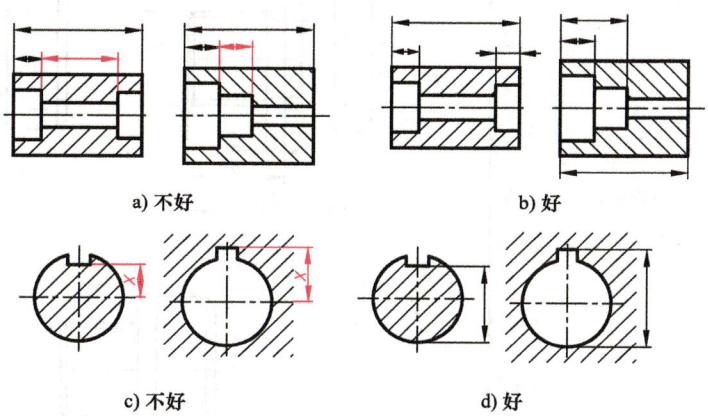

图 7-20 按测量方便标注尺寸

（4）毛坯面和加工面的尺寸分开标注 按加工面和不加工面（毛坯面）两组尺寸分别标注，各个方向要有一个尺寸把它们联系起来，如图 7-21 所示。

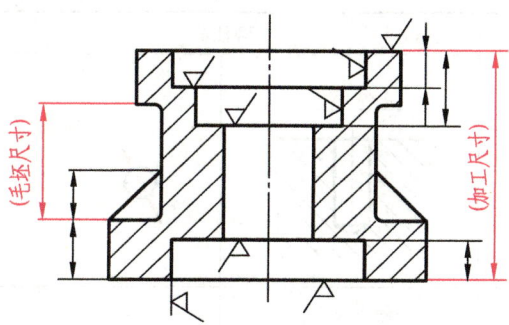

图 7-21 毛坯面和加工面的尺寸标注

7.4.4 零件上常用典型结构的尺寸标注

倒角、退刀槽、越程槽的尺寸标注见表 7-1。

表 7-1 倒角、退刀槽、越程槽的尺寸标注

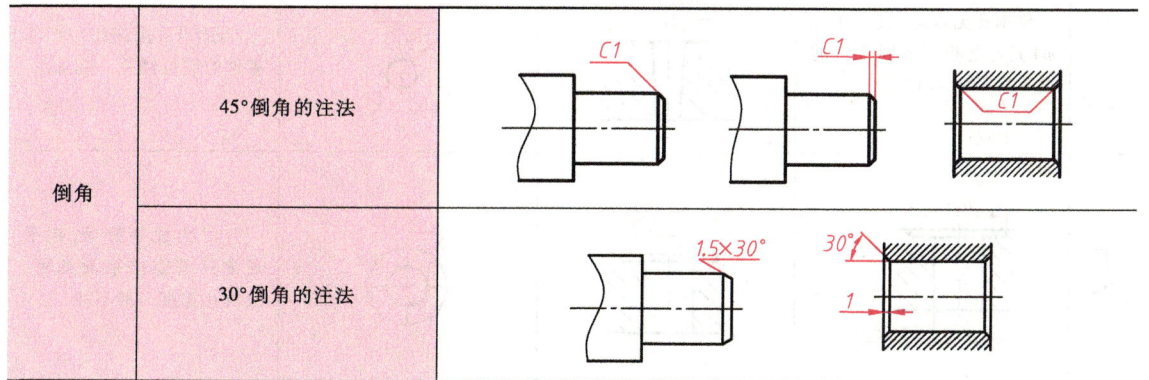

退刀槽(或砂轮越程槽)的尺寸注法

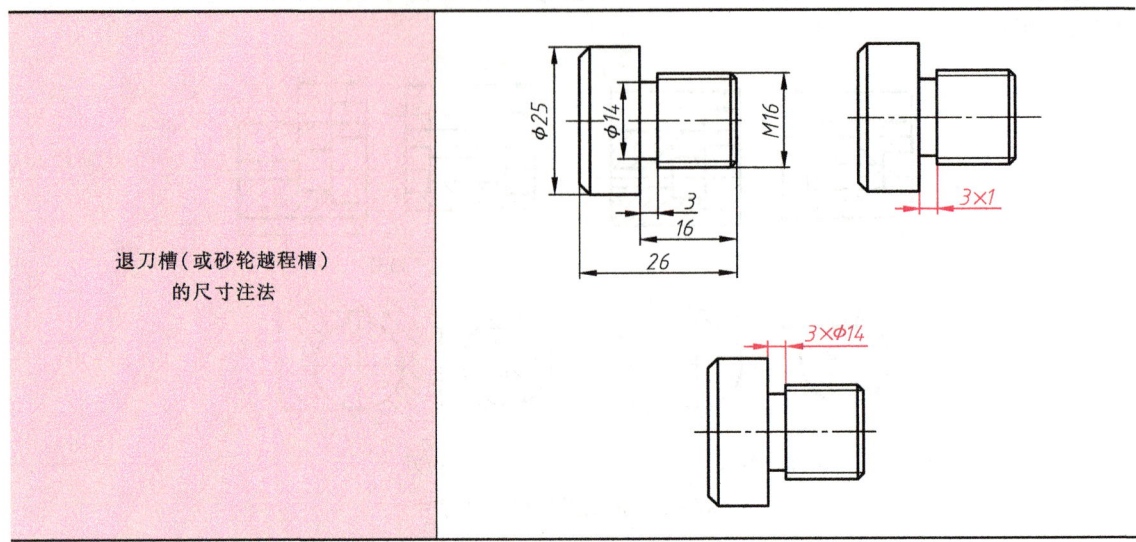

常见光孔、沉孔的尺寸标注见表7-2。

表7-2 常见光孔、沉孔的尺寸标注

类型	普通注法	旁注法		说明
光孔	4×φ4	4×φ4↓10	4×φ4↓10	"↓"为深度符号
光孔	4×φ4H7	4×φ4H7↓10 ↓12	4×φ4H7↓10 ↓12	钻孔深度为12mm,精加工(铰孔)深度为10mm
光孔	锥销孔无普通注法,注意 φ4是与之相配的圆锥销的公称直径(小端直径)	锥销孔φ4 配作	锥销孔φ4 配作	"配作"系指该孔与相邻零件的同位销孔一起加工
锪孔	φ13 / 4×φ6.6	4×φ6.6 ⌴φ13	4×φ6.6 ⌴φ13	"⌴"为锪平符号,锪平通常只需锪出平面即可,故沉孔深度一般不注

(续)

类型	普通注法	旁注法		说明
沉孔	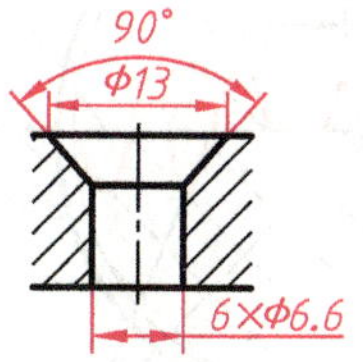 90°, φ13, 6×φ6.6	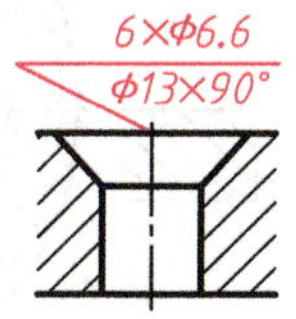 6×φ6.6, φ13×90°	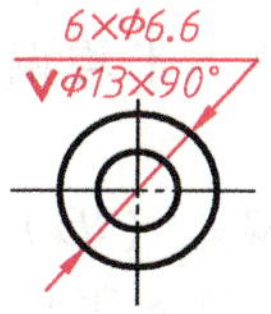 6×φ6.6, ⌵φ13×90°	"⌵"为埋头沉孔符号,该孔用于安装开槽沉头螺钉
沉孔	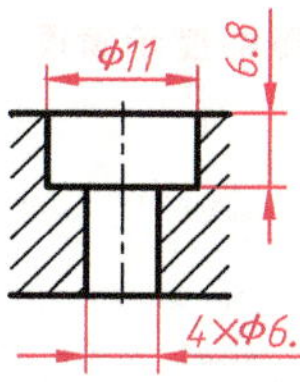 φ11, 6.8, 4×φ6.6	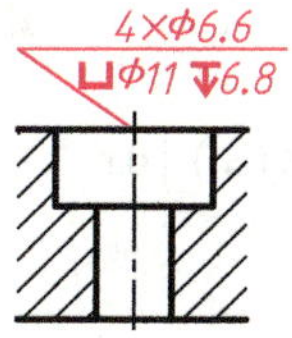 4×φ6.6, ⊔φ11 ▾6.8	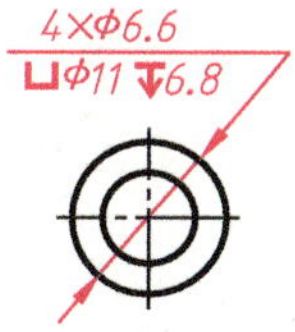 4×φ6.6, ⊔φ11 ▾6.8	该孔用于安装内六角圆柱头螺钉,承装头部的孔深应标注
螺纹孔	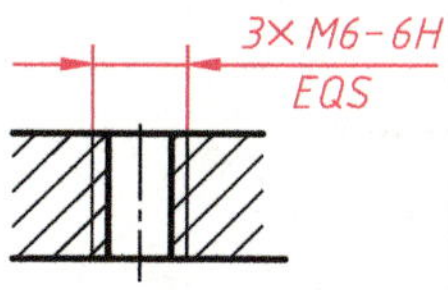 3×M6-6H EQS	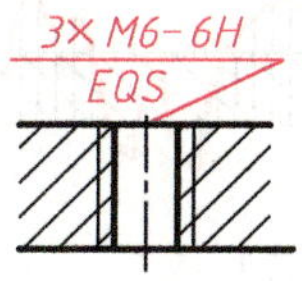 3×M6-6H EQS	 3×M6-6H EQS	"EQS"为均匀分布的缩写词
螺纹孔	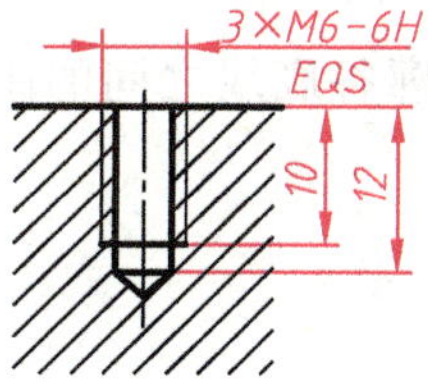 3×M6-6H EQS, 10, 12	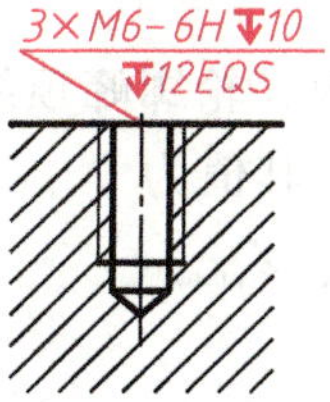 3×M6-6H▾10 ▾12EQS	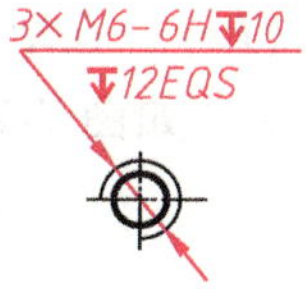 3×M6-6H▾10 ▾12EQS	

7.5 零件图中的技术要求

零件图除了用各种表达方法表达零件的形状、用尺寸标注出零件的大小外,还应该表示对该零件的质量要求,如表面粗糙度、尺寸公差与配合、形状与位置公差、材料的热处理等,这些要求被称为技术要求。

7.5.1 表面粗糙度

1. 表面粗糙度的概念

由于机床的振动、材料的塑性变形、刀痕等原因,经加工的零件表面看起来光滑平整,但实际上有许多微小的高低不平的峰谷,如图7-22所示。零件加工表面的这种较小峰谷所组成的微观几何形状特征,称为表面粗糙度。

表面粗糙度直接影响零件的耐磨性、耐蚀性、疲劳强度和配合质量。但是降低表面粗糙度值要增加成本,所以应根据零件表面的作用,选择适当的表面粗糙度要求。

微课 7-5 零件的表面粗糙度

2. 表面粗糙度的评定参数

轮廓参数是我国机械图样中目前最常见的评定参数。国家标准规定表面粗糙度用两个高度参数来评定——轮廓的算术平均偏差（Ra）和轮廓的最大高度（Rz）。

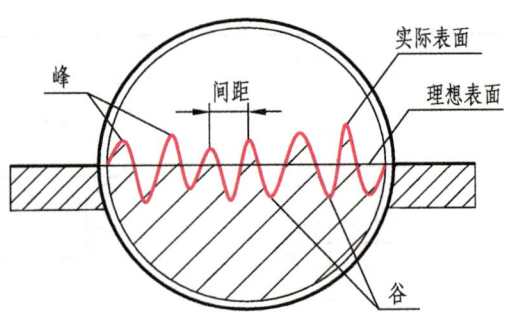

图 7-22　表面粗糙度示意图

（1）轮廓的算术平均偏差（Ra）　在取样长度内，轮廓偏距绝对值的算术平均值，为轮廓的算术平均偏差，用 Ra 表示，如图 7-23 所示，其值为

$$Ra = \frac{1}{lr}\int_0^{lr} |Z(x)| \, dx$$

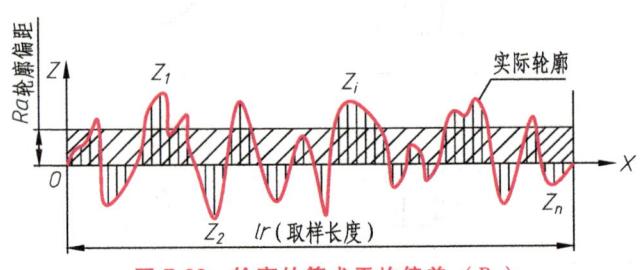

图 7-23　轮廓的算术平均偏差（Ra）

（2）轮廓的最大高度（Rz）　在取样长度内，轮廓峰顶线与轮廓谷底线之间的距离，为轮廓的最大高度，用 Rz 表示，如图 7-24 所示，其值为

$$Rz = Z_{p\max} + Z_{v\max}$$

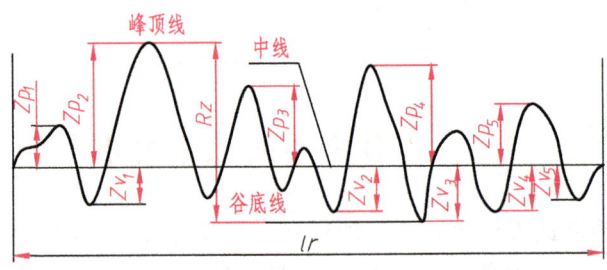

图 7-24　Rz 参数

在选用表面粗糙度评定参数时，国家标准规定优先选用 Ra。Ra 的数值越大，表面越粗糙，零件表面质量越低，加工成本就越低；Ra 的数值越小，表面越光滑，零件表面质量越高，加工成本就越高。因此，零件表面粗糙度的选用，既要满足零件表面的功用要求，又要考虑经济合理性。常用的表面粗糙度数值及与其对应的加工方法及应用情况见表 7-3。

表 7-3　表面粗糙度 Ra 的数值与加工方法及应用举例

$Ra/\mu m$	表面特征	加工方法	应用举例
50	可见刀痕	粗车、粗铣、粗刨、钻、锯，以及铸、锻、轧制等	多用于粗加工的非配合面，如机座底面、轴的端面、倒角、钻孔、键槽的非工作面等
25			
12.5			

（续）

$Ra/\mu m$	表面特征	加工方法	应用举例
6.3 3.2 1.6	可见加工痕迹	精车、精铣、精刨、铰、刮及拉削等	较重要的接触面和一般配合面，如键槽和键的工作面、轴套及齿轮的端面、定位销的压入孔等
0.8 0.4 0.2	不可见加工痕迹	精铰、精镗、精拉、精磨抛光等	要求较高的接触面和配合面，如齿轮工作面、轴承重要表面、圆锥销孔等
0.1 0.05 0.025 0.012	光泽面	研磨、超级精密加工磨等	高精度的配合表面，如要求密封性能好的表面、精密量具的工作面等

3. 表面粗糙度的标注

图样上表面粗糙度的符号、代号及其意义见表7-4。

表7-4 表面粗糙度的符号、代号及其意义

	符号与代号	意义及说明
符号	∨	基本图形符号，表示平面可用任何方法获得。当不加注粗糙度参数值或有关说明（例如：表面处理、局部热处理状况等）时，仅适用于简化代号标注
	∇	基本图形符号加一短横，表示指定表面是用去除材料的方法获得，如车、铣、钻、磨、剪切、抛光、腐蚀、电火花加工、气割等
	∨(带圆圈)	基本图形符号加一个圆圈，表示指定表面是用不去除材料的方法获得，如铸、锻、冲压变形、热轧、冷轧、粉末冶金等 或者是用于保持原供应状况的表面（包括保持上道工序的状况）
	（三个符号加横线）	在上述三个图形符号的长边上均可加一横线，用于标注有关参数和说明
	（三个符号加圆圈）	在上述三个图形符号上均可加一圆圈，表示封闭轮廓的所有表面具有相同的表面粗糙度要求
代号	√Ra 3.2	用任何方法获得的表面粗糙度，Ra 的上限值为 $3.2\mu m$
	∇Ra 3.2	用去除材料的方法获得的表面粗糙度，Ra 的上限值为 $3.2\mu m$
	⊙Ra 3.2	用不除材料的方法获得的表面粗糙度，Ra 的上限值为 $3.2\mu m$

（续）

符号与代号	意义及说明
代号 Ra 3.2 / Ra 1.6	用去除材料的方法获得的表面粗糙度，Ra 的上限值为 $3.2\mu m$，下限为 $1.6\mu m$
Rz 200	用不去除材料的方法获得的表面粗糙度，Rz 的上限值为 $200\mu m$

表面粗糙度的画法、有关规定以及在图样上的标注方法见表 7-5。

表 7-5　表面粗糙度的画法及标注方法

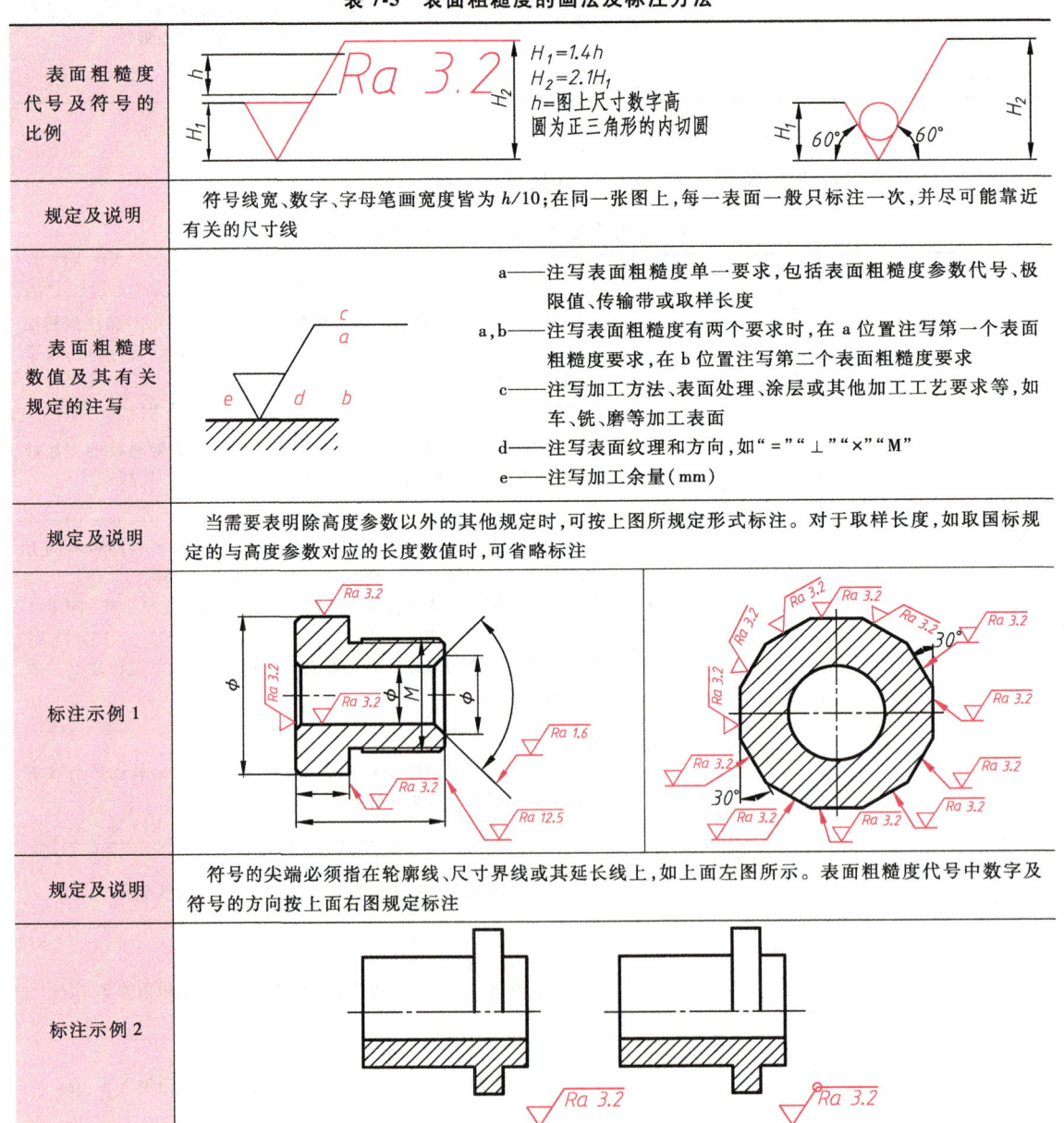

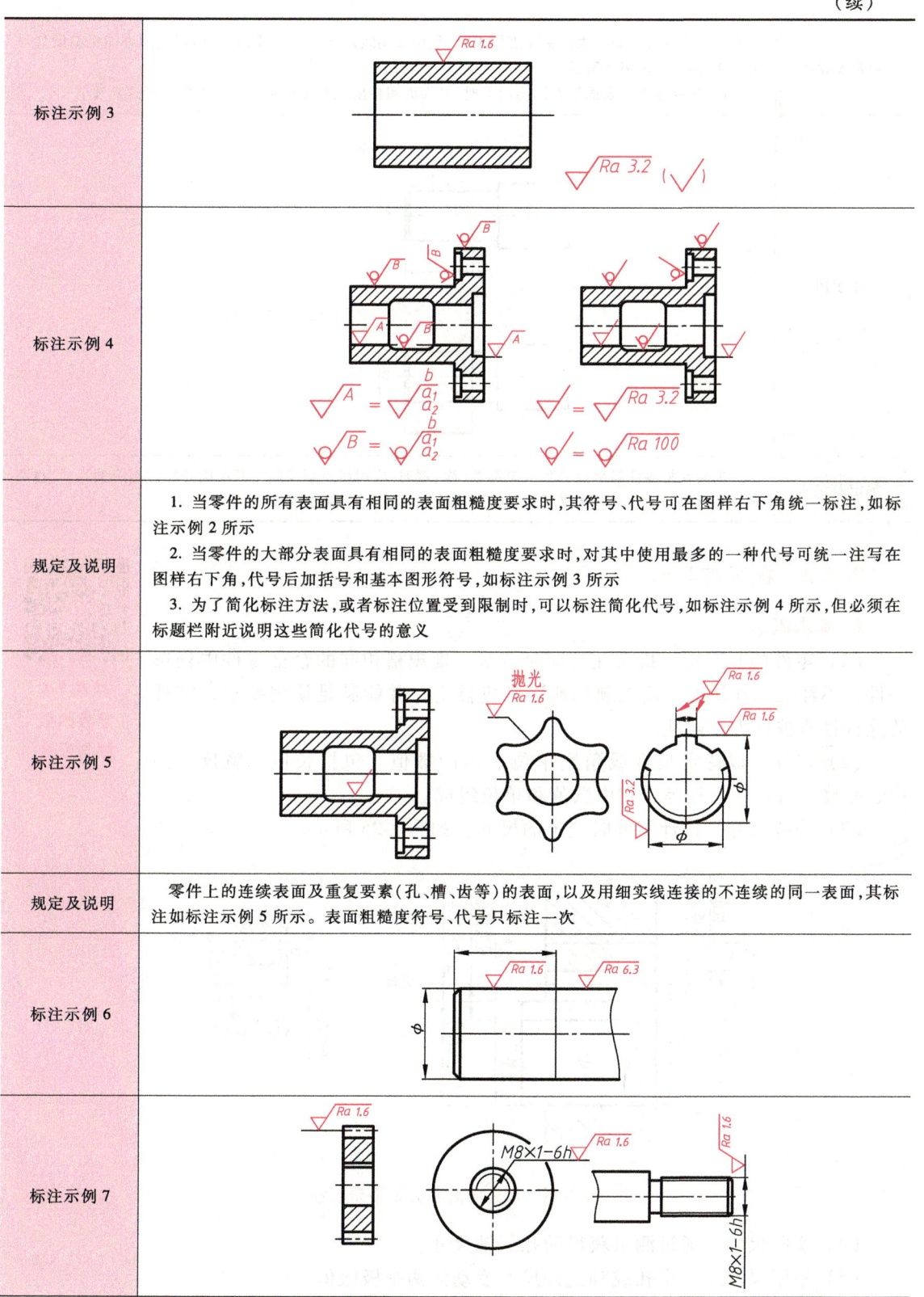

规定及说明	同一表面具有不同的表面粗糙度要求时，须用细实线画出其分界线，并注出相应的表面粗糙度代号和尺寸，如标注示例 6 所示 齿轮、螺纹等工作表面没有画出齿形时，其表面粗糙度代号可按标注示例 7 所示形式标注
标注示例 8	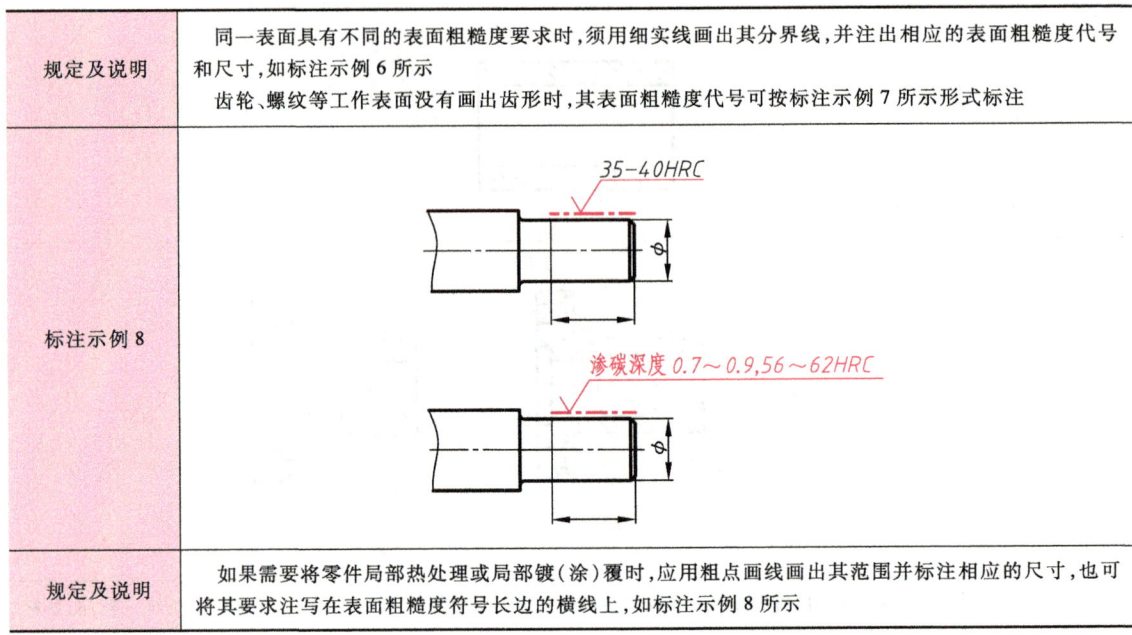
规定及说明	如果需要将零件局部热处理或局部镀（涂）覆时，应用粗点画线画出其范围并标注相应的尺寸，也可将其要求注写在表面粗糙度符号长边的横线上，如标注示例 8 所示

7.5.2 极限与配合

微课 7-6
零件的极限与配合

1. 基本概念

（1）零件的互换性　机器在装配时，从一批规格相同的合格零件中任选一件，不经挑选和修配，便能顺利地装到机器上，并能满足使用要求，零件的这种性质被称为互换性。

（2）尺寸　以特定长度或角度单位表示的数值。包括长度、宽度、高度、厚度、直径、半径等，它由数值和单位组成。

（3）公称尺寸　设计零件时选定的尺寸，如图 7-25 所示。

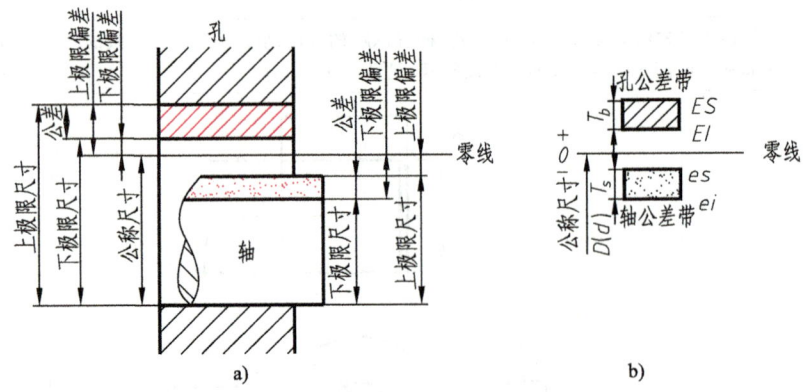

图 7-25　术语图解和公差带示意图

（4）实际尺寸　通过测量获得的孔、轴尺寸。

（5）极限尺寸　一个孔或轴允许尺寸变动的两个极限值。

上极限尺寸：孔或轴允许的最大尺寸。

下极限尺寸：孔或轴允许的最小尺寸。

极限尺寸可以大于、小于或等于公称尺寸，实际尺寸应在极限尺寸范围内。

（6）尺寸偏差　某一尺寸（实际尺寸、极限尺寸）减去公称尺寸所得的代数差。

（7）极限偏差　极限尺寸与公称尺寸之差，称为极限偏差。极限偏差分为上极限偏差和下极限偏差，国标中用代号 ES 和 es 分别表示孔和轴的上极限偏差，用 EI 和 ei 分别表示孔和轴的下极限偏差。

$$上极限偏差 = 上极限尺寸 - 公称尺寸$$
$$下极限偏差 = 下极限尺寸 - 公称尺寸$$

偏差可以是正值、负值或零。

$$实际偏差 = 实际尺寸 - 公称尺寸$$

实际偏差应在上、下极限偏差范围内。

（8）尺寸公差　简称公差，是上极限尺寸与下极限尺寸之差，或上极限偏差与下极限偏差之差，是尺寸允许的变动量，值恒为正。

（9）公差带　在分析公差时，为了形象地表示公称尺寸、偏差和公差的关系，常画出简图表示。公差带就是在公差带图解中，由代表上极限偏差和下极限偏差或上极限尺寸和下极限尺寸的两条直线所限定的一个区域，它是由公差大小（标准公差）和其相对零线的位置（基本偏差）来确定，如图 7-25b 所示。

（10）零线　在极限与配合图解中，表示公称尺寸的一条直线即为零线，以其为基准确定偏差，如图 7-25b 所示。

（11）标准公差　在极限与配合制中，标准公差是国家标准规定的确定公差带大小的任一公差。标准公差的代号是"IT"，公差等级用阿拉伯数字表示。

标准公差等级分 IT01、IT0、IT1…IT18 共 20 级。从 IT01 至 IT18 等级依次降低，而相应的标准公差数值依次增大，示意表示如下：

```
        IT01、IT0、IT1、IT2、…、IT8
  高 ←――――― 公差等级 ―――――→ 低
  小 ←――――― 公差数值 ―――――→ 大
```

各级公差的数值可查阅相关标准。同一公差等级，公称尺寸由小到大，其公差值也由小到大，因此标准公差数值由公称尺寸和公差等级所确定。

（12）基本偏差　在极限与配合中，国家标准规定用以确定公差带相对零线位置的极限偏差称为基本偏差，它可以是上极限偏差或下极限偏差，一般为靠近零线的那个极限偏差，如图 7-26 所示。国家标准对孔和轴分别规定了 28 个基本偏差，以拉丁字母为代号按顺序排列，凡位于零线以上的公差带，其基本偏差是下极限偏差，位于零线以下的公差带，其基本偏差是上极限偏差，如图 7-27 所示。

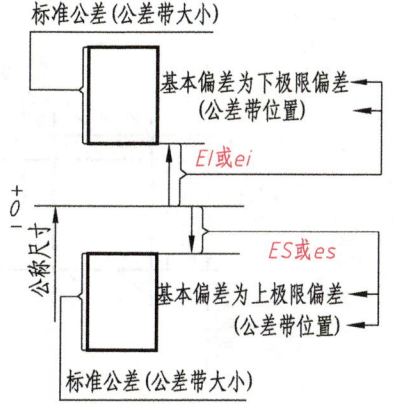

图 7-26　标准公差与基本偏差

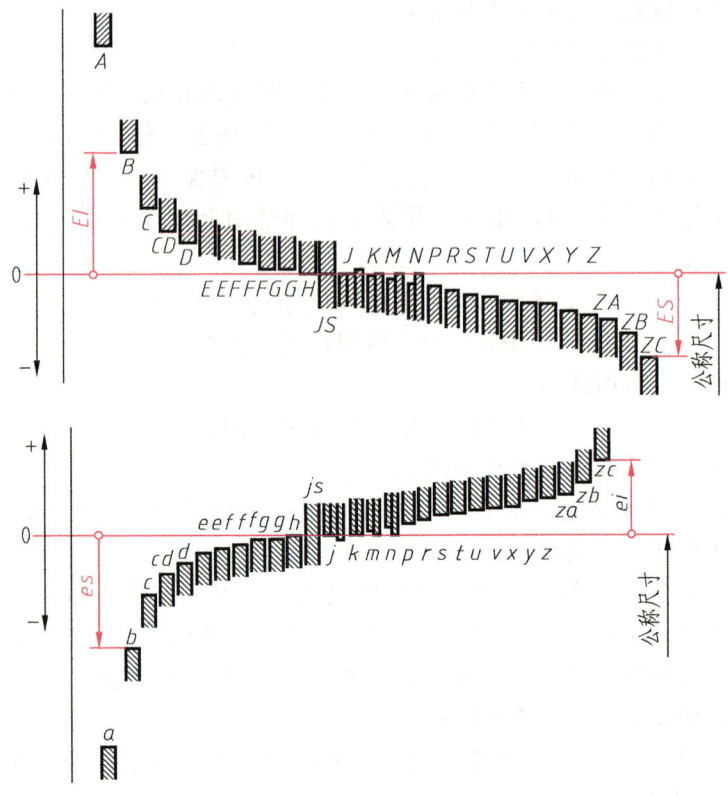

图 7-27 基本偏差系列示意图

2. 配合类型和配合制度

（1）配合类型　公称尺寸相同、相互结合的孔和轴的公差带之间的关系称为配合。由于孔和轴的实际尺寸不同，装配后可能出现"间隙"或"过盈"。孔的尺寸减去相配合轴的尺寸的代数差为正时，为间隙配合，为负时，为过盈配合。

根据工作状态需要，配合分为以下三类。

1）间隙配合。具有间隙（含最小间隙为零）的配合。此时孔的公差带在轴的公差带之上，如图 7-28 所示。

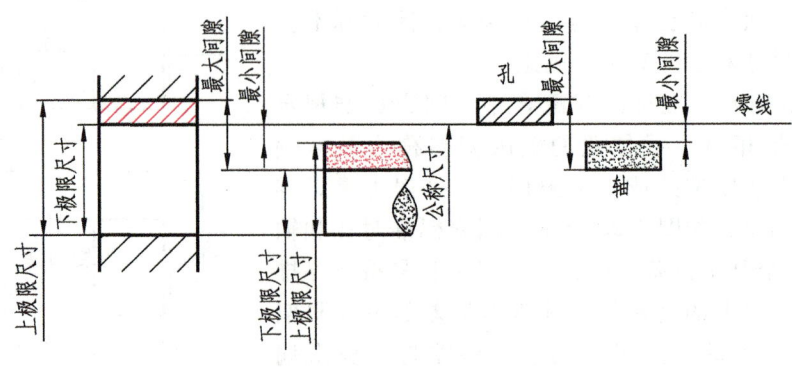

图 7-28 间隙配合

2）过盈配合。具有过盈（含最小过盈为零）的配合。此时孔的公差带在轴的公差带之下，如图 7-29 所示。

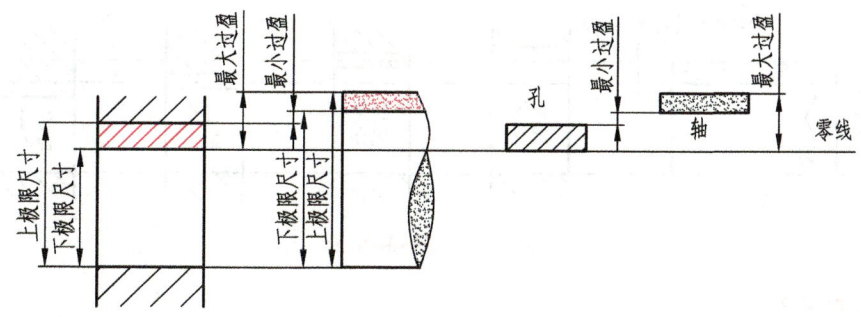

图 7-29　过盈配合

3）过渡配合。可能具有间隙或过盈的配合，此时孔的公差带和轴的公差带相互交叠，如图 7-30 所示。

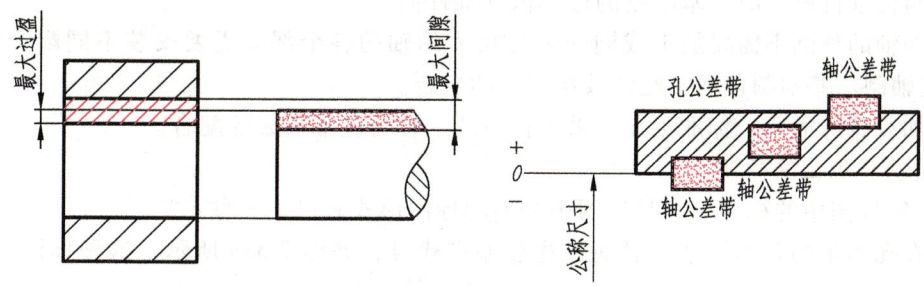

图 7-30　过渡配合

（2）配合制度　如果为了得到孔和轴之间各种不同的配合，使孔和轴的公差带可以任意变动，就会有许多种配合情况，不便于零件的设计与制造。为此国家标准规定了两种配合制度。

1）基孔制。基本偏差为一定的孔的公差带与不同基本偏差的轴的公差带形成各种配合的配合制度称为基孔制。基孔制的孔称为基准孔，基本偏差代号为 H，下极限偏差为 0，如图 7-31 所示。基孔制中，轴的基本偏差 a~h 用于间隙配合，j~zc 用于过渡配合或过盈配合。

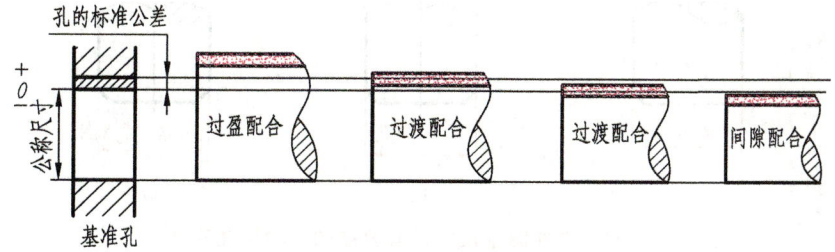

图 7-31　基孔制配合

2）基轴制。基本偏差为一定的轴的公差带与不同基本偏差的孔的公差带形成各种配合的配合制度称为基轴制。基轴制的轴称为基准轴，基本偏差代号为 h，上极限偏差为 0，如

图 7-32 所示。基轴制中,孔的基本偏差 A~H 用于间隙配合,J~ZC 用于过渡配合或过盈配合。

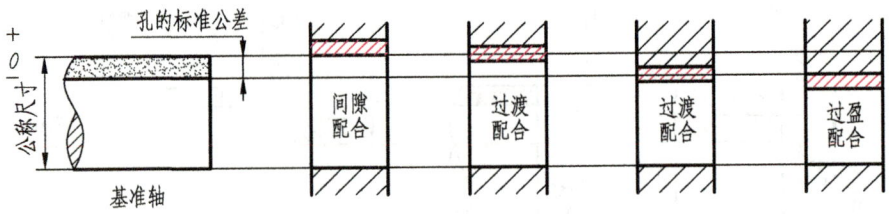

图 7-32 基轴制配合

3. 配合类型的选择

基准制的选择,要从经济角度出发。

1) 一般情况下,优先选用基孔制配合。采用基孔制可以减少定值刀具、量具的品种和数量,降低生产成本。

2) 与标准件配合时,基准制的选择依标准件而定。

3) 如轴的外圆不需要加工或同一公称尺寸的轴的各个部分需要安装不同配合的零件,可采用基轴制。基轴制仅用于经济效益明显的场合。

4) 如有特殊需要,标准也允许采用任一孔、轴公差带组成的配合。

4. 公差与配合的标注

(1) 零件图中的标注 在零件图中公差的标注形式有以下三种:

1) 在孔和轴的公称尺寸的后面标注公差带代号,如图 7-33a 所示,这种标注形式适用于大批量生产。

2) 在孔和轴的公称尺寸的后面标注上、下极限偏差值,如图 7-33b 所示,这种标注形式适用于单件小批量生产。

3) 在孔和轴的公称尺寸的后面标注公差带代号和上、下极限偏差值,这时极限偏差数值须加上括号,如图 7-33c 所示。

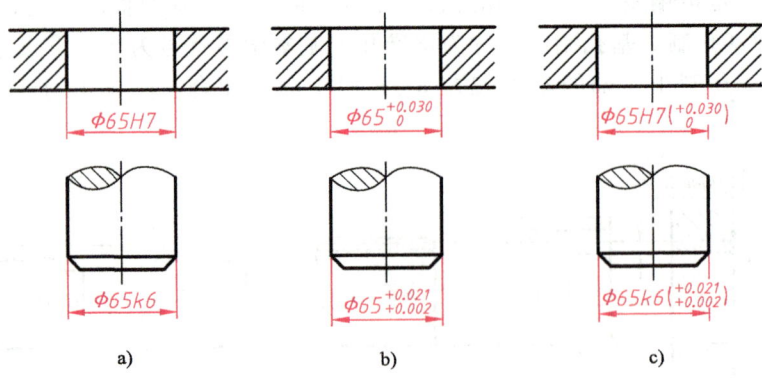

图 7-33 零件图中尺寸及其公差的三种标注形式

(2) 装配图中的标注 在装配图中标注公差与配合时,其代号必须注写在公称尺寸的右边,用分数形式注出,分子为孔的公差带代号,分母为轴的公差带代号,标注形式如图 7-34 所示。

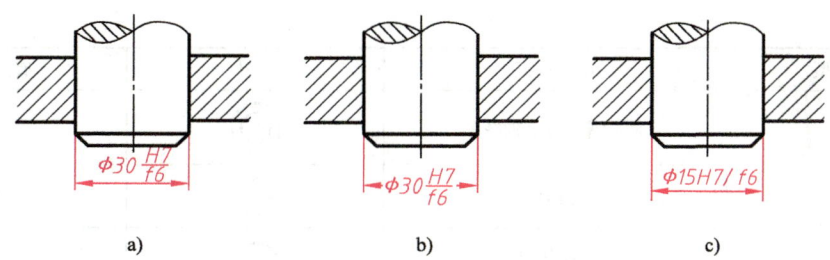

图 7-34 装配图中配合的三种标注形式

7.5.3 几何公差

在实际生产中，零件在加工过程中不仅会产生尺寸误差，几何形状也会产生误差。

1. 基本概念

几何公差（旧称形位公差），即为几何误差的允许变动量。几何公差包括形状公差、方向公差、位置公差和跳动公差。

2. 几何公差的特征符号

几何公差的特征符号见表 7-6。

微课 7-7
零件的几何公差

表 7-6 几何公差特征符号

公差类型	几何特征	符号	有无基准
形状公差	直线度	—	无
	平面度	▱	无
	圆度	○	无
	圆柱度	⌭	无
	线轮廓度	⌒	无
	面轮廓度	⌓	无
方向公差	平行度	∥	有
	垂直度	⊥	有
	倾斜度	∠	有
	线轮廓度	⌒	有
	面轮廓度	⌓	有
位置公差	位置度	⌖	有或无
	同心度（用于中心点）	◎	有

（续）

公差类型	几何特征	符号	有无基准
位置公差	同轴度（用于轴线）	◎	有
位置公差	对称度	=	有
位置公差	线轮廓度	⌒	有
位置公差	面轮廓度	⌒	有
跳动公差	圆跳动	↗	有
跳动公差	全跳动	↗↗	有

3. 几何公差的标注

1）公差框格。几何公差要求在矩形框格内给出，框格由两格或多格组成。框格内从左到右填写以下内容：第一格填写几何公差特征符号；第二格填写几何公差数值、要素和相关符号；以后的框格填写基准字母及有关符号。框格和带箭头的指引线均用细实线绘制，框格应水平绘制，框格内的字母和数字与图样中尺寸数字的高度相同，框格的高度为字体的高度的两倍，长度可根据需要而定。几何公差的标注如图 7-35a 所示。

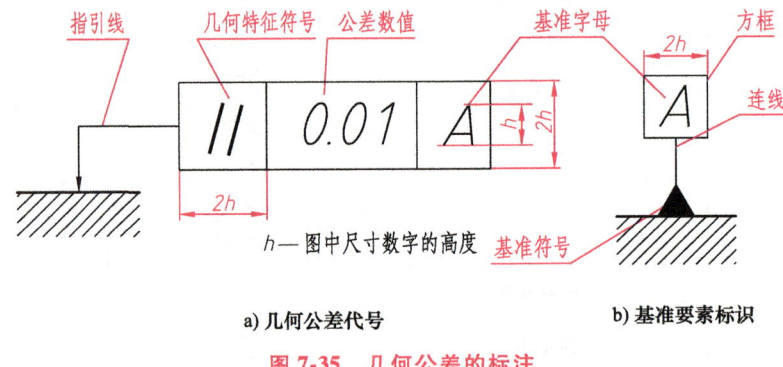

a) 几何公差代号　　　b) 基准要素标识

图 7-35　几何公差的标注

2）基准要素标识。位置公差要有基准。基准要素标识由基准符号、方框、连线和字母组成。基准符号用黑三角表示，如图 7-35b 所示，方框和连线为细实线，方框的宽度和高度相同，方向保持水平，方框内填写基准字母 A、B、C……，其高度与尺寸数字高度相同，如图 7-36 所示。

图 7-36　基准要素标识的各种形式

3）当被测要素或基准要素为轮廓线或表面时，指引线箭头应垂直地指向被测表面的轮廓线或其延长线上，如图 7-37 所示；基准要素标识应靠近轮廓线或其引出线标注，而且都应明显与尺寸线错开，如图 7-38 所示；必要时，指引线箭头、基准要素标识还可以置于带圆点的引出线上，如图 7-39 所示。

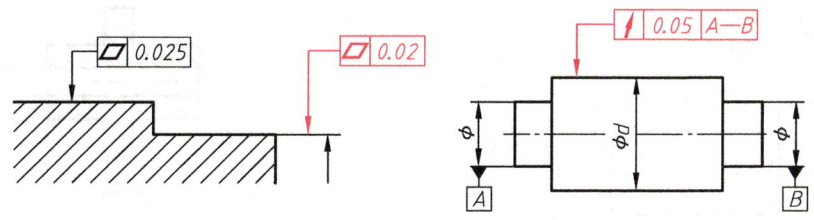

图 7-37　指引线箭头与尺寸线错开

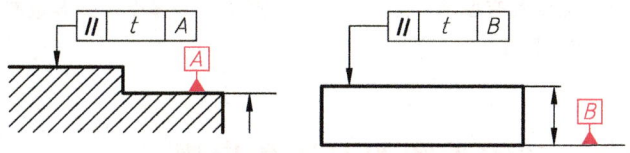

图 7-38　基准要素标识与尺寸线错开

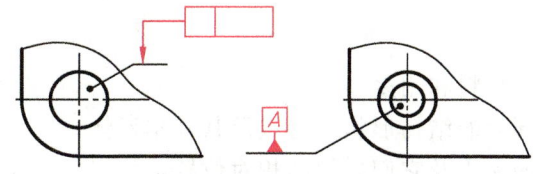

图 7-39　指引线箭头或基准要素标识置于引出线上

4）当被测要素或基准要素为轴线、球心或中心平面时，指引线箭头或基准要素标识与该要素的尺寸线对齐，如图 7-40 所示。

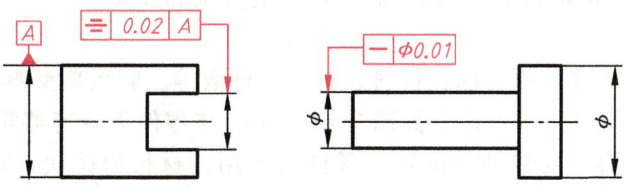

图 7-40　基准要素标识、指引线箭头与尺寸线对齐

5）当指引线箭头或基准要素标识与尺寸线箭头重叠时，指引线的箭头或基准要素标识可以代替尺寸线的箭头，如图 7-41 所示。

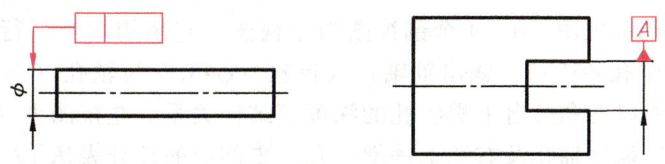

图 7-41　省略箭头的标注

6）当同一个被测要素有多项几何公差要求时，可以在一个指引线上画出多个公差框格，如图 7-42 所示。

7) 若多个被测要素有相同的几何公差要求时，可以从框格引出的指引线上绘制多个指引箭头，分别指向被测要素，如图 7-43 所示。

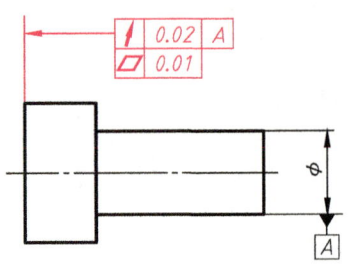

图 7-42　同一个被测要素有多项几何公差要求的标注

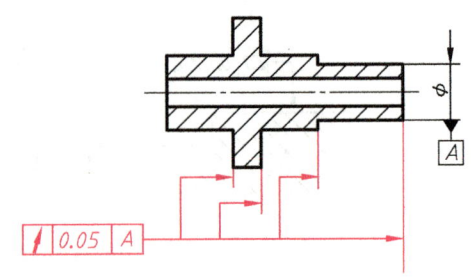

图 7-43　多个被测要素有相同几何公差的标注

7.6　读零件图的方法和步骤

7.6.1　读图要求

1) 了解零件的名称、材料和用途。
2) 了解零件各组成部分的结构形状、特点及其基本形体。
3) 了解零件各部分的大小及它们之间的相对位置。
4) 了解零件的制造方法和技术要求。

微课 7-8
读零件图

7.6.2　读图的方法和步骤

以图 7-44 所示箱体零件图为例说明看零件图的方法和步骤。

1. 看标题栏

从标题栏可以了解零件的名称、材料、比例、件数等。联系典型零件的分类特点，初步了解它在机器中的作用和加工方法。如图 7-44 所示，该零件为减速器箱体，属箱体类零件，在部件中起支承、包容、安装轴、齿轮等零件的作用，材料为铸铁，须由铸件经机械加工而成。

2. 分析表达方案

看图时，首先必须找出主视图，然后看用了多少个视图，弄清楚各视图的名称、采用的表达方法及所表达的目的。图 7-44 所示箱体零件图，采用了三个基本视图、一个 B—B 局部剖视图和一个 C 向局部视图。A—A 全剖视图为主视图，它采用两个平行的平面剖切，表达了输入轴（蜗杆）轴孔 $\phi 35K7$、输出轴轴孔（齿轮）$\phi 48H7$ 与轴孔（图中间的孔）三者的位置关系以及凸台的厚度和凸台上螺纹孔的深度等结构关系。左视图为局部剖视图，表达了箱体前后两个轴孔、蜗杆轴孔及右壁上的螺纹孔。未剖切的部分表达了安装孔上的凸台和底板上的凹坑结构。俯视图采用局部剖视图，表达了蜗杆轴孔，着重表达了箱框和底板的形状及安装孔的位置。B—B 剖视图表达了输出孔凸台的外形。C 向局部视图表达了箱壁左侧两个相连凸台的结构形状和两个轴孔的相对位置关系。

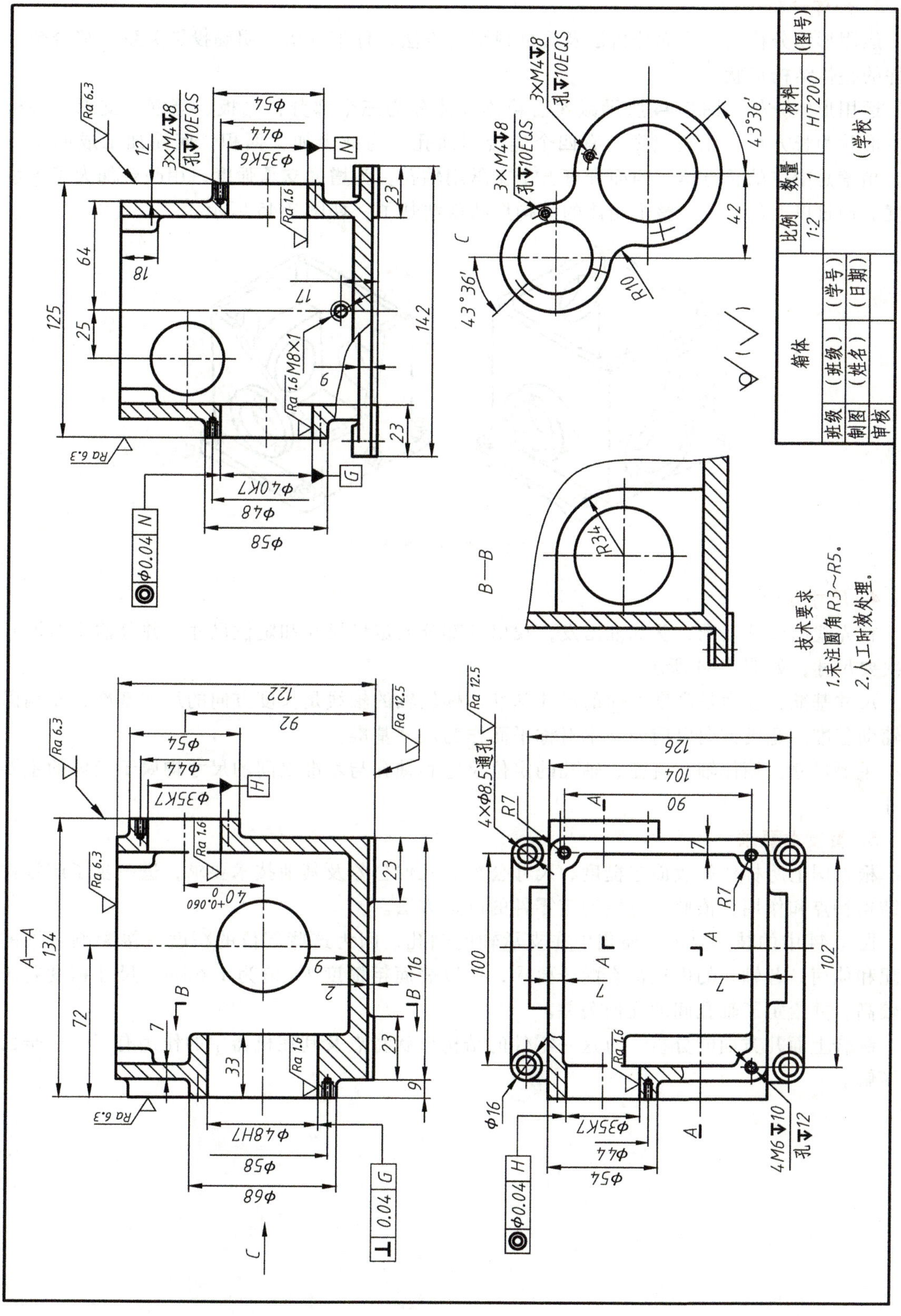

图 7-44 箱体零件图

3. 形体分析

运用形体分析法、线面分析法及看剖视图的方法，仔细分析，明确投影关系并综合想象零件的整体结构形状。

运用形体分析，图 7-44 所示减速器箱体大体分为三个部分：底板、箱壁、支承。底板基本形状为长方形，比箱壁宽，有四个连接用通孔，为减少加工面积，底面加工成四个凸台。箱壁是中空的长方体，四面开有五个支承用轴孔。为增强支承强度，用凸台加大了支承宽度。通过以上的分析，整个箱体的结构形状就清楚了，如图 7-45 所示。

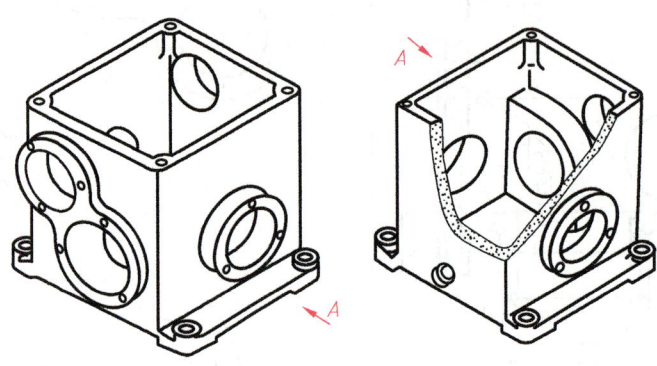

图 7-45　箱体轴测图

4. 尺寸分析

首先找出尺寸基准，从基准出发，找出各部分的定形尺寸和定位尺寸，并分清主要尺寸和次要尺寸，如图 7-44 所示。

尺寸基准：底面是高度方向的尺寸基准。蜗轮轴的轴线是长度方向的尺寸基准，左端面为辅助基准。宽度方向以前后基本对称平面作为尺寸基准。

主要尺寸：箱体轴孔直径、轴孔的定位尺寸和轴孔与基准之间的尺寸均属于箱体的主要尺寸。

5. 看技术要求

根据图上所标注的表面粗糙度、尺寸公差、几何公差及其他技术要求，进一步了解零件的结构特点和作用，依此也可以确定零件的制造方法。

图 7-44 中的技术要求主要集中在支承轴的轴孔，因为这些部位的精度直接影响机器的装配和使用。各轴孔的内径都有配合要求，所以表面粗糙度 Ra 值为 $1.6\mu m$，尺寸精度要求也较高，并给定了轴孔间的几何公差。

综合上面几方面的分析，对这一零件的结构形状特点及其在机器中的作用有了一个全面的了解。

第8章　装配图的绘制与识读

学习目标

1. 掌握绘制装配图的基本方法与步骤，熟悉装配图的特殊画法、尺寸标注和常见的装配工艺结构。
2. 掌握识读装配图和由装配图拆画零件图的基本方法与步骤。

素养目标

1. 培养学生对专业的认同感。
2. 培养学生的职业责任心和严谨认真、精益求精的工作态度。

学习任务

8.1　装配图概述

微课 8-1
装配图概述

任何一台机器都是由若干部件和零件构成，而部件也是由若干零件按一定的装配关系和技术要求装配而成。表达机器或部件（统称为装配体）各组成部分的连接、装配关系的图样，称为装配图。

8.1.1　装配图的作用

在工业生产中，不论是开发新产品，还是对其他产品进行仿制改造，一般都先由设计部门画出装配图，然后根据装配图画出零件图；生产部门则先根据零件图制造出零件，再根据装配图把零件装配成机器或部件。同时，装配图又是安装、调试、操作和检修机器或部件的重要资料。因此，装配图是表达设计思想、指导生产和进行技术交流的重要技术文件。

8.1.2　装配图的内容

图 7-1 所示为铣刀头的分解轴测图，图 8-1 所示为铣刀头的装配图。从图 8-1 中可以看到，一张完整的装配图应包括以下几项内容。

机械制图

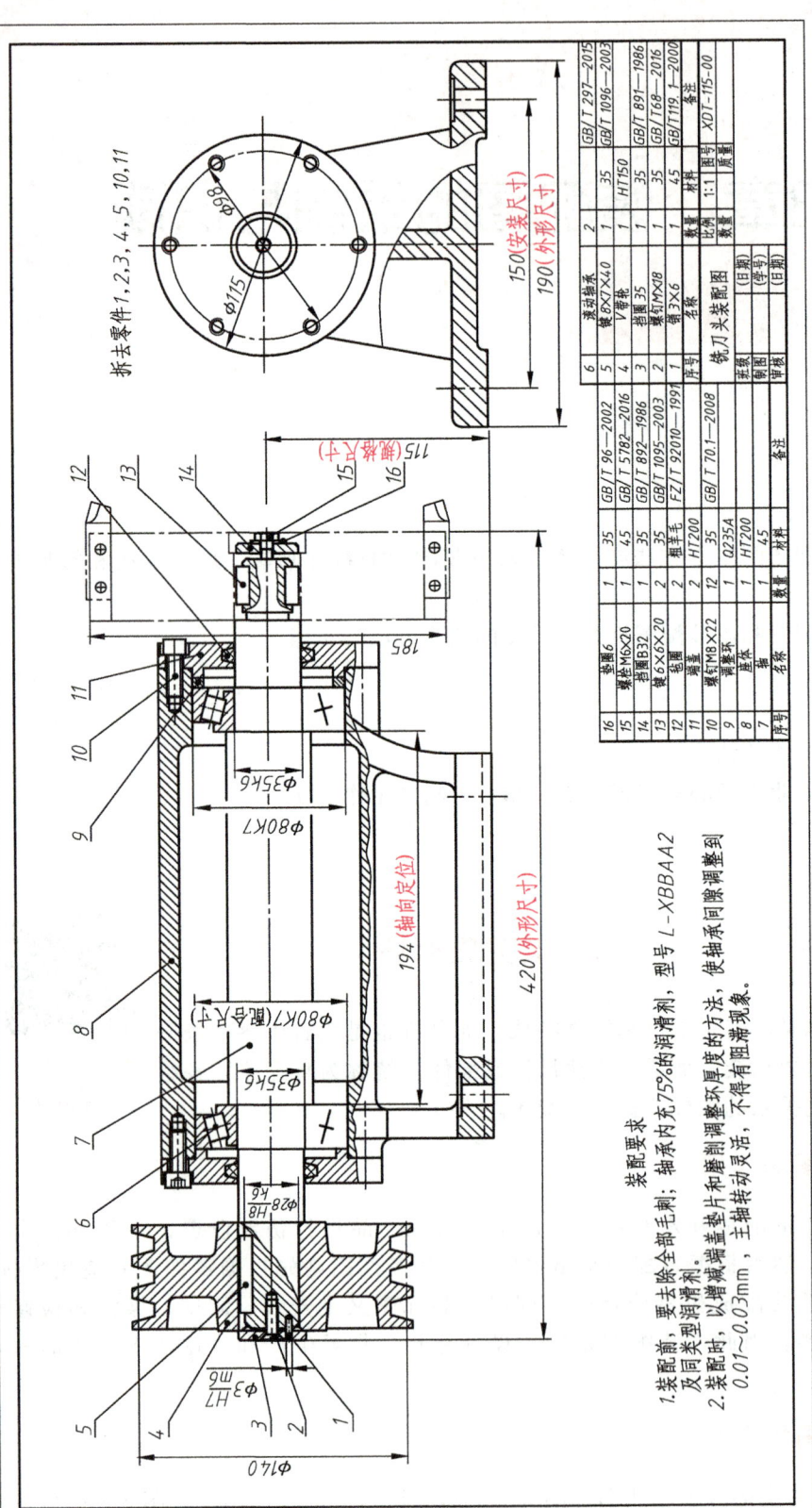

图 8-1 铣刀头装配图

（1）一组视图　用来表达装配体的工作原理，零件间的装配关系、连接方式及主要零件的结构形状等。

（2）必要的尺寸　标注出表示装配体性能、规格及装配、检验、安装时所需的尺寸。

（3）技术要求　用文字说明装配体在装配、检验、调试、使用和维护时需遵循的技术条件和要求等。

（4）零件序号、标题栏和明细栏　序号是对装配体上的每一种零件的顺序编号；标题栏一般应注明单位名称、图样名称、绘图比例、装配体的质量，以及设计、审核人员签名和签名日期等；明细栏应填写零件的序号、名称、数量、材料等内容。

8.2　装配图的表达方法

零件图中的各种表达方法（视图、剖视图、断面图等）同样适用于装配图，但装配图着重表达装配体的结构特点、工作原理以及各零件间的装配关系。针对这一特点，国家标准制定了装配图的规定画法、特殊画法和简化画法。

微课 8-2 装配图的表达方法

8.2.1　装配图的规定画法

1）在装配图中，相邻两零件的接触面和配合面只画一条线。如图 8-2 中轴承与轴的配合面，轴承与座体孔的配合面等。但非接触面和非配合表面，即使间隙很小，也必须画出两条线，如图 8-2 中不配合的螺钉与通孔、端盖孔与主轴之间等应画双线。

2）在装配图中，相邻两金属零件的剖面线倾斜方向应相反；当三个零件相邻时，其中两个零件的剖面线倾斜方向一致，但间隔不相等，如图 8-2 所示。

注意：同一零件的剖面线在各视图中务必方向、间隔一致。

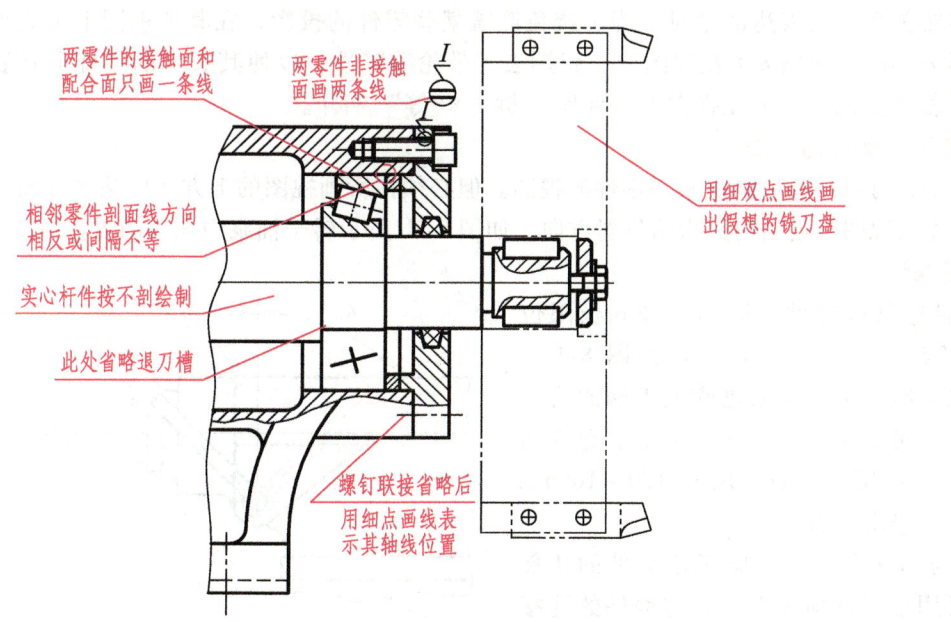

动画 8-2 装配图的规定画法

图 8-2　装配图的规定、简化及假想画法

3）对于紧固件、实心件（轴、杆、球、键、销、螺栓、螺母等），当剖切面通过其轴线纵向剖切时（切薄），均按不剖绘制，如图 8-2 所示。但剖切面垂直这些零件的轴线横向剖切时，则应画出剖面线，如图 8-3a 所示。

8.2.2 装配图的特殊画法

1. 拆卸画法

（1）以拆卸代替剖视 假想沿某些零件的结合面剖切，即将剖切平面与观察者之间的零件拆掉后再进行投影。此时在零件结合面上不画剖面线，但被切部分必须画出剖面线，如图 8-3a 所示。

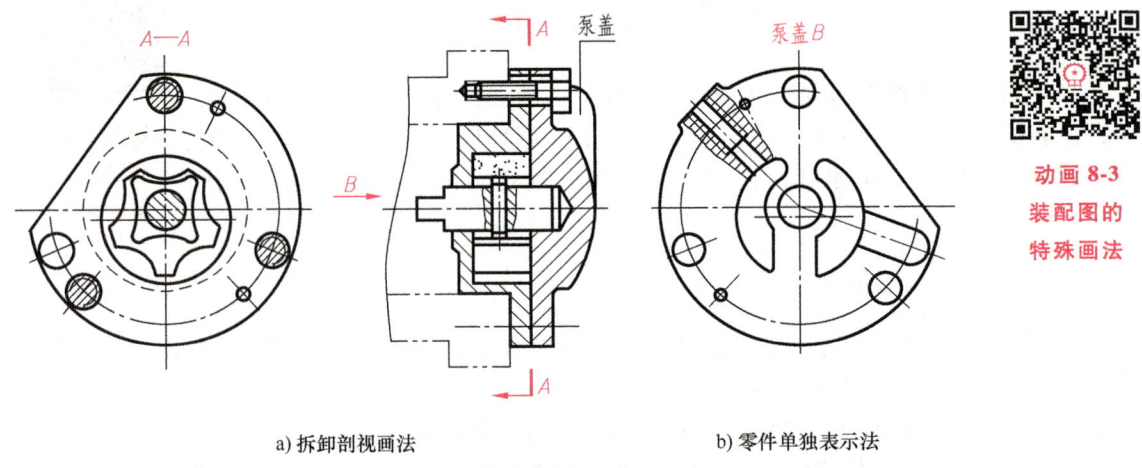

a）拆卸剖视画法 b）零件单独表示法

图 8-3 以拆卸代替剖视

（2）拆去某些零件后的画法 当装配体上某些常见的较大零件（如带轮）在某个视图上的位置和连接关系等已表达清楚时，为了避免遮盖某些零件的投影，在其他视图上可假想将这些零件拆去不画。如图 8-1 左视图中，就拆去了带轮等零件，以使其右方的零件形状表达得更清楚。若需要说明，可在视图上方注明"拆去××等"字样。

2. 单独表示某零件的画法

在装配图中，可以单独地画出某一零件的视图。但必须在所画视图的上方注出该零件的序号或名称，在相应视图附近用箭头指明投射方向，如图 8-3b 所示转子油泵中泵盖的 B 向视图。

3. 假想画法

1）对部件中某些零件的运动范围和极限位置，可用细双点画线画出其轮廓。如图 8-4 所示，用细双点画线画出了车床尾座上手柄的另一个极限位置。也可以用两个尺寸来表示所允许的两个极限位置，如图 8-5 中，尺寸 120～160mm 表示顶针上下的极限位置。

2）对于与部件有关但不属于该部件的相邻零、部件，可用细双点画线表示其与部件的连接关系，如图 8-1 中的铣刀盘和图 8-6 中的工件。

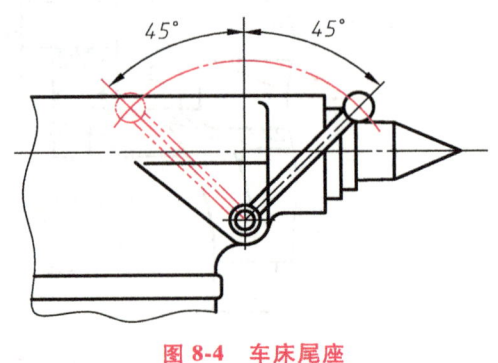

图 8-4 车床尾座

第 8 章 装配图的绘制与识读

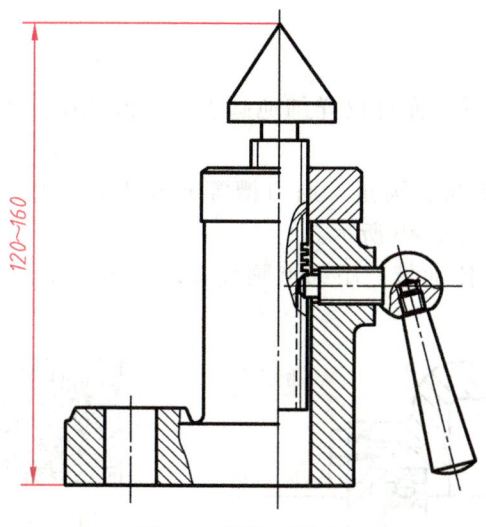

图 8-5 划线顶针盘

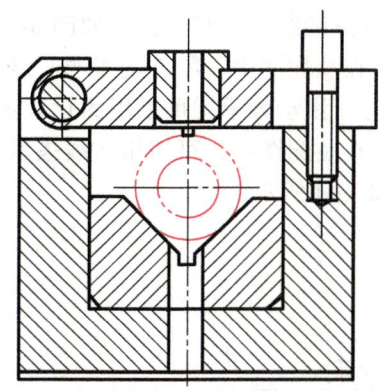

图 8-6 夹具中工件的表示法

4. 夸大画法

对于薄片零件、细丝弹簧和微小间隙等，若按其实际尺寸在装配图中很难画出或难以明确表示，可不按比例，而采用夸大画法。如图 8-2 中的端盖孔与主轴之间，即采用了夸大画法。

5. 展开画法

在传动机构中，为了表示传动关系及各轴的装配关系，可假想用剖切平面按传动顺序沿各轴的轴线剖开，将其展开、摊平后画在同一个平面上（平行于某一投影面），如图 8-7 所示。

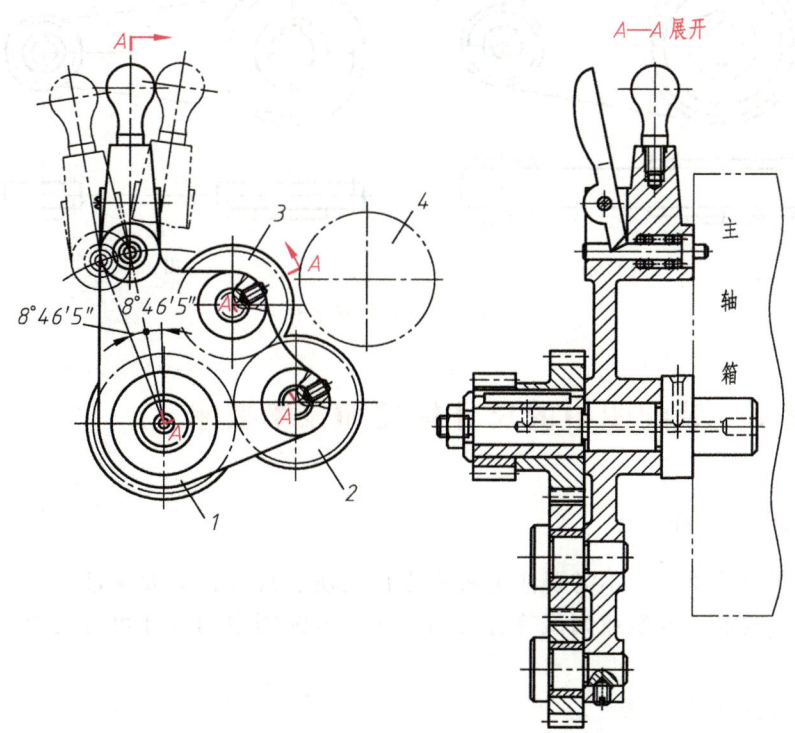

图 8-7 展开画法

8.2.3 装配图的简化画法

1）装配图中若干相同的零件组，如螺栓联接等，允许仅详细地画出一组或几组，其余只需用细点画线表示其位置，如图8-8a、b所示。

2）在装配图中，零件的某些工艺结构，如倒角、圆角、退刀槽等允许不画，螺栓头部、螺母、滚动轴承均可采用简化画法，如图8-8a、8-8b所示。

3）在装配图中，可用粗实线表示带传动中的传动带，用细点画线表示链传动中的链，如图8-8c、d所示。

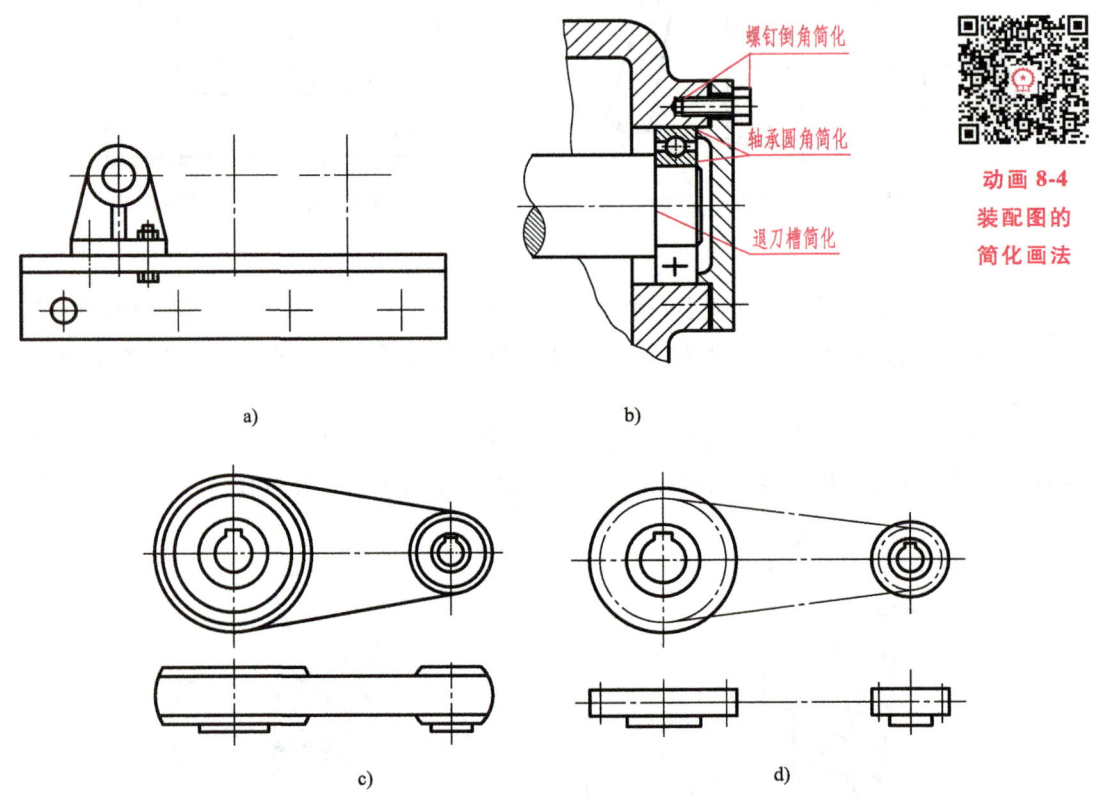

图8-8 简化画法

8.3 装配图中的尺寸标注和技术要求

8.3.1 尺寸标注

装配图与零件图不同，不需要注出每个零件的所有尺寸，只要求注出与装配体的装配、检验、安装或调试等有关的尺寸。装配图中的尺寸可分为以下几类。

1. 性能（或规格）尺寸

性能（或规格）尺寸是表示装配体的性能或规格的尺寸，是设计的一个重要数据。如

图 8-9 所示滑动轴承装配图中的尺寸 φ50H8，它反映了该部件所支承的轴的直径大小。

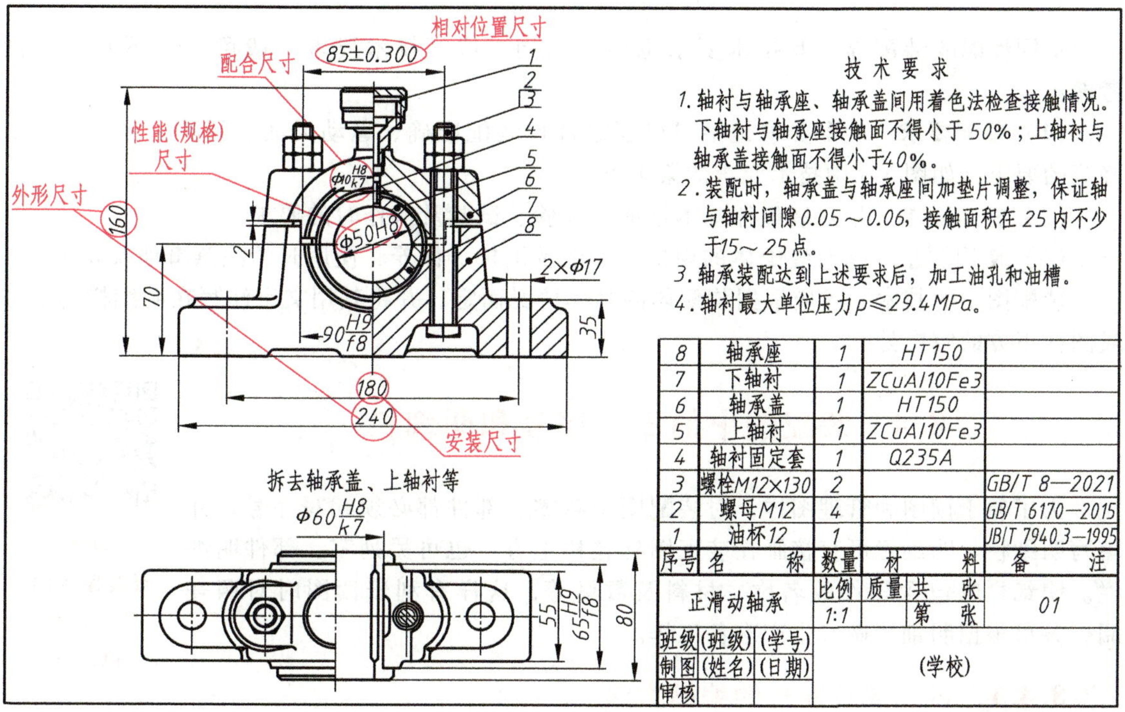

图 8-9 滑动轴承装配图

2. 装配尺寸

装配尺寸是表示装配体各零件之间装配关系的尺寸，通常有：

1）配合尺寸。用来表示两个零件之间配合性质的尺寸，如图 8-9 中的 $90\frac{H9}{f8}$ 和 $\phi 10\frac{H8}{k7}$。

2）相对位置尺寸。零件在装配时需要保证的相对位置尺寸，如图 8-9 中两螺栓的中心距（85±0.300）mm。

3. 安装尺寸

安装尺寸是装配体安装到地基或其他机器上时所需的尺寸，如图 8-9 中的安装孔尺寸 180mm。

4. 外形尺寸

外形尺寸是表示装配体的总长、总宽、总高尺寸，它提供了装配体在包装、运输和安装过程中所占的空间大小，如图 8-9 中的尺寸 240mm、80mm、160mm。

5. 其他重要尺寸

其他重要尺寸是指在设计中经过计算或根据某种需要而确定的、但又不属于上述几类尺寸的一些重要尺寸，如图 8-9 中的尺寸 2mm。

上述五类尺寸，彼此间往往有某种关联。如图 8-9 中主视图中的尺寸 240mm，它既是总长尺寸，又是零件的主要尺寸。此外，一张装配图中，也不一定都要标全这五类尺寸，在标注尺寸时应根据装配体的构造情况，经具体分析而定。

动画 8-5 装配图中的尺寸分类

8.3.2 技术要求

不同性能的装配体，其技术要求也各不相同。拟订技术要求一般可从以下几个方面考虑：

（1）装配要求　装配要求是指对机器或部件装配准确、运动灵活、间隙恰当、润滑良好等的要求，如图8-9中技术要求的第1条。

（2）检验要求　指对装配体基本性能的检验、试验及操作时的要求。

（3）使用要求　指对装配体的规格、参数及维护、保养、使用时的注意事项及要求。

装配图中的技术要求应根据装配体的具体情况而定，并将其用文字注写在明细栏的上方或图样下方的空白处。

8.4 装配图中的零件序号和明细栏

为了便于读图和管理图样，对装配图中各零、部件都必须编写序号，并填写明细栏。明细栏可直接画在装配图标题栏上方，也可另列零、部件明细栏。明细栏应包含零件的名称、材料及数量等，这样有利于读图时对照查阅，并可根据明细栏做好生产准备工作。

微课8-4
装配图中的
零件序号
和明细栏

8.4.1 零、部件序号的编排方法

1. 一般规则

1）装配图中所有的零、部件都必须编写序号。规格相同的零件只编一个序号，标准化组件如油杯、滚动轴承、电动机等，可看作一个整体，编一个序号。

2）装配图中零、部件的序号应与明细栏中的序号一致。

2. 零、部件序号的编注形式

零、部件序号的通用表示方法如图8-10所示。

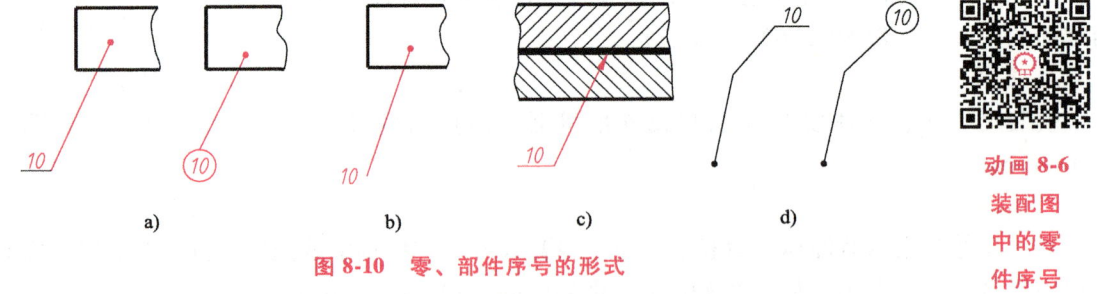

图8-10　零、部件序号的形式

动画8-6
装配图
中的零
件序号

1）在所指零、部件的可见轮廓内画一圆点，自圆点画指引线（细实线），指引线的另一端画出水平细实线或细实线圆，在水平线上或圆内注写序号，序号字高比装配图中所注尺寸数字高度大一号或两号，如图8-10a所示。

2）在指引线附近直接注写序号，序号字高比装配图中所注尺寸数字高度大两号，如图8-10b所示。

3）若所指部分是很薄的零件或涂黑的剖面，不便于画圆点，则可用箭头代替圆点并指向该部分轮廓，如图 8-10c 所示。

注意： 同一张装配图中编注序号的形式应一致。

3. 指引线

指引线相互不能相交，也不要与剖面线平行，必要时可画成折线，但只允许转折一次，如图 8-10d 所示。对于一组紧固件及装配关系清楚的零件组，可采用公共指引线，如图 8-11 所示。

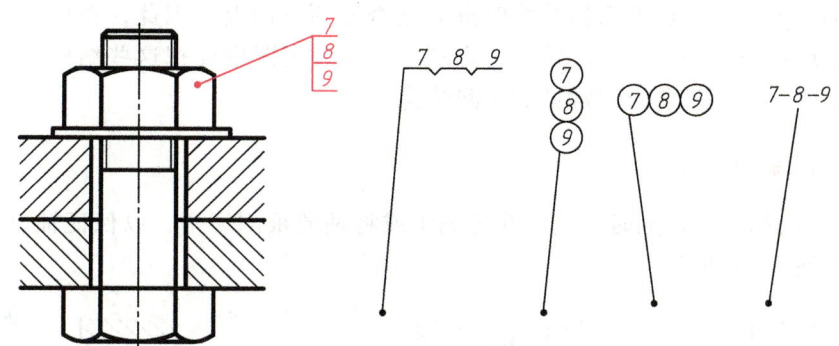

图 8-11　零件组的序号

4. 序号在图样中的编排

在装配图中，序号一般应按顺时针或逆时针方向顺次排列整齐。如在整个图样上无法连续排列时，应尽量在每个水平或垂直方向顺次排列，如图 8-1 所示。

8.4.2　明细栏

明细栏一般由序号、名称、数量、材料、备注等组成，格式可按 GB/T 10609.2—2009 的规定绘制。也可按实际需要设置内容。学生作业中的明细栏建议采用图 8-12 所示的格式。

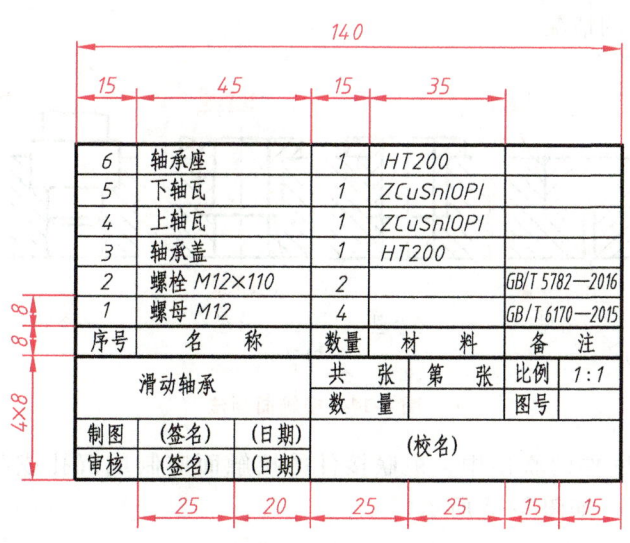

动画 8-7
装配图中
的明细栏

图 8-12　明细栏格式

明细栏一般配置在装配图中标题栏的上方，按由下而上的顺序填写。当位置不够时，可紧靠在标题栏的左边自下而上延伸。若不能在标题栏的上方配置明细栏，明细栏可作为装配图的续页按 A4 幅面单独给出，但其顺序应是由上而下填写。

8.5 常见的装配结构

装配结构是否合理，不仅关系到部件或机器能否顺利装配以及装配后能否达到预期的性能要求，还关系到检修时拆装是否方便等问题。因此，在设计装配体时，应考虑零件之间装配结构的合理性，在装配图中要把这些结构正确地反映出来。下面简要介绍常见的装配结构。

微课 8-5 常见的装配结构

8.5.1 接触面结构

1) 轴肩与孔端面相接触时，应将孔边倒角或将轴的根部切槽，以保证轴肩与孔的端面接触良好，如图 8-13 所示。

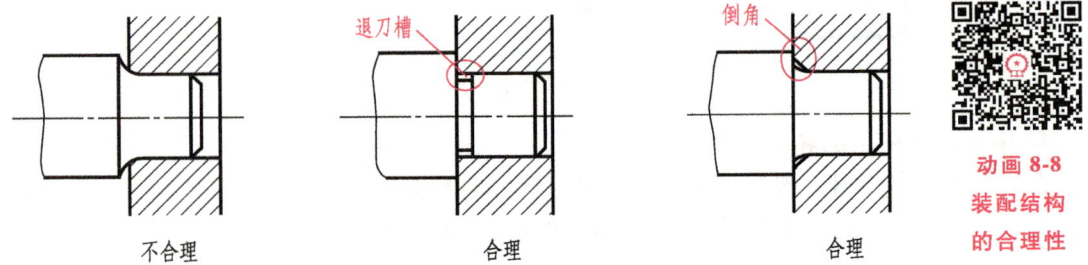

动画 8-8 装配结构的合理性

图 8-13 轴肩与孔口接触面的画法

2) 两零件在同一方向上只能有一组面接触，应尽量避免两组面同时接触。这样既可保证两面接触良好，又可降低加工要求。图 8-14a 所示为两平面接触的情况，图 8-14b、8-14c 所示为两圆柱面接触的情况。

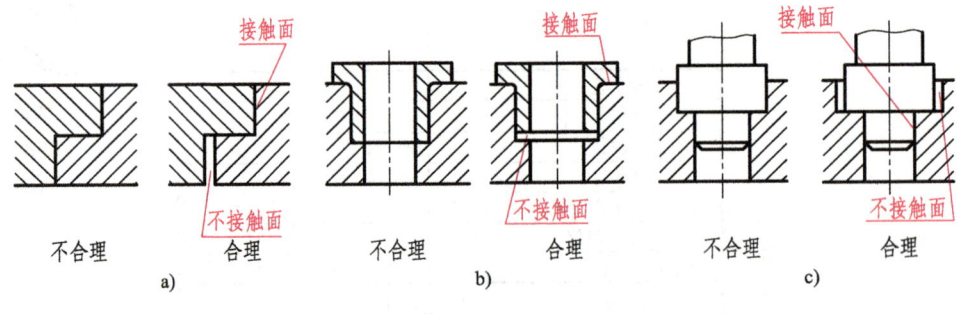

图 8-14 接触面画法

3) 在螺栓等紧固件的联接中，被联接件的接触面应制成沉孔或凸台，且需经机械加工，以保证接触良好，如图 8-15 所示。

8.5.2 零件的紧固与定位

1) 为了紧固零件，可适当加长螺纹尾部，在螺杆上加工出退刀槽，在螺纹孔上做出凹坑或倒角，如图 8-16 所示。轮毂孔的轴向长度应大于与其配合轴段的长度，以便于紧固，如图 8-16a 所示。

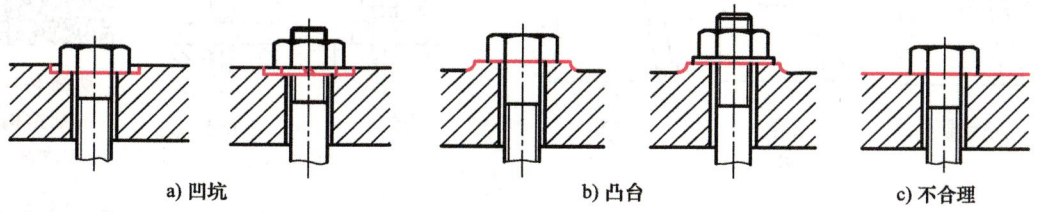

图 8-15　紧固件与被联接件接触面的结构

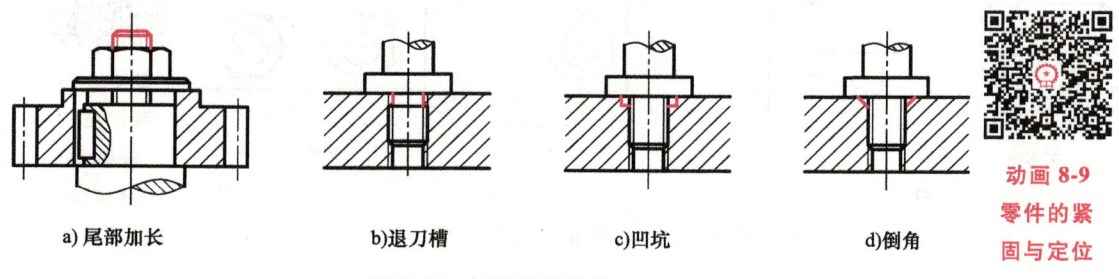

图 8-16　螺纹尾部结构

2）为防止滚动轴承在运动中产生轴向窜动，可根据需要，对内、外圈采用不同形式的固定，如图 8-17 所示。

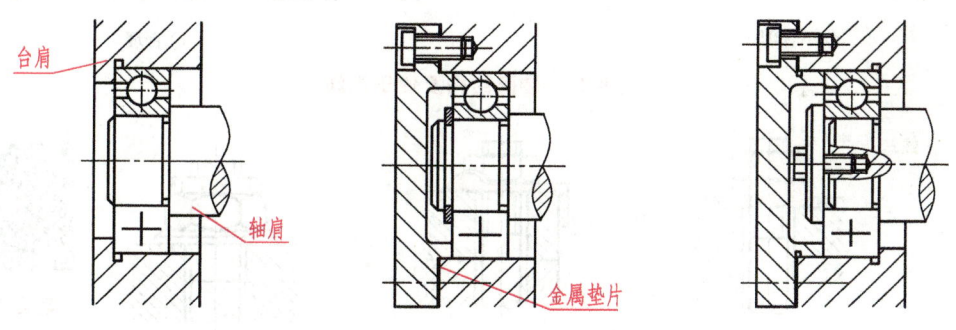

图 8-17　滚动轴承的轴向定位

8.5.3　零件的装、拆方便与可能

1）当零件用螺纹紧固件联接时，应考虑装拆的方便与可能。一是要留出扳手的转动空间，二是要保证有足够的装拆空间，如图 8-18 所示。

2）零件在用轴肩或孔肩定位时，应注意维修时装拆的方便与可能，如图 8-19 所示。

8.5.4　装配体上的常见装置

1. 螺纹防松装置

为了避免紧固件由于机器工作时的振动而松开，常需采用螺纹防松装置。常用的防松装置如图 8-20 所示。

机械制图

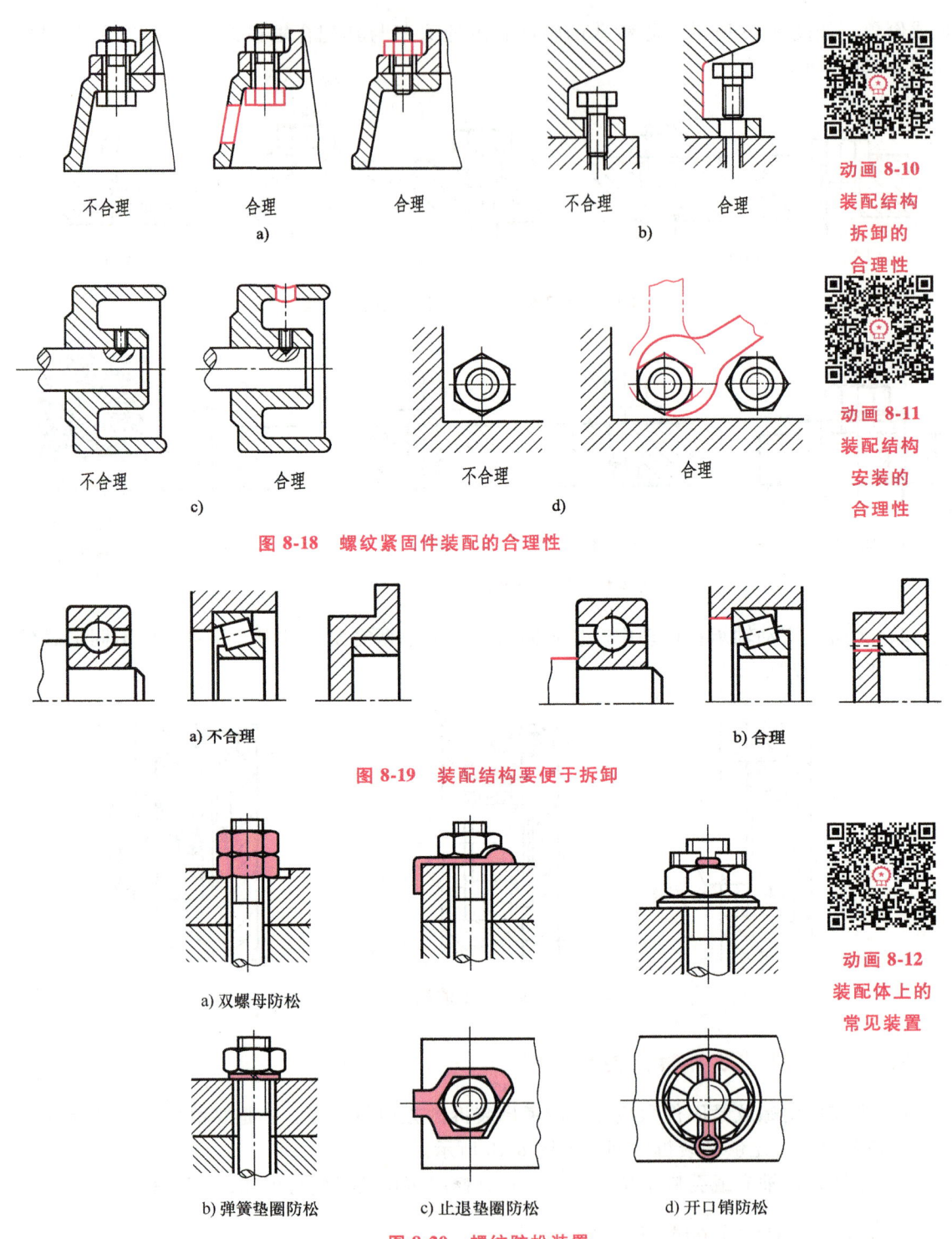

图 8-18 螺纹紧固件装配的合理性

图 8-19 装配结构要便于拆卸

图 8-20 螺纹防松装置

2. 密封装置

为防止机器内部的液体或气体向外渗漏，同时也防止外界的灰尘、杂质等进入机器，常需采用密封装置。常用的密封装置如图 8-21 所示。

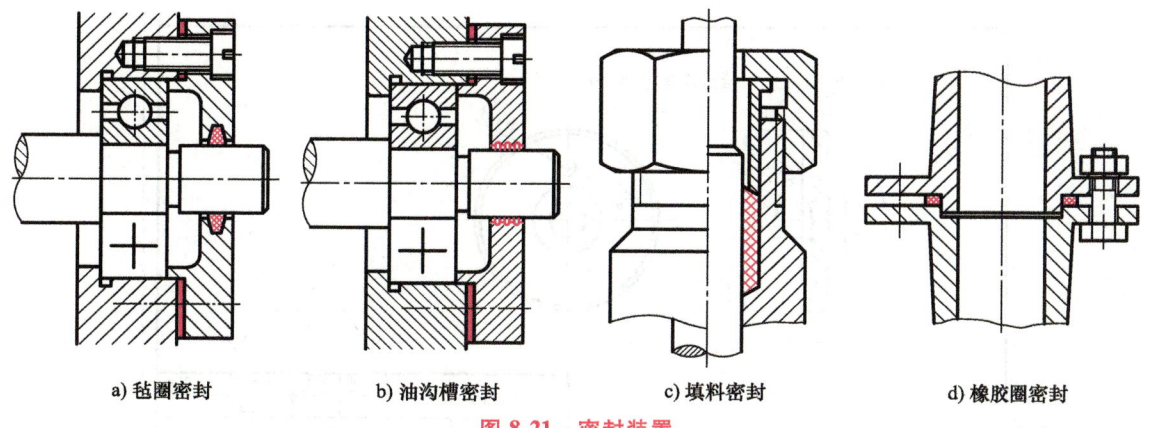

图 8-21 密封装置

8.6 由零件图画装配图

微课 8-6
由零件图
画装配图

部件是由若干零件装配而成的，根据这些零件图及有关资料，看清各零件的结构形状，了解装配体的用途、工作原理、连接和装配关系，然后拼画成部件的装配图。现以图 7-1 所示的铣刀头为例，说明由零件图画装配图的方法和步骤。

铣刀头主要零件的零件图——轴、端盖、座体的零件图如图 7-2、图 7-3、图 7-5 所示，现再补充铣刀头的其他零件——带轮、挡圈、调整环的零件图（图 8-22、图 8-23），还有一

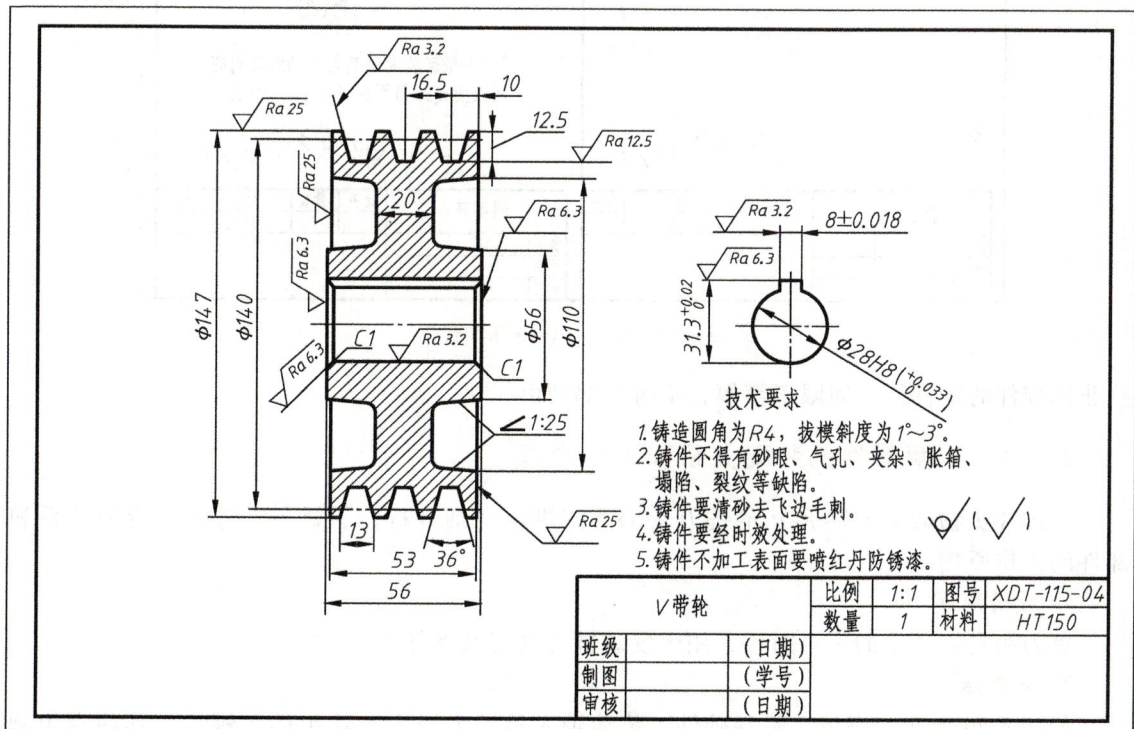

图 8-22 带轮零件图

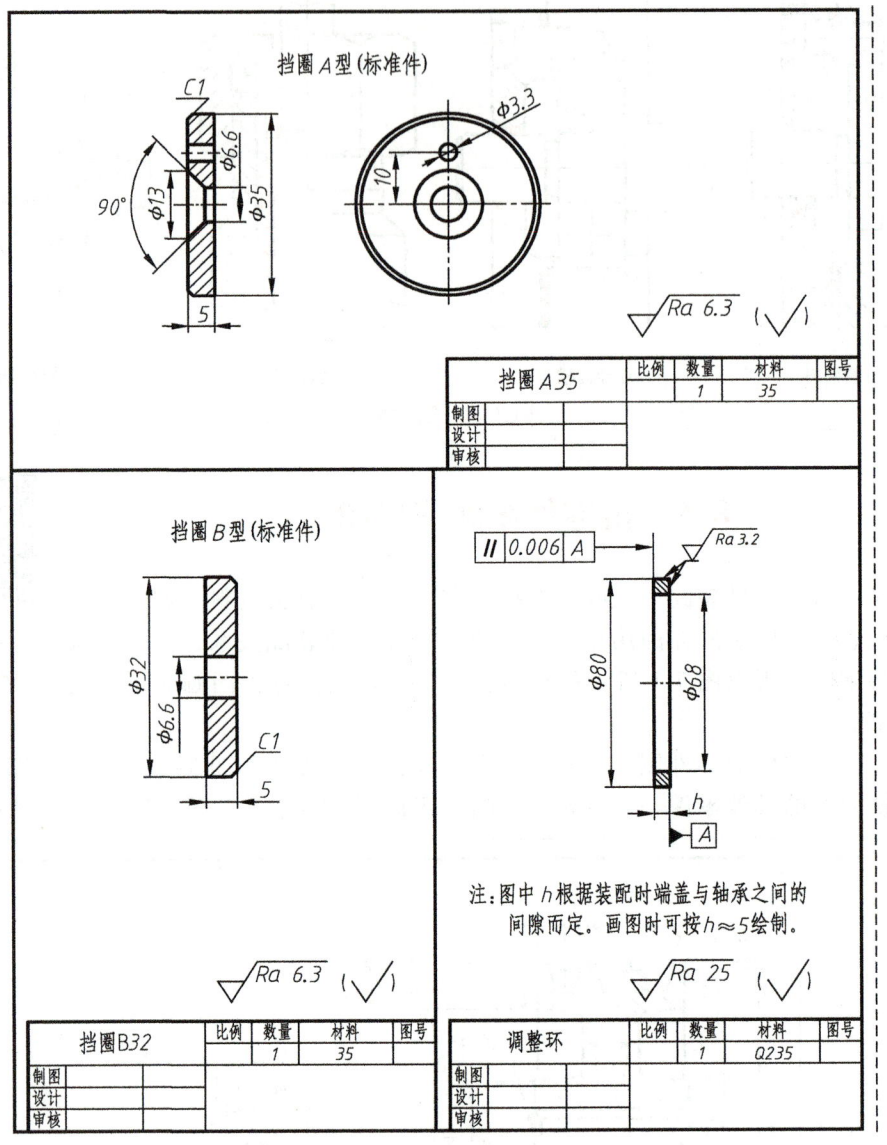

图 8-23 挡圈、调整环零件图

些非标准件的零件图,因限于篇幅,不再全部列出。

8.6.1 了解部件的装配关系和工作原理

对部件实物或图 8-24 所示的铣刀头轴测图进行仔细分析,了解各零件间的装配关系和部件的工作原理。

1. 分析用途

铣刀头是铣床中的一个附件,用于安装铣刀进行铣削加工。

2. 分析结构

如图 8-24 所示,座体 7 是基础件,传动轴 8 是动力输入与输出的关键件,其两端由圆锥滚子轴承 9 支承。为了保证工作时转轴、轴承同座体之间的位置不变,除传动轴做成大小

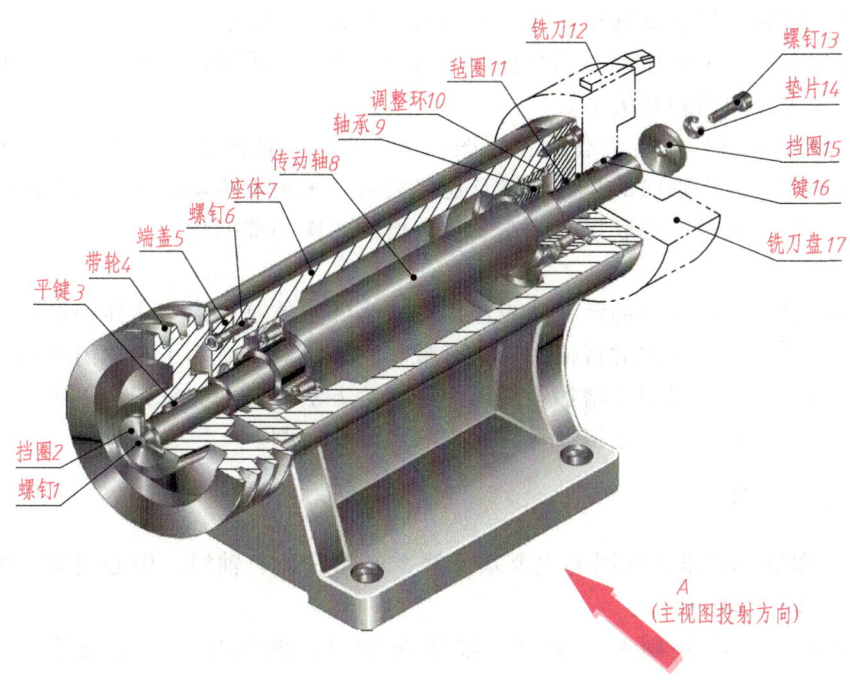

动画 8-13
铣刀头的
工作原理

图 8-24 铣刀头轴测图

不同直径的阶梯轴外,还要用左右两个端盖 5 压紧轴承,右端的调整环 10 用来调整安装间隙,保证压紧。左右端盖 5 用螺钉 6 固定在座体上,起到密封、压紧轴承的作用;端盖 5 里嵌有毡圈 11,以防止切屑、灰尘等进入座体 7 内部。带轮 4 安装在传动轴 8 的左端,其右侧靠轴肩定位,左侧通过挡圈 2 和螺钉 1 固定,以防止轴向窜动。铣刀盘 17 装在传动轴 8 的右端,铣刀 12 固定在铣刀盘 17 上,铣刀盘 17 和铣刀 12 可以不画或者采用假想件的画法画出。

3. 工作原理

带轮 4 通过平键 3,把动力传给传动轴 8,从而带动铣刀盘 17 旋转,对工件进行铣削加工。

4. 分析零件装配关系

铣刀头部件的主要装配连接关系都集中在传动轴上。传动轴与轴承内圈的配合为基孔制的过盈配合;轴承外圈与座体孔的配合为基轴制的过盈配合;传动轴与带轮孔的配合为基孔制的过渡配合,端盖凸缘与座体孔的配合为非基准制的间隙配合。

8.6.2 确定表达方案

画装配图与画零件图一样,应先确定表达方案。根据已学过的机件的各种表达方法(包括装配图的一些表达方法),考虑选用哪一些表达方法能较好地反映出部件的装配关系、工作原理和主要零件的结构形状,实质上也就是视图选择。首先选定主视图,然后再选择其他视图。

1. 主视图选择

部件的安放位置,应与部件的工作位置相符合,这样对于设计和指导装配都会带来方便。当部件的工作位置确定后，接着就选择部件主视图的投射方向。经过比较，应选用能清楚地反映部件的主要装配关系和工作原理的那个视图作为主视图，并采用适当的剖视，以便清晰地表达主要零件及各零件间的相互关系。

基于以上分析，选择图8-24所示A向作为主视图投射方向，可清晰地表达出铣刀头的工作原理。为了看清楚内部各零件轴向的相互位置及连接关系，采用沿传动轴轴线局部剖切的方式，为了表达带轮与轴是通过平键联接的，左端轴上增加二次局部剖切。

2. 其他视图的选择

优先选用俯视图和左视图，也可用局部视图表达。铣刀头的主体是座体，座体的端面结构可通过左视图来表达，为了突出座体的特征，拆去了带轮和平键。同时为了表达出座体底板与支撑板的连接关系与厚度，左视图上增加了局部剖的表达方法。另外，铣刀盘不属于这个部件，但为了表示铣刀头与它的装配连接关系，用细双点画线绘制。

8.6.3　画装配图的步骤

1）选择绘图比例、图幅，画出各视图的主要基准线、座体底面、轴线、中心线等，画出主要装配线上的轴，如图8-25a所示。

2）沿着主要装配线由里向外画左右轴承、轴承左端盖、调整环、右端盖等，如图8-25b所示。

3）画座体的轮廓及螺钉联接等，如图8-25c所示。

4）画带轮及其与轴联接的键、销、螺钉和铣刀盘等，如图8-25d所示。

5）检查后描深，画剖面线，标注装配图尺寸，如图8-25e、f、g所示。

6）编写零件序号，填写技术要求、明细栏、标题栏，完成装配图，如图8-1所示。

动画8-14　由零件图画装配图

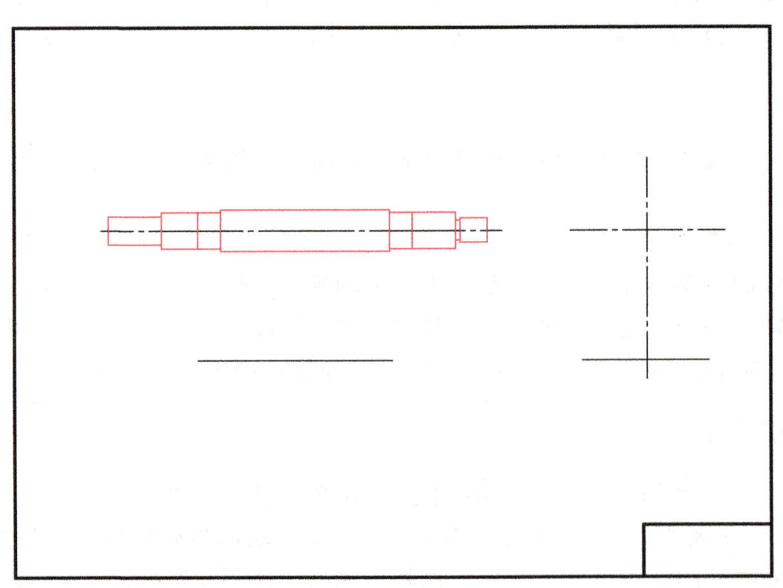

a) 画轴线、中心线、重要的基准线、主轴等

图8-25　画装配图的步骤

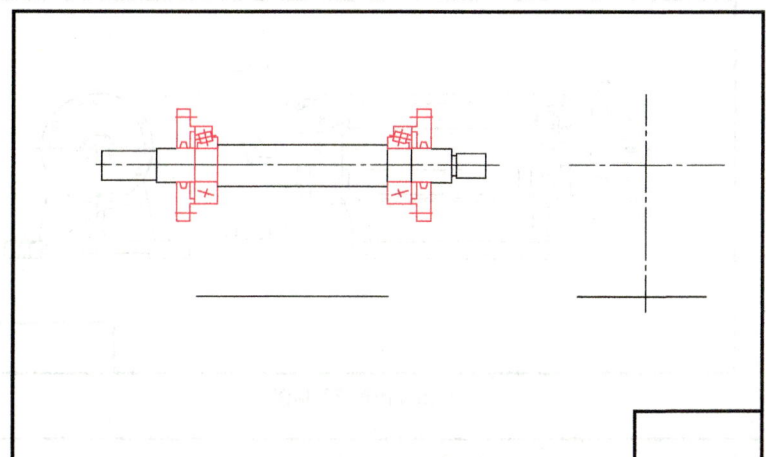

b) 画左右轴承、端盖、调整环等

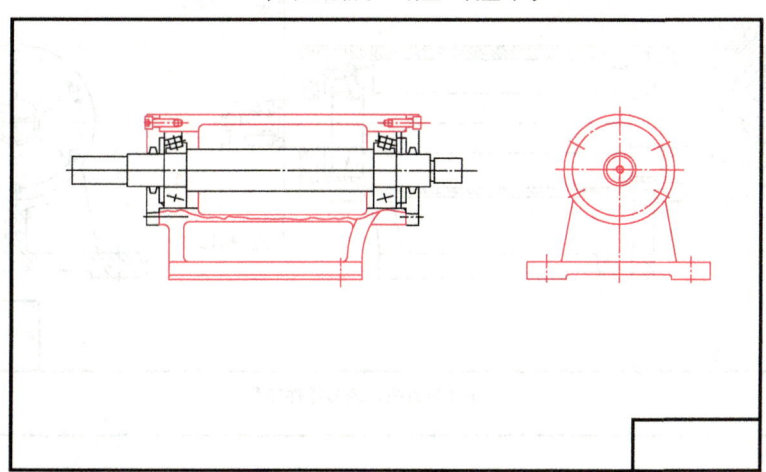

c) 画座体及螺钉联接等

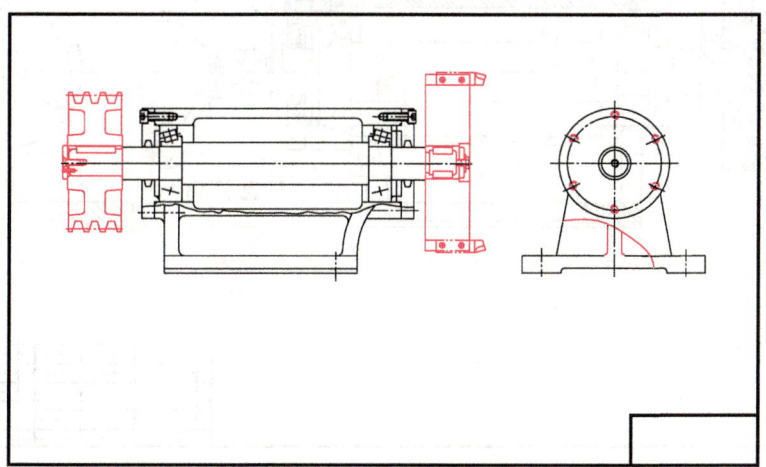

d) 画带轮、铣刀盘等

图 8-25　画装配图的步骤（续）

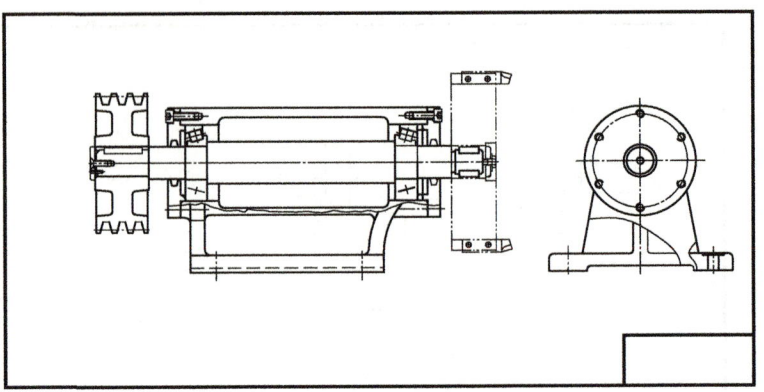

e) 装配图检查及描深

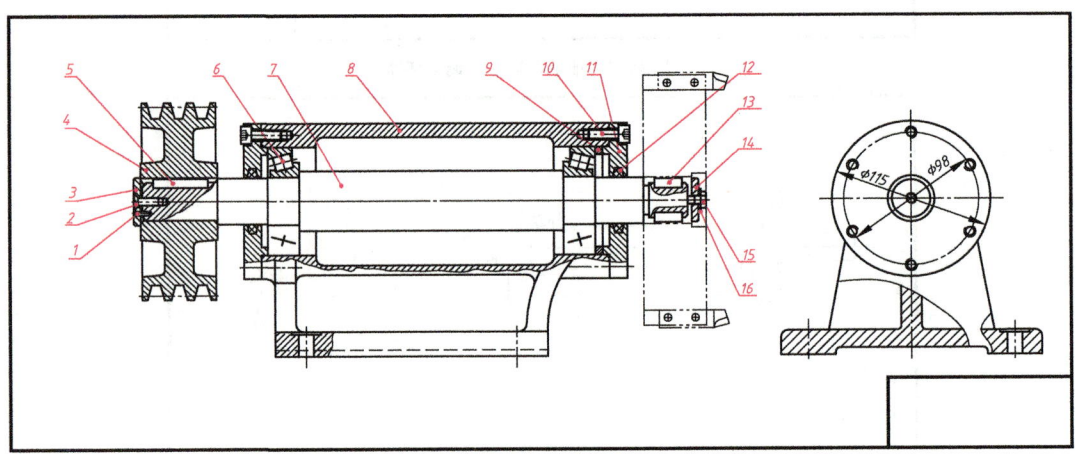

f) 画剖面线、编写零件序号

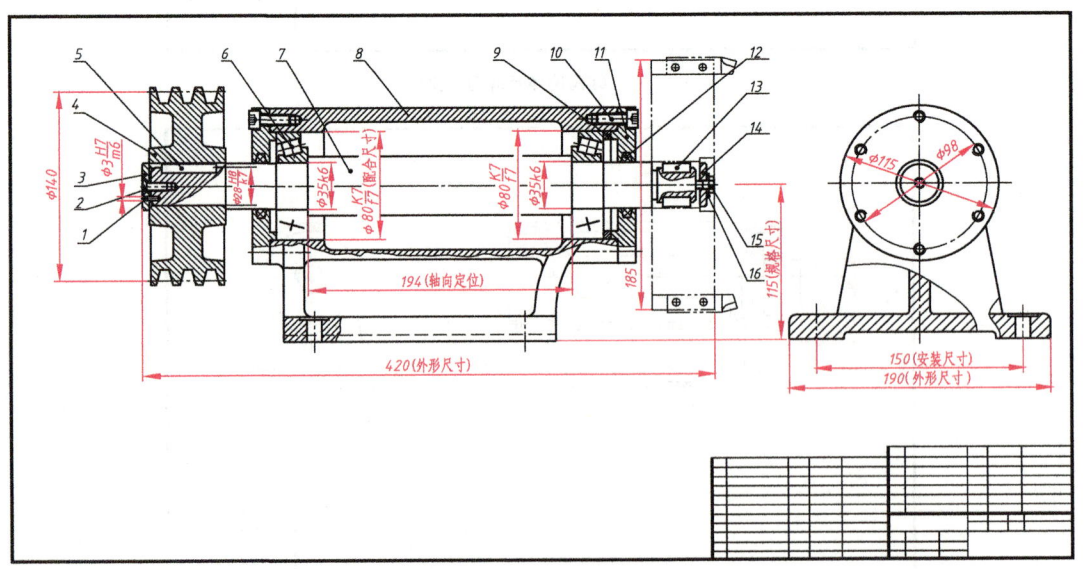

g) 标注装配尺寸、绘制明细栏

图 8-25 画装配图的步骤（续）

注：装配图的绘制步骤和方法可以总结为：先主后次，先内后外，先定位置后画形状，按装配次序绘制。

8.7 读装配图和由装配图拆画零件图

微课 8-7
读装配图

8.7.1 读装配图的方法和步骤

在生产过程中，经常要读装配图。例如在设计中，需要依据装配图来设计零件并画出零件图；在装配机器时，要根据装配图来组装部件或机器；在设备维修时，需参照装配图进行拆卸和重装；在技术交流时，需参阅装配图来了解装配体的具体情况等。因此，工程技术人员必须具备读装配图的能力。

以机用虎钳装配图为例，说明读装配图的一般方法与步骤。

1. 概括了解

根据标题栏和产品说明书及有关技术资料，了解装配体的名称、大致用途；由明细栏了解组成该部件的零件名称、数量，以及标准件的规格等，并大致了解装配体的复杂程度；由总体尺寸，了解装配体的大小和所占空间。图8-26所示机用虎钳是机床上的一种通用夹紧装置，该虎钳由11种零件组成。

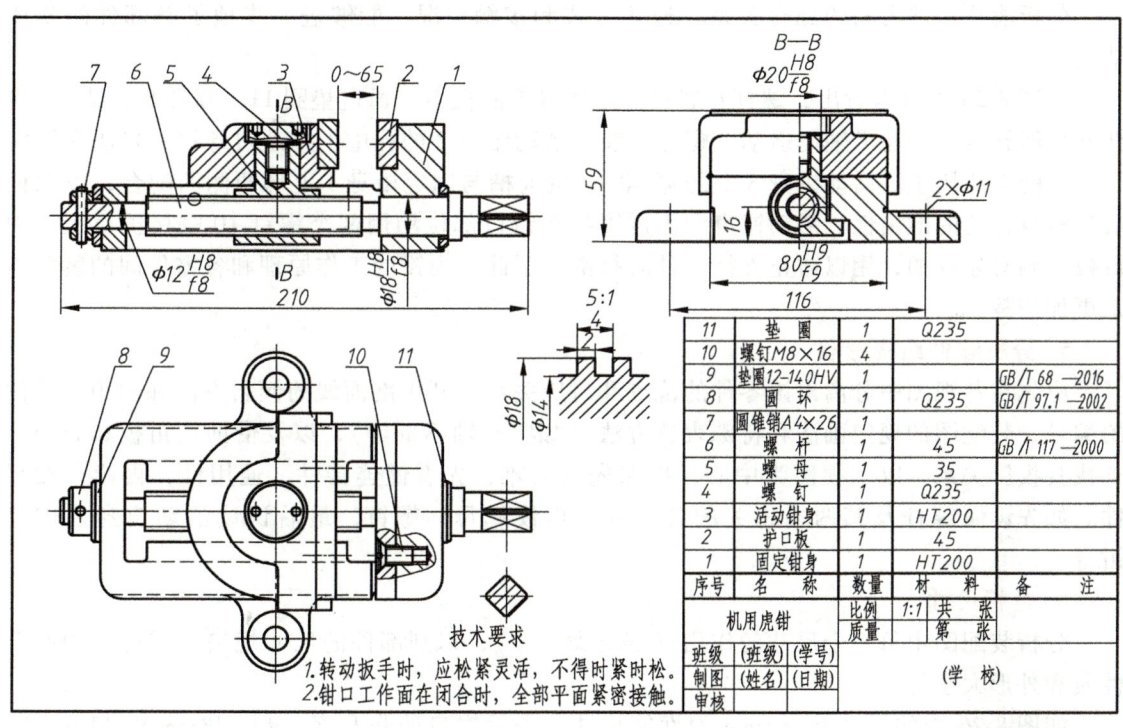

图 8-26 机用虎钳装配图

2. 分析视图

了解各视图、剖视图、断面图的数量，各自的表达意图和它们之间的相互关系，找出视图名称、剖切位置、投射方向，为下一步深入读图做准备。

该虎钳装配图共有5个视图，先从主视图入手，弄清它们之间的投影

动画 8-15
虎钳的工作原
理及爆炸图

189

关系和每个视图所表达的内容。

主视图符合其工作位置，是通过虎钳前后对称面剖切的全剖视图，表达了螺杆6装配主线上各零件的装配关系、连接方式和传动关系。同时表达了螺钉4、螺母5和活动钳身3的结构，以及虎钳的工作原理。

俯视图主要反映机用虎钳的外形，并用局部剖视图表达了护口板2和固定钳身1的连接方式。

左视图采用半剖视图，剖切平面通过两个安装孔，除了表达固定钳身1的外形外，主要补充表达了螺母5与活动钳身3的连接关系。

局部放大图反映了螺杆6的牙型。

移出断面表达了螺杆头部与扳手（未画出）相接的形状。

3. 分析传动路线及工作原理

一般情况下，直接从图样上分析装配体的传动路线及工作原理。当部件比较复杂时，需参考产品说明书和有关资料。如图8-26所示，旋动螺杆6，螺母5沿螺杆轴线做直线运动，螺母5带动活动钳身3、护口板2移动，实现夹紧或放松工件。

4. 分析装配关系

分析清楚零件之间的配合关系、连接方式和接触情况，能够进一步地了解部件的整体结构。

从图8-26中可以看出，螺杆6装在固定钳身1的孔中，通过垫圈11、圆环8和销7，螺杆6只能旋转但不能沿轴向运动。螺母5装在活动钳身3的孔中，并通过螺钉4轻压在固定钳身1的下部槽中。活动钳身3上的宽80mm的通槽与固定钳身1上部两侧面配合，以保证活动钳身移动的准确性。活动钳身和固定钳身在钳口部位均用两个螺钉10联接护口板，护口板上制有牙纹槽，用以防止夹持工件时打滑。至此，虎钳的工作原理和各零件间的装配关系更加清楚。

5. 分析零件结构形状

应先在各视图中分离出该零件的范围和对应关系，利用剖面线的倾斜方向和间距、零件的编号、装配图的规定画法和特殊表达方法（如实心轴不剖等），以及借助三角板和分规等查找其投影关系。以主视图为中心，按照先易后难，先看懂连接件、通用件，再读一般零件。如先读懂螺杆及其两端相关的各零件，再读螺母、螺钉，最后识读活动钳身及固定钳身。

6. 分析尺寸

分析装配图中每一个尺寸的作用（即五类尺寸），识别部件的尺寸规格，零件间的配合性质和外形大小等。

如图8-26中的尺寸0~65mm为性能尺寸，表示钳口的张开度。$\phi12H8/f8$ 和 $\phi18H8/f8$ 是螺杆6与固定钳身1的配合尺寸；80H9/f9是活动钳身3与固定钳身1的配合尺寸；$\phi20H8/f8$ 是螺母5与活动钳身3的配合尺寸。$2\times\phi11$mm 和 116mm 为安装尺寸。210mm、59mm 为总体尺寸。

7. 综合归纳

在上述分析的基础上，进一步分析装配体的工作原理、装配关系、零件结构形状和作用，以及装拆顺序、安装方法。图8-27所示是机用虎钳轴测图。

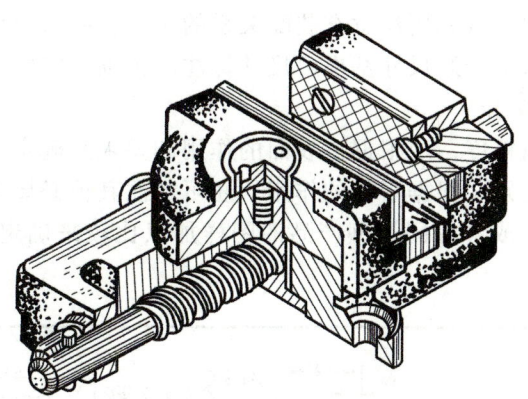

图 8-27 机用虎钳轴测图

8.7.2 拆画零件图

在设计过程中，根据机器或部件的使用要求、工作性能先画出装配图，再根据装配图设计零件，拆画出零件图，简称"拆图"。拆图的过程也是继续设计零件的过程。拆图时，通常先画主要零件，然后根据装配关系逐一拆画有关零件，以保证各零件的形状、尺寸等协调一致。画零件图的方法已在前面章节中作了介绍，这里着重介绍拆图时应注意的一些问题。

微课 8-8
拆画零件图

1. 分析零件

拆图前，必须认真阅读装配图，全面了解设计意图，分析装配关系、技术要求和各零件的主要结构。如在装配图中，对某些零件的次要结构，并不一定都能表达完全，在拆画零件图时，应根据零件功用补充、完善零件的结构形状。在装配图中，零件的细小工艺结构，如倒角、圆角、起模斜度、退刀槽等往往被省略，拆图时，应将这些结构补全并标准化。

2. 确定零件的表达方案

拆画零件图时，零件的表达方案应根据零件本身的结构特点重新考虑，不可机械地照抄装配图，因为装配图的表达方案是从整个装配体来考虑的，无法符合每个零件的要求。如装配体中的轴套类零件，在装配图中可能有各种位置，但画零件图时，通常将轴线水平放置，符合加工位置，便于看图。

3. 零件图中的尺寸标注

在拆图时，零件图中的尺寸可用以下方法确定。

（1）直接抄注装配图中已标出的尺寸　除了装配图中某些需要经过计算的尺寸外，其他已注出的零件的尺寸都可以直接抄注到零件图中；装配图中用配合代号注出的尺寸，需查出偏差数值，注在相应的零件图中。

（2）查手册确定某些尺寸　对零件上的标准结构，如螺栓通孔、销孔、倒角、键槽、退刀槽等，均应从有关标准中查得具体尺寸。

（3）计算某些尺寸数值　某些尺寸可根据装配图所给定的尺寸通过计算确定，如齿轮的分度圆、齿顶圆直径等。

（4）在装配图中按比例量取尺寸　零件上大部分不重要或非配合的自由尺寸，一般都可以按比例在装配图中直接量取，并将量得的数值取整。

在标注尺寸的过程中，首先要注意有装配关系的尺寸，必须协调一致；其次，每个零件应根据其设计和加工要求选择好尺寸基准，尺寸标注应正确、完整、清晰、合理。

4. 零件图中的技术要求

零件各表面的表面粗糙度，应根据该表面的作用和要求来确定。有配合要求的表面，要选择适当的精度及配合类别。根据零件的作用，还可加注其他必要的要求和说明。通常技术要求通过查阅有关的手册或参考同类型产品的图样加以比较来确定。图 8-28 所示为固定钳身的零件图。

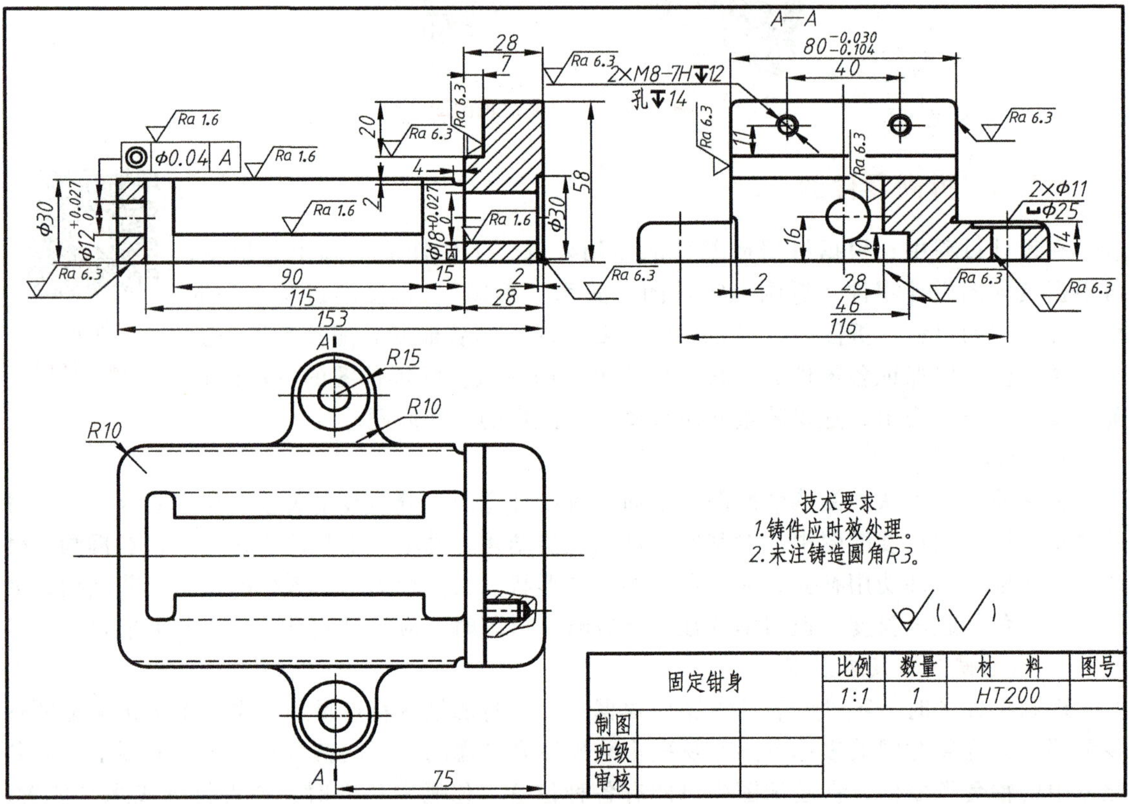

图 8-28　固定钳身的零件图

动画 8-16
由装配图拆画零件图

模块四

技 能 训 练

第9章　零部件测绘

在进行新产品设计或引进产品改造时，需要测绘同类产品的部分或全部零件，供设计时参考。在机器或设备维修时，如果某一部件损坏，在无备件又无零件图的情况下，也需要测绘损坏的部件，画出图样作为加工的依据。因此，零部件测绘是工程技术人员必须掌握的基本技能。

零部件测绘就是根据已有的部件（或机器）和零件进行测量、绘制，并整理画出装配图和零件图的过程。

学习目标

1. 学习测绘工具的使用方法和常用测量方法。
2. 掌握徒手绘图的方法。
3. 学习掌握零部件测绘的方法和步骤。

素养目标

1. 培养学生吃苦耐劳的精神。
2. 培养学生一丝不苟的工作作风。

学习任务

9.1　常用零件测量工具及零件尺寸测量方法

微课 9-1
常用零件测量工具及零件尺寸测量方法

9.1.1　常用测量工具简介

常用的测量工具有钢直尺、卡钳、游标卡尺、外径千分尺、游标万能角度尺、螺纹量规和半径样板等。常用量具介绍见表 9-1。

9.1.2　常见测量方法

1. 线性尺寸测量

线性尺寸可用钢直尺直接测量，也可用钢直尺与三角板配合测量；精度要求高时，可以用游标卡尺测量。线性尺寸测量如图 9-1 所示。

表 9-1 常用量具介绍

名称	图示	说明
钢直尺		钢直尺是不锈钢薄板制成的一种刻度尺,通常刻度最小单位为 1mm,一般用来测量精度要求不高的线性尺寸
卡钳		卡钳有外卡钳(测量外径)和内卡钳(测量内径)两种。卡钳是间接测量工具,必须配合带有刻度的量具才能量取尺寸。卡钳测量误差较大,常用来测量一般精度的直径尺寸
游标卡尺	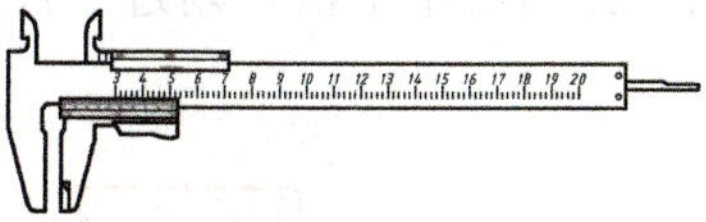	游标卡尺是一种测量精度较高的量具,测量精度可达 0.01mm。除测量长度尺寸外,还可用来测量内径、外径、孔和槽的深度及台阶高度
外径千分尺	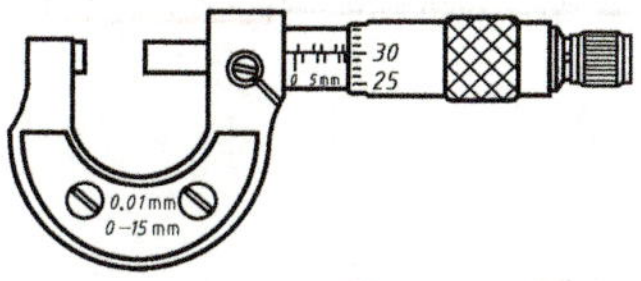	外径千分尺简称千分尺,是生产制造中常用的精密量具。它利用精密螺旋传动,把螺杆的旋转运动转化成直线移动而进行测量,测量精度比游标卡尺高,常用来测量有较高精度的长度和外径等
游标万能角度尺		游标万能角度尺又被称为角度规、游标角度尺和万能量角器,它是利用游标读数原理来直接测量工件的角度或进行划线,适用于机械加工中的内、外角度测量,可测 0°~32° 的外角及 40°~130° 的内角
螺纹量规		螺纹量规主要用于低精度螺纹的螺距和牙型角的检验。测量时,螺纹量规的测量面与工件的螺纹必须完全、紧密接触。此时,螺纹量规上所表示的数字即为螺纹的螺距
半径样板	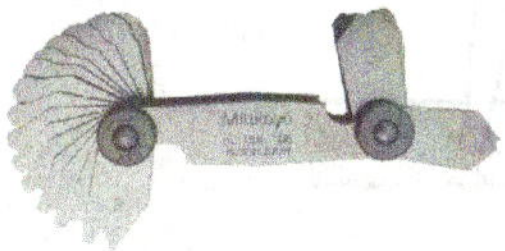	半径样板又称圆角规(R 规),主要用来测量圆角的半径,其中凸弧和凹弧各 16 个。测量时,半径样板片应与被测表面完全密合,所用样板数值即为被测表面的圆角半径

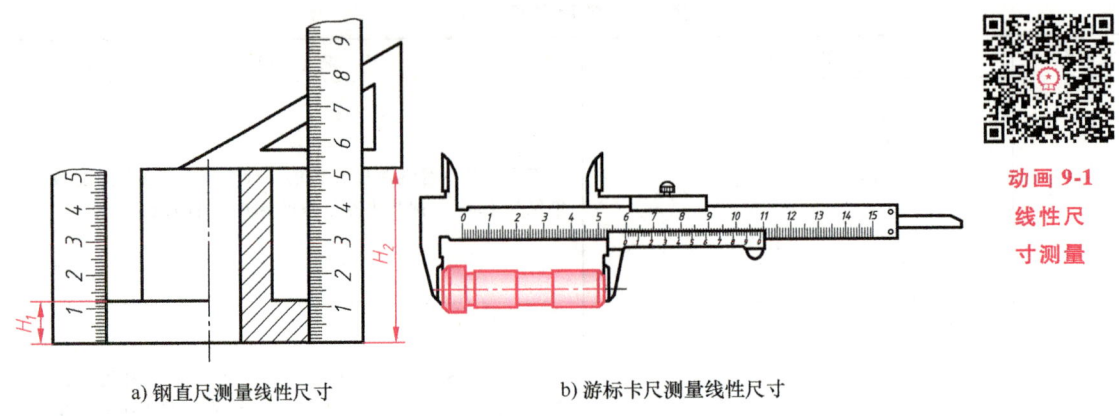

a) 钢直尺测量线性尺寸 b) 游标卡尺测量线性尺寸

图 9-1　线性尺寸测量

2. 直径尺寸测量

通常用游标卡尺测量零件的内、外径，如图 9-2 所示；也可用内外卡钳测量，如图 9-3 所示。使用卡钳测量外径时，应从零件上方并利用卡钳的自重下滑，划过零件外圆；测量内

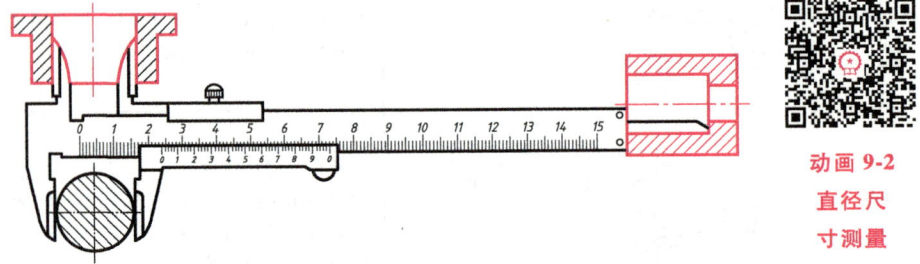

图 9-2　游标卡尺测内、外径和深度尺寸

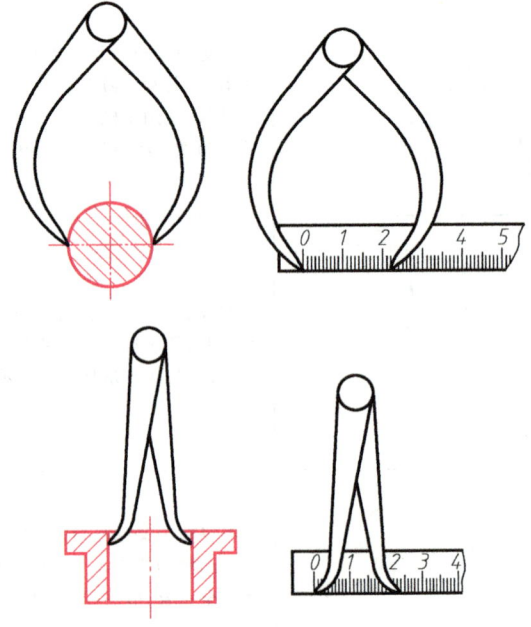

图 9-3　卡钳测内、外径尺寸

径时，将一个钳脚置于孔口处，并用左手固定，另一个钳脚置于孔的上边，并沿孔壁的圆周方向摆动，直至调整到合适程度为止。调整尺寸时，可以敲击卡钳的内外侧进行调整，特别注意在调整卡钳的开口时，切记不要敲击卡钳的测量面而造成损伤，从而影响测量精度。

3. 中心距测量

精度较低的中心距可利用钢直尺和卡钳配合测量，如图9-4所示；精度较高时，可用游标卡尺测量，如图9-5所示。

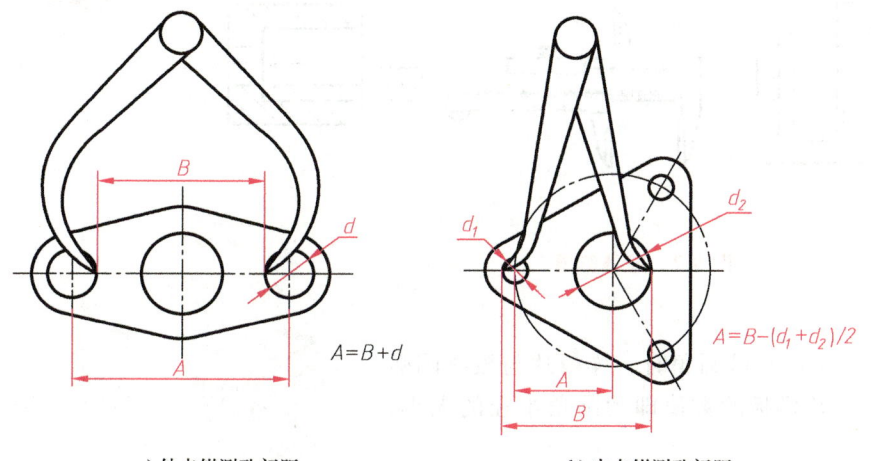

a) 外卡钳测孔间距　　　　　b) 内卡钳测孔间距

图9-4　卡钳测量中心距

动画9-3
中心距测量

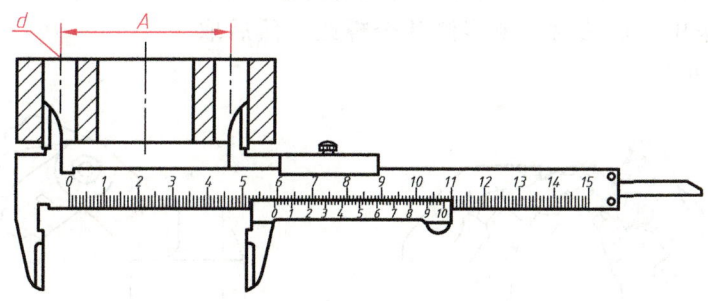

图9-5　游标卡尺测量中心距

4. 中心高测量

中心高可用钢直尺直接测量，也可用钢直尺和内、外卡钳配合测量，如图9-6所示；精度要求较高的中心高，可用游标高度卡尺测量。

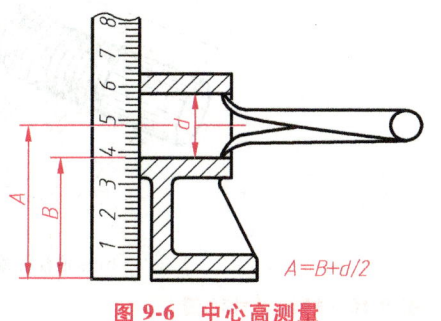

图9-6　中心高测量

动画9-4
中心高测量

5. 壁厚尺寸测量

零件的壁厚可以用钢直尺或者用卡钳和钢直尺配合测量，也可用游标卡尺测量。如图9-7所示，先测量尺寸 A 和尺寸 C，则壁厚 $B=A-C$。

动画 9-5
壁厚尺寸测量

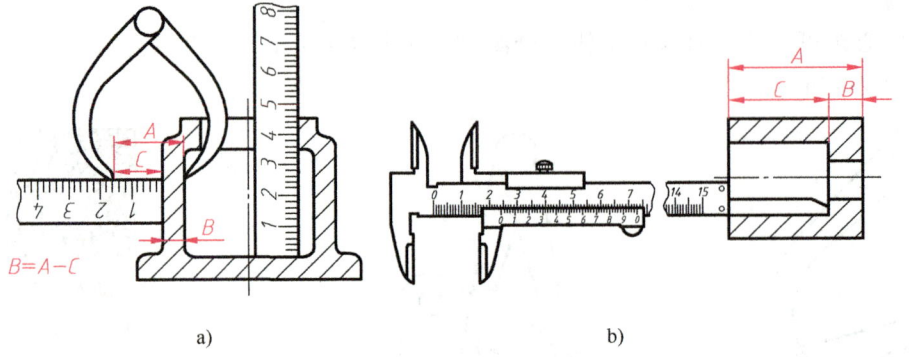

a)   b)

图 9-7 壁厚测量

6. 圆角测量

用半径样板（图9-8）测量圆角时，样板片与被测圆弧相靠，完全吻合时，该片样板的数值即为圆角半径的大小，如图9-9所示。

7. 螺纹尺寸测量

用螺纹量规测螺距如图9-10a所示。若没有螺纹量规，可采用压痕法。采用压痕法时，要多测几个螺距，然后取标准值，如图9-10b所示。

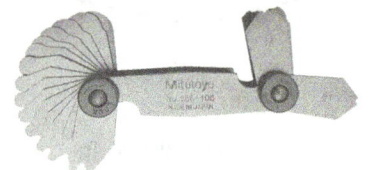

图 9-8 半径样板

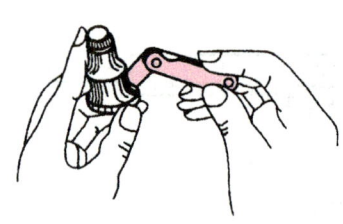

动画 9-6
圆角测量

图 9-9 用半径样板测量圆角

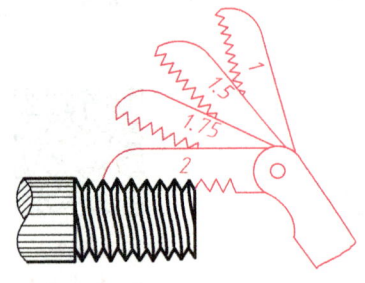

a) 螺纹量规测螺距

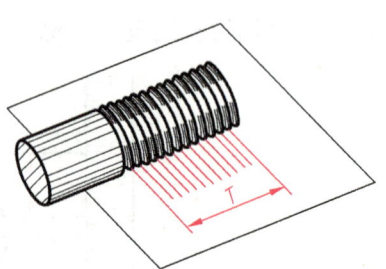

b) 压痕法测螺距

动画 9-7
螺纹尺寸测量

图 9-10 螺纹尺寸测量

8. 曲面的测量

测量曲线或曲面时，若测量精度要求较高，应使用专用的测量仪器，若测量精度要求不高，对一些不容易测量的部位可采用以下方法进行测量。

（1）**坐标法** 一般曲面可用直尺和三角板定出曲面上各点的坐标，在图上画出曲线，或求出曲率半径，如图 9-11 所示。

（2）**样板法** 可利用硬纸板、铅丝、橡皮泥和金属薄板做成与实物相吻合的形状，再求出其半径，如图 9-12、图 9-13 所示。

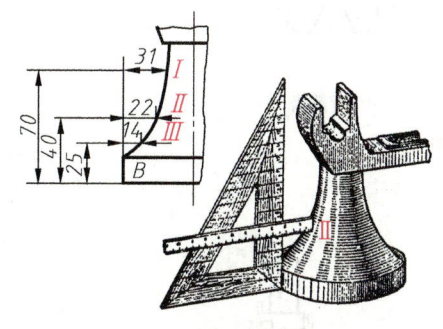

图 9-11　坐标法测量曲面

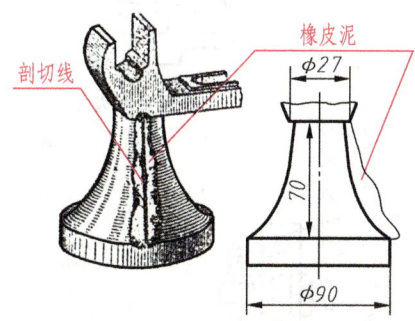

图 9-12　用橡皮泥拓模测量曲面

（3）**拓印法** 将零件被测部位的端面涂上红泥，再放在白纸上拓印出其轮廓，或用铅笔描画出曲面或曲线的轮廓，如图 9-14 所示。

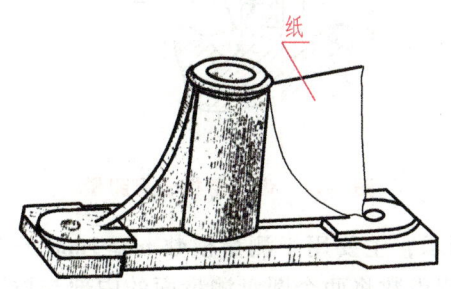

图 9-13　用纸压印测量曲面

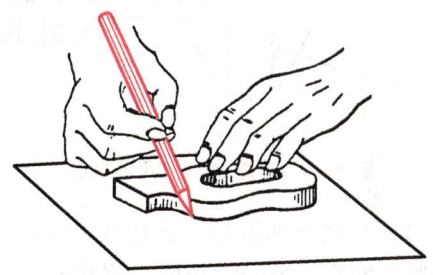

图 9-14　沿零件边缘描绘其轮廓

9. 直齿圆柱齿轮参数的测量

（1）**齿轮基本参数的测量** 标准齿轮的压力角 $\alpha = 20°$，$h_a^* = 1$，齿数 z 可以根据实物数出来，齿顶圆直径 d_a 必须测量。齿数为奇数或偶数时，齿顶圆的测量方法不同。若齿数为偶数，可直接利用直尺或游标卡尺测量，如图 9-15a 所示。若齿数为奇数，由于齿顶对齿槽，所以无法直接测量，带孔齿轮可按图 9-15b 所示的方法测出 D 和 H，然后由 $d_a = D + 2H$ 计算得出齿顶圆直径 d，齿轮模数 $m = d_a / (z + 2h_a^*)$。计算出的模数应与标准齿轮模数相比，取相同或最接近的模数值。

（2）**齿厚的测量** 齿轮齿厚的测量需用到齿厚游标卡尺，如图 9-16 所示。测量时，在垂直主尺上调整出齿顶高 h_a，并用游标框上的螺钉锁紧，将高度定位尺紧贴被测齿轮的齿顶，保持齿厚尺游标与被测齿轮轴线垂直，移动水平游标到量爪接近轮齿侧面时，拧紧微调装置上的紧定螺钉，旋转微调装置，使两个量爪轻轻接触轮齿侧面，从水平游标上读出齿厚 s 的数值，如图 9-17 所示。

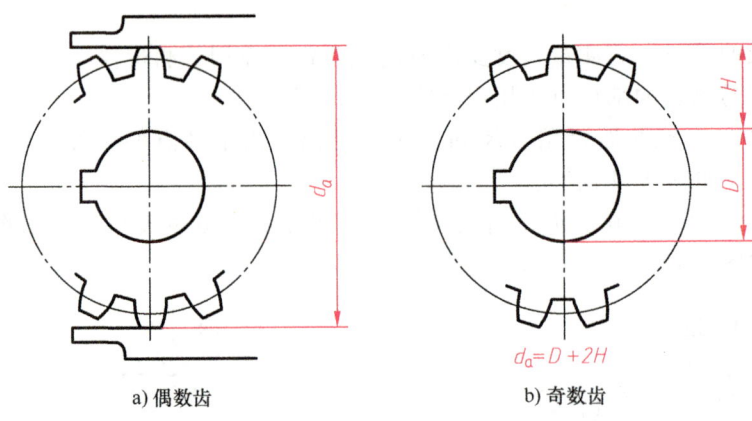

图 9-15 测量齿顶圆直径

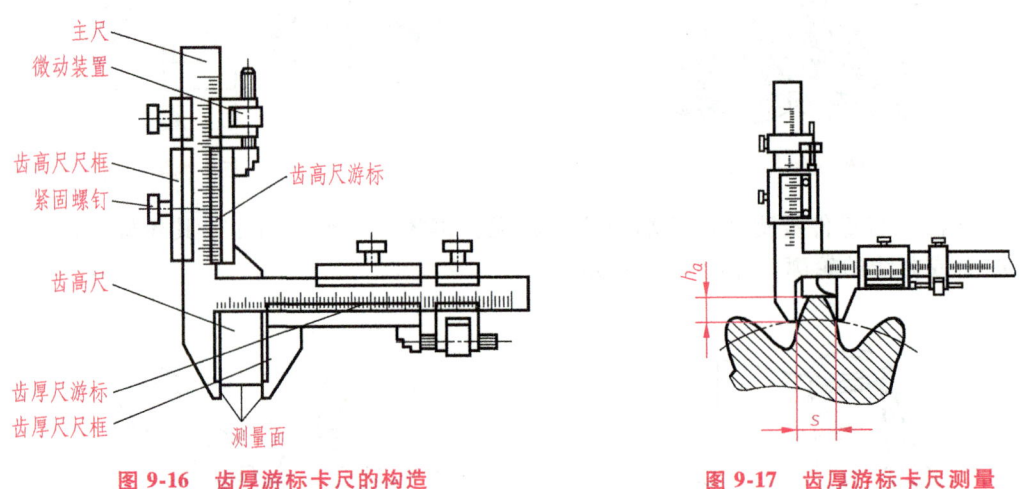

图 9-16 齿厚游标卡尺的构造　　　图 9-17 齿厚游标卡尺测量

（3）公法线的测量　公法线千分尺如图 9-18 所示，主要用于测量模数 $m \geq 1\text{mm}$ 的渐开线外啮合齿轮的公法线长度。测量时，按要求的跨测齿数将两个圆盘测量面的中部与被测齿轮分度圆附近的齿面轻轻接触，千分尺的示值就是公法线的长度。读数方法与外径千分尺完全相同。

9.1.3　测绘注意事项

零件的尺寸测量是测绘的重要步骤。测量尺寸时需注意以下几点：

1）测量时应根据被测零件尺寸的特点和精度，选择相应的测量工具。如一般精度尺寸可直接采用钢直尺或外卡钳、内卡钳测量并读出数值，而对于精度较高的尺寸，则需要游标卡尺或千分尺测量。

2）关键零件的尺寸和零件的重

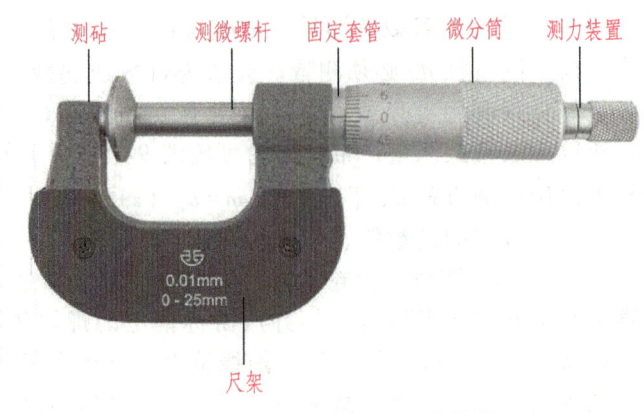

图 9-18 公法线千分尺的构造

要尺寸，应反复测量若干次，直到数据稳定可靠。

3）整体尺寸应直接测量，不能用中间尺寸叠加而得，草图上一律标注实测数据。

4）有配合关系的尺寸，如孔与轴的配合尺寸，一般要用游标卡尺先测出直径尺寸（通常测量轴比较容易），再根据测得的直径尺寸查阅有关手册确定标准的公称尺寸或公称直径。

5）对于没有配合关系的尺寸或不重要的尺寸，可将测得的尺寸圆整。

6）零件上标准结构（如键槽、退刀槽、销孔、中心孔、螺纹、齿轮等）的尺寸，必须根据测得的尺寸查阅相应国家标准，并予以标准化。

7）对于复杂零件，如果表达不清楚，可以采用边测量边画放大图的方法，以便及时发现问题。

8）测量数据的整理工作，特别是间接测量尺寸的整理，应及时进行，并将换算结果记录在草图上。对于重要尺寸的测量数据，在整理过程中如有疑问或发现矛盾和遗漏，应立即进行重测和补测。

9）在测量过程中，要特别注意防止小零件的丢失。在测量暂停和结束时，要注意零件的防锈。

9.2 徒手绘图

在设备测绘、筹划设计方案、技术交流以及在设备维修时，要求快速绘制零件图，受现场条件和时间的限制，经常要先绘制草图，再经过整理形成正规图。长期以来，大部分的草图是徒手绘制，其优点是便于现场测绘，节约作图时间，所以，对于工程技术人员来说，必须要学会徒手绘图的基本技能，才能适应目前快速高效的机械化发展的要求。

徒手绘图时，可在方格纸上进行，尽量使图形中的直线与分格线重合，这样不但容易画好图线，而且便于控制图形大小和图形间的相互关系。在画各种图线时，宜采取手腕悬空，小指轻触纸面的姿势，也可随时将图纸转动到适当的角度，以利于画图。

动画 9-8
徒手绘图

9.2.1 直线的画法

画直线时，眼睛要注意线段的终点，以保证线条平直，方向准确。对于 30°、45°、60° 等特殊角度的直线，可根据其近似正切值 3/5、1、5/3 作为直角三角形的斜边画出，如图 9-19 所示。

9.2.2 圆和圆弧的画法

1. 徒手绘圆

画小圆时，可按圆的半径先在对称中心线上截取四点，然后分四段逐步连接成圆，如图 9-20a 所示。当圆的直径较大时，除在中心线上截取四点外，还可通过圆心画两条与水平线成 45° 的射线，再取四点，分八段画出，如图 9-20b 所示。

2. 徒手绘圆弧

图 9-21 所示为画圆角的方法：先目测，在角平分线上选取圆心位置，使它与角两边的

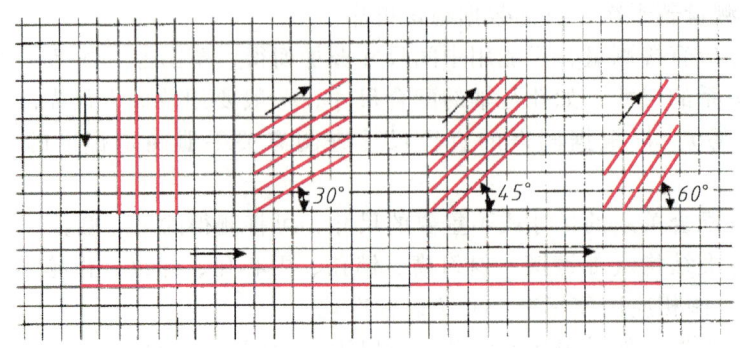

图 9-19 直线的画法

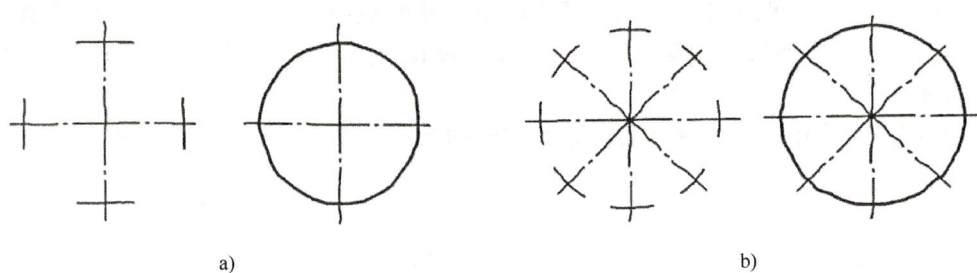

a)   b)

图 9-20 圆的画法

距离等于圆角的半径；过圆心向两边引垂线，定出圆弧的起点和终点，并在角平分线上也定出一个圆周点，然后徒手把这三个点连接起来。

a) 画90°圆弧   b) 画任意角圆弧

图 9-21 画圆角的方法

3. 椭圆的画法

已知长、短轴作椭圆的方法如图 9-22 所示。先画出椭圆的长、短轴，过长、短轴端点作长、短轴的平行线，得到一个矩形，然后再徒手作出与矩形相切的椭圆。

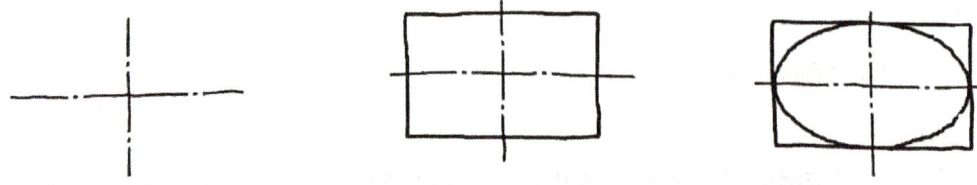

图 9-22 已知长、短轴作椭圆的画法

利用外切平行四边形画椭圆的方法如图 9-23 所示。作两相交直线（直线与水平线的倾角均为 30°），以圆半径为长度，以两直线交点为圆心在直线上取四点，过四点分别作两直线的平行线，即得椭圆的外切平行四边形，然后分别用徒手绘图方法作两钝角及两锐角的内

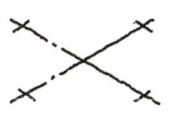 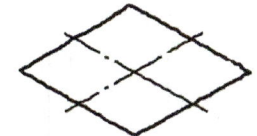 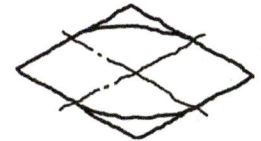 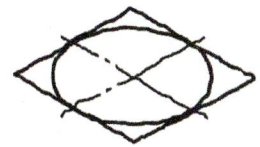

图 9-23 利用外切平行四边形画椭圆的方法

切弧，即得所需椭圆。

9.3 零件测绘

微课 9-2
零件测绘

9.3.1 零件测绘的步骤

1）分析零件，确定表达方案。
2）绘制零件草图。
3）由零件草图绘制零件工作图。

9.3.2 零件测绘举例

下面以球阀阀体（图 9-24）为例讲解零件测绘的方法。

1. 分析结构、确定表达方案

阀体是球阀上的一个重要零件，如图 9-24 所示，用来支承和包容其他零件，是具有三通管式空腔的零件。对照球阀装配图（图 9-40），阀体左端的 φ50H11 圆柱形槽与阀盖 φ50h11 圆柱形凸缘相配合。阀体空腔右侧圆柱形槽用来放置填料压紧套，以保证在球阀关闭时不泄漏流体。阀体右端有用于连接管道系统的外螺纹 M36×2，内部有阶梯孔与空腔相通。在阀体上部的圆柱体中，有阶梯孔与空腔相通，在阶梯孔内容纳填料和填料压紧套等。

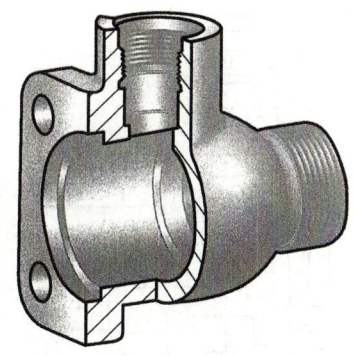

图 9-24 球阀阀体

动画 9-9
零件测绘

阶梯孔的顶端有一个 90°扇形限位块（对照俯视图），用来控制扳手和阀杆的行程。

基于以上结构分析，阀体零件内部复杂，外部简单。主视图遵循工作位置原则，同时采用全剖来表达阀体内部结构；为了表达阀体左侧与阀盖连接部分的形状，增加左视图，由于阀体零件前后对称，所以左视图采用半剖表达，内外兼顾。阶梯孔顶端的 90°扇形限位块可通过俯视图来表达。

2. 绘制零件草图

1）徒手绘制零件草图（一组视图），如图 9-25 所示。
2）分析尺寸基准。选择高度、宽度方向基准为主、俯视图的水平轴线；长度方向以左端面为基准。绘出阀体的尺寸线，如图 9-26 所示。
3）用测量工具测量零件并标注尺寸，标准结构要查表，如图 9-27 所示。

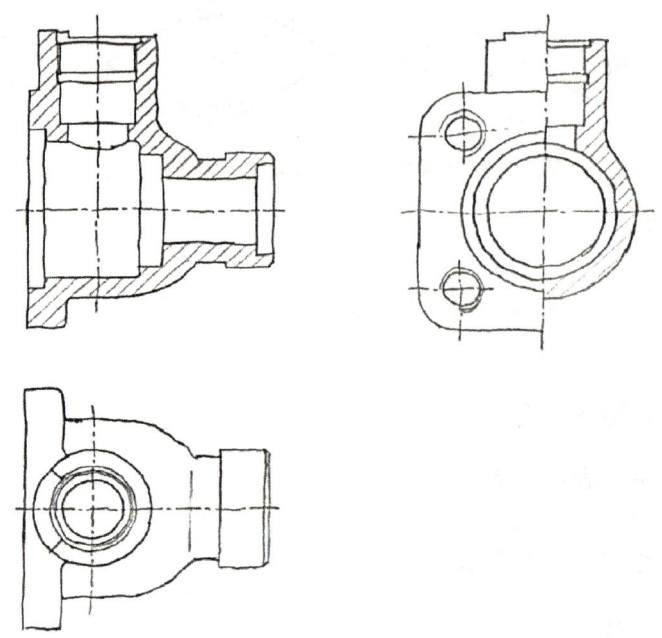

图 9-25　阀体草图（一组视图）

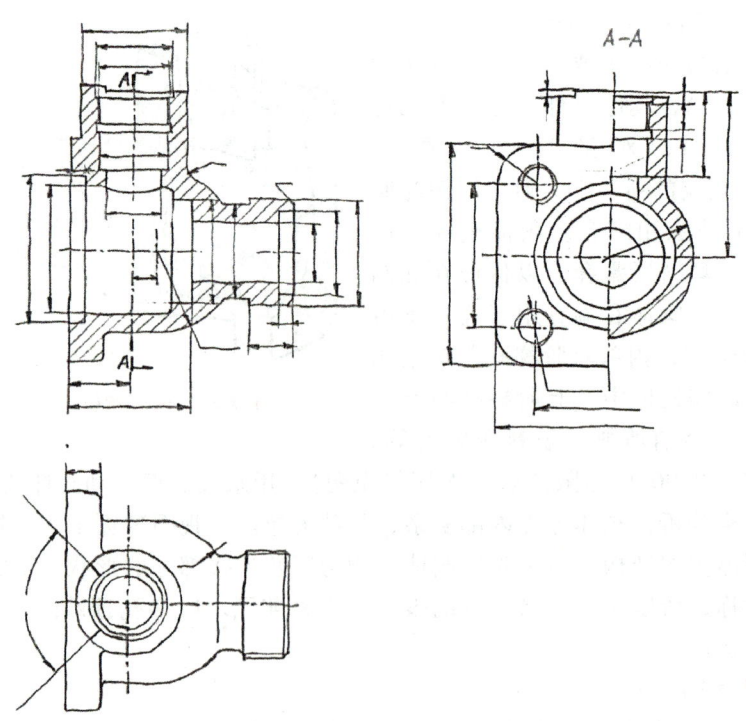

图 9-26　阀体草图（尺寸线标注）

4）制定技术要求，填写标题栏，完成零件草图的绘制。根据阀体在整个装配体中的作用，阀体的技术要求参考如下。

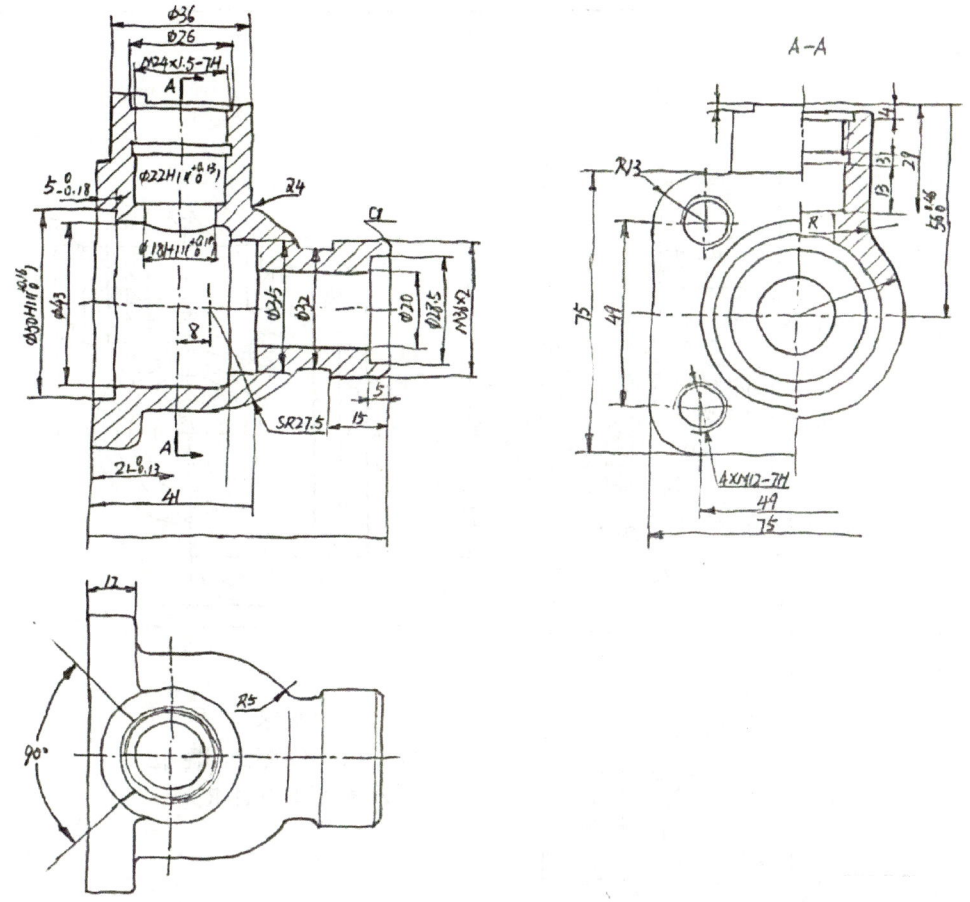

图 9-27 阀体草图（标注尺寸数字）

① 尺寸公差：阀体左端的 φ50mm 圆孔要与阀盖 φ50mm 圆柱形凸缘相配合，它们是通过螺栓联接的，考虑采用基孔制配合，所以阀体左端的 φ50mm 圆孔的尺寸公差选择 H11。依次分析阀体与其他零件的连接关系，结合公差与配合的相关知识，根据实践经验或用类比法确定重要尺寸的公差。其余为未注公差，不需标注。

② 表面粗糙度：采用类比法，根据配合要求选择 Ra 值。

③ 几何公差：为了保证使用要求，以 φ35mm 轴线为基准，规定空腔右端面相对其的垂直度公差为 0.06mm；φ18H11 轴线对 φ35mm 轴线的垂直度公差为 0.08mm。

④ 其他技术要求：规定铸造后的时效处理、未注的铸造圆角。

另外，填写零件标题栏。零件名称：阀体；材料：ZG 230-450；比例为 1∶1，如图 9-28 所示。

5）制定技术要求时，要注意以下几点：

① 主要尺寸要保证其精度要求，以满足装配需要。

② 有相对运动的表面及对形状、位置要求较严格的线、面等要素，要给出既合理又经济的表面粗糙度或几何公差要求。

③ 有配合关系的孔与轴，要查阅与其相结合的轴与孔的相应资料（装配图或零件图），

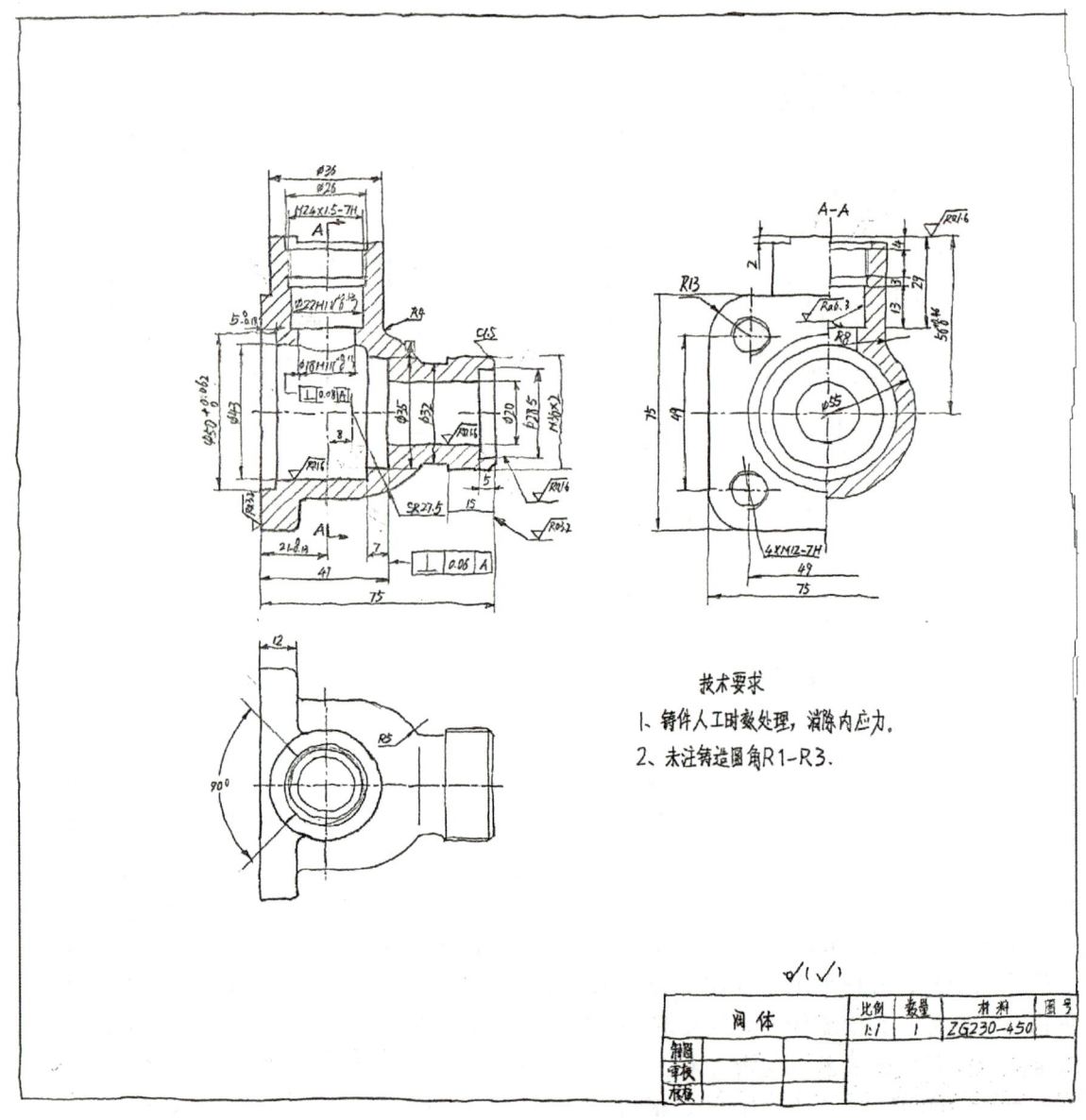

图 9-28 完整阀体零件草图

以核准配合制度和配合性质。

3. 绘制零件图

在图 9-28 所示零件草图的基础上，按以下步骤绘制零件图，结果如图 9-29 所示。

1) 选择绘图比例、图幅；采用比例 1∶1，选用 A3 号图纸绘制。
2) 布图，绘制基准线。
3) 绘制一组视图。
4) 标注尺寸及技术要求。
5) 填写标题栏。

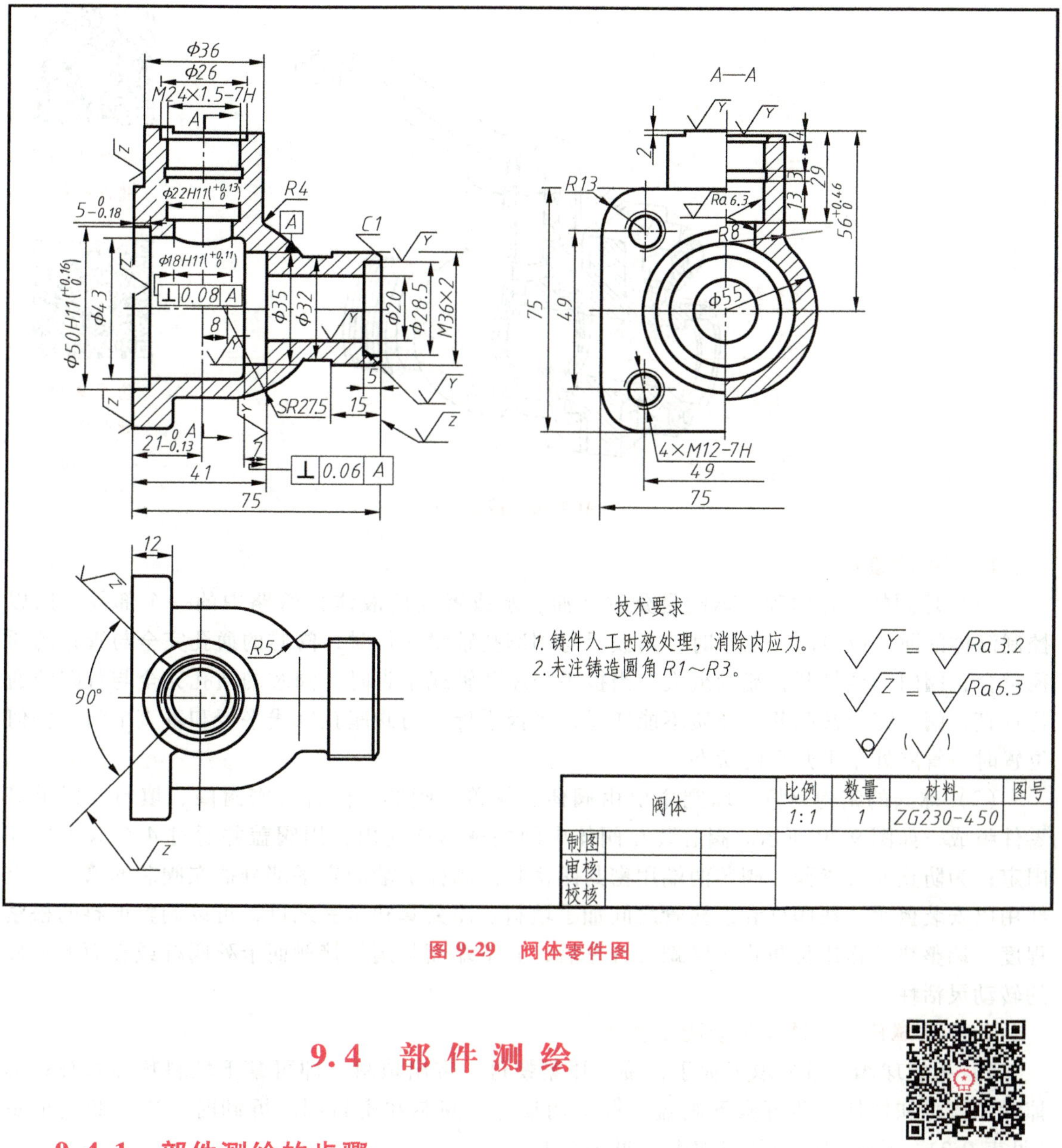

图 9-29 阀体零件图

9.4 部件测绘

9.4.1 部件测绘的步骤

1）了解测绘对象。
2）拆卸装配体，绘制装配示意图。
3）编制标准件清单，绘制零件草图。
4）依据装配示意图、零件草图、标准件清单拼绘装配图。
5）绘制零件图。

9.4.2 部件测绘举例

下面以图 9-30 所示球阀为例，讲述部件测绘步骤。

微课 9-3
部件测绘

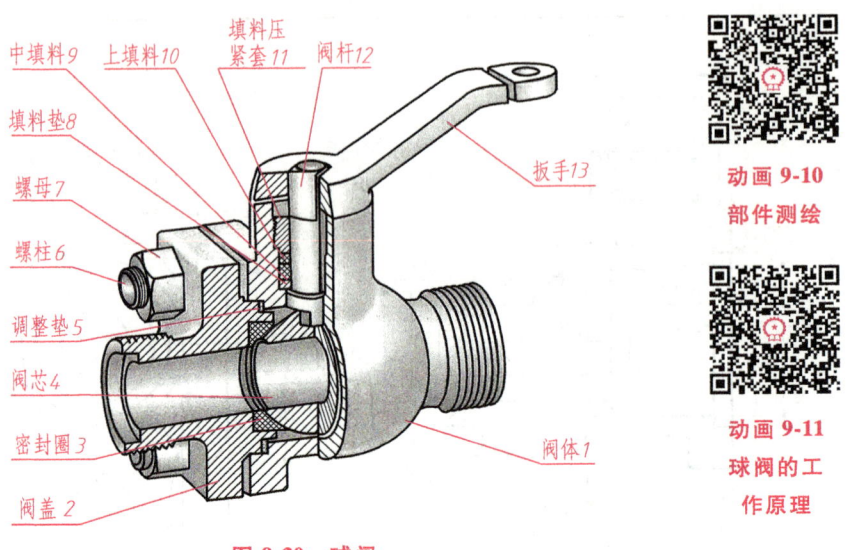

图 9-30 球阀

1. 了解测绘对象

（1）球阀的工作原理　球阀是介质（油、水或者其他液体）管路中的一个部件，用以控制液体的通过或阻断。工作时，当扳手与阀座孔轴线平行时，阀芯的通孔完全与管路的通径重合，阀门完全打开，流量最大；当扳手与座孔轴线垂直时，阀芯的通孔完全与管路的通径垂直，阀门完全被截断，介质不能通过；当扳手处于与阀座孔轴线平行和垂直中间的任何位置时，管路处于半开半闭状态。

（2）球阀的结构分析　球阀主要由阀体、阀盖、阀芯、阀杆、密封圈、填料、扳手等零件组成，如图 9-30 所示。阀芯装在阀体中间的球形空间内，用阀盖并通过 4 个双头螺柱固定；为防止介质渗漏，阀芯两端用密封圈密封。阀杆下端的扁平部分插在阀芯的槽中，上部用以安装扳手，在阀杆和连接管之间加了填料、压紧套和压紧螺母，可以调整填料的松紧程度。调整垫的作用是防止压紧螺母拧紧后，其下端面与阀杆接触而卡死阀杆或影而响阀杆的转动灵活性。

2. 拆卸球阀和画球阀的装配示意图

1）拆卸球阀。首先取下扳手；旋出压紧螺母，带出填料，即可拿下填料垫和阀杆；拆掉六角螺母和螺柱，即可拿下阀盖，拆出调整垫、阀芯和密封圈。拆卸时，边拆卸边记录（见表 9-2），并编制标准件明细表（见表 9-3）。

表 9-2　球阀拆卸记录

步骤次序	拆卸	遇到问题及注意事项	备注
1	扳手		
2	填料压紧套		
3	上填料		
4	中填料		
5	填料垫		
6	阀杆		

（续）

步骤次序	拆卸	遇到问题及注意事项	备注
7	螺母		
8	螺柱		
9	阀盖		
10	调整垫		
11	密封圈		
12	阀芯		
13	阀体		

表 9-3 球阀标准件明细表

序号	名称	标记	材料	数量	备注
1	螺母 M12	GB/T 6170—2015		4	
2	螺柱 M12×30	GB/T 897—1988		4	

2）绘制装配示意图，如图 9-31 所示。

3. 绘制球阀零件草图

球阀中除了 2 种标准件以外，其他都是非标准件，都要画出零件草图。阀体零件草图在零件测绘章节中已经介绍过，在此不再赘述。依照零件测绘的步骤，下面介绍球阀中阀盖、阀杆、阀芯、扳手等主要零件的测绘过程。

（1）测绘阀盖

1）选择零件视图、确定表达方案。阀盖属盘盖类零件，主视图按其工作位置绘制。考虑形状特征，选择过回转轴线的剖视图作为主视图，这样可以使主视图反映的内部结构和各部分相对位置

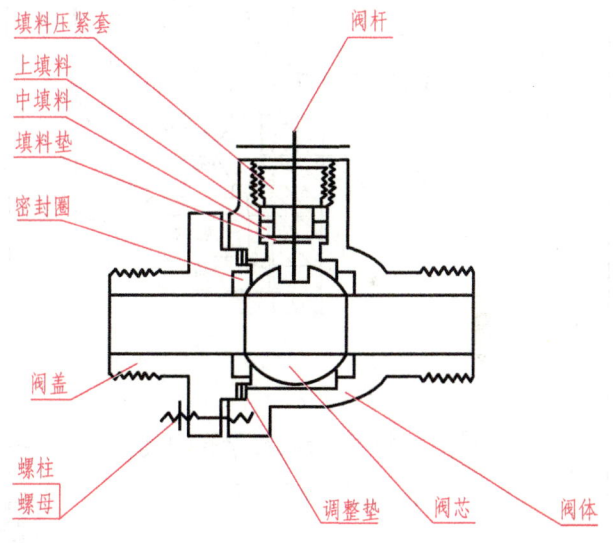

图 9-31 球阀的装配示意图

比较清楚，同时还可用左视图表达带圆角的方形凸缘和四个通孔。阀盖表达草图如图 9-32 所示。

2）选用合适的测量工具测量尺寸并标注，如图 9-33 所示。

3）初定材料和确定技术要求。材料选 ZG 230-450。对于表面粗糙度要求，结合面建议选取 $Ra6.3\mu m$，与阀体配合处选用 $Ra3.2\mu m$，其他加工面取 $Ra12.5\mu m$，不加工面为毛坯面。完成的零件草图如图 9-33 所示。

（2）测绘阀杆

1）选择零件视图、确定表达方案。阀杆属轴类零件，左端与阀芯连接，右端与扳手连接，扳手带动阀杆，阀杆带动阀芯，起到使流体通过与否的功能。考虑到阀杆是轴类零件，

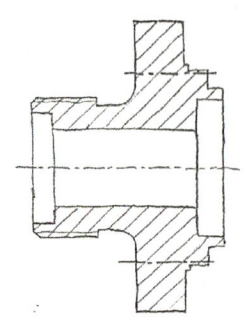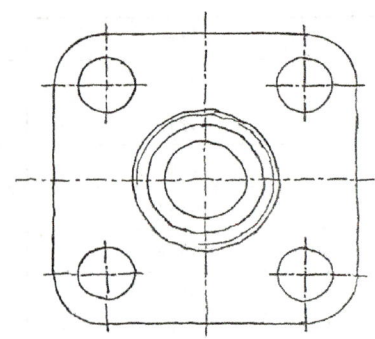

图 9-32 阀盖表达草图

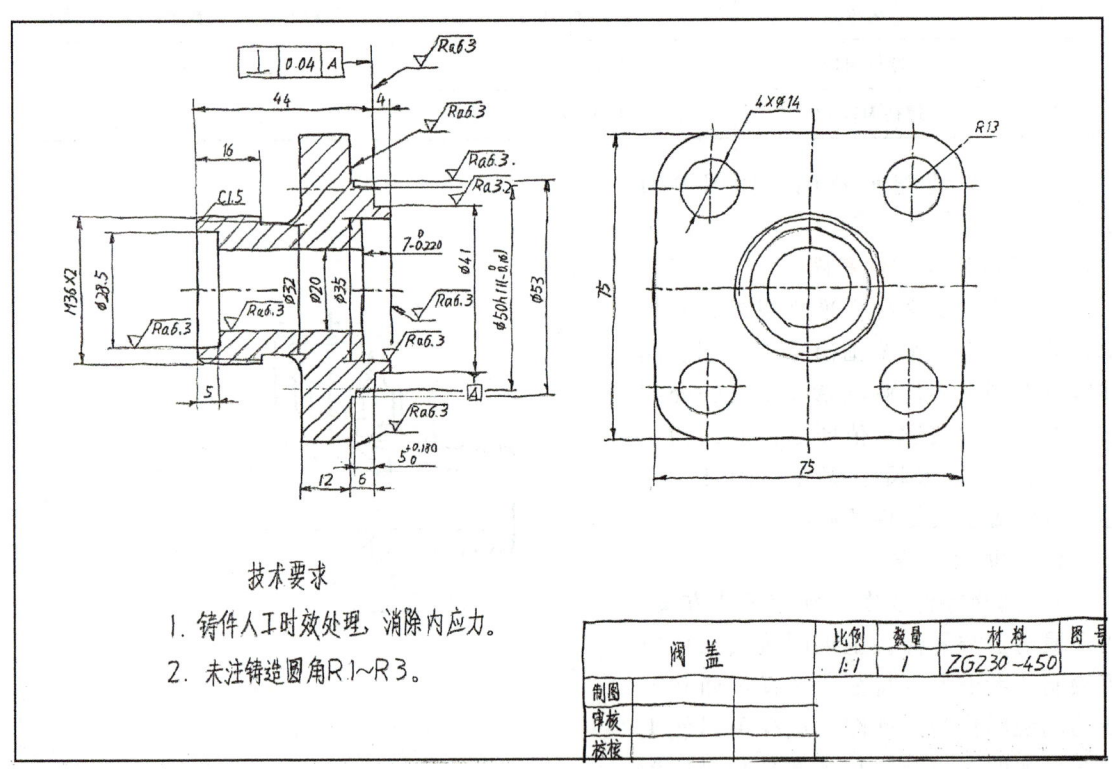

图 9-33 阀盖零件草图

零件的放置遵循加工位置原则,取轴线水平放置,主视图投射方向的选择以表达阀体主体结构特征为原则;增加 A 向视图,以表达阀杆右端的形状特征;增加 B—B 断面图,以表达阀杆左端的形状特征。阀杆表达草图如图 9-34 所示。

2)选用合适的测量工具测量尺寸并标注,如图 9-35 所示。

3)初定材料和确定技术要求。材料选 40Cr。$\phi 14mm$ 轴段与填料配合,填料为聚四氟乙烯,同时轴要转动,所以选择大间隙低精度的尺寸公差,为 c11。对于表面粗糙度要求,结合面建议选取 $Ra6.3\mu m$,与阀芯装配处选用 $Ra6.3\mu m$,其他加工面取 $Ra12.5\mu m$。完成的零件草图如图 9-35 所示。

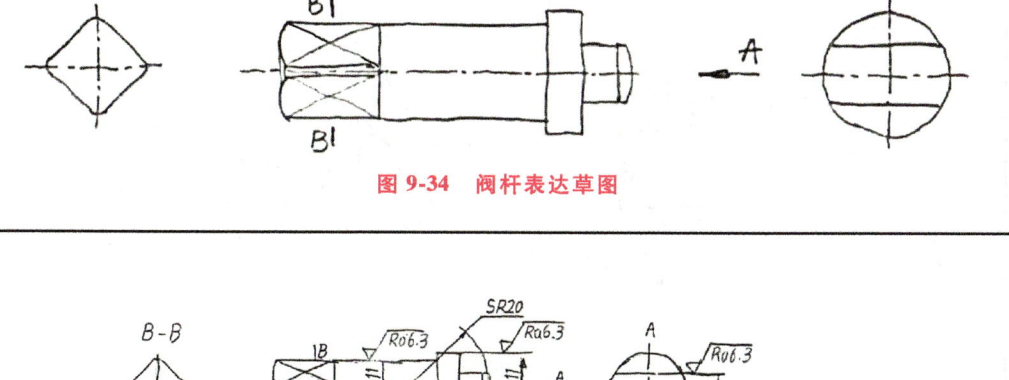

图 9-34　阀杆表达草图

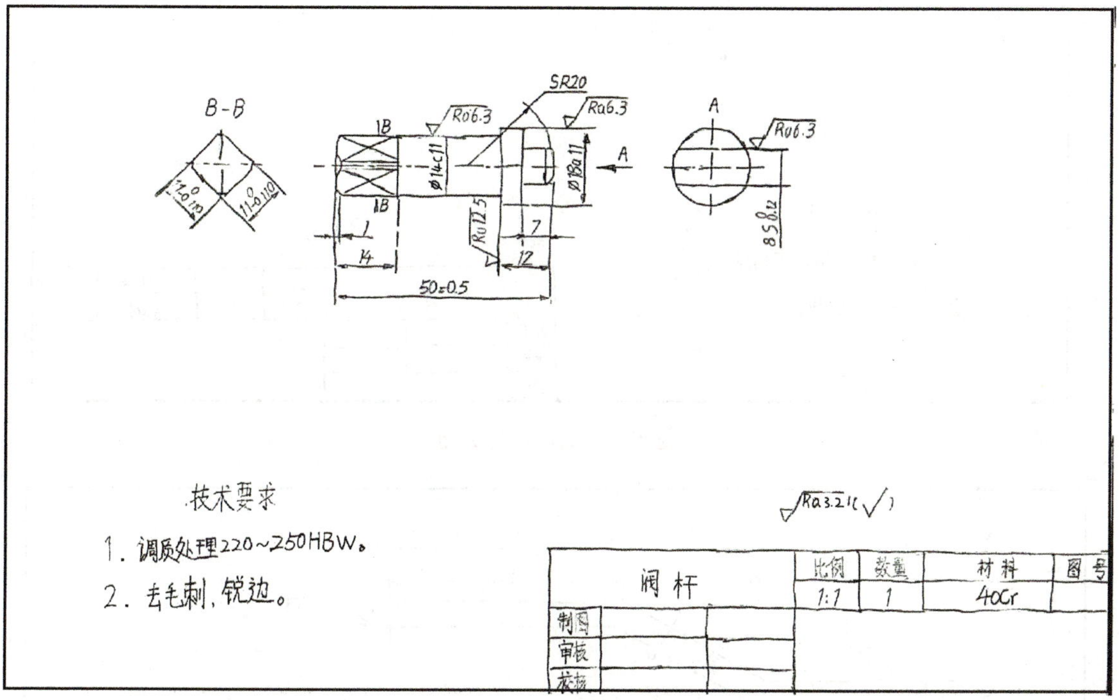

图 9-35　阀杆零件草图

(3) 测绘阀芯

1) 选择零件视图、确定表达方案。阀芯的主体是球形，主视图按工作位置选取，采用全剖表达上部凹槽位置，用左视图半剖表达凹槽及阀芯端面的形状。阀芯表达草图如图 9-36 所示。

2) 选用合适的测量工具测量尺寸并标注，如图 9-37 所示。

3) 初步确定技术要求。阀芯材料选择 40Cr。阀芯外表面要求有一定的耐磨性，要求热处理硬度为 50~55HRC。对于表面粗糙度要求，外球面要求最高，建议选取 $Ra1.6\mu m$，两端面建议选取 $Ra3.2\mu m$，其余表面可选取 $Ra6.3\mu m$。完成的零件草图如图 9-37 所示。

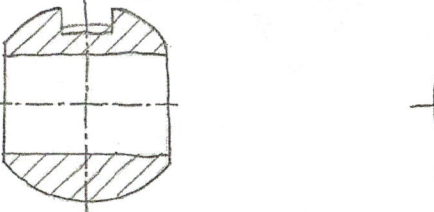

图 9-36　阀芯表达草图

(4) 其他非标准件　其他非标准件的零件草图如图 9-38、图 9-39 所示。

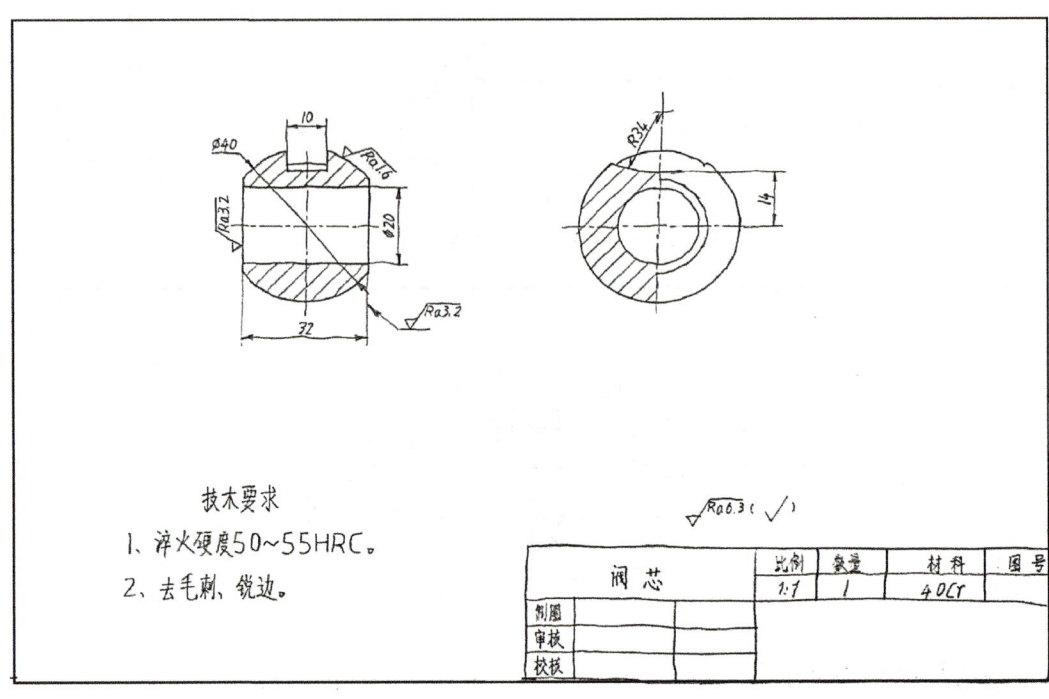

图 9-37　阀芯零件草图

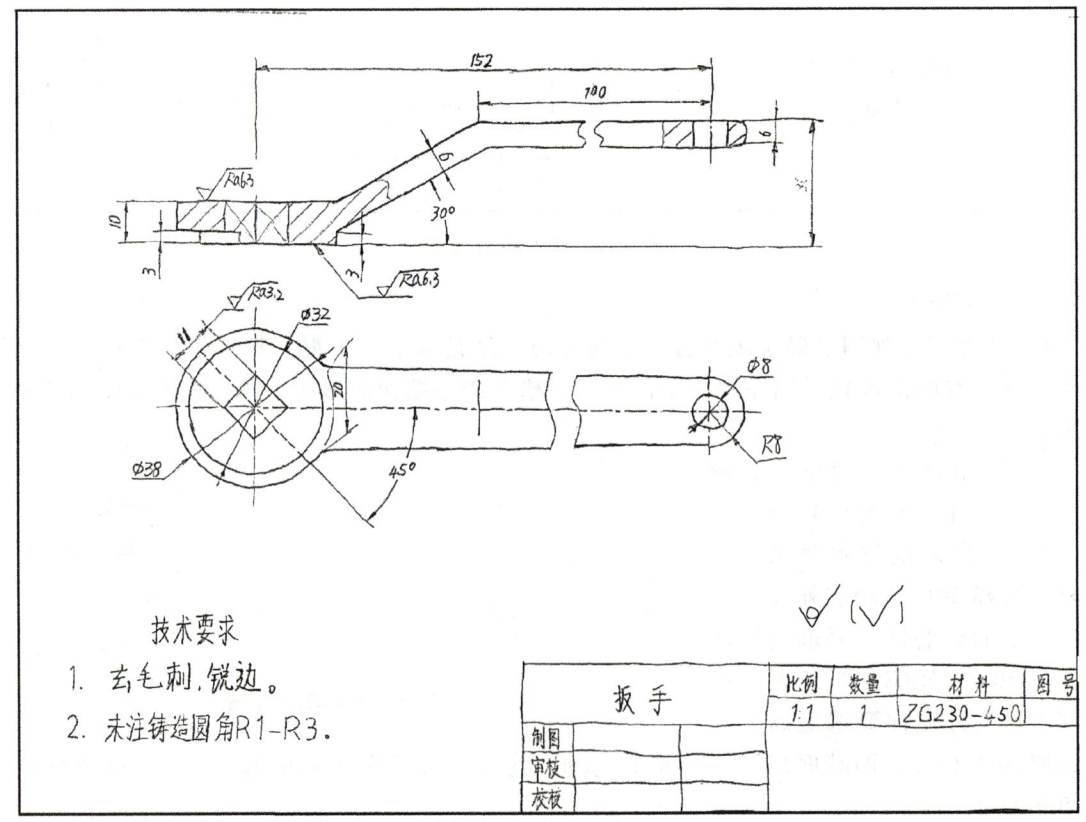

图 9-38　扳手零件草图

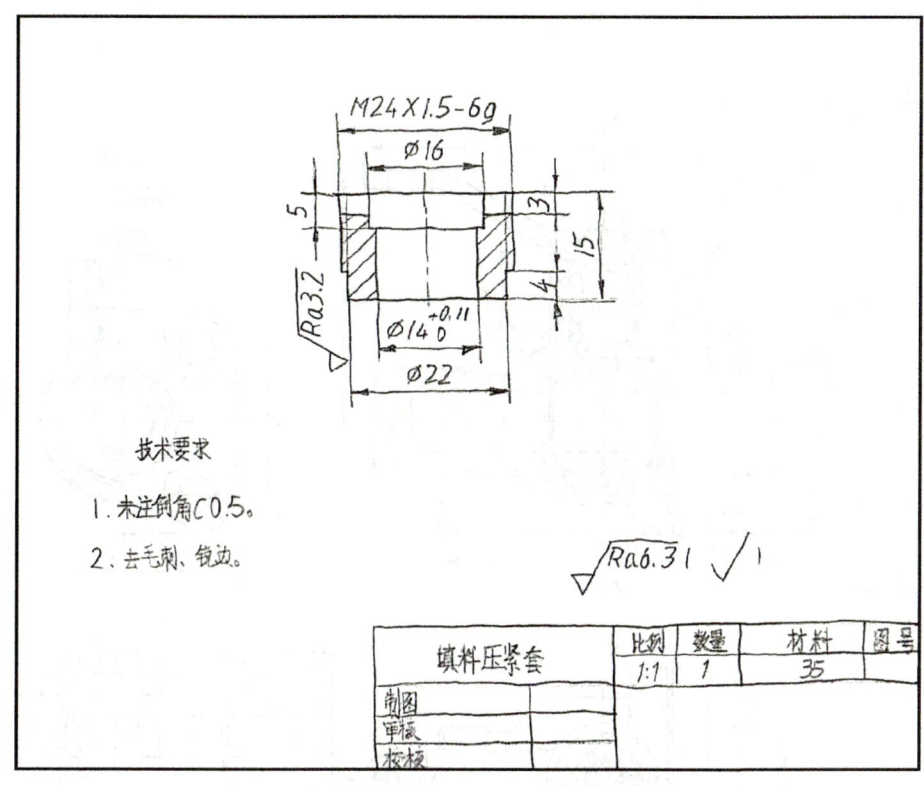

图 9-39 填料压紧套零件草图

剩余其他零件的结构简单,在此不再赘述。

4. 绘制球阀的装配图

依据球阀的装配示意图、球阀草图绘制球阀的装配图。

(1) 球阀装配体的表达方案分析　球阀有两条装配线,一条是沿阀体、密封圈、阀芯、阀盖装配,另一条是沿阀芯、阀杆、填料、填料压紧套、扳手装配,整个部件前后对称。阀体属于壳体、阀盖属于盘盖类零件,因此,主视图通过前后对称平面取全剖视,这样不但表达了各个零件之间的装配关系、相对位置,同时把进口、出口之间的关系也清晰地表达出来,其工作原理一目了然。

为了进一步表达主要零件的结构形状,左视图采用过阀杆轴线的平面剖切画出半剖视图,一半表达内部装配关系,另一半表达零件的外部形状。在半剖视图的上部,为了把阀杆上安装扳手的局部结构表达得更清楚,采用拆去扳手的表达方法。

俯视图采用局部剖画法,清楚表达球阀的外形及扳手与阀杆的连接情况,用细双点画线绘出扳手相对阀座的另一位置。

依据测绘的零件草图和装配示意图,完成的球阀装配图如图 9-40 所示。

(2) 球阀装配图中应标注的尺寸

1) 性能尺寸。进、出油孔的直径,表示球阀的规格,均应标注尺寸。

2) 装配尺寸。阀盖和阀体通过螺柱联接,建议采用 H11/h11。阀体与阀杆之间、填料和阀杆之间的配合要求较松,建议选取 H11/c11。

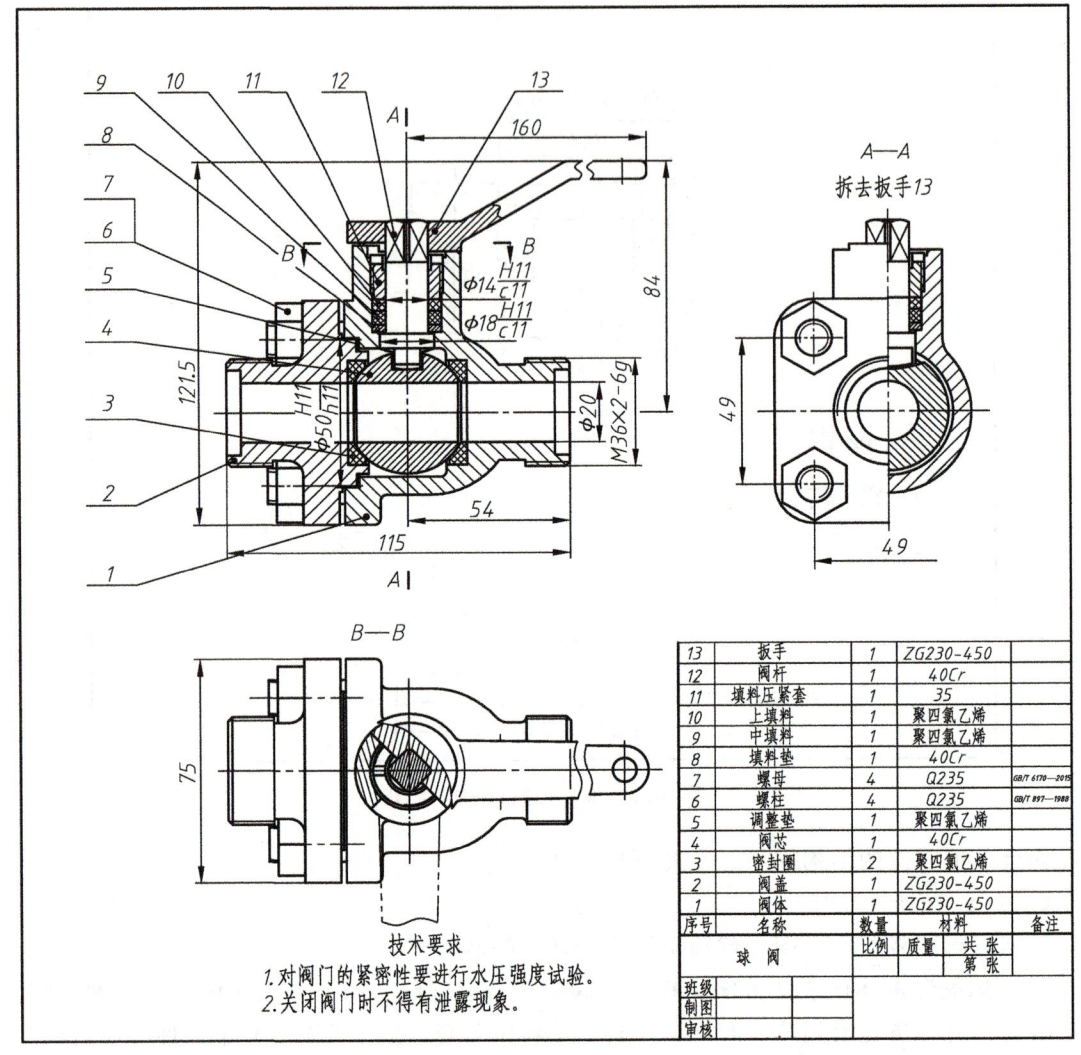

图 9-40 球阀装配图

3）外形尺寸。总宽为阀座的宽度，总长、总高可通过计算标注。

4）安装尺寸。应标注出与管道联接的安装螺纹尺寸 M36×2。

5）其他重要尺寸。球阀的通径、通径轴线到手把顶面的距离等尺寸。

（3）球阀的技术要求　球阀装配完成后，经压力试验不得有渗漏现象。制造和验收技术条件应符合国家标准要求。

5. 绘制球阀的主要零件图

（1）阀体　阀体零件图在零件测绘章节已经介绍过，在此不再赘述。

（2）阀芯　阀芯的零件图如图 9-41 所示。

（3）阀盖　阀盖的零件图如图 9-42 所示。

（4）阀杆　阀杆的零件图如图 9-43 所示。

（5）扳手　扳手的零件图如图 9-44 所示。

（6）填料压紧套　填料压紧套的零件图如图 9-45 所示。

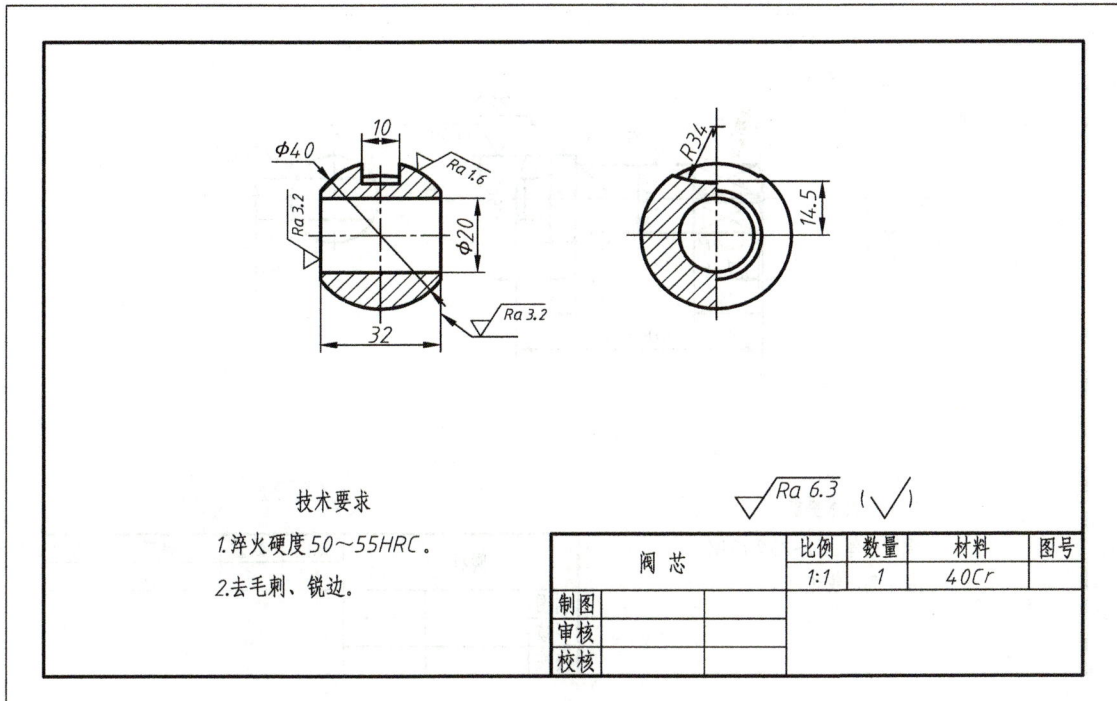

图 9-41 阀芯的零件图

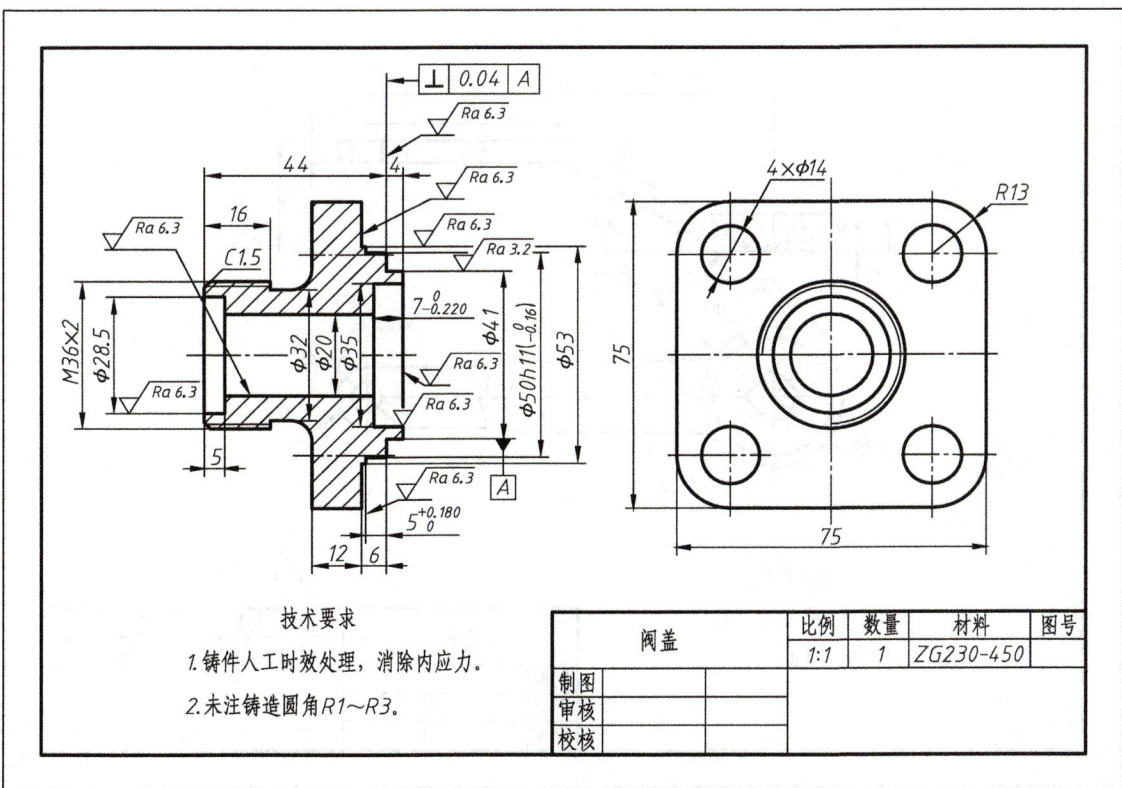

图 9-42 阀盖的零件图

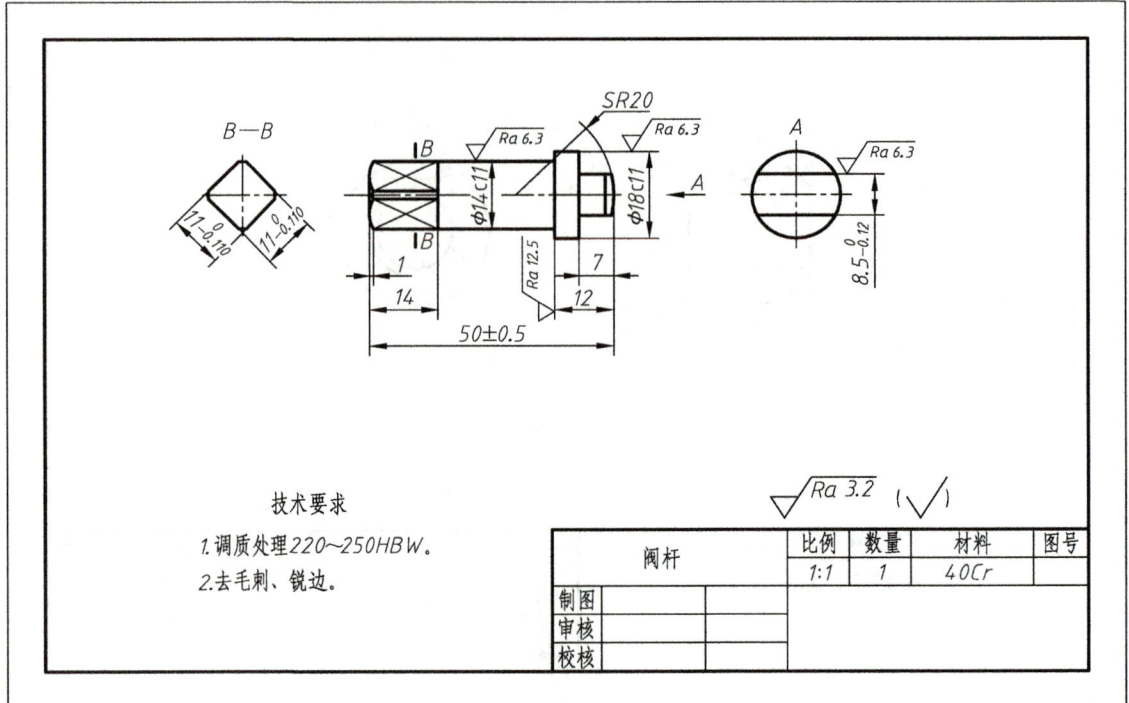

图 9-43 阀杆的零件图

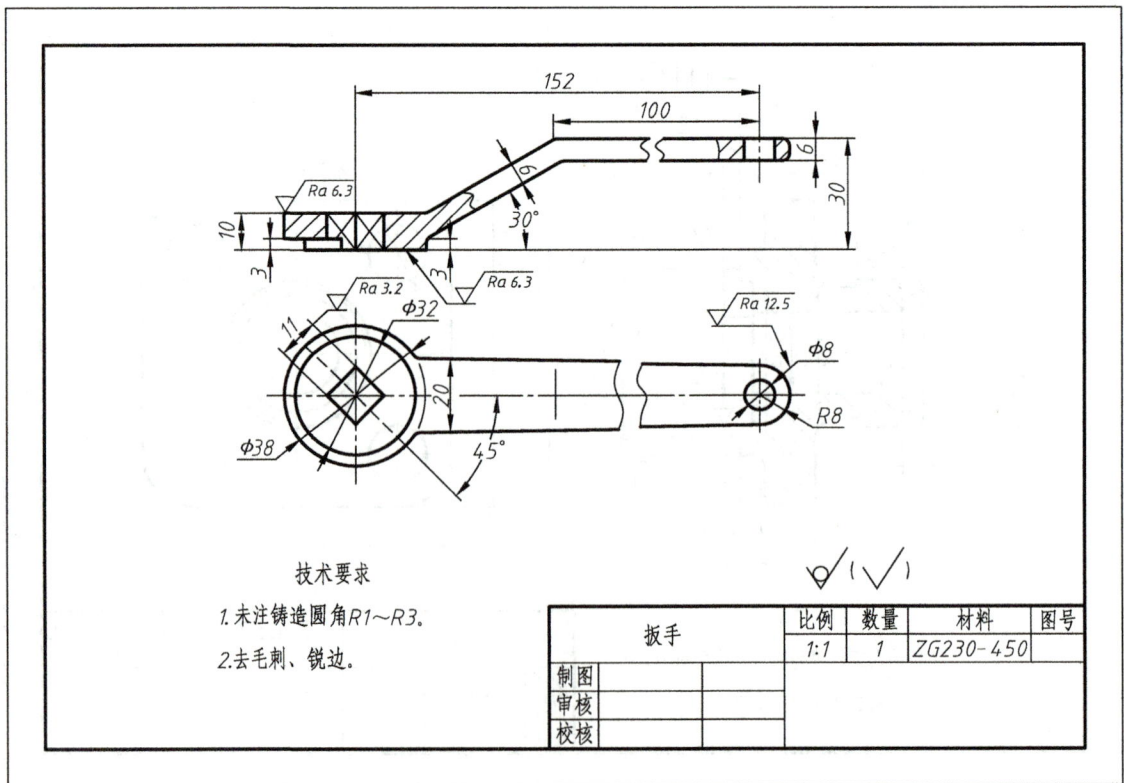

图 9-44 扳手的零件图

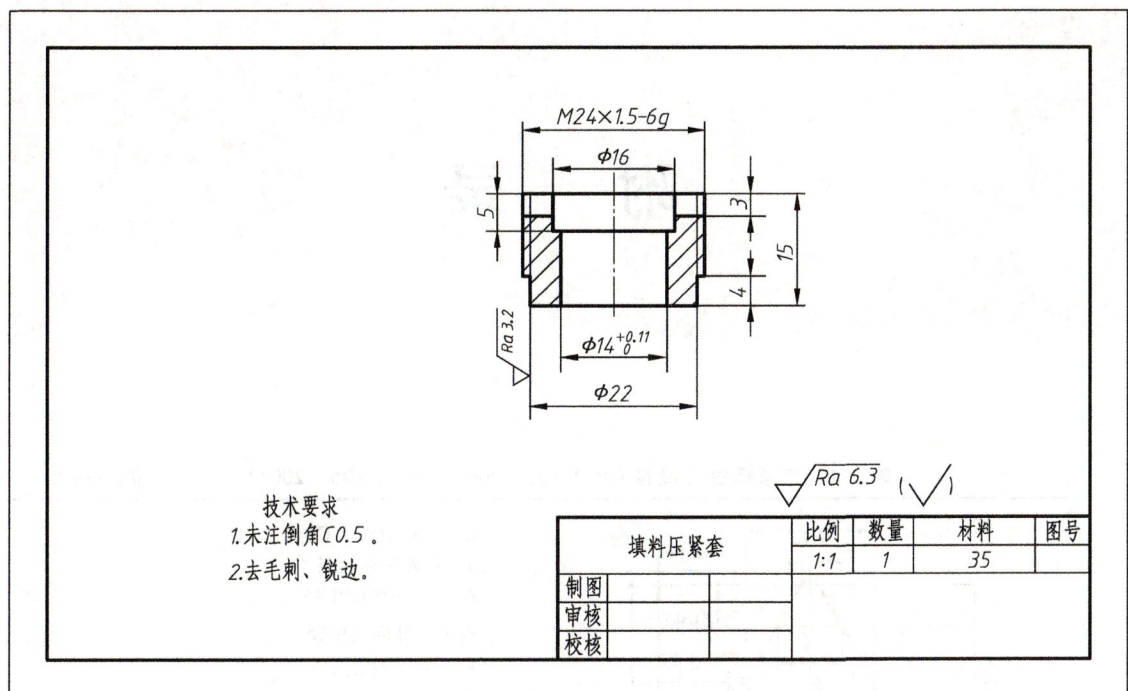

图 9-45 填料压紧套的零件图

附 录

附表1 普通螺纹（摘自 GB/T 193—2003、GB/T 196—2003）　　　（单位：mm）

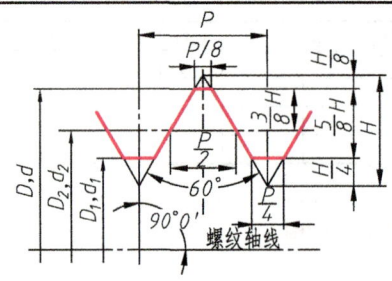

- D —— 内螺纹大径
- d —— 外螺纹大径
- D_2 —— 内螺纹中径
- d_2 —— 外螺纹中径
- D_1 —— 内螺纹小径
- d_1 —— 外螺纹小径
- P —— 螺距

标记示例：

M10-6g（粗牙普通外螺纹、公称直径 $d=10$mm、右旋、中径及大径公差带均为 6g、中等旋合长度）

M10×1 6H-LH（细牙普通内螺纹、公称直径 $D=10$mm、螺距 $P=1$mm、左旋、中径及小径公差带均为 6H、中等旋合长度）

公称直径 D、d			螺距 P		粗牙螺纹小径 D_1、d_1
第一系列	第二系列	第三系列	粗牙	细牙	
4	—	—	0.7	0.5	3.242
5	—	—	0.8		4.134
6	—	—	1	0.75	4.917
—	7	—			5.917
8	—	—	1.25	1、0.75	6.647
10	—	—	1.5	1.25、1、0.75	8.376
12	—	—	1.75	1.25、1	10.106
—	14	—	2	1.5、1.25、1	11.835
—	—	15	—	1.5、1	*13.376
16	—	—	2		13.835
—	18	—	2.5	2、1.5、1	15.294
20	—	—			17.294
—	22	—			19.294
24	—	—	3		20.752
—	—	25	—		*22.835
—	27	—	3		23.752
30	—	—	3.5	(3)、2、1.5、1	26.211
—	33	—		(3)、2、1.5	29.211
—	—	35	—	1.5	*33.376
36	—	—	4	3、2、1.5	31.670
—	39	—			34.670

注：1. 优先选用第一系列，其次是第二系列，第三系列尽可能不用。
　　2. 括号内尺寸尽可能不用。
　　3. M14×1.25 仅用于火花塞；M35×1.5 仅用于滚动轴承锁紧螺母。
　　4. 带 * 号的为细牙参数，是对应于第一种细牙螺距的小径尺寸。

附表 2　55°非密封管螺纹（摘自 GB/T 7307—2001）　　　　（单位：mm）

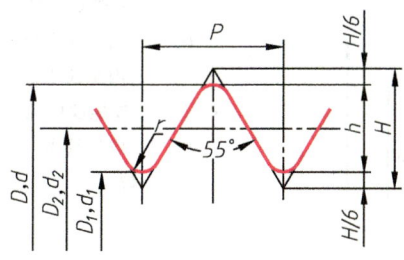

$H = 0.960491P$
$h = 0.640327P$
$r = 0.137329P$

标记示例：
G 1½ LH（尺寸代号 1½,左旋圆柱内螺纹）
G 1¼ A（尺寸代号 1¼,A 级右旋圆柱外螺纹）
G 2 B-LH（尺寸代号 2,B 级左旋圆柱外螺纹）

尺寸代号	基本直径（GB/T 7307）			螺距 P	牙高 h	圆弧半径 r	每 25.4mm 内的牙数 n
	大径 $d=D$	中径 $d_2=D_2$	小径 $d_1=D_1$				
1/16	7.723	7.142	6.561	0.907	0.581	0.125	28
1/8	9.728	9.147	8.566				
1/4	13.157	12.301	11.445	1.337	0.856	0.184	19
3/8	16.662	15.806	14.950				
1/2	20.955	19.793	18.631	1.814	1.162	0.249	14
3/4	26.441	25.279	24.117				
1	33.249	31.770	30.291	2.309	1.479	0.317	11
1¼	41.910	40.431	38.952				
1½	47.803	46.324	44.845				
2	59.614	58.135	56.656				
2½	75.184	73.705	72.226				
3	87.884	86.405	84.926				
4	113.030	111.551	110.072				
5	138.430	136.951	135.472				
6	163.830	162.351	160.872				

附表3　梯形螺纹（摘自 GB/T 5796.1~5796.4—2022）　　　（单位：mm）

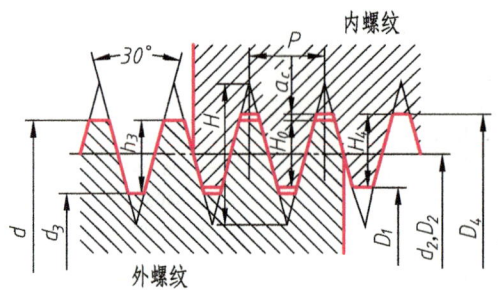

d——外螺纹大径（公称直径）
d_3——外螺纹小径
D_4——内螺纹大径
D_1——内螺纹小径
d_2——外螺纹中径
D_2——内螺纹中径
P——螺距

标记示例：
Tr40×7-7H（单线梯形内螺纹、公称直径 d=40mm、螺距 P=7mm、右旋、中径公差带为7H、中等旋合长度）
Tr60×18 P9-8e-L-LH（双线梯形外螺纹、公称直径 d=60mm、导程 P_h=18mm、螺距 P=9mm、左旋、中径公差带为8e、长旋合长度）

梯形螺纹的基本尺寸											
d 公称系列		螺距 P	中径 $d_2=D_2$	大径 D_4	小径		d 公称系列		螺距 P	中径 $d_2=D_2$	大径 D_4	小径	
第一系列	第二系列				d_3	D_1	第一系列	第二系列				d_3	D_1
8	—	1.5	7.25	8.3	6.2	6.5	32	—	6	29.0	33	25	26
—	9	2	8.0	9.5	6.5	7	—	34		31.0	35	27	28
10	—	2	9.0	10.5	7.5	8	36	—		33.0	37	29	30
—	11	2	10.0	11.5	8.5	9	—	38		34.5	39	30	31
12	—	3	10.5	12.5	8.5	9	40	—	7	36.5	41	32	33
—	14	3	12.5	14.5	10.5	11	—	42		38.5	43	34	35
16	—	4	14.0	16.5	11.5	12	44	—		40.5	45	36	37
—	18	4	16.0	18.5	13.5	14	—	46		42.0	47	37	38
20	—	4	18.0	20.5	15.5	16	48	—	8	44.0	49	39	40
—	22	5	19.5	22.5	16.5	17	—	50		46.0	51	41	42
24	—	5	21.5	24.5	18.5	19	52	—		48.0	53	43	44
—	26	5	23.5	26.5	20.5	21	—	55	9	50.5	56	45	46
28	—	5	25.5	28.5	22.5	23	60	—		55.5	61	50	51
—	30	6	27.0	31.0	23.0	24	—	65	10	60.0	66	54	55

注：1. 优先选用第一系列的直径。
　　2. 表中所列的螺距和直径，是优先选择的螺距及与之对应的直径。

附表 4 六角头螺栓（一） （单位：mm）

六角头螺栓—细牙—A 和 B 级（摘自 GB/T 5785—2016）

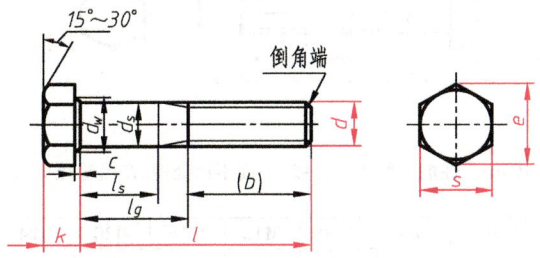

标记示例：
螺栓 GB/T 5785 M12×1.5×100
（螺纹规格为 M12×1.5、公称长度 l=100mm、细牙螺纹、性能等级为 8.8 级、表面不经处理、产品等级为 A 级的六角头螺栓）

螺纹规格	d		M8	M10	M12	M16	M20	M24	M30	M36	M42	M48	M56	M64
	P		1	1	1.5	1.5	1.5	2	2	3	3	3	4	4
$b_{参考}$	$l\leqslant 125$		22	26	30	38	46	54	66	—	—	—	—	—
	$125<l\leqslant 200$		28	32	36	44	52	60	72	84	96	108	—	—
	$l>200$		41	45	49	57	65	73	85	97	109	121	137	153
c_{max}			0.6	0.6	0.6	0.6	0.8	0.8	0.8	0.8	1.0	1.0	1.0	1.0
$k_{公称}$			5.3	6.4	7.5	10	12.5	15	18.7	22.5	26	30	35	40
$d_{s\,max}$			8	10	12	16	20	24	30	36	42	48	56	64
s_{max}=公称			13	16	18	24	30	36	46	55	65	75	85	95
e_{min}	A		14.38	17.77	20.03	26.75	33.53	39.98	—	—	—	—	—	—
	B		14.20	17.59	19.85	26.17	32.95	39.55	50.85	60.79	71.3	82.6	93.56	104.86
$d_{w\,min}$	A		11.63	14.63	16.63	22.49	28.19	33.61	—	—	—	—	—	—
	B		11.47	14.47	16.47	22	27.7	33.25	42.75	51.11	59.95	69.45	78.66	88.16
$l_{范围}$			40~80	45~100	50~120	65~160	80~200	100~240	120~300	140~360	160~440	200~480	220~500	260~500
$l_{系列}$			20~65（5 进位）、70~160（10 进位）、180~500（20 进位）											

注：1. P—螺距。末端按 GB/T 2—2000 规定。
2. 螺纹公差为 6g；机械性能等级为 8.8 级。
3. 产品等级：A 级用于 $d\leqslant 24$mm 和 $l\leqslant 10d$ 或 $\leqslant 150$mm（按较小值）；B 级用于 $d>24$mm 和 $l>10d$ 或 >150mm（按较小值）。

附表5 六角头螺栓（二） （单位：mm）

六角头螺栓—C级（摘自 GB/T 5780—2016）

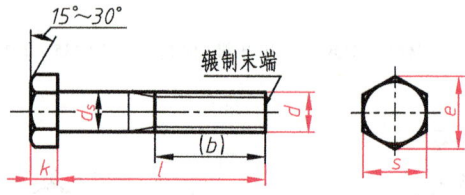

标记示例：

螺栓 GB/T 5780 M12×100

（螺纹规格为 M12、公称长度 l=100mm、性能等级为 4.8 级、表面不经处理、产品等级为 C 级的六角头螺栓）

螺纹规格 d		M5	M6	M8	M10	M12	M16	M20	M24	M30	M36	M42	M48
$b_{参考}$	l≤125	16	18	22	26	30	38	46	54	66	—	—	—
	125<l≤200	22	24	28	32	36	44	52	60	72	84	96	108
	l>200	35	37	41	45	49	57	65	73	85	97	109	121
k		3.5	4	5.3	6.4	7.5	10	12.5	15	18.7	22.5	26	30
s_{max}（公称）		8	10	13	16	18	24	30	36	46	55	65	75
e_{min}		8.63	10.89	14.2	17.59	19.85	26.17	32.95	39.55	50.85	60.79	71.3	82.6
d_{smax}		5.48	6.48	8.58	10.58	12.7	16.7	20.84	24.84	30.84	37.0	43	49
$l_{范围}$		25~50	30~60	40~80	45~100	55~120	65~160	80~200	100~240	120~300	140~360	180~420	200~480
$l_{系列}$		25~65（5进位）、70~160（10进位）、180~500（20进位）											

注：螺纹公差代号为 8g；螺栓性能等级为 4.6 级、4.8 级；产品等级为 C 级。

附表6 1型六角螺母（一） （单位：mm）

1型六角头螺母—细牙—A 和 B 级（摘自 GB/T 6171—2016）

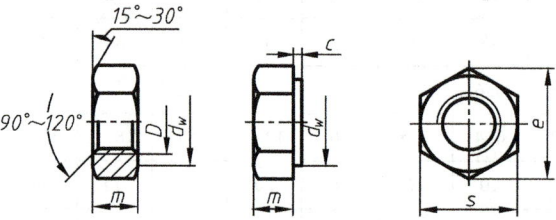

标记示例：

螺母 GB/T 6171 M24×2

（螺纹规格为 M24×2、性能等级为 10 级、表面不经处理、产品等级为 B 级、细牙螺纹的 1 型六角螺母）

螺纹规格	D	M8	M10	M12	M16	M20	M24	M30	M36	M42	M48	M56	M64
	P	1	1	1.5	1.5	1.5	2	2	3	3	3	4	4
c	max	0.6	0.6	0.6	0.8	0.8	0.8	0.8	0.8	1	1	1	1
	min	0.15	0.15	0.15	0.2	0.2	0.2	0.2	0.2	0.3	0.3	0.3	0.3
e_{min}		14.38	17.77	20.03	26.75	32.95	39.55	50.85	60.79	71.30	82.60	93.56	104.86
d_{wmin}		11.63	14.63	16.63	22.49	27.70	33.25	42.75	51.11	59.95	69.45	78.66	88.16
m	max	6.8	8.4	10.8	14.8	18	21.5	25.6	31	34	38	45	51
	min	6.44	8.04	10.37	14.10	16.90	20.20	24.30	29.40	32.40	36.40	43.40	49.10
s	max	13	13	18	24	30	36	46	55	65	75	85	95
	min	12.73	15.73	17.73	23.67	29.16	35.00	45.00	53.80	63.10	73.10	82.80	92.80

注：1. P—螺距。

2. A 级用于 D≤16mm 的螺母；B 级用于 D>16mm 的螺母。

3. 螺纹公差：A、B 级为 6H；性能等级：A、B 级为 6、8、10 级。

附表7 1型六角头螺母（二）　　　　　　　　　　　　　　（单位：mm）

1型六角螺母—C级（摘自 GB/T 41—2016）

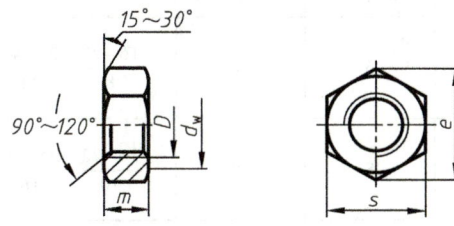

标记示例：

螺母　GB/T 41　M12

（螺纹规格为M12、性能等级为5级、表面不经处理、产品等级为C级的1型六角螺母）

螺纹规格	D		M5	M6	M8	M10	M12	M16	M20	M24	M30	M36	M42	M48	M56
	P		0.8	1	1.25	1.5	1.75	2	2.5	3	3.5	4	4.5	5	5.5
	e_{min}		8.63	10.89	14.2	17.59	19.85	26.17	32.95	39.55	50.85	60.79	71.30	82.60	93.56
	d_{wmin}		6.7	8.7	11.5	14.5	16.5	22	27.7	33.3	42.8	51.1	60.0	69.5	78.7
m		max	5.6	6.4	7.9	9.5	12.2	15.9	19	22.3	26.4	31.9	34.9	38.9	45.9
		min	4.4	4.9	6.4	8	10.4	14.1	16.9	20.2	24.3	29.4	32.4	36.4	43.4
s		max	8	10	13	16	18	24	30	36	46	55	65	75	85
		min	7.64	9.64	12.57	15.57	17.7	23.16	29.16	35.00	45.00	53.80	63.10	73.10	82.80

注：1. P—螺距。
　　2. 螺纹公差：C级为7H；性能等级：C级为5级。

附表8 双头螺柱（摘自 GB/T 897~900—1988）　　　　　　（单位：mm）

$b_m=1d$（GB/T 897—1988）；$b_m=1.25d$（GB/T 898—1988）；

$b_m=1.5d$（GB/T 899—1988）；$b_m=2d$（GB/T 900—1988）

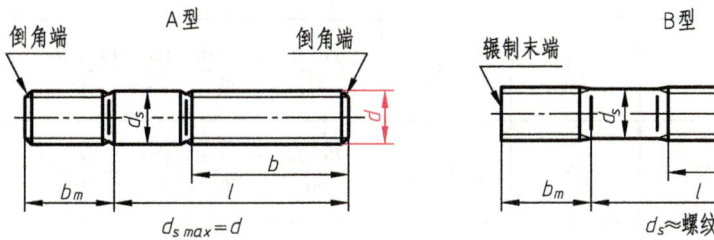

标记示例：

螺柱　GB/T 900　M10×50

（两端均为粗牙普通螺纹、$d=10mm$、$l=50mm$、性能等级为4.8级、不经表面处理、B型、$b_m=2d$的双头螺柱）

螺柱　GB/T 900　AM10-M10×1×50

（旋入机体一端为粗牙普通螺纹、旋螺母一端为螺距$P=1mm$的细牙普通螺纹、$d=10mm$、$l=50mm$、性能等级为4.8级、不经表面处理、A型、$b_m=2d$的双头螺柱）

（续）

螺纹规格 d	b_m（旋入机体端长度）				l/b（螺柱长度/旋螺母端长度）				
	GB/T 897	GB/T 898	GB/T 899	GB/T 900					
M4	—	—	6	8	$\dfrac{16\sim22}{8}$	$\dfrac{25\sim40}{14}$			
M5	5	6	8	10	$\dfrac{16\sim22}{10}$	$\dfrac{25\sim50}{16}$			
M6	6	8	10	12	$\dfrac{20\sim22}{10}$	$\dfrac{25\sim30}{14}$	$\dfrac{32\sim75}{18}$		
M8	8	10	12	16	$\dfrac{20\sim22}{12}$	$\dfrac{25\sim30}{16}$	$\dfrac{32\sim90}{22}$		
M10	10	12	15	20	$\dfrac{25\sim28}{14}$	$\dfrac{30\sim38}{16}$	$\dfrac{40\sim120}{26}$	$\dfrac{130}{32}$	
M12	12	15	18	24	$\dfrac{25\sim30}{16}$	$\dfrac{32\sim40}{20}$	$\dfrac{45\sim120}{30}$	$\dfrac{130\sim180}{36}$	
M16	16	20	24	32	$\dfrac{30\sim38}{20}$	$\dfrac{40\sim55}{30}$	$\dfrac{60\sim120}{38}$	$\dfrac{130\sim200}{44}$	
M20	20	25	30	40	$\dfrac{35\sim40}{25}$	$\dfrac{45\sim65}{35}$	$\dfrac{70\sim120}{46}$	$\dfrac{130\sim200}{52}$	
M24	24	30	36	48	$\dfrac{45\sim50}{30}$	$\dfrac{55\sim75}{45}$	$\dfrac{80\sim120}{54}$	$\dfrac{130\sim200}{60}$	
M30	30	38	45	60	$\dfrac{60\sim65}{40}$	$\dfrac{70\sim90}{50}$	$\dfrac{95\sim120}{66}$	$\dfrac{130\sim200}{72}$	$\dfrac{210\sim250}{85}$
M36	36	45	54	72	$\dfrac{65\sim75}{45}$	$\dfrac{80\sim110}{60}$	$\dfrac{120}{78}$	$\dfrac{130\sim200}{84}$	$\dfrac{210\sim300}{97}$
M42	42	52	63	84	$\dfrac{70\sim80}{50}$	$\dfrac{85\sim110}{70}$	$\dfrac{120}{90}$	$\dfrac{130\sim200}{96}$	$\dfrac{210\sim300}{109}$
M48	48	60	72	96	$\dfrac{80\sim90}{60}$	$\dfrac{95\sim110}{80}$	$\dfrac{120}{102}$	$\dfrac{130\sim200}{108}$	$\dfrac{210\sim300}{121}$
l系列	12、(14)、16、(18)、20、(22)、25、(28)、30、(32)、35、(38)、40、45、50、(55)、60、(65)、70、(75)、80、(85)、90、(95)、100～260(10进位)、280、300								

注：1. 尽可能不采用括号内的规格。末端按 GB/T 2—2000 规定。
2. $b_m=1d$ 一般用于钢对钢；$b_m=(1.25\sim1.5)d$ 一般用于钢对铸铁；$b_m=2d$ 一般用于钢对铝合金。

附表 9 螺钉（一） （单位：mm）

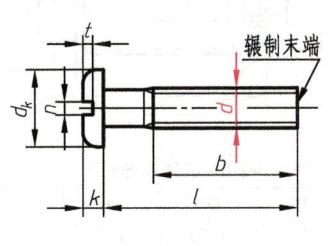
开槽盘头螺钉
（摘自 GB/T 67—2016）

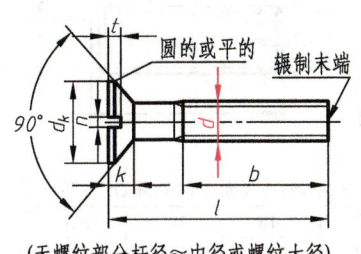
开槽沉头螺钉
（摘自 GB/T 68—2016）

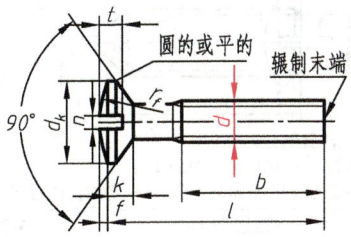
开槽半沉头螺钉
（摘自 GB/T 69—2016）

（无螺纹部分杆径≈中径或螺纹大径）

标记示例：
螺钉 GB/T 67 M5×20
（螺纹规格为 M5、l=20mm、性能等级为 4.8、表面不经处理的 A 级开槽盘头螺钉）

螺纹规格 d		M2	M3	M4	M5	M6	M8	M10
P		0.4	0.5	0.7	0.8	1	1.25	1.5
b_{min}		25				38		
$n_{公称}$		0.5	0.8	1.2	1.2	1.6	2	2.5
r_f	GB/T 69	4	6	9.5	9.5	12	16.5	19.5
f	GB/T 69	0.5	0.7	1	1.2	1.4	2	2.3
k_{max}	GB/T 67	1.3	1.8	2.4	3	3.6	4.8	6
	GB/T 68、GB/T 69	1.2	1.65	2.7	2.7	3.3	4.65	5
d_{kmax}	GB/T 67	4	5.6	8	9.5	12	16	20
	GB/T 68、GB/T 69	3.8	5.5	8.4	9.3	11.3	15.8	18.3
t_{min}	GB/T 67	0.5	0.7	1	1.2	1.4	1.9	2.4
	GB/T 68	0.4	0.6	1	1.1	1.2	1.8	2
	GB/T 69	0.8	1.2	1.6	2	2.4	3.2	3.8
$l_{范围}$	GB/T 67	2.5~20	4~30	5~40	6~50	8~60	10~80	12~80
	GB/T 68、GB/T 69	3~20	5~30	6~40	8~50	8~60		
全螺纹时最大长度	GB/T 67				40			
	GB/T 68、GB/T 69				45			
$l_{系列}$		2、2.5、3、4、5、6、8、10、12、(14)、16、20~50（5 进位）、(55)、60、(65)、70、(75)、80						

注：螺纹公差为 6g；性能等级为 4.8、5.8 级；产品等级为 A 级。

附表10　螺钉（二）　　　　　　　　　　　　　　　　　　　　　　　（单位：mm）

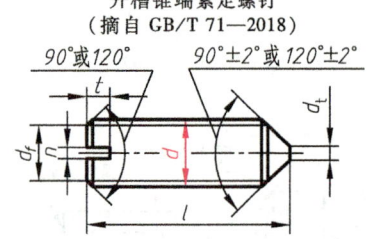
开槽锥端紧定螺钉
（摘自 GB/T 71—2018）

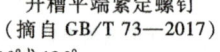

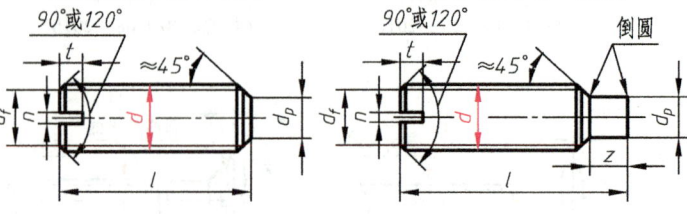
开槽平端紧定螺钉（摘自 GB/T 73—2017）　　开槽长圆柱端紧定螺钉（摘自 GB/T 75—2018）

标记示例：
螺钉　GB/T 71　M5×20
（螺纹规格为 M5、l=20mm、钢制、硬度等级为 14H、表面不经处理、产品等级为 A 级的开槽锥端紧定螺钉）

螺纹规格 d		M2	M3	M4	M5	M6	M8	M10	M12
P		0.4	0.5	0.7	0.8	1	1.25	1.5	1.75
d_f		螺纹小径							
$d_{t\max}$		0.2	0.3	0.4	0.5	1.5	2	2.5	3
$d_{p\max}$		1	2	2.5	3.5	4	5.5	7	8.5
$n_{公称}$		0.25	0.4	0.6	0.8	1	1.2	1.6	2
$t_{\max}$		0.84	1.05	1.42	1.63	2	2.5	3	3.6
$z_{\max}$		1.25	1.75	2.25	2.75	3.25	4.3	5.3	6.3
$l_{范围}$	GB/T 71	3~10	4~16	6~20	8~25	8~30	10~40	12~50	14~60
	GB/T 73	2~10	3~16	4~20	5~25	6~30	8~40	10~50	12~60
	GB/T 75	3~10	5~16	6~20	8~25	8~30	10~40	12~50	14~60
$l_{系列}$		2、2.5、3、4、5、6、8、10、12、(14)、16、20、25、30、35、40、45、50、55、60							

注：螺纹公差为 6g；性能等级为 14H 或 22H；产品等级为 A 级。

附表11　内六角圆柱头螺钉（摘自 GB/T 70.1—2008）　　　　（单位：mm）

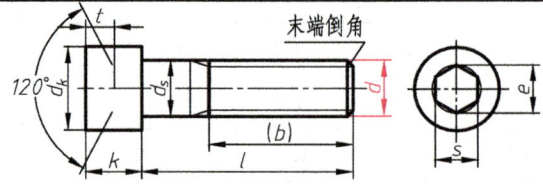

标记示例：
螺钉　GB/T 70.1　M5×20
（螺纹规格 d=M5、公称长度 l=20mm、性能等级为 8.8 级、表面氧化的 A 级内六角圆柱头螺钉）

螺纹规格 d		M4	M5	M6	M8	M10	M12	(M14)	M16	M20	M24	M30	M36
螺距 P		0.7	0.8	1	1.25	1.5	1.75	2	2	2.5	3	3.5	4
$b_{参考}$		20	22	24	28	32	36	40	44	52	60	72	84
$d_{k\max}$	光滑头部	7	8.5	10	13	16	18	21	24	30	36	45	54
	滚花头部	7.22	8.72	10.22	13.27	16.27	18.27	21.33	24.33	30.33	36.39	45.39	54.46
$k_{\max}$		4	5	6	8	10	12	14	16	20	24	30	36
$t_{\min}$		2	2.5	3	4	5	6	7	8	10	12	15.5	19
$s_{公称}$		3	4	5	6	8	10	12	14	17	19	22	27
$e_{\min}$		3.44	4.58	5.72	6.68	9.15	11.43	13.72	16	19.44	21.73	25.15	30.85
$d_{s\max}$		4	5	6	8	10	12	14	16	20	24	30	36
$l_{范围}$		6~40	8~50	10~60	12~80	16~100	20~120	25~140	25~160	30~200	40~200	45~200	55~200
全螺纹时最大长度		25	25	30	35	40	45	55	55	65	80	90	100
$l_{系列}$		6、8、10、12、16、20~65（5 进位）、70~160（10 进位）、180、200											

注：1. 括号内的规格尽可能不用。末端按 GB/T 2—2016 规定。
　　2. 性能等级：8.8、10.9、12.9 级。
　　3. 螺纹公差：性能等级 8.8 级、10.9 级时为 6g，12.9 级时为 5g6g。
　　4. 产品等级：A 级。

附表12 紧固件沉头座尺寸（摘自 GB/T 152.2—2014、GB/T 152.3—1988 GB/T 152.4—1988） （单位：mm）

		螺栓或螺钉直径 d	4	5	6	8	10	12	14	16	18	20	22	24	27	30	36
通孔直径		精装配	4.3	5.3	6.4	8.4	10.5	13	15	17	19	21	23	25	28	31	37
		中等装配	4.5	5.5	6.6	9	11	13.5	15.5	17.5	20	22	24	26	30	33	39
		粗装配	4.8	5.8	7	10	12	14.5	16.5	18.5	21	24	26	28	32	35	42
用于沉头螺钉	GB/T 152.2—2014	d_h max	4.68	5.68	6.82	9.22	11.27										
		d_h min	4.5	5.5	6.6	9.0	11										
		D_c max	9.6	10.65	12.85	17.55	20.3										
		D_c min	9.4	10.4	12.6	17.3	20										
		t	2.55	2.58	3.13	4.28	4.65										
用于圆柱头内六角螺钉	GB/T 152.3—1988	d_2		8	10	11	15	18	20	24	26	33		40		48	57
		t		4.6	5.7	6.8	9	11	13	15	17.5	21.5		25.5		32	38
		d_d								16	18	20		24		28		36	42
用于开槽圆柱头螺钉	GB/T 152.3—1988	d_2		8	10	11	15	18	20	24	26	33					
		t		3.2	4	4.7	6	7	8	9	10.5	12.5					
		d_3								16	18	20		24				
用于六角头螺栓和六角螺母	GB/T 152.4—1988	d_2		10	11	13	18	22	26	30	33	36	40	43	48	53	61	71
		t		只要能制出与通孔轴线垂直的圆平面即可														
		d_3								16	18	20	22	24	26	28	33	36	42

注：1. 表中的螺栓或螺钉直径 d，即螺纹规格的公称直径 d。
    2. 通孔直径摘自 GB/T 5277—1985。
    3. GB/T 152.4—1988 适用于垫圈 GB/T 848—2022、GB/T 97.2—2002、GB/T 97.1—2002。

附表 13 平垫圈 （单位：mm）

小垫圈　A 级（摘自 GB/T 848—2022）
平垫圈　A 级（摘自 GB/T 97.1—2002）
平垫圈　倒角型　A 级
（摘自 GB/T 97.2—2002）
平垫圈　C 级（摘自 GB/T 95—2002）
大垫圈　A 级
（摘自 GB/T 96.1—2002）
特大垫圈　C 级
（摘自 GB/T 5287—2002）

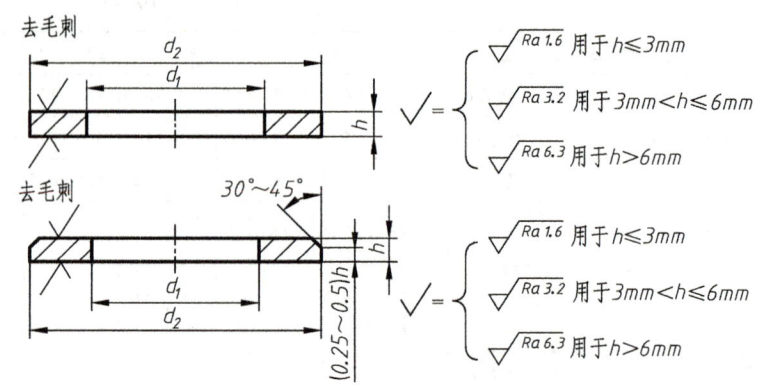

标记示例：
垫圈　GB/T 95　8
（标准系列、公称规格 8mm、硬度等级为 100HV 级、不经表面处理、产品等级为 C 级的平垫圈）
垫圈　GB/T 97.2　8
（标准系列、公称规格 8mm、由钢制造的硬度等级为 200HV 级、不经表面处理、产品等级为 A 级、倒角型平垫圈）

公称尺寸 （螺纹规格） d	标准系列 GB/T 95 （C 级）			标准系列 GB/T 97.1 （A 级）			标准系列 GB/T 97.2 （A 级）			特大系列 GB/T 5287 （C 级）			大系列 GB/T 96.1 （A 级）			小系列 GB/T 848 （A 级）		
	d_{1min}	d_{2max}	h	d_{1min}	d_{2max}	h	d_{1min}	d_{2max}	h	d_{1min}	d_{2max}	h	d_{1min}	d_{2max}	h	d_{1min}	d_{2max}	h
4	4.5	9	0.8	4.3	9	0.8	—	—	—	—	—	—	4.3	12	1	4.3	8	0.5
5	5.5	10	1	5.3	10	1	5.3	10	1	5.5	18	2	5.3	15	1	5.3	9	1
6	6.6	12	1.6	6.4	12	1.6	6.4	12	1.6	6.6	22	2	6.4	18	1.6	6.4	11	1.6
8	9	16	1.6	8.4	16	1.6	8.4	16	1.6	9	28	3	8.4	24	2	8.4	15	1.6
10	11	20	2	10.5	20	2	10.5	20	2	11	34	3	10.5	30	2.5	10.5	18	1.6
12	13.5	24	2.5	13	24	2.5	13	24	2.5	13.5	44	4	13	37	3	13	20	2
14	15.5	28	2.5	15	28	2.5	15	28	2.5	15.5	50	4	15	44	3	15	24	2.5
16	17.5	30	3	17	30	3	17	30	3	17.5	56	5	17	50	3	17	28	2.5
20	22	37	3	21	37	3	21	37	3	22	72	5	21	60	4	21	34	3
24	26	44	4	25	44	4	25	44	4	26	85	6	25	72	5	25	39	4
30	33	56	4	31	56	4	31	56	4	33	105	6	33	92	6	31	50	4
36	39	66	5	37	66	5	37	56	5	39	125	8	39	110	8	37	60	5
*42	45	78	8	45	78	8	45	78	8	—	—	—	—	—	—	—	—	—
*48	52	92	8	52	92	8	52	92	8	—	—	—	—	—	—	—	—	—

注：1. A 级适用于精装配系列，C 级适用于中等装配系列。
　　2. C 级垫圈没有 $Ra3.2\mu m$ 和毛刺的要求。
　　3. GB/T 848—2002 主要用于圆柱头螺钉，其他用于标准的六角螺柱、螺母和螺钉。
　　4. *表示尚未列入相应产品标准的规格。

附表14 标准型弹簧垫圈（摘自 GB/T 93—1987） （单位：mm）

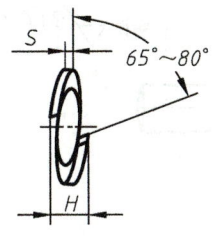  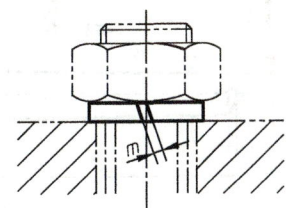

标记示例：
垫圈 GB/T 93 10
（规格10mm、材料为65Mn、表面氧化的标准型弹簧垫圈）

规格（螺纹大径）	4	5	6	8	10	12	16	20	24	30	36	42	48
d_{min}	4.1	5.1	6.1	8.1	10.2	12.2	16.2	20.2	24.5	30.5	36.5	42.5	48.5
$S=b_{公称}$	1.1	1.3	1.6	2.1	2.6	3.1	4.1	5	6	7.5	9	10.5	12
$m \leqslant$	0.55	0.65	0.8	1.05	1.3	1.55	2.05	2.5	3	3.75	4.5	5.25	6
H_{max}	2.75	3.25	4	5.25	6.5	7.75	10.25	12.5	15	18.75	22.5	26.25	30

注：m 应大于零。

附表15 圆柱销（不淬硬钢和奥氏体不锈钢）（摘自 GB/T 119.1—2000）
（单位：mm）

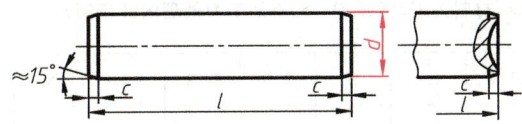

标记示例：
销 GB/T 119.1 6m6×30
（公称直径 $d=6$mm、公差为 m6、公称长度 $l=30$mm、材料为钢、不经淬火、不经表面处理的圆柱销）
销 GB/T 119.1 10m6×90-A1
（公称直径 $d=10$mm、公差为 m6、公称长度 $l=90$mm、材料为A1组奥氏体不锈钢、表面简单处理的圆柱销）

$d_{公称}$ m6/h8	2	3	4	5	6	8	10	12	16	20	25
$c \approx$	0.35	0.5	0.63	0.8	1.2	1.6	2	2.5	3	3.5	4
$l_{范围}$	6~20	8~30	8~40	10~50	12~60	14~80	18~95	22~140	26~180	35~200	50~200
$l_{系列}$	2、3、4、5、6~32（2进位）、35~100（5进位）、120~200（20进位）										

附表16　圆锥销（摘自 GB/T 117—2000）　　　　　（单位：mm）

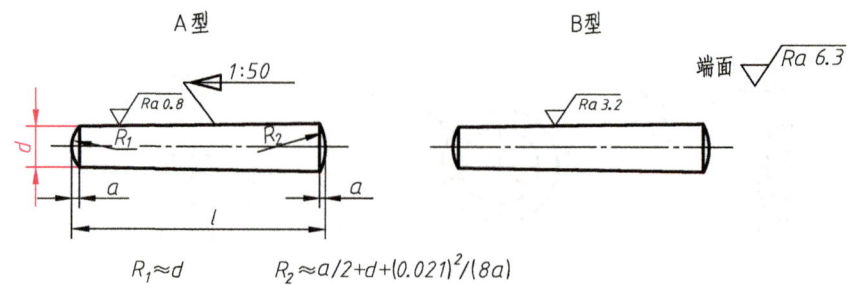

$R_1 \approx d$　　$R_2 \approx a/2 + d + (0.021)^2/(8a)$

标记示例：

销　GB/T 117　10×60

（公称直径 d=10mm、长度 l=60mm、材料为 35 钢、热处理硬度 28~38HRC、表面氧化处理的 A 型圆锥销）

d公称	2	3	4	5	6	8	10	12	16	20	25
$a \approx$	0.25	0.4	0.5	0.63	0.8	1.0	1.2	1.6	2.0	2.5	3.0
l范围	10~35	12~45	14~55	18~60	22~90	22~120	26~160	32~180	40~200	45~200	50~200
l系列	2、3、4、5、6~32（2 进位）、35~100（5 进位）、120~200（20 进位）										

附表17　开口销（摘自 GB/T 91—2000）　　　　　（单位：mm）

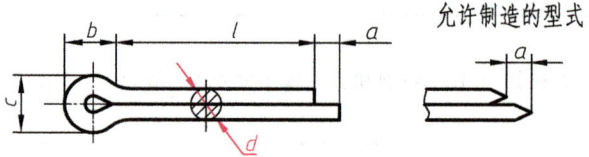

标记示例：

销　GB/T 91　5×50

（公称规格为 5mm、长度 l=50mm、材料为 Q215 或 Q235、不经表面处理的开口销）

公称规格		0.8	1	1.2	1.6	2	2.5	3.2	4	5	6.3	8	10	13
d	max	0.7	0.9	1	1.4	1.8	2.3	2.9	3.7	4.6	5.9	7.5	9.5	12.4
	min	0.6	0.8	0.9	1.3	1.7	2.1	2.7	3.5	4.4	5.7	7.3	9.3	12.1
c_{max}		1.4	1.8	2	2.8	3.6	4.6	5.8	7.4	9.2	11.8	15	19	24.8
$b \approx$		2.4	3	3	3.2	4	5	6.4	8	10	12.6	16	20	26
a_{max}		1.6			2.5			3.2		4			6.3	
l范围		5~16	6~20	8~25	8~32	10~40	12~50	14~63	18~80	22~100	32~125	40~160	45~200	71~250
l系列		4、5、6~22（2 进位）、25、28、32、36、40、45、50、56、63、71、80、90、100、112、125、140、160、180、200、224、250、280												

注：销孔的公称直径等于 $d_{公称}$，$d_{min} \leq$ 销的直径 $\leq d_{max}$。

附表 18　普通平键及键槽（摘自 GB/T 1095~1096—2003）　（单位：mm）

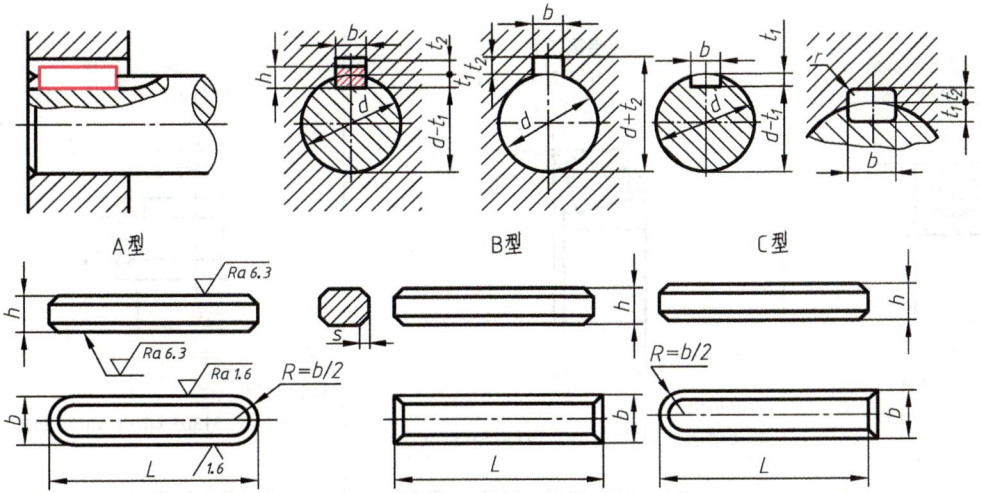

标记示例：
GB/T 1096　键　16×10×100　（普通 A 型平键，$b=16mm$、$h=10mm$、$L=100mm$）
GB/T 1096　键　B 16×10×100　（普通 B 型平键，$b=16mm$、$h=10mm$、$L=100mm$）
GB/T 1096　键　C 16×10×100　（普通 C 型平键，$b=16mm$、$h=10mm$、$L=100mm$）

轴	键		键槽										
公称直径 d	基本尺寸 $b\times h$	长度 L	宽度 b						深度				半径 r
			基本尺寸	极限偏差					轴 t_1		毂 t_2		
				松联接		正常联接		紧密联接	基本公称	极限偏差	公称尺寸	极限偏差	
				轴 H9	毂 D10	轴 N9	毂 JS9	轴和毂 P9					最小　最大
>10~12	4×4	8~45	4	+0.030　0	+0.078　+0.030	0　-0.030	±0.015	-0.012　-0.042	2.5	+0.10	1.8	+0.10	0.08　0.16
>12~17	5×5	10~56	5						3.0		2.3		
>17~22	6×6	14~70	6						3.5		2.8		0.16　0.25
>22~30	8×7	18~90	8	+0.036　0	+0.098　+0.040	0　-0.036	±0.018	-0.015　-0.051	4.0		3.3		
>30~38	10×8	22~110	10						5.0		3.3		
>38~44	12×8	28~140	12						5.0		3.3		
>44~50	14×9	36~160	14	+0.043　0	+0.120　+0.050	0　-0.043	±0.0215	-0.018　-0.061	5.5		3.8		0.25　0.40
>50~58	16×10	45~180	16						6.0	+0.20	4.3	+0.20	
>58~65	18×11	50~200	18						7.0		4.4		
>65~75	20×12	56~220	20						7.5		4.9		
>75~85	22×14	63~250	22	+0.052　0	+0.149　+0.065	0　-0.052	±0.026	-0.022　-0.074	9.0		5.4		0.40　0.60
>85~95	25×14	70~280	25						9.0		5.4		
>95~110	28×16	80~320	28						10		6.4		

注：1.（$d-t_1$）和（$d+t_2$）两个组合尺寸的极限偏差，按相应的 t_1 和 t_2 的极限偏差选取，但（$d-t_1$）极限偏差应取负号（-）。

2. L 系列（单位：mm）：6~22（2 进位）、25、28、32、36、40、45、50、56、63、70、80、90、100、110、125、140、160、180、200、220、250、280、320、360、400、450、500。

3. 键宽 b 的极限偏差为 h8，键高 h 的极限偏差为 h8（方形）或 h11（矩形），键长 L 的极限偏差为 h14。

4. 轴槽、轮毂槽的键槽宽度 b 两侧的表面粗糙度参数 Ra 值推荐为 1.6~3.2μm；轴槽底面、轮毂槽底面的表面粗糙度参数 Ra 值为 6.3μm。

附录19 滚动轴承

深沟球轴承
（摘自 GB/T 276—2013）

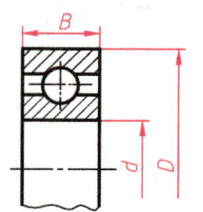

标记示例：
滚动轴承 6310
GB/T 276—2013

圆锥滚子轴承
（摘自 GB/T 297—2015）

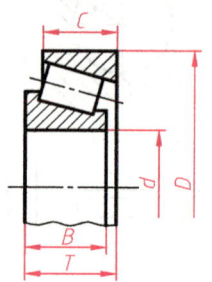

标记示例：
滚动轴承 30212 GB/T 297—2015

推力球轴承
（摘自 GB/T 301—2015）

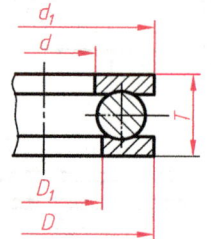

标记示例：
滚动轴承 51305 GB/T 301—2015

轴承型号	尺寸/mm			轴承型号	尺寸/mm					轴承型号	尺寸/mm				
	d	D	B		d	D	B	C	T		d	D	T	D_{1smin}	d_{1smax}
尺寸系列[(0)2]				尺寸系列[2]						尺寸系列[12]					
6202	15	35	11	30203	17	40	12	11	13.25	51202	15	32	12	17	32
6203	17	40	12	30204	20	47	14	12	15.25	51203	17	35	12	19	35
6204	20	47	14	30205	25	52	15	13	16.25	51204	20	40	14	22	40
6205	25	52	15	30206	30	62	16	14	17.25	51205	25	47	15	27	47
6206	30	62	16	30207	35	72	17	15	18.25	51206	30	52	16	32	52
6207	35	72	17	30208	40	80	18	16	19.75	51207	35	62	18	37	62
6208	40	80	18	30209	45	85	19	16	20.75	51208	40	68	19	42	68
6209	45	85	19	30210	50	90	20	17	21.75	51209	45	73	20	47	73
6210	50	90	20	30211	55	100	21	18	22.75	51210	50	78	22	52	78
6211	55	100	21	30212	60	110	22	19	23.75	51211	55	90	25	57	90
6212	60	110	22	30213	65	120	23	20	24.75	51212	60	95	26	62	95
尺寸系列[(0)3]				尺寸系列[03]						尺寸系列[13]					
6302	15	42	13	30302	15	42	13	11	14.25	51304	20	47	18	22	47
6303	17	47	14	30303	17	47	14	12	15.25	51305	25	52	18	27	52
6304	20	52	15	30304	20	52	15	13	16.25	51306	30	60	21	32	60
6305	25	62	17	30305	25	62	17	15	18.25	51307	35	68	24	37	68
6306	30	72	19	30306	30	72	19	16	20.75	51308	40	78	26	42	78
6307	35	80	21	30307	35	80	21	18	22.75	51309	45	85	28	47	85
6308	40	90	23	30308	40	90	23	20	25.25	51310	50	95	31	52	95
6309	45	100	25	30309	45	100	25	22	27.25	51311	55	105	35	57	105
6310	50	110	27	30310	50	110	27	23	29.25	51312	60	110	35	62	110
6311	55	120	29	30311	55	120	29	25	31.50	51313	65	115	36	67	115
6312	60	130	31	30312	60	130	31	26	33.50	51314	70	125	40	72	125

注：圆括号中的尺寸系列代号在轴承代号中省略。

附表20 倒角和倒圆 (摘自 GB/T 6403.4—2008) (单位：mm)

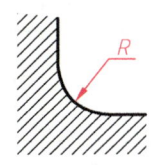 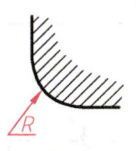 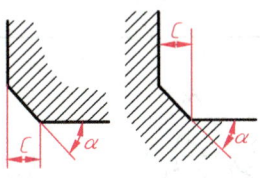

R、C 尺寸系列：0.1、0.2、0.3、0.4、0.5、0.6、0.8、1.0、1.2、1.6、2.0、2.5、3.0、4.0、5.0、6.0、8.0、10、12、16、20、25、32、40、50

α 一般采用 45°，也可采用 30° 或 60°。

ϕ	<3	>3~6	>6~10	>10~18	>18~30	>30~50
C 或 R	0.2	0.4	0.6	0.8	1.0	1.6
ϕ	>50~80	>80~120	>120~180	>180~250	>250~320	>320~400
C 或 R	2.0	2.5	3.0	4.0	5.0	6.0
ϕ	>400~500	>500~630	>630~800	>800~1000	>1000~1250	>1250~1600
C 或 R	8.0	10	12	16	20	25

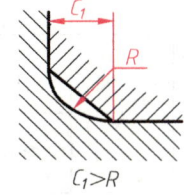 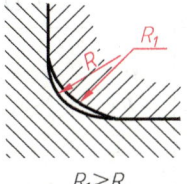 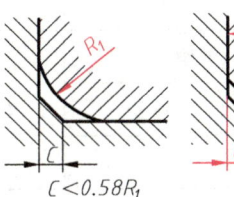 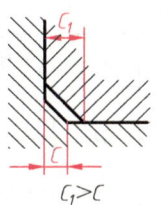

$C_1>R$ $R_1>R$ $C<0.58R_1$ $C_1>C$

R_1、C_1 的偏差为正；R、C 的偏差为负。

R_1	0.1	0.2	0.3	0.4	0.5	0.6	0.8	1.0	1.2	1.6	2.0
C_{max}	—	0.1	0.1	0.2	0.2	0.3	0.4	0.5	0.6	0.8	1.0
R_1	2.5	3.0	4.0	5.0	6.0	8.0	10	12	16	20	25
C_{max}	1.2	1.6	2.0	2.5	3.0	4.0	5.0	6.0	8.0	10	12

附表21 砂轮越程槽 (摘自 GB/T 6403.5—2008) (单位：mm)

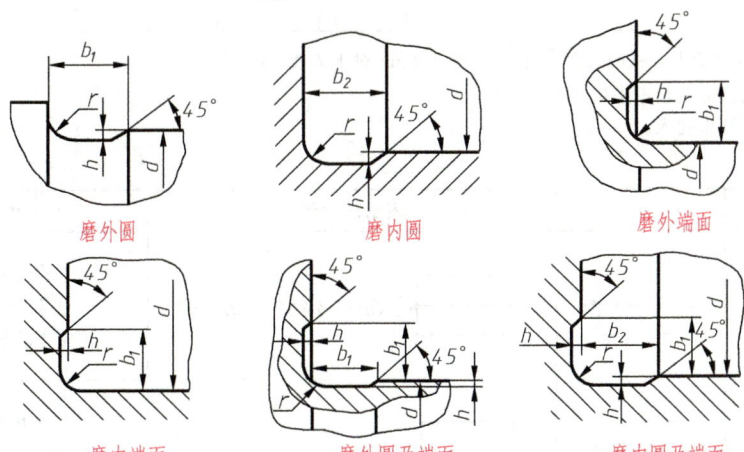

磨外圆　　磨内圆　　磨外端面

磨内端面　　磨外圆及端面　　磨内圆及端面

b_1	0.6	1.0	1.6	2.0	3.0	4.0	5.0	8.0	10
b_2	2.0	3.0		4.0		5.0		8.0	10
h	0.1	0.2		0.3		0.4	0.6	0.8	1.2
r	0.2	0.5		0.8		1.0	1.6	2.0	3.0
d	~10			10~50			50~100	100	

附表22 中心孔（GB/T 145—2001）、中心孔表示法（GB/T 4459.5—1999）

（单位：mm）

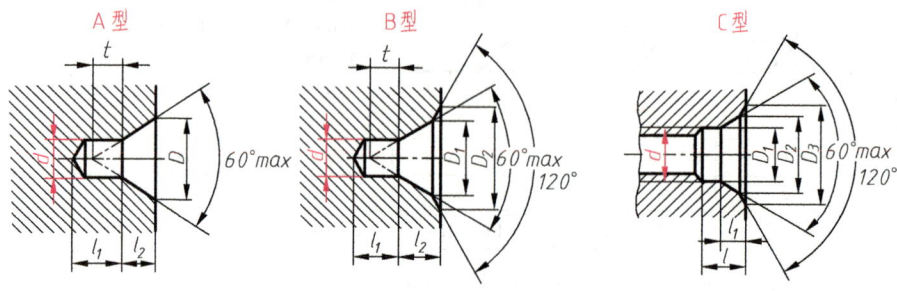

中心孔尺寸

d	A、B型						C型				
	A型			B型			d	D_1	D_3	l	l_1
	D	参考		D_2	参考						
		l_2	t		l_2	t					参考
2.00	4.25	1.95	1.8	6.30	2.54	1.8					
2.50	5.30	2.42	2.2	8.00	3.20	2.2					
3.15	6.70	3.07	2.8	10.00	4.03	2.8	M3	3.2	5.8	2.6	1.8
4.00	8.50	3.90	3.5	12.50	5.05	3.5	M4	4.3	7.4	3.2	2.1
(5.00)	10.60	4.85	4.4	16.00	6.41	4.4	M5	5.3	8.8	4.0	2.4
6.30	13.20	5.98	5.5	18.00	7.36	5.5	M6	6.4	10.5	5.0	2.8
(8.00)	17.00	7.79	7.0	22.40	9.36	7.0	M8	8.4	13.2	6.0	3.3
10.00	21.20	9.70	8.7	28.00	11.66	8.7	M10	10.5	16.3	7.5	3.8

注：1. 尺寸 l_1 取决于中心钻的长度，此值不应小于 t 值（对于A型、B型）。
　　2. 括号内的尺寸尽量不采用。
　　3. R型中心孔未列入。

中心孔表示法

要求	符号	表示法示例	说明
在完工的零件上要求保留中心孔		GB/T 4459.5-B2.5/8	采用B型中心孔 $d=2.5$mm $D_2=8$mm 在完工的零件上要求保留
在完工的零件上可以保留中心孔		GB/T 4459.5-A4/8.5	采用A型中心孔 $d=4$mm $D=8.5$mm 在完工的零件上是否保留都可以
在完工的零件上不允许保留中心孔		GB/T 4459.5-A1.6/3.35	采用A型中心孔 $d=1.6$mm $D=3.35$mm 在完工的零件上不允许保留

附表 23　优先配合中轴的极限偏差节选（摘自 GB/T 1800.2—2020）　（单位：μm）

基本尺寸/mm		公差带											
		d	e	f	g	h	h	h	h	js	k	n	p	r
大于	至	9	8	7	6	6	7	9	11	6	6	6	6	6
—	3	-20 -45	-14 -28	-6 -16	-2 -8	0 -6	0 -10	0 -25	0 -60	±3	+6 0	+10 +4	+12 +6	+16 +10
3	6	-30 -60	-20 -38	-10 -22	-4 -22	0 -8	0 -12	0 -30	0 -75	±4	+9 +1	+16 +8	+20 +12	+23 +15
6	10	-40 -76	-25 -47	-13 -28	-5 -14	0 -9	0 -15	0 -36	0 -90	±4.5	+10 +1	+19 +10	+24 +15	+28 +19
10	14	-50 -93	-32 -59	-16 -34	-6 -17	0 -11	0 -18	0 -43	0 -110	±5.5	+12 +1	+23 +12	+29 +18	+34 +23
14	18													
18	24	-65 -117	-40 -73	-20 -41	-7 -20	0 -13	0 -21	0 -52	0 -130	±6.5	+15 +2	+28 +15	+35 +22	+41 +28
24	30													
30	40	-80 -142	-50 -89	-25 -50	-9 -25	0 -16	0 -25	0 -62	0 -160	±8	+18 +2	+33 +17	+42 +26	+50 +34
40	50													
50	65	-100 -174	-60 -106	-30 -60	-10 -29	0 -19	0 -30	0 -74	0 -190	±9.5	+21 +2	+39 +20	+51 +32	+60 +41
65	80													+62 +43
80	100	-120 -207	-72 -126	-36 -71	-12 -34	0 -22	0 -35	0 -87	0 -220	±11	+25 +3	+45 +23	+59 +37	+73 +51
100	120													+76 +54
120	140	-145 -245	-85 -148	-43 -83	-14 -39	0 -25	0 -40	0 -100	0 -250	±12.5	+28 +3	+52 +27	+68 +43	+88 +63
140	160													+90 +65
160	180													+93 +68
180	200	-170 -285	-100 -172	-50 -96	-15 -44	0 -29	0 -46	0 -115	0 -290	±14.5	+33 +4	+60 +31	+79 +50	+106 +77
200	225													+109 +80
225	250													+113 +84
250	280	-190 -320	-110 -191	-56 -108	-17 -49	0 -32	0 -52	0 -130	0 -320	±16	+36 +4	+66 +34	+88 +56	+126 +94
280	315													+130 +98
315	355	-210 -350	-125 -214	-62 -119	-18 -54	0 -36	0 -57	0 -140	0 -360	±18	+40 +4	+73 +37	+98 +62	+144 +108
355	400													+150 +114

附表 24　优先配合中孔的极限偏差节选（摘自 GB/T 1800.2—2020）（单位：μm）

基本尺寸/mm		公差带											
		D	E	F	G	H				JS	K	N	P	R
大于	至	10	9	8	7	7	8	9	11	7	7	7	7	7
—	3	+60 +20	+39 +14	+20 +6	+12 +2	+10 0	+14 0	+25 0	+60 0	±5	0 -10	-4 -14	-6 -16	-10 -20
3	6	+78 +30	+50 +20	+28 +10	+16 +4	+12 0	+18 0	+30 0	+75 0	±6	+3 -9	-4 -16	-8 -20	-11 -23
6	10	+98 +40	+61 +25	+35 +13	+20 +5	+15 0	+22 0	+36 0	+90 0	±7.5	+5 -10	-4 -19	-9 -24	-13 -28
10	14	+120 +50	+75 +32	+43 +16	+24 +6	+18 0	+27 0	+43 0	+110 0	±9	+6 -12	-5 -23	-11 -29	-16 -34
14	18													
18	24	+149 +65	+92 +40	+53 +20	+28 +7	+21 0	+33 0	+52 0	+130 0	±10.5	+6 -15	-7 -28	-14 -35	-20 -41
24	30													
30	40	+180 +80	+112 +50	+64 +25	+34 +9	+25 0	+39 0	+62 0	+160 0	±12.5	+7 -18	-8 -33	-17 -42	-25 -50
40	50													
50	65	+220 +100	+134 +60	+76 +30	+40 +10	+30 0	+46 0	+74 0	+190 0	±15	+9 -21	-9 -39	-21 -51	-30 -60
65	80													-32 -62
80	100	+260 +120	+159 +72	+90 +36	+47 +12	+35 0	+54 0	+87 0	+220 0	±17.5	+10 -25	-10 -45	-24 -59	-38 -73
100	120													-41 -76
120	140	+305 +145	+185 +85	+106 +43	+54 +14	+40 0	+63 0	+100 0	+250 0	±20	+12 -28	-12 -52	-28 -68	-48 -88
140	160													-50 -90
160	180													-53 -93
180	200	+355 +170	+215 +100	+122 +50	+61 +15	+46 0	+72 0	+115 0	+290 0	±23	+13 -33	-14 -60	-33 -79	-60 -106
200	225													-63 -109
225	250													-67 -113
250	280	+400 +190	+240 +110	+137 +56	+69 +17	+52 0	+81 0	+130 0	+320 0	±26	+16 -36	-14 -66	-36 -88	-74 -126
280	315													-78 -130
315	355	+440 +210	+265 +125	+150 +62	+75 +18	+57 0	+89 0	+140 0	+360 0	±28.5	+17 -40	-16 -73	-41 -98	-87 -144
355	400													-93 -150

附表 25　标准公差数值（摘自 GB/T 1800.2—2020）

公称尺寸/mm		公差等级																		
		IT01	IT0	IT1	IT2	IT3	IT4	IT5	IT6	IT7	IT8	IT9	IT10	IT11	IT12	IT13	IT14	IT15	IT16	IT17	IT18
大于	至	μm													mm						
—	3	0.3	0.5	0.8	1.2	2	3	4	6	10	14	25	40	60	0.10	0.14	0.25	0.40	0.60	1.0	1.4
3	6	0.4	0.6	1	1.5	2.5	4	5	8	12	18	30	48	75	0.12	0.18	0.30	0.48	0.75	1.2	1.8
6	10	0.4	0.6	1	1.5	2.5	4	6	9	15	22	36	58	90	0.15	0.22	0.36	0.58	0.90	1.5	2.2
10	18	0.5	0.8	1.2	2	3	5	8	11	18	27	43	70	110	0.18	0.27	0.43	0.70	1.10	1.8	2.7
18	30	0.6	1	1.5	2.5	4	6	9	13	21	33	52	84	130	0.21	0.33	0.52	0.84	1.30	2.1	3.3
30	50	0.6	1	1.5	2.5	4	7	11	16	25	39	62	100	160	0.25	0.39	0.62	1.00	1.60	2.5	3.9
50	80	0.8	1.2	2	3	5	8	13	19	30	46	74	120	190	0.30	0.46	0.74	1.20	1.90	3.0	4.6
80	120	1	1.5	2.4	4	6	10	15	22	35	54	87	140	220	0.35	0.54	0.87	1.40	2.20	3.5	5.4
120	180	1.2	2	3.5	5	8	12	18	25	40	63	100	160	250	0.40	0.63	1.00	1.60	2.50	4.0	6.3
180	250	2	3	4.5	7	10	14	20	29	46	72	115	185	290	0.46	0.72	1.15	1.85	2.90	4.6	7.2
250	315	2.5	4	6	8	12	16	23	32	52	81	130	210	320	0.52	0.81	1.30	2.10	3.20	5.2	8.1
315	400	3	5	7	9	13	18	25	36	57	89	140	230	360	0.57	0.89	1.40	2.30	3.60	5.7	8.9
400	500	4	6	8	10	15	20	27	40	63	97	155	250	400	0.63	0.97	1.55	2.50	4.00	6.3	9.7

参 考 文 献

[1] 金大鹰. 机械制图：机械类专业 [M]. 5版. 北京：机械工业出版社，2020.
[2] 高红英，赵明威. 机械制图项目教程 [M]. 3版. 北京：高等教育出版社，2018.
[3] 王定保. 机械制图 [M]. 郑州：河南科学技术出版社，2016.
[4] 王冰. 机械制图及测绘实训 [M]. 3版. 北京：高等教育出版社，2014.
[5] 罗冬平. 机械制图 [M]. 北京：机械工业出版社，2016.
[6] 史艳红. 机械制图 [M]. 3版. 北京：高等教育出版社，2018.
[7] 吕瑛波，李祥福，华泽珍. 机械制图实例解析 [M]. 北京：化学工业出版社，2014.
[8] 黄其柏，阮春红，何建英，等. 画法几何及机械制图 [M]. 7版. 武汉：华中科技大学出版社，2018.
[9] 胡建生. 机械制图 [M]. 2版. 北京：机械工业出版社，2021.
[10] 刘家平，余东满. 机械识图与制图 [M]. 北京：机械工业出版社，2012.